Aprendizagem visível para professores

O autor

John Hattie é professor e diretor do Melbourne Education Research Institute na University of Melbourne, Austrália, e professor honorário na University of Auckland, Nova Zelândia. É autor de *Visible Learning* e coautor de *Intelligence and Intelligence Testing*.

H366a   Hattie, John.
         Aprendizagem visível para professores : como maximizar o impacto da aprendizagem / John Hattie ; tradução: Luís Fernando Marques Dorvillé ; revisão técnica: Luciana Vellinho Corso. – Porto Alegre : Penso, 2017.
         xiv, 266 p. : il. ; 25 cm.

         ISBN 978-85-8429-097-0

         1. Educação tecnológica - Docentes . 2. Aprendizagem visível. I. Título.

         CDU 377:62

Catalogação na publicação: Poliana Sanchez de Araujo – CRB 10/2094

Aprendizagem visível para professores

Como maximizar o impacto da aprendizagem

John Hattie

Tradução
Luís Fernando Marques Dorvillé

Revisão técnica
Luciana Vellinho Corso
Professora Adjunta da Faculdade de Educação da Universidade Federal do Rio Grande do Sul (UFRGS)
Mestre em Educação pela Flinders University - Austrália
Doutora em Educação pela UFRGS

Reimpressão

2017

Obra originalmente publicada sob o título *Visible Learning for Teachers: Maximizing Impact on Learning*
ISBN 9780415690157

First published in 2011 © by Routledge.
Routledge in an imprint of the Taylor & Francis Group, an informa business.

Gerente editorial: *Letícia Bispo de Lima*

Colaboraram nesta edição
Editora: *Paola Araújo de Oliveira*
Preparação de originais: *Caroline Joanello*
Capa: *Maurício Pamplona*
Imagens da capa: *Bloomicon/Shutterstock.com*
　　　　　　　　PureSolution/Shutterstock.com
Leitura final: *Grasielly Hanke Angeli*
Editoração: *Kaéle Finalizando Ideias*

Reservados todos os direitos de publicação, em língua portuguesa, à
PENSO EDITORA LTDA., uma empresa do GRUPO A EDUCAÇÃO S.A.
Av. Jerônimo de Ornelas, 670 – Santana
90040-340 – Porto Alegre – RS
Fone: (51) 3027-7000 Fax: (51) 3027-7070

SÃO PAULO
Rua Doutor Cesário Mota Jr., 63 – Vila Buarque
01221-020 – São Paulo – SP
Fone: (11) 3221-9033

SAC 0800 703-3444 – www.grupoa.com.br

É proibida a duplicação ou reprodução deste volume, no todo ou em parte, sob quaisquer formas ou por quaisquer meios (eletrônico, mecânico, gravação, fotocópia, distribuição na Web e outros), sem permissão expressa da Editora.

IMPRESSO NO BRASIL
PRINTED IN BRAZIL

Agradecimentos

A equipe do laboratório de aprendizagem visível na University of Auckland foi uma grande inspiração para este livro. Todos nós trabalhamos em um espaço aberto, compartilhando ideias, problemas e sucessos. Ao longo dos últimos 12 anos, desenvolvemos um importante sistema de avaliação e registro para todas as escolas do ensino fundamental e médio da Nova Zelândia. Trabalhamos em muitas escolas implantando as ideias relacionadas à aprendizagem visível e conduzimos muitos estudos relacionados aos seus principais temas. Mais de 1.000 professores trabalharam conosco desenvolvendo o sistema de avaliação; mais de 100 pessoas atuaram em nosso laboratório; recebemos muitos visitantes (acadêmicos e estudantes) – o que tornou a experiência de vir para o trabalho muito agradável. Gavin Brown, Annette Holt, Earl Irving, Peter Keegan, Andrea Mackay e Debra Masters lideraram essa equipe, e seus pensamentos, seu apoio e seu *feedback* estão presentes nestas páginas. Agradeço a todos os envolvidos nesse local de diversão, aprendizagem e valorização.

Muitos leram e comentaram versões preliminares deste livro, sendo reconhecidos por suas sugestões, embora a responsabilidade pelos erros remanescentes seja minha. Obrigado a Kristin Anderson, Janet Clinton, Steve Dinham, Michael Fullan, Patrick Griffin, John Marsden, Brian McNulty, Roger Moses, Geoff Petty, Doug Reeves, Ainsley Rose, Julie Schumacher, Carol Steele e Greg Yates seu estímulo, suas críticas e seus conselhos valiosos. Sou muito grato aos nove revisores que fizeram observações aos editores: Ann Callander, Rick DuFour, Michael Fullan, Christopher Jones, Geoff Petty, Andrew Martin, Elaine Smitheman, Sebastian Suggate e Huw Thomas. Sou especialmente grato a Debra Masters e Janet Rivers por sua atenção aos detalhes, a Earl Irving pela permissão de utilizar o levantamento de avaliação de estudantes e a Steve Martin, do Howick College, por permitir a utilização do plano de aula SOLO no Capítulo 4. A equipe da Routledge, chefiada por Bruce Roberts, tornou a conclusão deste livro gratificante, bem como a equipe da Australia MacMillan, chefiada por Lee Collie e Col Gilliespie. Também agradeço à equipe do meu novo lar acadêmico, a Melbourne Graduate School of Education, na University of Melbourne, por me acolher para meus próximos desafios.

Acima de tudo, agradeço a minha família – Janet, Joel, Kyle, Kieran, Billy (falecido), Bobby e Jamie – que é minha inspiração para viver; a minhas irmãs e meus irmãos; e a todos aqueles professores apaixonados que me convidaram para suas salas de aula nos últimos 12 anos.

Apresentação

O livro pioneiro de Hattie, *Visible Learning* (2009),[*] sintetizou os resultados de mais de 15 anos de pesquisa envolvendo milhões de estudantes, reunindo a maior coleção de todos os tempos de pesquisas baseadas em evidências sobre o que de fato funciona para melhorar a aprendizagem nas escolas.

O livro *Aprendizagem visível para professores* dá um passo além, disponibilizando aqueles conceitos pioneiros para um público inteiramente novo. Escrito para alunos, licenciandos e professores, ele mostra como aplicar os princípios de *Visible Learning* a qualquer sala de aula do mundo. O autor apresenta resumos concisos e acessíveis das intervenções mais bem-sucedidas e orientação prática passo a passo para a implantação da aprendizagem visível e do ensino visível na sala de aula.

Este livro:

- associa o maior projeto de pesquisa sobre estratégias de ensino de todos os tempos à aplicação prática em sala de aula;
- defende as perspectivas tanto de professores quanto de alunos e contém orientações passo a passo, incluindo preparação de aulas, interpretação de resultados, *feedback* durante as aulas e acompanhamento após as aulas;
- traz *checklists*, exercícios, estudos de caso e cenários de prática para auxiliar na melhoria dos resultados;
- inclui *checklists* para toda a escola e orientações para líderes escolares sobre a promoção da aprendizagem visível em suas instituições;
- apresenta metanálises adicionais, elevando o total mencionado na pesquisa original a 900;
- aborda várias áreas da aprendizagem, incluindo motivação de alunos, currículo, estratégias metacognitivas, comportamento, estratégias de ensino e controle da sala de aula.

Aprendizagem visível para professores deve ser lido por todo estudante ou professor que queira uma resposta baseada em evidências para a seguinte pergunta: "como podemos maximizar os resultados em nossas escolas?".

---

[*] N. de R.T.: Aprendizagem visível (em tradução livre). Ainda não publicado no Brasil.

Prefácio

Elliot agora tem 10 anos. Quando *Visible Learning* (HATTIE, 2009) estava sendo publicado, Elliot foi diagnosticado com leucemia. Nesse período, ele concluiu um tratamento quimioterápico de quatro anos. Elliot agora vai à escola, está aprendendo a ler e escrever e está se tornando um pré-adolescente feliz e aventureiro – tendo mantido sua personalidade brilhante durante toda a árdua hospitalização. Os protocolos seguidos pelos médicos foram bem-sucedidos, e as intervenções tiveram consequências positivas importantes. Ao longo do tratamento, o impacto das intervenções foi monitorado, alterado e levou a decisões críticas que permitem que Elliot hoje brilhe no *touch rugby* e no bicicross, bem como que seja mediador de pares* em sua escola. Ele fez parte de uma comunidade de médicos, enfermeiros, professores, amigos e familiares – muitos estavam envolvidos. O impacto da dosagem e do tratamento foi monitorado constantemente para assegurar que conduziriam ao sucesso. As decisões foram feitas à luz desse monitoramento; equipes trabalharam para compreender as consequências dos tratamentos, e as evidências foram cruciais as tomadas de decisões profissionais – todas buscando maximizar o impacto não apenas sobre aspectos médicos, mas também sobre aspectos sociais e familiares. Todos nós conhecíamos esse impacto. Elliot, assim, é a inspiração para a mensagem principal deste livro: conheça o seu impacto!

Durante vários anos de minha carreira, trabalhei em escolas, conheci muitos professores maravilhosos que reconhecem as evidências de seu impacto sobre a aprendizagem de seus alunos e trabalhei com alguns dos principais especialistas do mundo na pesquisa sobre competências de ensino. Nos últimos anos, minha equipe realizou oficinas para mais de 3.000 professores e líderes escolares e trabalhou em mais de 1.000 escolas, principalmente na Nova Zelândia e na Austrália. Aprendemos muito sobre as implicações de *Visible Learning* com essas escolas. A questão mais comum com a qual nos deparamos é: "Por onde começo?". Neste livro defendemos que o ponto de partida é o modo como você pensa sobre o seu papel – é conhecer a natureza e a magnitude de seu impacto sobre a aprendizagem de seus alunos. A segunda pergunta mais comum é "Como é a aprendizagem visível em uma escola?" – daí o fato de um dos temas deste livro ser "aprendizagem visível *inside*". Não há um programa, um protocolo único ou uma oficina sobre como implantar a aprendizagem visível; em vez disso, reuni um conjunto de pontos de referência que podem ser utilizados para criar debates, buscar evidências e autorrevisões a fim de determinar se uma escola está tendo um impacto pronunciado em todos os seus alunos. Isso destaca a importância dos educadores como avaliadores do seu impacto.

Ambas as perguntas ("Por onde começo?"; "Como é a aprendizagem visível em uma escola?") levam à próxima questão – "Qual é a natureza da aprendizagem que você deseja provocar?" –, e meu desejo é que ela seja mais do que passar nos testes de nível superficial.

---

* N. de R.T.: Aluno que faz parte do Programa de Mediação de Pares que é desenvolvido em algumas escolas na Austrália. O programa tem o intuito de reduzir a incidência de *bullying* e possibilitar um ambiente escolar mais amigável, positivo e seguro. Os alunos mediadores são líderes que recebem treinamento para atuarem na resolução de conflitos cotidianos que ocorrem, por exemplo, no horário do recreio. Os alunos mais velhos servem de mediadores dos mais novos.

Ela envolve um impacto no amor pelo conhecimento, convidando os alunos a manterem a aprendizagem e observando maneiras pelas quais eles podem melhorar sua autoestima, o respeito por si próprios e o respeito pelos demais, bem como aprimorando seus resultados. Definir qual resultado deve ser valorizado é algo que precisa ser intensamente debatido em escolas, comunidades e sociedades. No momento atual, tais questões curriculares parecem ser mais determinadas pelas especificações dos testes do que por esse debate intenso.

Eu poderia ter escrito um livro sobre líderes escolares, sobre as influências da sociedade, sobre políticas – e todos valem a pena –, mas minha atenção imediata está mais voltada para professores e alunos: o cotidiano dos professores na preparação, no início, na condução e na avaliação das aulas e o cotidiano dos alunos envolvidos na aprendizagem. Observe o plural: é necessária uma comunidade de professores que trabalhe junta para fazer perguntas, avaliar seu impacto e decidir sobre as próximas etapas ideais; é necessária uma comunidade de alunos que trabalhe junta na direção do progresso. Tal paixão em avaliar o impacto do ensino é o fator isolado mais importante para a excelência dessa atividade – acompanhada pela compreensão de seu impacto e pela realização de algo à luz das evidências e da compreensão.

Ao longo do desenvolvimento de *Visible Learning*, deparei-me constantemente com a importância da "paixão". Como uma pessoa voltada para medidas, o fato de "paixão" ser uma noção difícil de medir me incomodava – particularmente quando ela era em geral tão óbvia. Trata-se de um tipo especial de paixão – uma paixão baseada em ter um impacto positivo sobre todos os alunos da turma. Este livro inicia com uma discussão a respeito dos atributos desses professores apaixonados que apresentam impactos importantes sobre os alunos. Ele utiliza, então, evidências a partir da síntese de metanálises para desenvolver mensagens importantes para professores à medida que eles desenvolvem suas tarefas cotidianas. O livro conclui destacando as principais atitudes que caracterizam esses educadores apaixonados e motivadores. São essas atitudes as precursoras do sucesso nas escolas, atitudes que precisam ser desenvolvidas nos programas de formação de professores. Essas atitudes devem ser apoiadas e receber recursos, são o *ethos* profissional daqueles que chamamos de professores e líderes escolares "efetivos".

Como observei no prefácio de *Visible Learning* (HATTIE, 2009), a mensagem sobre as escolas é positiva. Tanto *Visible Learning* quanto este livro se baseiam nas histórias de muitos professores reais que conheci e observei, alguns dos quais ensinaram aos meus filhos. Muitos professores já pensam da maneira que defendo tanto neste quanto no livro anterior; muitos estão sempre procurando melhorar e monitoram constantemente seus resultados para fazer a diferença em suas atividades; e muitos estimulam o amor pela aprendizagem, que é um dos principais êxitos de qualquer escola. Terminei *Visible Learning* onde este livro agora se inicia, citando meu amigo e colega Brock (2004, p. 250-251):

> Quero que todos os futuros professores de minhas filhas, Sophie e Millie, atuem de acordo com três princípios fundamentais que, creio, deveriam sustentar o ensino e a aprendizagem em todas as escolas públicas.
>
> Primeiro, apoiar e desafiar as capacidades intelectual e imaginativa de minhas filhas para horizontes não maculados por expectativas minimalistas autopreenchidas. Não protegê-las com um manjar feito do mais baixo denominador comum, mascarado como conhecimento e aprendizagem; nem destruir seu amor pelo conhecimento por meio de uma pedagogia enfadonha. Não ameaçá-las com "trabalhos para ocupá-las" sem sentido, nem limitar a exploração do mundo do conhecimento em evolução meramente à tirania de deveres repetidas vezes reciclados que sejam despejados. Assegurar-se de que há uma progressão legítima da aprendizagem de um dia, semana, mês, trimestre e ano ao outro.

Segundo, tratar Sophie e Millie com humanidade e sensibilidade, como seres humanos em desenvolvimento que merecem ser ensinados com respeito genuíno, disciplina esclarecida e estilo imaginativo. E, terceiro, se esforçar para maximizar seus potenciais para a escolarização posterior, educação pós-escolar, treinamento e emprego e para a qualidade de vida em si, de modo que elas possam contribuir e desfrutar dos frutos da vida em uma sociedade australiana que seja justa, tolerante, honrável, compreensível, próspera e feliz.

No final, certamente isso é o que todos os pais e alunos devem esperar da educação escolar: não apenas a ministrada em cada escola pública de NSW ou da Austrália, mas de todo o mundo.

Conheça o seu impacto.

John Hattie
University of Melbourne

Sumário

1 Aprendizagem visível *inside* 1

PARTE I A fonte de ideias e o papel dos professores 7

2 A fonte das ideias 8

3 Professores: os principais atores no processo educativo 21

PARTE II As aulas 33

4 Preparando a aula 35

5 Começando a aula 67

6 O fluxo da aula: aprendizagem 91

7 O fluxo da aula: o lugar do *feedback* 114

8 O final da aula 138

Parte III Atitudes 149

9 Concepções dos professores, dos líderes escolares e dos sistemas 150

Referências 173

Apêndice A – *Checklist* para "aprendizagem visível *inside*" 185

Apêndice B – As mais de 900 metanálises 191

Apêndice C – Uma lista de influências no desempenho 243

Apêndice D – Classificações e tamanhos de efeito das influências de programas de exercícios de fim de capítulo 247

Apêndice E – Calculando os tamanhos de efeito 249

Apêndice F – Escala Irving de avaliação do ensino realizada pelo professor a ser preenchida pelo aluno 253

Índice onomástico 255

Índice 259

1
Aprendizagem visível *inside*

Quando compramos um computador, frequentemente existe uma etiqueta afirmando que ele possui "Intel *inside**". Embora a maioria de nós possa desconhecer exatamente o que isso significa, a etiqueta atua como um selo de aprovação, indicando que o que estamos comprando tem uma boa qualidade e irá funcionar. De fato, ela indica o seguinte: "Intel *inside*" se refere ao processador, ou cérebro, do computador – e é a chave do sucesso do programa e de outros equipamentos que compõem o "funcionamento" do computador. De muitas maneiras, nossas escolas enfatizaram o "*software*" (os programas nas escolas) e o "*hardware*" (prédios, recursos), em vez do "Intel *inside*" (os atributos centrais que tornam as escolas bem-sucedidas). O "*software*" e o "*hardware*" têm sido as principais ferramentas de propaganda utilizadas por políticos e diretores e, também, os tópicos que mais gostamos de discutir. Levante questões sobre tamanho de turma, formação de grupos na turma, salários e finanças, a natureza dos ambientes e das instalações de aprendizagem, currículo e avaliação, e o debate subsequente será considerável. Esses *não são*, entretanto, os atributos centrais de uma escolarização bem-sucedida.

Este livro aborda esses atributos centrais – sobre o "Intel *inside*". Ele não discute o *software* ou o *hardware* da escolarização, mas, em vez disso, pergunta quais são os atributos da escolarização que realmente fazem a diferença para a aprendizagem do aluno – os atributos de "processamento" que tornam a aprendizagem visível, de modo que possamos dizer que a escola apresenta "aprendizagem visível *inside*"?

O aspecto "visível" se refere, primeiro, a tornar a aprendizagem do aluno visível aos professores, assegurando a identificação clara dos atributos que fazem uma visível diferença na aprendizagem dos alunos e levam *todos* na escola a reconhecer visivelmente o impacto que eles apresentam na aprendizagem (dos alunos, dos professores e dos líderes escolares). O aspecto "visível" também se refere a tornar o ensino visível aos alunos, de modo que eles aprendam a se tornar seus próprios professores, que é o atributo central da aprendizagem ou da autorregulação ao longo de toda a vida e do amor pela aprendizagem que nós tanto queremos que os alunos valorizem. O aspecto da "aprendizagem" se refere a como realizamos os processos de conhecer e compreender e, então, fazer algo a respeito sobre a aprendizagem dos alunos. Um tema comum ao longo desse livro é a necessidade de manter a aprendizagem em primeiro plano e considerar o ensino, principalmente, em termos do seu impacto sobre a aprendizagem dos alunos.

---

* N. de R.T.: "Intel dentro" (tradução direta). Indica que um *chip* da Intel integra o equipamento.

Os argumentos deste livro se baseiam em evidências do livro *Visible Learning* (HATTIE, 2009), embora este trabalho não seja meramente um resumo. *Visible Learning* se baseou em mais de 800 metanálises de 50 mil artigos de pesquisa, cerca de 150 mil análises de tamanho do efeito e cerca de 240 milhões de estudantes (o Cap. 2 fornece um esboço dessas evidências). Um número adicional de mais de 100 metanálises foi concluído desde a publicação de *Visible Learning* e foi adicionado no Apêndice A deste livro – mas elas não alteraram as principais mensagens.

Este livro também se baseia na descoberta, talvez mais importante, feita a partir das evidências de *Visible Learning* (HATTIE, 2009): quase todas as intervenções podem reivindicar que fazem a diferença na aprendizagem dos alunos. A Figura 1.1 mostra a distribuição geral de todos os tamanhos de efeitos de cada uma das mais de 800 metanálises examinadas em *Visible Learning*. O eixo y representa o número de efeitos em cada categoria, enquanto o eixo x fornece a magnitude dos tamanhos dos efeitos. Qualquer efeito acima de zero significa que o resultado foi aumentado pela intervenção. A média dos tamanhos de efeito é de 0,40, e o gráfico mostra uma curva de distribuição aproximadamente normal – isto é, há tantas influências acima da média no resultado quanto abaixo da média.

A conclusão mais importante que pode ser retirada da Figura 1.1 é a de que "tudo funciona": se o critério de sucesso for "melhorar o resultado", então, 95% de todos os tamanhos de efeito na educação são positivos. Quando os professores reivindicam que estão tendo um efeito positivo no resultado ou quando se defende que uma política melhora o resultado, trata-se de uma reivindicação trivial, pois praticamente tudo funciona: a barra para decidir "o que funciona" no ensino e na aprendizagem com muita frequência é colocada, de maneira inapropriada, no zero.

Com a barra colocada no zero, não surpreende que cada professor possa defender que esteja fazendo a diferença; não surpreende que possamos encontrar muitas respostas sobre como melhorar os resultados; não surpreende que existam algumas evidências de que todos os

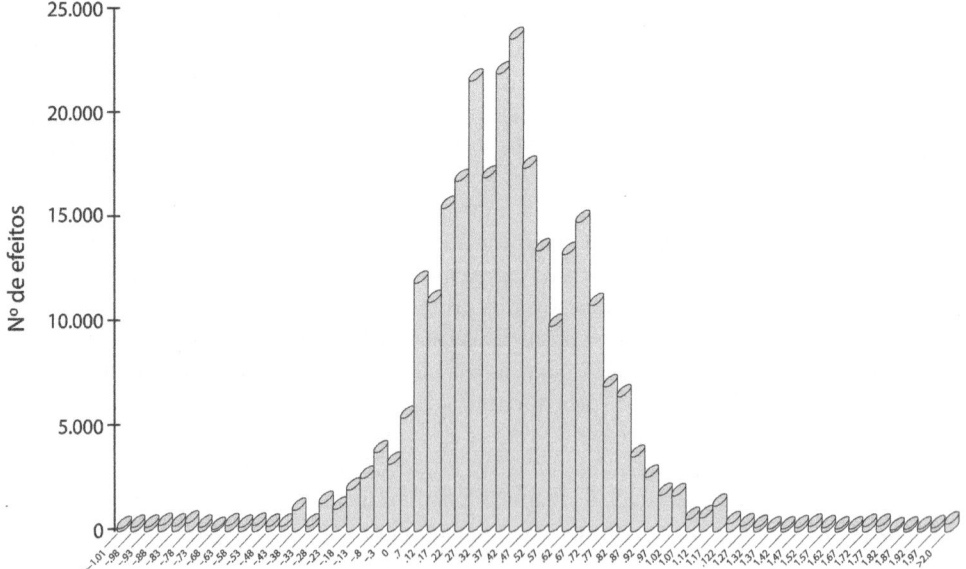

Figura 1.1 Distribuição dos tamanhos de efeito ao longo de todas as metanálises.

estudantes melhoram e não surpreende que não existam professores "abaixo da média". Colocar a barra no zero significa que não precisamos de mudanças no nosso sistema! Precisamos apenas de mais do que já temos – mais dinheiro, mais recursos, mais professores por alunos, mais... Mas essa abordagem, eu sugeriria, é a resposta errada.

Colocar a barra em um tamanho de efeito onde $d = 0,0$ é um valor tão baixo que pode ser perigoso.[1] Precisamos ser mais seletivos. Para que qualquer intervenção valha a pena, ela precisa revelar uma melhora na aprendizagem do aluno de pelo menos um valor médio – isto é, um tamanho de efeito de pelo menos 0,40. Um $d = 0,40$ é o que denominei em *Visible Learning* (HATTIE, 2009) de *ponto crítico* (ou ponto h) para identificar o que é ou não eficiente.

> **Tamanho de efeito**
>
> O tamanho de efeito é um método útil para comparar resultados em diferentes medidas (tais como testes padronizados feitos por professores, trabalhos de alunos), ao longo do tempo ou entre grupos, em uma escala que permite comparações múltiplas independentes dos valores do teste original (p. ex., definido como 10 ou 100), ao longo da matéria e ao longo do tempo. Essa escala independente é um dos principais atrativos para utilizar tamanhos de efeito, pois ela permite realizar comparações relativas entre as várias influências que atuam sobre os resultados dos alunos. Há muitas fontes de informação adicional sobre os tamanhos de efeito, incluindo: Glass, McGaw e Smith (1981); Hattie, Rogers e Swaminathan (2011); Hedges e Olkin (1985); Lipsey e Wilson (2001) e Schagen e Hodgen (2009).

A metade das influências nos resultados está acima desse ponto crítico. Trata-se de uma constatação real e não de uma reivindicação baseada em aspirações. Isso significa que cerca da metade do que fazemos com *todos* os alunos apresenta um efeito maior do que 0,40. Cerca de metade dos alunos estão em turmas que obtêm um efeito de 0,40 ou maior, enquanto metade deles se encontra em turmas que recebem menos do que 0,40. *Visible Learning* (HATTIE, 2009) apresentou a história dos fatores que levam a efeitos maiores do que esse ponto crítico de 0,40; este livro procura traduzir aquela história em informações que professores, estudantes e escolas possam pôr em prática. Ele traduz a história em uma prática de ensino e aprendizagem.

RESULTADOS DA ESCOLARIZAÇÃO

Esse livro está preocupado com resultados. Entretanto, exigimos muito mais de nossas escolas do que apenas resultados. Concentrar-se excessivamente em resultados pode nos fazer deixar de perceber muito sobre o que os professores conhecem, o que podem fazer e com o que se importam. Muitos adoram as questões relacionadas à aprendizagem e podem dedicar horas às respostas não direcionadas a resultados escolares (tanto em atividades socialmente desejáveis quanto indesejáveis) e adoram a emoção da busca pelo conhecimento (a crítica, os falsos desvios, a descoberta das respostas). Por exemplo, uma das descobertas mais profundas que me orientou como pai é a defesa por Levin et al. (2006) de que o melhor indicador de saúde, riqueza e felicidade na vida adulta *não* são os resultados escolares, mas o número de anos na escolarização. Manter os alunos no processo de aprendizagem é um resultado altamente desejável da escolarização e, como muitos estudantes tomam decisões sobre a permanência escolar entre 11

---

[1] *d* é a abreviatura para "tamanho de efeito".

e 15 anos, isso significa que a escola e a experiência da aprendizagem nessa faixa etária devem ser produtivas, desafiadoras e motivadoras para assegurar a melhor chance possível de que os alunos permanecerão na escola.

Levin et al. (2006) calcularam que os abandonos do ensino médio custam em média US$ 23.000 anuais, enquanto um aluno formado no ensino médio recebe 48% mais do que isso, uma pessoa com alguma educação superior, 78% a mais, e um indivíduo com um curso superior completo, 346% a mais. Alunos com ensino médio completo vivem seis a nove anos a mais do que aqueles que abandonam a escola, têm melhor saúde, apresentam 10-20% menos chance de estarem envolvidos em atividades criminais e apresentam 20-40% menos chance de dependerem da previdência social. Esses "custos" excedem em muito os custos de intervenções educacionais que se revelaram bem-sucedidas. A conclusão do ensino médio aumenta as receitas de impostos, reduz as taxas pagas à saúde pública e diminui os custos da justiça criminal e assistência pública. Além disso, há uma justiça clara em oferecer oportunidades a alunos de modo que eles possam desfrutar dos benefícios de melhores salários, saúde e felicidade.

A ideia de que os objetivos da escolarização incluem mais do que resultados tem sido debatida há muito tempo – de Platão e seus predecessores, passando por Rousseau aos pensadores modernos. Entre os objetivos mais importantes, encontra-se o desenvolvimento de habilidades de avaliação crítica, de modo que desenvolvamos cidadãos com mentes e disposições desafiadoras, que se tornam ativos, competentes e pensadores críticos em nosso mundo complexo. Tal tarefa inclui: a avaliação crítica de temas políticos que podem afetar a comunidade de uma pessoa, seu país e o mundo; a capacidade de examinar, refletir e argumentar, com referência à história e à tradição, enquanto respeitam a si mesmos e aos outros; ter preocupação com a própria vida e bem-estar, bem como das outras pessoas; e a capacidade de imaginar e pensar sobre o que é "bom" para si mesmo e para os outros (ver NUSSBAUM, 2010). A escolarização deve ter impactos importantes não apenas na melhora da compreensão e da aprendizagem, mas também na melhora do caráter: caráter intelectual, moral, cívico e de desempenho (SHIELDS, 2011).

Tal avaliação crítica é o que se pede de professores e líderes escolares. Esse desenvolvimento de habilidades de avaliação crítica requer que os educadores desenvolvam a capacidade dos seus alunos de verem o mundo a partir do ponto de vista dos outros, compreenderem as fraquezas e injustiças humanas e trabalharem para desenvolver a cooperação e o trabalho com outros. Ele exige que os educadores desenvolvam em seus alunos uma preocupação genuína consigo mesmos e com os outros; ensinem a importância de evidências que se contraponham a estereótipos e pensamento fechado; promovam a responsabilização da pessoa como um agente responsável e promovam vigorosamente um pensamento crítico e a importância de vozes dissidentes. Tudo isso depende do conhecimento sobre o tema, pois a pesquisa e a avaliação crítica não estão divorciados do conhecimento de algo. Essa noção de *avaliação crítica* é uma noção central ao longo deste livro – particularmente, de que os professores e os líderes escolares precisam ser avaliadores críticos do efeito que apresentam sobre seus alunos.

ESBOÇO DOS CAPÍTULOS

A tese fundamental deste livro é a de que existe uma "prática" de ensino. A palavra *prática*, e não *ciência*, foi escolhida deliberadamente, pois não há uma receita fixa para garantir que o ensino apresente o maior efeito possível na aprendizagem dos alunos e nenhum conjunto de princípios que se aplique à aprendizagem de todos os alunos. Porém, existem práticas que reconhecemos como eficientes e muitas práticas que não são. As teorias têm objetivos como ferramentas para sintetizar noções, mas frequentemente os professores acreditam que as teorias determinam ações, mesmo quando as evidências de impacto não sustentam suas teorias particulares (e, então, a manutenção de suas teorias se torna quase uma religião). Essa corrida dos professores para fazer inferências é um grande obstáculo para a melhora da aprendizagem de muitos alunos. Em vez disso, a evidência, ou não, de impactos pode significar que os professores precisam modificar ou alterar drasticamente suas teorias de ação. A prática invoca noções de um modo de pensar e fazer e, em particular, de aprender de forma constante a partir da prática deliberada do ato de ensinar.

Este livro é estruturado a partir das grandes ideias de *Visible Learning* (HATTIE, 2009), mas é apresentado na forma de uma sequência de decisões que são solicitadas aos professores com regularidade – preparar, começar, conduzir e terminar uma aula ou uma série de aulas. Embora essa sequência não tenha como intenção sugerir que haja um conjunto de decisões lineares simples, trata-se de "um gancho" para apresentar as maneiras de pensar – as atitudes – que são as mensagens mais críticas.

A primeira parte da prática de ensino são as principais atitudes necessárias por parte de líderes escolares e professores. A fonte dessas ideias está esboçada no Capítulo 2, sendo desenvolvida com mais detalhe no Capítulo 3 e abordada novamente no capítulo final, Capítulo 9. A segunda parte da prática de ensino é composta das várias fases de interação em aula entre professores e alunos, cada uma das quais discutida em um capítulo separado:

- preparando as aulas (Cap. 4);
- iniciando as aulas (Cap. 5);
- o fluxo das aulas – aprendizagem (Cap. 6);
- o fluxo das aulas – *feedback* (Cap. 7); e
- o final da aula (Cap. 8).

A Figura 1.2 resume os princípios de alto nível defendidos ao longo do livro. Eu reconheço que podem parecer exagerados em alguns momentos, mas nossa tarefa de ensinar e aprender nunca é simples. As grandes ideias na Figura 1.2 são expandidas em cada capítulo e podem servir como um organizador do progresso, sendo o objetivo dos capítulos convencer a respeito dos méritos da lógica desse programa.

Cada capítulo desenvolve um conjunto de *checklists* para escolas com o propósito de avaliar se elas apresentam "aprendizagem visível *inside*". Esses *checklists* não são desenvolvidos como listas a serem marcadas com "sim" ou "não", mas como orientações para fazer e responder a perguntas sobre o modo como uma escola conhece o efeito que possui sobre os seus alunos. Gawande (2009) detalhou o poder de tais *checklists*, em geral mais utilizados na indústria aérea e, no caso dele, traduzidos para a área médica. Ele mostra como os *checklists* ajudam a atingir o equilíbrio entre a capacidade especializada e a colaboração de grupo. O autor comenta que, embora a maioria dos cirurgiões resista a *checklists* (considerando-os muito limitantes e não profissionais), mais de 90% os exigiriam se um membro de suas famílias estivesse sob o bisturi de um cirurgião. O conjunto de verificações procura assegurar que assuntos críticos não sejam esquecidos, fornecer orientações para debates nas salas de professores e fornecer um esboço para avaliar se existem bons processos de avaliação na escola. Scriven (2005) também tem sido, há muito tempo, um defensor do uso de *checklists*. Ele distinguiu vários tipos, da lista de lavanderia à lista sequencial, fluxogramas e, mais útil, o *checklist* de méritos. É o *checklist* de méritos que aqui é sugerido para cada capítulo. Ele consiste em uma série de critérios que podem ser considerados. Aqueles que reveem as evidências podem tomar uma decisão geral sobre mérito e valor. Os *checklists* de mérito em cada capítulo têm mais a ver com FAZER-CONFIRMAR e não com LER-FAZER, pois isso permite muita flexibilidade no fornecimento de evidências e ações para assegurar que uma escola esteja trabalhando de forma a tornar a aprendizagem visível.

Vejo a aprendizagem através dos olhos dos meus alunos

Atitudes
- sou um avaliador/ativador;
- sou um agente de mudança;
- procuro obter *feedback*;
- utilizo mais o diálogo do que o monólogo;
- aprecio o desafio;
- tenho altas expectativas de todos;
- acolho erros;
- sou apaixonado sobre e promovo a linguagem da aprendizagem.

Um planejador cooperativo e crítico
- utilizo objetivos de aprendizagem e critérios de sucesso;
- tenho como objetivo resultados superficiais e profundos;
- levo em conta resultados anteriores e atitudes;
- estabeleço metas de alta expectativa;
- preencho o intervalo na aprendizagem dos alunos.

Um especialista em aprendizagem adaptável
- crio ambientes de confiança;
- conheço o poder dos colegas;
- utilizo múltiplas estratégias;
- sei quando e como diferenciar;
- estimulo prática deliberada e concentração;
- sei que posso desenvolver confiança para ser bem-sucedido.

Um receptor de *feedback*
- sei como utilizar as três perguntas de *feedback*;
- sei como utilizar os três níveis de *feedback*;
- dou e recebo *feedback*;
- monitoro e interpreto minha aprendizagem/ensino.

Ajudo os alunos a se tornarem seus próprios professores

Figura 1.2 Conheça o seu impacto.

PARTE I

A fonte de ideias e o papel dos professores

2
A fonte das ideias

Visible Learning foi publicado em 2009. Ele foi o ápice de muitas décadas de trabalho – descobertas, leituras e análise de metanálises. Recentemente, fiz uma palestra em Seattle para um grupo de educadores sobre esse trabalho. Foi como um retorno ao início: minha busca começou lá em 1984, quando estava em ano sabático na University of Washington. Em muitos casos, como parte da pesquisa das metanálises, voltei aos artigos originais, escrevi artigos separados sobre determinados temas e falei com muitos grupos sobre o significado dessas análises. A questão era, sempre: "Então, o que tudo isso *significa*?". A abordagem dessa questão é a razão pela qual o livro teve um grande período de gestação. O objetivo de *Visible Learning* é o de contar uma história e, em muitos casos, as revisões e reações indicam que a história foi ouvida – embora, como esperado, nem sempre todos estejam de acordo com ela.

O *Times Educational Supplement* foi o primeiro a revisá-lo. Mansell (2008, p. 21) argumentou que *Visible Learning* era "[...] talvez o equivalente, em educação, à busca pelo Santo Graal – ou a resposta à vida, ao universo e a tudo mais [...]". Mansell reconheceu que o "Graal da educação" provavelmente deveria ser encontrado na melhora do nível de interação entre pupilos e seus professores (por favor, percebam que ainda temos que encontrar o "verdadeiro" Santo Graal – apesar dos esforços de Dan Brown, *Senhor dos Anéis* e *Spamalot!*).

Não era o objetivo de *Visible Learning* sugerir que o estado do ensino fosse lastimável; na verdade, o tema era o oposto. A maioria dos efeitos acima da média era atribuível ao sucesso no ensino, e não há maior prazer do que o de visitar escolas e salas de aula em que as ideias de *Visible Learning* sejam visíveis de modo transparente. Como escrevi na conclusão de *Visible Learning* (HATTIE, 2009, p. 261):

> Conheci professores que são impressionantes, que vivem segundo os princípios destacados neste livro e, evidentemente, fazem a diferença. Eles jogam o jogo segundo os princípios aqui destacados. Eles questionam a si mesmos, se preocupam com os alunos que não estão fazendo um progresso adequado, procuram evidências de sucessos e falhas e, ao ensinar, buscam ajuda quando precisam. O futuro é esperançoso, uma vez que existem muitos desses professores em nossas escolas. Eles frequentemente são desvalorizados na escola, nem sempre escolhidos pelos pais como os melhores professores, mas os alunos sabem e gostam de estar em suas aulas. A mensagem deste livro é de esperança e de um excelente futuro para professores e para o ensino, baseada não apenas na minha explicação para os 146 mil tamanhos de efeito, mas no conforto de que já existem muitos professores excelentes em nossa profissão.

Então, qual foi a história e qual foi a base de evidências? Esse capítulo introduz as principais implicações de *Visible Learning* e, mais importante, introduz a sequência de ideias do livro. O próximo capítulo, Capítulo 3, falará mais sobre as evidências em que essa história se baseia – embora não pretenda ser um substituto para uma discussão detalhada sobre as evidências apresentadas em *Visible Learning*.

A BASE DE EVIDÊNCIAS

As unidades básicas de análise são as mais de 900 metanálises. Uma metanálise envolve identificar um resultado específico (tal como uma realização) e identificar uma influência naquele resultado (p. ex., tema de casa) e, em seguida, realizar buscas sistemáticas em vários bancos de dados: principais jornais e livros (tais como ERIC, PsycINFO); dissertações (p. ex., ProQuest); literatura cinza (materiais como conferências, submissões, relatórios técnicos e documentos de trabalho não encontrados facilmente pelos canais normais). Essa busca envolve entrar em contato com autores para obter cópias dos seus trabalhos, checar referências nos artigos encontrados e ler amplamente para encontrar outras fontes. Para cada estudo, os tamanhos de efeito são calculados para as comparações adequadas. Em geral, há dois tipos principais de tamanhos de efeito: comparações entre grupos (p. ex., comparando aqueles que *fizeram* o tema de casa com aqueles que *não o fizeram*) ou comparações ao longo do tempo (p. ex., resultados de base comparados com resultados após quatro meses).

Pegue, por exemplo, a metanálise de Cooper, Robinson e Patall (2006) sobre temas de casa. Eles estavam interessados no efeito dos temas de casa sobre os resultados de alunos, com base em pesquisas dos últimos 20 anos. Fizeram levantamentos em vários bancos de dados, contataram os chefes de 77 departamentos de educação (convidando-os também para perguntar às suas faculdades), enviaram pedidos a 21 pesquisadores que publicaram sobre "tema de casa" e enviaram cartas para mais de 100 distritos escolares e diretores de avaliação. Examinaram, então, cada título, resumo e documento para identificar qualquer pesquisa adicional. Encontraram 59 trabalhos e concluíram que o tamanho de efeito do tema de casa sobre o resultado era de $d = 0,40$. Os efeitos do tema de casa foram maiores para estudantes de ensino médio ($d = 0,50$) do que para alunos dos anos iniciais do ensino fundamental ($d = -0,08$). Eles sugeriram que os estudantes de nível médio tinham uma chance menor de se distraírem ao fazerem seus temas de casa e maior probabilidade de terem aprendido hábitos de estudo eficientes, podendo, então, apresentar uma melhor autorregulação e monitoramento do seu trabalho e investimento de tempo. Como toda boa pesquisa, seu estudo sugeriu questões mais importantes, que precisam ser abordadas agora, e reduziu outras questões a uma importância menor.

Como observei anteriormente, mais de 800 dessas metanálises constituíram a base de *Visible Learning*. Para cada metanálise, criei um banco de dados da média do tamanho dos efeitos com mais alguma informação relacionada (p. ex., o erro padrão da média). Uma parte importante das análises foi a procura por um moderador: por exemplo, os efeitos dos deveres de casa nos resultados diferem entre as idades, as matérias, os tipos de temas de casa, a qualidade das metanálises e assim por diante?

Considere minha síntese de cinco metanálises sobre temas de casa (COOPER, 1989, 1994; COOPER; ROBINSON; PATALL, 2006; DEBAZ, 1994; PASCHAL; WEINSTEIN; WALBERG, 1984). Ao longo dessas cinco metanálises, havia 161 estudos, envolvendo mais de 100 mil estudantes, que investigaram os efeitos dos temas de casa sobre os resultados dos alunos. A média de todos esses tamanhos de efeito foi de $d = 0,29$, o que pode ser utilizado como o melhor tamanho de efeito típico da influência dos temas de casa sobre os resultados. Assim, em comparação com turmas sem tema de casa, a utilização desse recurso foi associada ao avanço dos resultados dos alunos em aproximadamente um ano ou na melhora da aprendizagem em 15%. Cerca de 65% dos efeitos foram positivos (i.e., melhora do resultado) e 35% dos efeitos foram nulos ou negativos. O nível médio de realização dos alunos em turmas nas quais foram prescritos temas de casa excedeu em 62% os níveis de realização dos alunos em que ele não foi prescrito. Entretanto, um tamanho de efeito de $d = 0,29$ não seria, segundo Cohen (1977), perceptível a olho nu e seria aproximadamente equivalente à diferença de altura entre alguém medindo 1,80 m e outra pessoa com 1,82 m.

As mais de 800 metanálises analisadas para *Visible Learning* (HATTIE, 2009) envolveram 52.637 estudos – cerca de 240 milhões de alunos – e forneceu 146.142 tamanhos de efeito sobre a influência de algum programa, política ou inovação no resultado acadêmico na escola (educação infantil, ensino fundamental, médio e superior). Os Apêndices A e B (retirados de *Visible Learning*) resumem essas evidências. Os apêndices incluem 115 metanálises adicionais descobertas desde 2008 (7.518 estudos extras, 5 milhões de estudantes e 13.428 tamanhos de efeito). Há algumas categorias importantes adicionais (variando de 138 a 147) e algumas alterações secundárias na classificação da ordem das influências, mas as principais mensagens não mudaram.

Desde que *Visible Learning* foi publicado, continuei contribuindo para esse banco de dados, localizando 100 metanálises adicionais – acrescentadas no Apêndice A. A classificação geral das influências, no entanto, foi muito pouco alterada entre essa versão e a anterior (r > 0,99 para as classificações e tamanhos de efeito). As mensagens subjacentes certamente não mudaram. O tamanho total estimado da amostra é de cerca de mais de 240 milhões de alunos (os 88 milhões a seguir são provenientes apenas de 345 metanálises que incluíram o tamanho da amostra).

O efeito geral médio de todas as metanálises foi de $d = 0,40$. Então, o que isso significa? Eu não queria apenas associar adjetivos ao tamanho de efeitos. Sim, há um sentimento geral de que $d < 0,20$ é um valor baixo, entre 0,3 e 0,6 é médio e > 0,6 é grande – mas, frequentemente, interpretações específicas tornam esses adjetivos enganosos. Por exemplo, um pequeno tamanho de efeito que exige poucos recursos pode ser mais crítico do que um grande que requer altos níveis de recursos. O efeito de reduzir o tamanho das turmas de 25-30 alunos para 15-20 alunos é de 0,22, e o efeito de ensinar programas específicos para auxiliar os alunos na realização de testes é de 0,27. Ambos são efeitos pequenos, mas a implantação de um deles é bem mais barata que a do outro. O retorno relativamente melhor do último em termos de custo é evidente. Assim, o efeito relativo dos dois efeitos pequenos pode ter implicações diferentes.

TABELA 2.1 Efeito médio para cada um dos principais contribuintes da aprendizagem

Através das dimensões	N° de metanálises	N° de estudos	N° de pessoas	N° de efeitos	Tamanho do efeito (TE)	EP
Alunos	152	11.909	9.397.859	40.197	0,39	0,044
Casa	40	2.347	12.066.705	6.031	0,31	0,053
Escola	115	4.688	4.613.129	15.536	0,23	0,072
Professores	41	2.452	2.407.527	6.014	0,47	0,054
Currículos	153	10.129	7.555.134	32.367	0,45	0,075
Ensino	412	28.642	52.611.720	59.909	0,43	0,070
Média	**913**	**60.167**	**88.652.074**	**160.054**	**0,40**	**0,061**

Quase todo mundo pode ter um impacto na aprendizagem se o ponto de referência for estabelecido como $d > 0,0$ – como frequentemente ocorre. A maioria das intervenções, com uma implantação mínima, pode ter um efeito de 0,20 e, na média, podemos ter uma influência de 0,40. Há muitos alunos que podem se beneficiar de estarem em turmas em que eles regularmente ganham > 0,40 a partir de um programa implementado por um professor de alto impacto. A questão central deve ser o debate sobre a alocação de recursos para sustentar e dar suporte àqueles que sofrem a influência de um $d > 0,40$, e perguntar seriamente o que deve mudar quando existirem evidências de efeitos mais baixos. Embora linhas de ônibus, serviços públicos e reuniões administrativas demoradas possam ser necessários para fazer as escolas funcionarem, o verdadeiro debate é sobre a natureza, a qualidade e os efeitos das influências que exercemos sobre os estudantes – e neste livro é argumentado que devemos alcançar ganhos mínimos de, pelo menos, valores médios ou maiores para todos os alunos. Isso já é alcançado em muitas salas de aula e grandes escolas podem ser reconhecidas pela escolha dos seus debates – acerca de "conhecer o seu impacto".

Talvez a coisa mais importante a ser lembrada ao utilizar esses adjetivos para descrever os tamanhos dos efeitos é que *Visible Learning* (HATTIE, 2009) resumiu o que ocorreu – o imperativo aqui é o pretérito. Considere o exemplo do tema de casa. A mensagem geral do valor global de $d = 0,29$ é a de que os efeitos do tema de casa são pequenos e ainda menores (perto de 0) nas escolas do ensino fundamental. Por outro lado, esse não é um grande problema, uma vez que o custo de acrescentar temas de casa aos orçamentos escolares é desprezível. Por outro lado, a descoberta deve ser um convite para *alterar* o modo como fazemos temas nas escolas de ensino fundamental, porque *o modo como tradicionalmente os temas de casa têm sido feitos* (assim registrado nos 161 estudos) não foi muito eficiente nessas escolas. Que oportunidade maravilhosa para as escolas tentarem fazer algo diferente...

De fato, muitas escolas da Nova Zelândia fizeram exatamente isso: elas não abandonaram os temas de casa (pois muitos pais julgam a qualidade de uma escola meramente pela presença de temas de casa e se aborrecem se não houver nenhum), mas tentaram abordagens diferentes. Uma escola trabalhou com alunos e pais para criar um endereço na internet para vários "desafios caseiros" e avaliou os efeitos dessa nova política na motivação e nos resultados dos alunos e no envolvimento dos pais na aprendizagem de seus filhos. Quando os professores e as escolas avaliam o efeito do que fazem sobre a aprendizagem dos alunos (e essa era a mensagem principal em *Visible Learning*), temos então "aprendizagem visível *inside*". O termo se refere não à presença específica ou à ausência de uma iniciativa, *mas à avaliação do seu efeito*. Tal avaliação deve, por necessidade, levar em conta as condições, os moderadores e as interpretações locais. E *essa* é a principal mensagem neste livro: tornem-se avaliadores do seu efeito. Desejo que você almeje um $d > 0,40$ que, na média, é certamente mais atingível.

O BARÔMETRO E O PONTO CRÍTICO

Uma das tensões ao escrever *Visible Learning* foi a de apresentar evidências sem sobrecarregar o leitor com dados. Eu queria uma imagem visual que resumisse o grande número de dados. Meu parceiro desenvolveu a ilustração mostrada na Figura 2.1 como um "barômetro de influências".

A seta na Figura 2.1 aponta para o efeito médio das várias metanálises no tópico particular (na Fig. 2.1, ele é $d = 0,29$ para as cinco metanálises sobre temas de casa). A variabilidade (ou erro padrão) da média do tamanho de efeito de cada metanálise nem sempre é fácil de ser determinada. Ao longo das mais de 800 metanálises, o típico erro padrão da média foi de cerca de

$d = 0{,}07$. A fim de fornecer um amplo senso de variação, qualquer influência para a qual a "dispersão de efeitos" média fosse menor do que $d = 0{,}04$ foi considerada uma dispersão baixa, entre $d = 0{,}041$ e $d = 0{,}079$ foi considerada uma dispersão média e maior do que $d = 0{,}08$, alta. Embora essas sejam estimativas brutas, em vez de se basear nelas, é mais importante *ler a discussão a respeito de cada influência para se assegurar que importantes fontes de variação podem ser identificadas para explicar os efeitos diferenciais no interior daquela influência*. A informação no barômetro fornece mais detalhes sobre o quanto podemos confiar nas informações resumidas: o número de metanálises em cada categoria (cinco na Fig. 2.1, baseadas em 161 estudos e 295 tamanhos de efeito). Quatro metanálises forneceram informações sobre o tamanho da amostra com 105.282 alunos (uma não forneceu essa informação). O efeito médio foi de $d = 0{,}29$, com um erro padrão de 0,027 (considerado baixo em relação a todas as metanálises). Os efeitos dos temas de casa foram classificados em 88º lugar entre 138 influências.

Como todos os resumos de literatura, cuidado deve ser a palavra de ordem ao interpretar os efeitos gerais. As nuances e detalhes de cada influência são importantes e são discutidos em mais detalhes em *Visible Learning* (HATTIE, 2009). O ponto crítico geral de 0,40 é sugerido como um ponto inicial para discussão – claramente há muitos pontos críticos (p. ex., um para cada influência), mas a variabilidade, os moderadores, a qualidade dos estudos (e metanálises) e os custos de implantação precisam ser considerados.

Também está presente, como observado no Capítulo 1, a descoberta que mais alterou minha maneira de pensar: quando você olha para a distribuição de todos os 50 mil tamanhos de efeitos positivos, *quase tudo funciona*. Tudo o que é necessário para melhorar o resultado é um estímulo. Isso indica que não é suficiente apenas fornecer evidências de que você tem um efeito

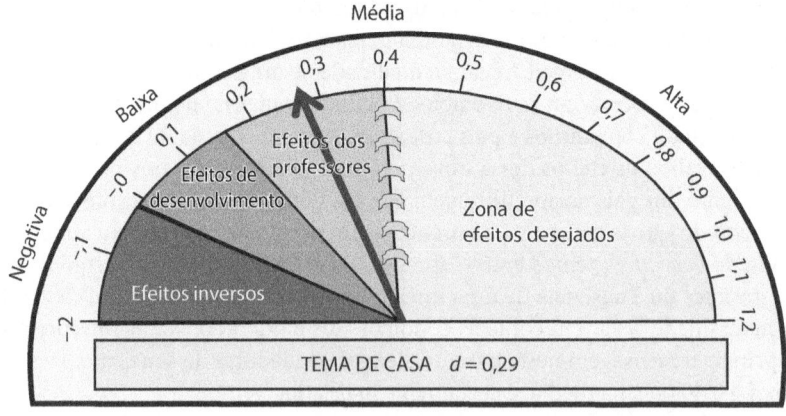

Figura 2.1 O barômetro para a influência dos temas de casa.

positivo sobre o resultado: também precisamos identificar um nível de evidência que possa ser considerado o nível mínimo para reivindicar um efeito positivo que valha a pena. Quando olhei para a distribuição dos efeitos (ver Fig. 1.1), ela parecia seguir aproximadamente uma curva normal e, assim, utilizei o efeito médio de 0,40 como o "ponto crítico" para identificar ações que podem ser consideradas como "eficazes" em termos de fazer uma diferença visível na aprendizagem dos alunos. Como ele é o ponto "médio", torna-se um ponto crítico alcançável, "real", não um alvo idealista ou resultante apenas de aspirações.

Um ponto crítico de 0,40 também é importante porque é próximo do efeito médio que podemos esperar de um ano de escolarização. Realizei pesquisas em bancos de dados longitudinais, investiguei o US National Education Longitudinal Study (Estudo Nacional de Investigação Longitudinal dos Estados Unidos - NELS), o Trends in International Mathematics and Science Study (Estudo Internacional de Tendências em Matemática e Ciência - TIMSS), o Program for International Student Assessment (Programa para Avaliação Internacional de Estudantes - PISA), o Australian National Assessment Program in Literacy and Numeracy (Programa de Avaliação Nacional da Austrália em Linguagem e Aritmética - NAPLAN), a National Assessment of Educational Progress (Avaliação Nacional de Progresso Educativo - NAEP) e o Progress in International Reading Literacy Study (Estudo Internacional no Progresso em Leitura e Linguagem - PIRLS) e meus próprios dados longitudinais baseados em aproximadamente 1 milhão de alunos da Nova Zelândia. O ganho anual médio foi de 0,40, embora ele tenha sido ligeiramente maior para alunos de anos/séries mais baixas e menor para alunos de anos/séries superiores. Desse modo, $d = 0,40$ é o que podemos esperar, em média, como crescimento por ano e também o que podemos esperar de todas as intervenções possíveis. Hill et al. (2008) analisaram as normas para 13 principais testes padronizados de desempenho (nos Estados Unidos) e descobriram um crescimento médio em matemática e leitura de cerca de 0,40 – e, como na amostra da Nova Zelândia, os efeitos para cada ano eram maiores nas séries mais jovens e menores nas mais avançadas. Assim, embora $d = 0,40$ seja uma média que valha a pena, pode-

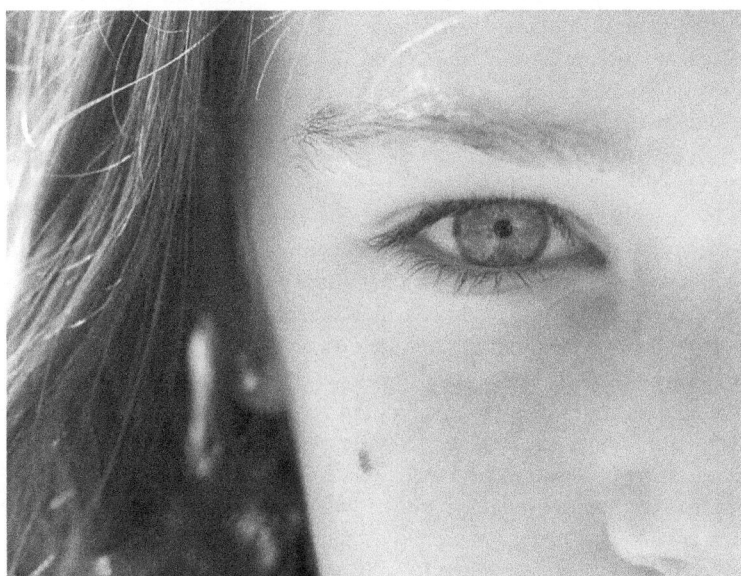

Figura 2.2 O que os professores veem.

mos esperar mais das séries mais jovens ($d > 0,60$) do que das mais avançadas ($d > 0,30$). Escolho essa média (0,40) como um ponto de referência para avaliar a influência que os professores apresentam sobre os resultados. No meu trabalho em escolas desde a publicação de *Visible Learning*, utilizamos esse ponto crítico como a base para discussões (por favor, observe que *não* disse que utilizamos esse ponto crítico para *tomar* decisões, mas, em vez disso, que o utilizamos para *iniciar discussões* sobre o efeito dos professores sobre os alunos).

A HISTÓRIA

O princípio simples por trás da maioria das sínteses discutidas neste livro é o de "ensino e aprendizagem visíveis". O ensino e a aprendizagem visíveis ocorrem quando a aprendizagem é o objetivo explícito e transparente, quando ela é apropriadamente desafiadora e quando tanto o professor quanto o aluno (de várias maneiras) procuram assegurar se o objetivo desafiador é atingido e, se o for, em que grau. O ensino e a aprendizagem visíveis ocorrem quando há uma prática deliberada destinada a obter o controle sobre o objetivo, quando há *feedback* fornecido e recebido e quando há pessoas ativas e apaixonadas envolvidas (professores, alunos, pares) participando no ato de aprendizagem. Trata-se de professores vendo a aprendizagem através dos olhos dos alunos, e de alunos vendo o ensino como a chave para sua aprendizagem contínua. A característica notável dessas evidências é a de que os maiores efeitos sobre a aprendizagem dos alunos ocorrem quando os professores se tornam alunos da sua própria aprendizagem e quando os alunos se tornam seus próprios professores. Quando os alunos se tornam seus próprios professores, exibem os atributos autorregulatórios que parecem ser mais desejáveis para aprendizes (automonitoramento, autoavaliação, autoanálise e autoensino). Portanto, o que faz a diferença é o ensino e a aprendizagem visíveis por parte de professores e alunos.

Uma premissa chave é a de que a visão do professor sobre seu papel é crítica. São as atitudes específicas que os professores apresentam sobre o seu papel – e, de modo mais crítico, uma atitude na qual eles se perguntam sobre o efeito que apresentam sobre a aprendizagem dos alunos. Fundamentalmente, o modo de pensar mais poderoso sobre o papel de um professor é os professores verem a si mesmos como *avaliadores* dos seus efeitos sobre os alunos. Os professores precisam utilizar métodos baseados em evidências para informar, mudar e apoiar essas avaliações sobre os seus efeitos. Essas avaliações estão relacionadas a reivindicações sobre o que cada aluno é capaz de fazer como consequência das ações de seus professores e como cada recurso (especialmente os colegas) pode ser utilizado para desempenhar um papel, movendo os alunos do que eles são capazes de fazer para o ponto em que os professores acham que eles devem estar – e fazer isso da maneira mais eficiente, bem como eficaz. O que os professores fazem faz a diferença – mas o que *mais* importa é ter uma atitude adequada em relação ao impacto que eles apresentam. Uma atitude adequada combinada a ações adequadas trabalham juntas para alcançar um efeito positivo na aprendizagem.

O que *não* estou dizendo é que "os professores são importantes": esse clichê é a reivindicação menos apoiada pelas evidências de *Visible Learning* (HATTIE, 2009). Trata-se de um clichê que mascara o fato de que a maior fonte de variação em nosso sistema se relaciona aos professores (tanto entre professores, e mesmo no fato de que um único professor pode variar em seu impacto entre alunos, dias e aulas). O que *de fato* importa é que os professores tenham uma atitude de encarar como seu papel a avaliação do seu efeito sobre a aprendizagem.

Como defendi em *Visible Learning* (HATTIE, 2009, p. 22-24), quando os professores veem a aprendizagem ocorrendo ou não, eles intervêm de maneiras calculadas e significativas para alterar a direção da aprendizagem a fim de alcançar vários objetivos compartilhados, específicos e desafiadores. Em particular, eles proporcionam aos alunos múltiplas oportunidades e alternativas para desenvolver estratégias de aprendizagem baseadas nos níveis superficiais e profundos de compreensão de algum conceito ou domínio, levando os alunos a construírem um entendimento conceitual dessa aprendizagem, que os alunos e os professores utilizam, então, em aprendizagens futuras. Os aprendizes podem ser muito diferentes, tornando difícil para um professor alcançar tais atos de ensino: os alunos podem estar em diferentes locais de aprendizagem em momentos distintos, utilizando uma multiplicidade de estratégias de aprendizagem específicas, satisfazendo objetivos diferentes e apropriadamente desafiadores. A aprendizagem é uma jornada muito pessoal para o professor e o aluno, embora para muitos deles existam coisas em comum impressionantes nessa jornada. Ela exige muita habilidade dos professores para demonstrar a todos os seus alunos que eles podem conhecer "[...] a perspectiva dos alunos, transmiti-la de volta para eles de modo que possam dispor de um *feedback* valioso para se autoavaliarem, se sentirem seguros e aprenderem a compreender os outros e os conteúdos com o mesmo interesse e preocupação [...]" (CORNELIUS-WHITE, 2007, p. 23).

O ato de ensinar exige intervenções deliberadas para garantir que ocorram mudanças cognitivas no aluno. Portanto, os ingredientes-chave são estar consciente dos objetivos de aprendizagem, sabendo quando um aluno é bem-sucedido em atingir aquelas metas; conhecer suficientemente a compreensão prévia dos alunos antes de cumprirem uma tarefa e conhecer o conteúdo a ponto de fornecer experiências significativas e desafiadoras a fim de que ocorra algum tipo de desenvolvimento progressivo. O ato de ensinar envolve um professor que conheça uma variedade de estratégias de aprendizagem com as quais possa apoiar os alunos quando estes parecem não entender; possa proporcionar direção e reorientação em termos do conteúdo sendo aprendido e, portanto, maximizar o poder de *feedback*, e que também tenha a habilidade para "sair do caminho" quando a aprendizagem estiver progredindo na direção de critérios de sucesso.

É claro que ajuda se esses objetivos de aprendizagem e critérios de sucesso forem compartilhados e contarem com compromisso e entendimento por parte dos aprendizes – porque, em um ambiente com os cuidados corretos e rico em ideias, o aprendiz pode então realizar experimentos (estar certo ou errado) com o conteúdo e com o pensamento sobre o conteúdo e fazer conexões entre ideias. Um ambiente seguro para o aprendiz (e para o professor) é um ambiente em que o erro é acolhido e estimulado – porque aprendemos muito a partir dos erros e do *feedback* que decorre de se caminhar na direção errada ou de não prosseguir de modo suficientemente fluente na direção correta. Do mesmo modo, os próprios professores precisam estar em um ambiente seguro para aprenderem sobre o sucesso ou não dos seus ensinamentos a partir dos outros.

Para a criação de tal ambiente, para comandar uma variedade de estratégias de aprendizagem e para estar cognitivamente consciente dos meios pedagógicos que permitem aos alunos aprenderem, são exigidas pessoas apaixonadas e dedicadas. Os professores precisam estar conscientes de quais das suas estratégias de ensino estão funcionando ou não, precisam estar preparados para compreender e se adaptar aos aprendizes e suas situações, seus contextos e sua aprendizagem anterior e precisam compartilhar a experiência da aprendizagem de modo aberto, franco e agradável com seus alunos e colaboradores.

Como observei em *Visible Learning* (HATTIE, 2009), raras vezes falamos sobre paixão em educação, como se, agindo assim, fizéssemos o trabalho dos professores parecer menos sério, mais emotivo do que cognitivo, um pouco tendencioso ou de importância menor. Quando de fato consideramos a paixão, em geral restringimos tais expressões de alegria e envolvimento a ambientes isolados, não no espaço público de ser um professor (NEUMANN, 2006). Os componentes-chave da paixão para o professor e para o aprendiz parecem ser a pura emoção de ser um aprendiz ou professor, a absorção que acompanha o processo de ensino e aprendizagem, as sensações de estarem envolvidos nas atividades de ensino e aprendizagem e a disposição de estarem envolvidos na prática deliberada de alcançar a compreensão. A paixão reflete a emoção, bem como as frustrações da aprendizagem; a paixão pode ser contagiosa, pode ser ensinada, pode ser modelada e pode ser aprendida. É um dos resultados mais valorizados da escolarização e, embora pouco abordada em qualquer um dos estudos revistos neste livro, ela preenche muitas das influências que fazem a diferença nos resultados. Ela precisa de mais do que conhecimento dos conteúdos, práticas de ensino habilidosas ou de estudantes envolvidos para fazer a diferença (embora eles possam ajudar). Ela precisa de amor pelos conteúdos, de uma posição solidária, ética derivada do desejo de estimular nos outros uma afinidade, ou mesmo amor, pela disciplina sendo ensinada e uma demonstração de que o professor não está apenas ensinando, mas também aprendendo (em geral sobre os processos e resultados de aprendizagem dos alunos). No atual clima econômico de vários países, os valores das propriedades despencaram levando a menos recursos disponíveis para o orçamento da educação. Como Doug Reeves destacou para mim, a paixão pode ser o único recurso natural renovável que temos.

A aprendizagem nem sempre é agradável e fácil. Ela requer, em alguns momentos, uma sobreaprendizagem, valorizando ou desvalorizando rapidamente o contínuo do conhecimento, construindo uma relação de trabalho com os outros por meio do envolvimento com tarefas desafiadoras. Os alunos apreciam o fato de o conhecimento não ser agradável e fácil e, de fato, podem se envolver e apreciar os desafios envolvidos na aprendizagem. Esse é o poder da prática e da concentração deliberadas. Também requer um compromisso em buscar desafios adicionais – e aqui reside uma ligação importante entre desafio e *feedback*, dois dos ingredientes essenciais da aprendizagem. Quanto maior o desafio, maior a probabilidade de que se busque e precise de *feedback*, mas o mais importante é que haja um professor para fornecê-lo e assegurar que o aprendiz está no caminho certo para enfrentar de maneira bem-sucedida os desafios.

A chave para muitas das influências acima do nível crítico de $d = 0,40$ é a de que elas são intervenções deliberadas destinadas a melhorar o ensino e a aprendizagem. É crucial que os professores aprendam sobre o sucesso ou fracasso de suas intervenções: aqueles professores que são estudantes do seu próprio impacto são os professores mais influentes em elevar os resultados dos alunos. A busca por efeitos positivos na aprendizagem dos estudantes (quer dizer, $d > 0,40$) deve ser um tema constante e um desafio para professores e líderes escolares. Como isso não acontece por acaso ou acidente, o professor talentoso deve estar vigilante para o que funciona e o que *não* funciona na sala de aula – isto é, os professores precisam estar vigilantes quanto às consequências para a aprendizagem baseadas no ambiente de suas salas de aula, no seu ensino e no coensino e coaprendizagem dos seus alunos. Eles também devem avaliar os méritos de quaisquer ganhos em termos dos objetivos de aprendizagem terem "valido a pena".

É crucial que o ensino e a aprendizagem sejam visíveis. Não há um segredo profundo chamado "ensino e aprendizagem": eles são visíveis nas salas de aula de professores e alunos bem--sucedidos; são visíveis na paixão exibida pelo professor e pelos alunos quando a aprendizagem e o ensino bem-sucedidos ocorrem; e exigem muita habilidade e conhecimento tanto do professor quanto dos alunos (a princípio do professor e após mais da parte do aluno). O professor deve saber quando a aprendizagem está ocorrendo ou não; saber quando experimentar e quando aprender a partir da experiência; aprender a monitorar, buscar e fornecer *feedback* e aprender quando deve fornecer estratégias de aprendizagem alternativas se outras estratégias não estão funcionando. O que é mais importante é que o ensino seja visível para o aluno e que a aprendizagem seja visível para o professor. Quanto mais o aluno se torna o professor e mais o professor se torna o aprendiz, então mais bem-sucedidos são os resultados (ver HATTIE, 2009, p. 25-26).

Essa explicação sobre o ensino visível se relaciona aos professores como ativadores, como agentes deliberados de mudança e como diretores da aprendizagem (HATTIE; CLINTON, 2011). Isso não significa que eles sejam didáticos, passem 80% ou mais do dia falando e tenham como objetivo cobrir o currículo ou o conteúdo de uma aula aconteça o que acontecer. Os modelos de ensino e aprendizagem visíveis se combinam, em vez de se oporem ao ensino centrado nos professores e à aprendizagem e ao conhecimento centrados nos alunos.

Além de compreensão superficial e profunda, também queremos que a eficiência ou a fluência sejam respostas valorizadas. Sabemos o que é "fluência" quando falamos em ser fluentes em uma linguagem. O mesmo conceito pode ser aplicado a qualquer aprendizagem. A sobreaprendizagem pode ser um fator que nos ajude a alcançar fluência. Sobreaprendizagem é o que acontece quando atingimos um estágio de saber o que fazer sem pensar sobre isso. Sua característica crítica é que ela reduz a carga em nosso pensamento e cognição, permitindo que prestemos atenção a novas ideias. Atingir um estado de sobreaprendizagem requer muita prática deliberada – isto é, engajamento extenso em atividades práticas relevantes para melhorar o desempenho (como quando os nadadores nadam volta após volta procurando decorar os aspectos-chave de suas braçadas, voltas e respirações). Não é a prática deliberada com o objetivo de treino repetitivo, mas a prática deliberada com foco na melhora de aspectos particulares do desempenho, para compreender melhor como monitorar, autorregular e avaliar um desempenho e para reduzir erros.

CONCLUSÕES

O principal argumento apresentado neste livro é o de que quando o ensino e a aprendizagem são visíveis, há uma grande probabilidade de os alunos atingirem níveis mais altos de resultados. Tornar o ensino e a aprendizagem visíveis requer um excelente "professor como avaliador e ativador", que conhece uma variedade de estratégias de aprendizagem para construir o conhecimento superficial, o conhecimento e a compreensão profundos e a compreensão conceitual dos alunos. O professor precisa fornecer direção e reorientação em termos do conteúdo que está sendo compreendido e, portanto, compõe a maior parte do poder de *feedback*. O professor também precisa ter a habilidade de sair de cena quando a aprendizagem está ocorrendo e o aluno está fazendo progresso na direção de atingir os critérios em relação aos quais a aprendizagem bem-sucedida será julgada. Ensino e aprendizagem visíveis também exigem um compromisso em buscar desafios adicionais (para o professor e o aluno) – e aqui se encontra uma ligação importante entre o desafio e o *feedback*, dois dos ingredientes essenciais da aprendizagem. Quanto maior for o desafio, maior a probabilidade de que se busque e precise de *feedback*, e o mais importante é que haja um professor para assegurar que o aprendiz está no caminho certo para lidar com o desafio de modo bem-sucedido.

São alguns professores com certas atitudes que fazem a diferença. Que os professores são a maior fonte de variação é algo debatido com frequência, mas quantos estudos a mais são necessários para demonstrar seu impacto? Há estudos de produção que associam atributos específicos dos professores (tais como educação, experiência); há estudos de variação que avaliam os efeitos dos professores ao longo de diferentes salas de aula; há estudos de associação que relacionam práticas de ensino aos resultados dos estudantes. Todos esses métodos controlam diferentes efeitos dos alunos (p. ex., resultados prévios, *status* socioeconômico). Esses vários estudos de valor agregado em geral mostram altos níveis de variação em função dos efeitos dos professores (daí a reivindicação de que "nem todos os professores fazem a diferença"), mas a variação é a maior fonte sobre a qual temos algum controle (ALTON-LEE, 2003).

A conclusão em *Visible Learning* (HATTIE, 2009) foi lançada na forma de seis sinais na direção da excelência em educação, como a seguir.

1. Os professores estão entre as influências mais poderosas na aprendizagem.
2. Os professores precisam ser diretivos, influentes, atenciosos e ativa e apaixonadamente engajados no processo de ensino e aprendizagem.
3. Os professores precisam estar conscientes do que todos os alunos de sua turma estão pensando e do que eles sabem, ser capazes de construir significado e experiências significativas à luz desse conhecimento dos alunos e ter conhecimento proficiente e compreensão dos conteúdos de suas matérias, de modo que possam fornecer *feedback* significativo e adequado para que cada aluno se mova progressivamente pelos níveis do currículo.
4. Professores e alunos precisam *conhecer os objetivos de aprendizagem* e os critérios para o sucesso dos alunos em suas aulas, conhecer *o quão bem eles estão alcançando* esses critérios para todos os alunos e saber *para onde ir em seguida*, em função das diferenças entre os conhecimentos atuais e de compreensão dos alunos, bem como os critérios de sucesso de "Onde você está indo?", "Como você está indo para lá?" e "Para onde ir em seguida?".
5. Os professores precisam passar de uma única ideia para múltiplas ideias e associá-las e, então, estendê-las de modo que os aprendizes construam e reconstruam seus conhecimentos e ideias. Não são os conhecimentos ou as ideias, mas o que é crítico é a construção desse conhecimento e ideias pelos aprendizes.
6. Os líderes escolares e professores precisam criar ambientes escolares, salas de professores e salas de aula em que o erro seja acolhido como uma oportunidade de aprendizagem, em que o abandono de conhecimento incorreto é bem-vindo e em que os professores podem se sentir seguros para aprender, reaprender e explorar o conhecimento e a compreensão.

Nesses seis sinais, a palavra "professores" é intencional, porque um tema principal é quando os professores se encontram para discutir, avaliar e planejar suas estratégias de ensino à luz das evidências de *feedback* sobre o sucesso ou sobre suas estratégias de ensino e suas concepções sobre o progresso e desafio adequados. Isso não é uma reflexão crítica, mas *reflexão crítica à luz de evidências* sobre seu ensino.

As mensagens em *Visible Learning* não são outra receita para o sucesso, outra busca por certezas, outra revelação da verdade. Não há receita, nenhum desenvolvimento profissional de um conjunto de planilhas, nenhum método de ensino novo e nenhum remédio paliativo. Trata-se de uma maneira de pensar: "meu papel, como professor, é o de avaliar o efeito que tenho sobre os meus alunos". É o de "conhecer seu impacto", compreender esse impacto e atuar sobre esse conhecimento e compreensão. Isso exige que os professores reúnam evidências seguras e defensáveis de muitas fontes e mantenham discussões colaborativas com colegas e alunos sobre essas evidências, tornando, assim, o efeito do seu ensino visível para si mesmos e para os outros.

Professores poderosos, apaixonados e talentosos são aqueles que:

- focam no compromisso cognitivo dos alunos com o conteúdo que está sendo ministrado;
- focam em desenvolver um modo de pensar e argumentar que enfatiza estratégias de solução de problemas e ensino relacionadas aos conteúdos que eles desejam que os alunos aprendam;

- focam em transmitir novos conhecimentos e compreensão e, então, monitorar como os alunos ganham fluência e valorização nesse novo conhecimento;
- focam em fornecer *feedback* de uma maneira adequada e oportuna para ajudar os alunos a alcançar os objetivos da aula que valem a pena;
- buscam o *feedback* do seu efeito no progresso e proficiência de *todos* os seus estudantes;
- têm uma compreensão profunda sobre o que aprendem;
- focam em ver a aprendizagem através dos olhos dos alunos, apreciando sua aprendizagem aos trancos e barrancos e suas progressões frequentemente não lineares na direção dos seus objetivos, apoiando suas práticas deliberadas, fornecendo *feedback* dos seus erros e direções erradas e se importando com que os alunos atinjam os objetivos e compartilhem a paixão do professor pelo material que é aprendido.

Esse foco é mantido incansavelmente e precisa ser compartilhado por todos em uma escola. Como Reeves (2011) demonstrou, há uma forte ligação entre a manutenção de foco em objetivos limitados por parte de todos os envolvidos na escola e a melhora dos resultados dos alunos. Na lista acima estão os "focos" que podem construir uma melhora contínua.

Sem foco, mesmo as melhores ideias de liderança irão falhar, as iniciativas baseadas nas pesquisas mais idealistas irão falhar, e os líderes diligentes mais abnegados irão falhar. Pior de tudo, sem foco por parte dos líderes em educação, os estudantes e professores irão falhar. (REEVES, 2011, p. 14).

EXERCÍCIO

Forneça a lista a seguir a todos os professores (e pais) e peça que decidam se, na média, eles apresentam baixo, médio ou altos impactos nos resultados dos seus alunos. Depois de completar a tarefa, apresente os resultados (ver Apêndice D) e pergunte o que agora pode ser alterado nessa escola e em sua turma (dica: há onze grandes efeitos, nove médios e dez baixos efeitos).

INFLUÊNCIA	IMPACTO		
Capacidade de formar grupos/acompanhar/fluir	Alto	Médio	Baixo
Aceleração (p. ex., pular um ano/série)	Alto	Médio	Baixo
Programas de compreensão	Alto	Médio	Baixo
Mapeamento de conceitos	Alto	Médio	Baixo
Aprendizagem cooperativa e individual	Alto	Médio	Baixo
Instrução direta	Alto	Médio	Baixo
Feedback	Alto	Médio	Baixo
Gênero (resultados de homens comparados aos de mulheres)	Alto	Médio	Baixo
Ambiente doméstico	Alto	Médio	Baixo
Ensino individual	Alto	Médio	Baixo
Influência dos colegas	Alto	Médio	Baixo
Associação do ensino aos estilos de aprendizagem dos alunos	Alto	Médio	Baixo
Programas de estratégia metacognitivas	Alto	Médio	Baixo
Ensino fônico	Alto	Médio	Baixo
Desenvolvimento profissional nos resultados dos alunos	Alto	Médio	Baixo
Fornecimento de avaliação formadora aos professores	Alto	Médio	Baixo
Fornecimento de exemplos trabalhados	Alto	Médio	Baixo
Ensino recíproco	Alto	Médio	Baixo
Redução do tamanho das turmas	Alto	Médio	Baixo
Retenção (segurando um ano/série)	Alto	Médio	Baixo
Controle dos estudantes sobre a aprendizagem	Alto	Médio	Baixo
Expectativas dos alunos	Alto	Médio	Baixo
Credibilidade dos professores aos olhos dos alunos	Alto	Médio	Baixo
Expectativas dos professores	Alto	Médio	Baixo
Conhecimento da matéria pelos professores	Alto	Médio	Baixo
Relações professores-alunos	Alto	Médio	Baixo
Utilização de simulações e jogos	Alto	Médio	Baixo
Programas de vocabulário	Alto	Médio	Baixo
Programas gerais de linguagem	Alto	Médio	Baixo
Formação de grupos na turma	Alto	Médio	Baixo

3
Professores: os principais atores no processo educativo

Poderia parecer mais óbvio começar com os alunos, mas esse não teria sido o local correto para começar! Frequentemente fazemos afirmações sobre os alunos, seu modo de aprender, suas atitudes, seu amor ou não pela escola, suas famílias e contextos e sua cultura. Em muitos casos, essa discussão é sobre por que podemos ou não ter um efeito sobre sua aprendizagem.

Muitas vezes nos preocupamos sobre quem são os alunos. Embora seja verdade que a maior fonte de variação nos resultados de aprendizagem seja atribuível aos alunos, isso não significa que devemos nos deter no que os alunos podem ou não fazer. Levantamos muitas hipóteses para explicar por que os estudantes não conseguem aprender: são seus estilos de aprender; o predomínio ou o déficit do lado direito ou esquerdo do cérebro; a falta de atenção; sua recusa em tomar sua medicação; sua falta de motivação; a falta de apoio dos pais; o fato de trabalharem e assim por diante. Não que essas explicações estejam erradas (embora algumas estejam – não há evidência para estilos de aprendizagem, por exemplo) ou certas (expectativas dos pais e estímulo são fatores poderosos), mas a premissa que está por trás da maior parte dessas afirmações é a crença de que nós, como educadores, não podemos mudar o aluno. É essa crença que está na raiz do déficit de pensamento. A crença de que os fatores do contexto apresentam a maior influência na aprendizagem seria um argumento para alocar mais recursos para o combate à pobreza e para os programas sociais em vez da escolarização. *Devemos* nos considerar como agentes de mudanças positivas para os estudantes que nos procuram – para a maioria, é obrigatório vir à escola e, às vezes, eles se apresentam de modo relutante, mas, em geral (ao menos inicialmente), os alunos estão ávidos para serem desafiados a aprender. Meu argumento é o de que as crenças e o compromisso dos professores exercem a máxima influência sobre os resultados dos estudantes *sobre os quais podemos ter algum controle* – e este livro enfatiza essas crenças e esses compromissos.

Com frequência nos preocupamos com o que os professores fazem. É fácil dizer que são "os professores que fazem a diferença". Isso *não* é, de fato, o que é defendido neste livro. Existem influências tanto de professores com um valor abaixo de $d = 0,40$ quanto acima e, na maioria dos sistemas escolares, há mais variação em uma própria escola do que entre escolas. Essa variação em uma mesma escola destaca as variações produzidas pelos efeitos dos professores, e, embora possamos desejar que todos os nossos professores sejam excelentes, essa não é sempre a visão daqueles que foram seus alunos. Em vez disso, há alguns professores que fazem algumas coisas que fazem a diferença. Os efeitos de professores de grande impacto comparados aos de professores de baixo impacto são de 0,25, o que significa que um aluno de uma sala de aula com um professor de alto impacto tem quase que um ano de vantagem sobre os colegas de uma sala de aula com um professor de baixo impacto (SLATER; DAVIES; BURGESS, 2009). Um argumento importante deste capítulo é o de que as diferenças entre professores de alto e baixo impacto estão relacionadas, principalmente, às atitudes e às expectativas que os professores apresentam quando decidem sobre temas centrais da aprendizagem – isto é, o que ensinar e em que nível de dificuldade, sua visão do progresso dos alunos e os efeitos do seu ensino. São alguns professores fazendo algumas coisas com certas atitudes ou sistema de crenças que verdadeiramente fazem a diferença. Isso me leva ao primeiro conjunto de atributos relacionados à "aprendizagem visível *inside*": professores apaixonados e motivados.

Começamos pelas atitudes de professores e líderes escolares. Por exemplo, Smith (2009) introduziu um programa de metas muito poderoso em uma grande escola de ensino médio em área urbana, e muitos dos professores se recusaram a participar, argumentando que não eram responsáveis pelo fato de os alunos atingirem ou não as metas: "[...] se eles não fizeram seus temas de casa, falharam em completar tarefas, não compareceram às aulas, então, por que os professores devem ser responsabilizados pelo fato de os alunos não atingirem suas metas?". Os professores defenderam que suas metas estavam mais relacionadas a garantir a cobertura de todo o currículo, fornecendo recursos e atividades que valem a pena e assegurando ordem e justiça na sala de aula.

Bishop (2003) forneceu uma das intervenções mais eficientes disponíveis para alunos de grupos minoritários em salas de aula regulares, começando com as crenças dos professores. Ele defendeu que os professores chegam às salas de aula com teorias muito fortes sobre os alunos e, com frequência, resistem às evidências de que seus alunos não se encaixam nessas teorias. Esses professores têm teorias sobre raça, cultura, aprendizagem, desenvolvimento e sobre os níveis de desenvolvimento e velocidades de progresso dos alunos. Uma das primeiras ações da intervenção de Bishop foi o levantamento da visão dos alunos sobre esses temas. Depois, ele mostrou aos professores a diferença entre a sua crença e a dos alunos. Só depois pôde iniciar a intervenção, que abordou as crenças dos professores, em primeiro lugar.

> **Aprendizagem visível – *checklist* para um ensino motivado e apaixonado**
>
> 1. Todos os adultos na escola reconhecem que:
>   a. há uma variação entre os professores em relação ao seu impacto sobre a aprendizagem e os resultados dos estudantes;
>   b. todos (líderes escolares, professores, pais, alunos) atribuem um alto valor a ter importantes efeitos positivos sobre todos os alunos;
>   c. todos são vigilantes em relação à construção de conhecimentos capazes de criar efeitos positivos nos resultados dos alunos.

O CASO DO PROFESSOR MOTIVADO E APAIXONADO

> **Aprendizagem visível – *checklist* para um ensino motivado e apaixonado**
> 2. A escola apresenta evidências convincentes de que todos os seus professores são apaixonados e motivados – e esse deve ser o principal atributo na promoção dos professores da escola.

Um dos momentos mais estimulantes do meu trabalho de pesquisa foi quando estava na University of North Carolina trabalhando com Richard Jaeger, Lloyd Bond e muitos outros sobre questões técnicas relacionadas aos National Board for Professional Teaching Standards (Padrões Nacionais do Conselho para Ensino Profissional - NBPTS). Laurence Ingvarson e eu editamos recentemente um livro sobre esse período excitante e sobre os marcos na avaliação do desempenho em educação, desenvolvimento de rubricas de avaliação e estudos psicométricos relacionados a esses temas, que realmente mudaram nossa maneira de encarar professores, salas de aula e a identificação de excelência (ver INGVARSON; HATTIE, 2008). O NBPTS ainda é, na minha avaliação, o melhor sistema para identificar de modo confiável excelentes professores, embora ainda haja muito a fazer para aprimorá-lo. A base do modelo NBPTS é a utilização de indicadores múltiplos dos efeitos dos professores nos estudantes, evitando avaliar as correlações em vez dos efeitos reais e se certificando de que os métodos de avaliação são também um excelente desenvolvimento profissional. Este capítulo, entretanto, não é uma revisão do NBPTS, uma vez que há outras fontes e endereços na internet que podem fornecer essa base. Em vez disso, é enfatizado um estudo que destaca a importância de professores apaixonados e motivados.

Richard Jaeger e eu começamos revisando a literatura (de maneira mais tradicional do que aquela feita em uma metanálise) sobre as distinções entre professores especialistas e experientes, em vez de utilizar a distinção mais comum entre professores experientes e novatos. Enviamos nossas descobertas para vários pesquisadores proeminentes nesse campo e para professores especialistas em busca de comentários, alterações e estímulos. Identificamos as cinco principais dimensões de professores excelentes ou "especialistas". Professores especialistas apresentam altos níveis de conhecimento e compreensão sobre os alunos a quem ensinam, podem orientar a aprendizagem para resultados superficiais e profundos desejáveis, podem monitorar a aprendizagem de modo bem-sucedido e fornecer *feedback* que auxilie os estudantes a progredir, podem cuidar dos atributos da aprendizagem mais voltados para as atitudes (desenvolvendo especialmente a autoeficácia e o domínio da motivação) e podem fornecer evidências defensáveis dos impactos positivos do ensino na aprendizagem dos alunos. Aqui reside a diferença entre os termos "especialista" e "experiente".

> **Aprendizagem visível – *checklist* para um ensino motivado e apaixonado**
> 3. A escola apresenta um programa de desenvolvimento profissional que:
>   a. promove um maior conhecimento dos professores sobre seus alunos;
>   b. apoia a aprendizagem por meio da análise das interações dos professores com os alunos em sala de aula;
>   c. ajuda os professores a entender como fornecer um *feedback* efetivo;
>   d. lida com as características afetivas dos alunos;
>   e. desenvolve a capacidade dos professores em influenciar a aprendizagem superficial e profunda dos alunos.

a. Professores especialistas podem identificar as maneiras mais importantes de representar a matéria que ensinam

Em *Visible Learning* (HATTIE, 2009) foi mostrado que o conhecimento dos professores sobre a matéria apresenta pouco efeito na qualidade dos resultados dos alunos! A distinção, entretanto, diz menos respeito à "quantidade" de conhecimento e ao "conhecimento do conteúdo pedagógico", mas mais sobre como os professores percebem a compreensão superficial e profunda das matérias que ensinam, bem como suas opiniões sobre como ensinar e perceber quando os alunos estão entendendo e aprenderam a matéria. Os professores especialistas e os professores experientes não diferem na quantidade de conhecimento que possuem sobre as matérias do currículo ou sobre as técnicas de ensino – mas os professores especialistas diferem no modo como organizam e utilizam esse conhecimento sobre os conteúdos. Os especialistas possuem um conhecimento que é mais integrado, pelo fato de associarem a introdução de uma matéria nova ao conhecimento anterior dos estudantes, podendo fazer aulas personalizadas ao alterar, combinar e adicionar temas de acordo com as necessidades dos seus alunos e segundo seus próprios objetivos técnicos.

Como consequência do modo como eles encaram e organizam sua abordagem, os especialistas podem reconhecer rapidamente as sequências de eventos que ocorrem na sala de aula que de algum modo afetam a aprendizagem e o ensino de um tópico. Eles são capazes de detectar e se concentrar nas informações mais relevantes, fazer melhores previsões baseadas nas suas representações da sala de aula e identificar um conjunto maior de estratégias que os alunos podem utilizar ao resolver um problema em particular. Eles são capazes, portanto, de prever e determinar o tipo de erro que os alunos podem cometer e assim conseguem ser muito mais sensíveis a eles. Isso permite que os professores especialistas construam uma compreensão da razão do sucesso e do modo como ele é alcançado. Eles são mais capazes de reorganizar a resolução de problemas à luz das atividades em curso na sala de aula, podem prontamente formular uma ampla variedade de soluções possíveis e são mais capazes de verificar e testar suas hipóteses ou estratégias. Eles buscam evidências negativas a respeito do seu impacto (quem não aprendeu, quem não está fazendo progresso) na agitação da sala de aula e as utilizam para fazer adaptações e resolver problemas.

Esses professores mantêm uma crença apaixonada de que os alunos podem aprender os conteúdos, aí incluídos os objetivos de aprendizagem das aulas. Essa alegação sobre a capacidade de ter uma compreensão profunda das várias relações também ajuda a explicar por que alguns professores são frequentemente presos aos detalhes da sala de aula e consideram difícil pensar fora das especificidades de suas salas de aula e alunos. Nem sempre a generalização é o seu forte.

b. Professores especialistas são peritos em criar um ótimo ambiente para a aprendizagem na sala de aula

Um excelente ambiente para a aprendizagem na sala de aula é aquele que gera uma atmosfera de confiança – um clima em que se compreende que não há problema em cometer erros, uma vez que são a essência da aprendizagem. Para os alunos, o processo de reconceitualizar o que sabem de modo a adquirir novos conhecimentos pode significar identificar erros e abandonar ideias anteriores. Em muitas salas de aula, a principal razão pela qual os alunos não gostam de expor seus erros se deve aos seus pares: seus colegas podem ser desagradáveis, brutais e virais! Professores especialistas criam ambientes de sala de aula que acolhem a admissão de erros; eles conseguem isso desenvolvendo um clima de confiança entre professores e alunos e entre os próprios alunos. O ambiente é o de que "aprender é legal" e de que vale a pena, e todos – professores e alunos – estão envolvidos no processo de aprendizagem. Trata-se de um ambiente em que não há problema em reconhecer que o processo de aprendizagem raras vezes é linear, exige compromisso e investimento de esforço e apresenta muitos altos e baixos de conhecimento, não conhecimento e construção de confiança na possibilidade do conhecimento. É um clima em que o erro é acolhido, em que é alto o questionamento dos alunos, em que o engajamento é a norma e em que os alunos podem obter reconhecimento como aprendizes efetivos.

c. Professores especialistas monitoram a aprendizagem e fornecem *feedback*

A capacidade de professores especialistas de resolver problemas, ser flexíveis e improvisar maneiras em que os alunos podem controlar os objetivos de aprendizagem significa que eles precisam ser excelentes buscadores e usuários de informações de *feedback* a respeito do seu ensino – isto é, de *feedback* sobre o efeito que eles apresentam na aprendizagem.

Uma típica aula nunca ocorre como planejado. Os professores especialistas são habilidosos em monitorar o estado atual de compreensão dos alunos e o progresso da aprendizagem na direção de critérios de sucesso e procuram e fornecem *feedback* associado ao nível de compreensão atual dos alunos (ver Cap. 7 para mais informações sobre a natureza dessa "associação"). Por meio da reunião de informações seletivas e da resposta aos alunos, eles podem antecipar quando o interesse está desaparecendo, identificar quem não está entendendo e desenvolver e testar hipóteses sobre o efeito do seu ensino sobre os seus alunos.

d. Professores especialistas acreditam que todos os alunos podem atingir os critérios de sucesso

Tal expectativa exige que os professores acreditem que a inteligência é alterável e não fixa (mesmo se existirem evidências que demonstrem que ela não seja – ver DWECK, 2006). Ela exige que os professores tenham um grande respeito por seus alunos e demonstrem uma certeza apaixonada de que todos podem alcançar o sucesso. A maneira utilizada pelo professor para tratar e interagir com os alunos, respeitá-los como aprendizes e pessoas e demonstrar atenção e compromisso com eles precisa ser transparente.

A noção de paixão é a essência de tal dimensão e, embora possamos considerar sua mensuração difícil, certamente sabemos quando estamos diante dela:

> Professores com comprometimento apaixonado são aqueles que absolutamente adoram o que fazem. Eles estão em constante busca de maneiras mais eficientes de atingir seus alunos e de dominar o conteúdo e os métodos do seu ofício. Eles consideram uma missão pessoal [...] aprender o máximo que puderem sobre o mundo, os outros e si mesmos – e ajudar os outros a fazer o mesmo. (ZEHM; KOTLER, 1993, p. 118).

> Ser apaixonado pelo ensino não é apenas expressar entusiasmo, mas também fazê-lo de uma maneira baseada em princípios, orientada por valores e de um modo inteligente. Todos os professores efetivos têm uma paixão por sua matéria, uma paixão por seus alunos e uma crença apaixonada sobre quem eles são e sobre como podem fazer uma diferença na vida dos seus alunos, tanto no momento do ensino quanto dias, semanas, meses e mesmo anos posteriores. (DAY, 2004, p. 12).

Os alunos percebem isso. O Measures of Effective Teaching Project (Projeto Medidas de Ensino Efetivo - GATES FOUNDATION, 2010) estimou o componente de valor agregado de 3 mil professores e, ao mesmo tempo, pediu aos alunos desses professores que completassem levantamentos de suas experiências nessas turmas. O conjunto de sete fatores (os "7 Cs") listados na Tabela 3.1 apresenta diferenças drásticas em como os alunos percebem as turmas daqueles professores (chamados de professores com "alto valor agregado") que adicionaram ganhos de resultados acima da expectativa (levando em conta os resultados anteriores dos alunos, no 75º percentil) em comparação com alunos de turmas em que os ganhos foram muito menores (no 25º percentil). Por exemplo, é mais provável que os professores cujos alunos afirmam que "realmente tentam entender como os alunos se sentem sobre as coisas" se encontrem no 75º percentil do que no 25º percentil em termos de aprendizagem com valor agregado que ocorre nas turmas.

O cenário dos professores especialistas é, portanto, um cenário de envolvimento e respeito pelos alunos, de disposição a ser receptivo ao que eles precisam, de paixão em assegurar que estejam aprendendo.

TABELA 3.1 Diferenças nas visões dos alunos sobre professores que atribuem alto valor e baixo valor em relação a sete fatores do ambiente da sala de aula (os 7 Cs)

Dimensões	Exemplos	No 25º percentil	No 75º percentil
Cuidar	O professor nessa turma me faz sentir que ele realmente se importa comigo	40%	73%
	O professor realmente tenta entender como os alunos se sentem sobre as coisas	35%	68%
Controlar	Os alunos dessa turma tratam o professor com respeito	33%	79%
	Nossa turma permanece ocupada e não tem tempo ocioso	36%	69%
Esclarecer (Clarify)	O professor tem várias boas maneiras de explicar cada tópico que abordamos em sala	53%	82%
	O professor explica claramente coisas difíceis	50%	79%
Desafiar (Challenge)	Nessa turma aprendemos muito quase todos os dias	52%	81%
	Nessa turma aprendemos a corrigir nossos erros	56%	83%
Cativar	O professor torna as aulas interessantes	33%	70%
	Gosto da maneira como aprendemos nessa turma	47%	81%
Debater (Confer)	Os alunos emitem suas opiniões e compartilham suas ideias sobre os trabalhos em sala	40%	68%
	O professor respeita minhas ideias e sugestões	46%	75%
Consolidar	O professor se certifica se compreendemos quando está nos ensinando	58%	86%
	Os comentários que recebo sobre meu trabalho nessa turma me ajudam a compreender como melhorar	46%	74%

e. Professores especialistas influenciam os resultados superficiais e profundos dos alunos

A qualidade fundamental de um professor especialista é a capacidade de ter uma influência positiva nos resultados dos alunos – e, como observado no Capítulo 1, tais resultados não estão limitados às notas das provas, mas cobrem um amplo leque: alunos permanecendo na escola e fazendo um investimento na sua aprendizagem; desenvolvendo conhecimentos conceituais superficiais e profundos; desenvolvendo múltiplas estratégias de aprendizagem e um desejo de controlar a aprendizagem; dispostos a correr riscos e desfrutar do desafio da aprendizagem; tendo respeito por si próprios e pelos outros e se transformando em cidadãos que têm mentes desafiadoras e disposição para se tornarem participantes ativos, competentes e pensadores críticos em nosso mundo complexo. Para que os alunos atinjam esses resultados, os professores devem estabelecer objetivos desafiadores em vez de "fazer o seu melhor" e convidar os alunos a se engajarem nesses desafios e se comprometerem a alcançar esses objetivos.

Como os professores especialistas diferem dos professores experientes nessas cinco dimensões?

Essas cinco dimensões de professores especialistas foram identificadas a partir de uma revisão da literatura e estabeleceram as bases para um estudo em que comparamos docentes certificados pelo National Board (NBCs) ("professores especialistas") com professores que se inscreveram na certificação, mas que não foram aprovados ("professores experientes"). Embora tenhamos feito uma amostra de mais de 300 professores, o estudo final se concentrou naqueles próximos do limite da aprovação. Escolhemos 65 professores de crianças na segunda infância ou professores de inglês, linguagem e arte de alunos no início da adolescência; metade com valores logo acima do valor limite de corte e metade com valores logo abaixo do valor limite de corte. Para cada uma das cinco dimensões de professores especialistas, desenvolvemos uma série de tarefas para os alunos, cronogramas de observação de turmas, entrevistas com os professores e com os alunos, levantamentos de dados e coletamos amostras do ensino que observamos (ver SMITH et al., 2008, para detalhes). Houve diferenças importantes nas médias dos dois grupos ao longo de todas as dimensões.

A magnitude ou importância das diferenças entre essas médias é mais bem demonstrada colocando em um gráfico o tamanho do efeito de cada uma das dimensões (ver Fig. 3.1). Os professores mais talentosos estabeleceram tarefas com um grau de desafio maior; foram mais sensíveis ao contexto e apresentaram um entendimento mais profundo dos conteúdos ensinados. Mais importante, houve poucas diferenças entre as salas de aula de professores especialistas e experientes nos resultados de nível mais superficial, mas houve grandes diferenças nas proporções de aprendizagens superficiais e profundas: 74% das amostras dos trabalhos de alunos nas turmas NBCs foram considerados como o resultado de um nível de compreensão profunda, comparadas aos 29% de amostras de professores não NBC (ver Fig. 3.2). Os alunos de professores especialistas são muito mais adeptos de entendimentos profundos, além dos superficiais, enquanto os alunos de professores não especialistas são mais propensos a aprendizagens mais superficiais e não profundas.

Embora tenham sido feitas muitas alegações sobre o que torna um professor eficiente, muito poucas se basearam em evidências de sala de aula. Muito frequentemente as listas se baseiam em análises simples de partes individuais do ensino, em pequeno número de professores e em professores ainda não identificados como especialistas com base em processos de avaliação extensos e rigorosos. O estudo antes relatado começou com uma revisão extensa da literatura e uma síntese

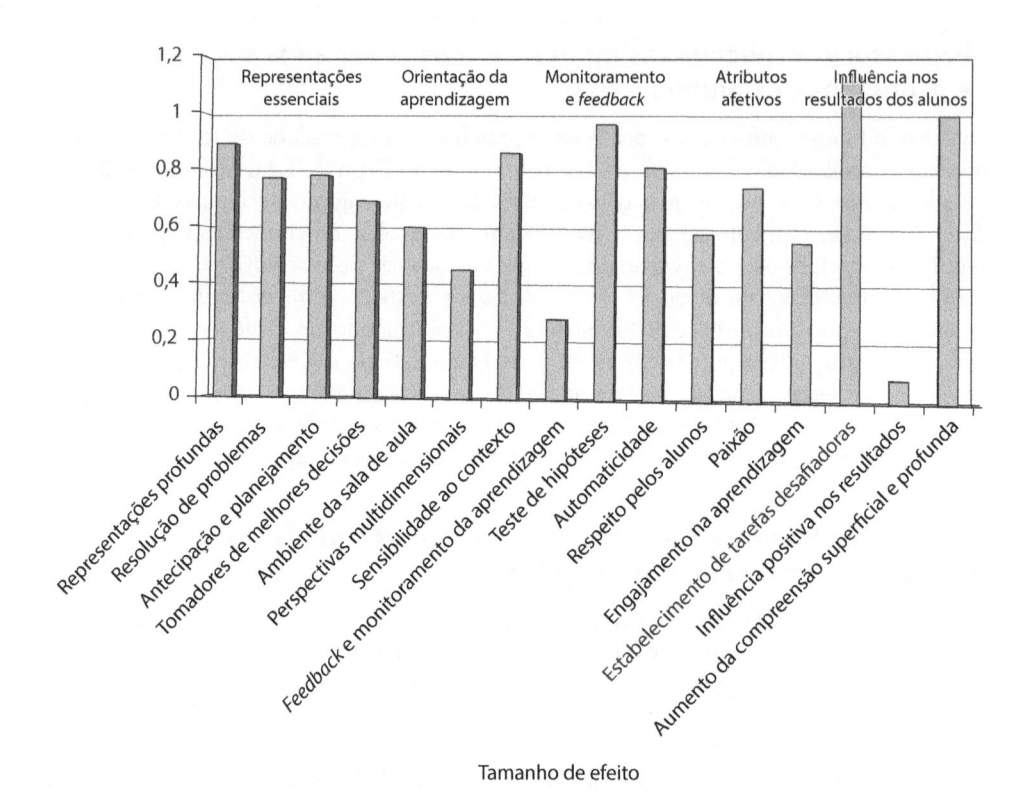

Figura 3.1 Tamanhos de efeito das diferenças entre professores especialistas e experientes.

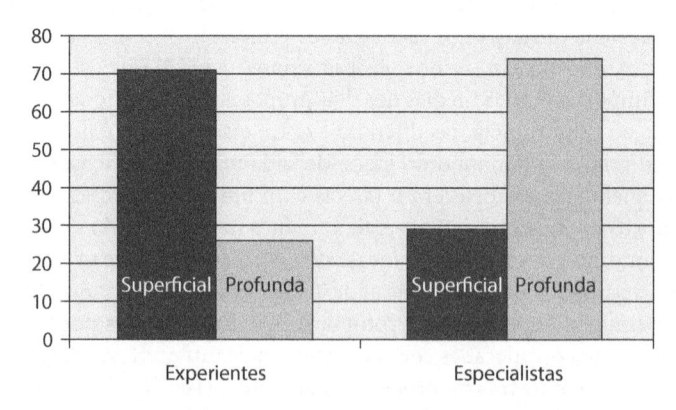

Figura 3.2 Porcentagem de trabalhos de alunos classificados como aprendizagem profunda ou superficial.

de milhares de estudos. Ele levou, então, a uma especificação muito detalhada da informação que foi reunida nas salas de aula ao longo de muitos anos. Essa informação foi então codificada de modo independente, utilizando alguns avanços motivadores e recentes na metodologia de observação da sala de aula. Os resultados são claros: os professores especialistas *de fato* diferem dos professores experientes – particularmente no grau de desafio que eles apresentam aos alunos e, sobretudo, na profundidade com que os alunos aprendem o processo de informação. Os alunos que são ensinados por professores especialistas apresentam uma compreensão mais integrada, coerente e com um nível maior de abstração dos conceitos almejados no ensino do que a compreensão alcançada pelos alunos de turmas ensinadas por professores experientes.

O PROFESSOR MOTIVADO

> **Aprendizagem visível – *checklist* para um ensino motivado e apaixonado**
>
> 4. O desenvolvimento profissional da escola também procura ajudar os professores a buscar caminhos em busca:
>   a. da solução de problemas de ensino;
>   b. da interpretação de eventos em progresso;
>   c. de ser sensível ao contexto;
>   d. do monitoramento da aprendizagem;
>   e. da testagem de hipóteses;
>   f. da demonstração de respeito por todos na escola;
>   g. da demonstração de paixão pelo ensino e pela aprendizagem;
>   h. da ajuda aos alunos para o entendimento da complexidade.

Steele (2009) utilizou nossos modelos para desenvolver um modelo de "ensino motivado". Ela fez distinções entre os professores "inconscientes", "conscientes", "capazes" e "motivados". Essa motivação vem tanto do fato de os professores serem avaliadores dos seus próprios efeitos quanto do fato de receberem motivação dos seus alunos – suas reações, aprendizagem e desafios. Ela traça os caminhos de cada uma das dimensões: para resolver os problemas de ensino, para interpretar os eventos em andamento de forma a ser sensível ao contexto, para monitorar a aprendizagem, para testar hipóteses, para demonstrar respeito, para demonstrar paixão pelo ensino e aprendizagem e para ajudar os alunos a entenderem a complexidade.

Pegue, por exemplo, demonstrar paixão pelo ensino e pela aprendizagem. Steele observa que a paixão não é misteriosa: ela se relaciona ao nível de entusiasmo que o professor demonstra, à extensão do compromisso de cada aluno, à aprendizagem e ao ensino em si e pode ser observada ao escutar os professores falando sobre a aprendizagem dos alunos.

> Esses professores estão convictos de que são responsáveis pela aprendizagem dos alunos e redobram seus esforços no sentido de fazer um melhor trabalho a cada dia. (STEELE, 2009, p. 185).

Esses professores encontram melhores maneiras de ensinar aos seus alunos. Eles acreditam que o modo como falam de seus tópicos específicos e a maneira como levam os alunos a os vivenciarem pode tornar cada aula mais envolvente e acreditam que são responsáveis pela aprendizagem dos alunos. A maioria de nós relembra seus professores favoritos porque eles se importavam profundamente com que compartilhássemos sua paixão e interesse por suas matérias. Eles pareciam fazer um esforço extra para que entendêssemos, toleravam e aprendiam a partir dos nossos erros e celebravam quando atingíamos os critérios de sucesso. Esses professores apaixonados tinham o mesmo tempo, currículo, limitações de exame, mesmos ambientes físicos e os mesmos tamanhos de turma que os outros professores, mas eles certamente comunicavam a excitação do desafio e seu compromisso e o cuidado com a aprendizagem.

Steele observa que quase todos nós entramos no magistério com um sentimento de idealismo e propósito. À medida que confrontamos as realidades e os desafios das escolas e salas de aula, podemos então escolher quatro caminhos: desistir (como fazem 50% nos primeiros cinco anos), desconectar-se e simplesmente realizar a tarefa de ensinar, trabalhar para se tornar competente e buscar promoção fora da sala de aula ou aprender a desfrutar a alegria do ensino motivado. A diferença entre o professor motivado e o professor capaz é grande. Reconheço que alguns analistas preferem falar de *ensino* motivado (em vez de *professores*), defendendo que professores individuais podem estar motivados em determinados dias, mas não necessariamente em todos eles – e talvez não para todos os alunos em todos os momentos. Isso é, de fato, o que ocorre. Sabemos, por exemplo, que Roger Federer não é um tenista brilhante em cada jogada – mas isso não significa que podemos falar apenas de jogar tênis de modo motivado e não de tenistas motivados. Federer é inspirador, e a maioria de nós defenderia que ele é um tenista excepcional. Do mesmo modo, professores motivados nem sempre apresentam um ensino motivado, mas, no geral, as probabilidades são de tal modo que podemos falar de professores motivados. Sim, no meu próprio jogo de tênis eu também posso eventualmente fazer uma jogada como a de Roger Federer e, nesses momentos, posso ser considerado um tenista inspirado (pelo menos na minha mente), mas, no geral, não sou um especialista em tênis.

Certamente existem muitas coisas que os professores motivados *não* fazem: *não* utilizam as notas como punição, *não* confundem o comportamento com o desempenho acadêmico, *não* estimulam a aceitação passiva do trabalho acadêmico, *não* utilizam excessivamente folhas de trabalho, *não* apresentam baixas expectativas nem defendem uma aprendizagem de baixa qualidade como "fazer o que for possível", *não* avaliam seu impacto pela aceitação, cobertura do currículo ou por conceberem justificativas por apresentarem pouco ou nenhum impacto nos seus alunos e *não* preferem a perfeição nos temas de casa em relação ao ato de correr riscos, que faz parte dos erros.

Podemos ter altas expectativas de que os professores e as escolas tenham importantes impactos sobre o aumento da aprendizagem dos alunos. Esperamos isso dos nossos técnicos de esportes – nem sempre vencer, mas ensinar a melhorar a qualidade das habilidades de cada jogador, jogar o jogo segundo o espírito das regras, desenvolver trabalho individual bem como de equipe, valorizar o compromisso e a lealdade com o desenvolvimento e ser justo com todos os jogadores sobre os critérios duais de sucesso da maioria dos esportes de crianças (participação e objetivo de vencer). Nossas expectativas em relação àqueles que estão em nossas escolas não devem ser diferentes.

O principal tema por trás das cinco dimensões de professores especialistas discutidas neste capítulo é que elas abordam sobre o impacto que os professores exercem – e não sobre os atributos de personalidade ou pessoais dos professores (KENNEDY, 2010). Se os programas de formação de professores forem mais preocupados com a forma como os iniciantes podem conhecer os efeitos que exercem e menos com o conhecimento de quem eles são e como ensinam, então poderemos obter melhores resultados. A exigência final é de que os professores desenvolvam a habilidade de avaliar o efeito que têm sobre os alunos. Não é tão importante, por exemplo, que os professores iniciantes *conheçam* sobre diversidade; é mais importante que conheçam a respeito dos efeitos que apresentam sobre grupos de alunos diversos a quem eles provavelmente estejam ensinando. Eles precisam ser capazes de reagir à situação, a alunos específicos e ao momento. Os professores trabalham em situações bastante variadas, apresentam interações com muitos alunos diferentes e trabalham em escolas com ampla variedade de condições (tempo de planejamento, interrupções, oportunidades colaborativas). Esperar um efeito contínuo de modo regular é pedir demais – mas o pedido deste livro é de que os professores constantemente acompanhem a natureza e a qualidade do efeito que exercem sobre cada aluno.

CONCLUSÕES

> **Aprendizagem visível – *checklist* para um ensino motivado e apaixonado**
> 5. Profissionalismo na escola é alcançado por professores e líderes escolares que trabalham de forma colaborativa para alcançar a "aprendizagem visível *inside*".

Em geral há uma pressa em resolver o problema "dos professores", mas essa é uma orientação errada. As mensagens neste livro não devem nos conduzir ao território de avaliação de professores, pagar mais aos melhores, alterar a formação e fixar a entrada na profissão – embora essas sejam questões importantes e fascinantes. Em vez disso, a mensagem deste livro é tornar cada professor capaz de entender melhor seu efeito sobre seus alunos e auxiliar os professores a desenvolverem uma atitude de avaliação para ajudá-los na passagem para o grupo de professores altamente eficientes (i.e., aquele que regularmente tem impactos de $d > 0,40$) ao qual todos nós deveríamos querer nos juntar.

Assim é que uma profissão funciona: ela ajuda a identificar os objetivos de excelência (e eles raras vezes são simples, unidimensionais e avaliados apenas por um teste, como os resultados de educação antes destacados devem claramente demonstrar), procura estimular a colaboração com todos na profissão para fazê-la avançar e procura valorizar aqueles que demonstram competência. Muitas vezes encaramos a natureza essencial da nossa profissão como autonomia – autonomia para ensinar como compreendemos melhor, autonomia para escolher os recursos e métodos que pensamos serem os melhores e autonomia para voltar atrás amanhã e ter outra chance de fazer o que já fizemos muitas vezes. Como afirmei em *Visible Learning* (HATTIE, 2009), temos boas evidências de que a maioria, se não todos os nossos métodos, recursos e ensino, apresenta um efeito positivo nos resultados – e muitos apresentam efeitos acima da média. A profissão precisa abraçar as noções sobre o que é ser bem-sucedido no ensino, ajudando a todos de maneira colaborativa para obter essa excelência e reconhecendo os principais efeitos quando eles forem evidentes. Não temos direito, entretanto, de ensinar regularmente de um modo que leve os alunos a obterem menos de $d = 0,40$ em um ano.

Claramente essa abordagem para avaliar os efeitos do ensino coloca mais ênfase na aprendizagem dos alunos. Com frequência temos nos preocupado muito mais com o ensino do que com a aprendizagem. Na melhor das hipóteses, para alguns, a aprendizagem ocorre se os alunos completarem as tarefas, demonstrarem interesse e envolvimento e "passarem" nos testes. Entretanto, procurar entender a aprendizagem significa começar a partir do mundo privado de cada aluno e do mundo semiprivado das interações entre colegas, bem como do efeito mais público das interações gerenciadas por professores sobre os alunos. Nuthall (2007) observou que 35% dos conceitos e princípios específicos que os alunos aprendem são dependentes de conversas privadas com colegas ou da escolha de recursos com os quais os alunos podem se envolver. A chave é o que está se passando na mente de cada um – porque influenciar essas mentes é o objetivo da aula!

Quando se pergunta aos alunos o que eles querem dos professores, o mesmo tema sobre a compreensão da sua aprendizagem se faz presente. McIntyre, Pedder e Rudduck (2005) resumiram uma extensa série de pesquisas sobre as opiniões dos alunos e concluíram que eles desejam um foco construtivo na aprendizagem. Os alunos não divagaram reclamando das injustiças percebidas ou descrevendo as características pessoais dos professores; eles queriam falar sobre a sua aprendizagem e sobre como melhorar. Como o Capítulo 7 irá mostrar, nossos estudos destacam a importância que os alunos colocam sobre "avançar". Eles preferiram explicações concisas, o reconhecimento de que podem aprender em diferentes ritmos, tarefas que conectaram novos temas com aqueles mais familiares e uma maior independência e autonomia na aprendizagem em sala de aula do que aquelas a que mais estão acostumados. Como McIntyre, Pedder e Rudduck (2005) observaram, é tão fácil e legítimo para os professores alegar que as sugestões dos alunos raramente levam em conta de forma adequada a complexidade da tarefa docente, mas são apenas aqueles professores que têm uma atitude de levar em conta as percepções importantes dos alunos que fazem os esforços contínuos necessários para envolvê-los mais no processo de aprendizagem.

EXERCÍCIOS

1. Utilizando uma escala Likert de seis pontos (de "Discordo plenamente" a "Concordo plenamente") utilize a "medida de progresso efetivo" dos "7Cs" discutida neste capítulo. Utilize os resultados como base para uma discussão sobre como você poderia mudar o que faz como professor para ter mais alunos com todos os itens "5" ou "6".
2. Considere formas de evidência a partir do NBPTS (National Board For Professional Teaching Standards, c2014) sobre a qualidade dos professores. Discuta como você pode utilizar essas evidências para melhorar o seu ensino ou colete as evidências e, em seguida, discuta com colegas como você poderia modificar o seu ensino para aumentar o seu impacto em *todos* os alunos.
3. Convide todos os professores a escreverem uma descrição de "você como professor". Reúna todas as respostas (sem nomes) em uma só e então se reúnam para decidir se essa descrição é consistente com a de um professor motivado e apaixonado.
4. Monitore os tópicos do debate em reuniões de equipe, sessões de café e reuniões de aperfeiçoamento profissional e, então, classifique-os de acordo com os domínios de discussão (p. ex., estrutural, ensino, curricular, avaliação, alunos). Se eles não forem sobre o impacto do nosso ensino, discuta o que seria necessário na escola para que os debates passassem a abordar o impacto do ensino nos alunos – e então participe desses debates.
5. Peça aos seus professores (ou licenciandos) que entrevistem os alunos (de preferência os de uma turma de outro professor para reduzir a interferência e a pressão sentida), perguntando: o que significa ser "um bom aprendiz" nessa turma? Compartilhe os resultados da entrevista (sem citar o nome dos alunos) com seus colegas professores.
6. Com outros professores, aprenda a utilizar as categorias superficiais e profundas do SOLO (ver HATTIE; BROWN, 2004) para desenvolver objetivos de aprendizagem, critérios de sucesso, questões para trabalhos, questões para professores e alunos em sala de aula e a desenvolver *feedback* sobre o trabalho dos estudantes. Assegure que existam níveis elevados de concordância entre os professores quanto às categorias que são superficiais e às que são profundas.
7. Peça a cada professor que pense na última vez que demonstrou paixão em seu ensino. Faça a mesma pergunta aos alunos (sobre os seus professores). Compare esses exemplos de ensino apaixonado.

PARTE II

As aulas

O objetivo dos cinco próximos capítulos não é o de sugerir que exista um caminho linear do planejamento ao impacto, mas o de enquadrar as descobertas de *Visible Learning* (HATTIE, 2009) nas etapas-chave de tomada de decisão por meio das quais os professores trabalham quando estão envolvidos no ensino e na aprendizagem. As decisões são frequentemente tomadas para envolver os alunos em atividades interessantes, estimulá-los a participar na aprendizagem e garantir que, quando o sinal tocar, eles tenham concluído as tarefas passadas e, pelo menos, desfrutado da atividade. Tais expectativas enfadonhas sobre os alunos podem seduzir os dispostos, os brilhantes e aqueles com altos níveis de "controle inibitório", mas continuarão não desafiando os alunos a reinvestir na escolarização. Lingard (2007) e sua equipe observaram mil aulas e registraram os baixos níveis de exigência intelectual, havendo muitos estudos observacionais que destacam a presença opressora de professores falando e alunos esperando sentados passivamente. O argumento é de que esses comportamentos não são os mesmos em todas as salas de aula. Ao contrário, o argumento é de que os professores devem ter a atitude de promover exigências intelectuais, desafios e aprendizagem, pois esses são os indicadores mais poderosos de interesse, engajamento e de pensamento conceitual e de alto nível que tornam os alunos capazes de reinvestir na aprendizagem.

Há uma ênfase no planejamento, em ser claro sobre os objetivos e resultados das aulas (tanto para os professores quanto para os alunos), em ter expectativas ou metas sobre qual deve ser o impacto e, em seguida, avaliar continuamente o impacto do professor no aprendiz. Entretanto, é importante observar que, embora a ênfase deste livro seja em grande parte sobre o professor, não significa que os alunos não possam aprender por meio de outras fontes (como a internet, colegas e família) ou que eles não possam se tornar seus próprios professores. Tal autoaprendizagem é certamente um dos objetivos dos nossos esforços de ensino.

Os métodos e os processos destacados nos próximos capítulos em geral mencionam a importância de os professores criticarem uns aos outros, planejarem juntos, avaliarem juntos e descobrirem muitas outras maneiras de trabalharem juntos. Reconheço que essa é uma reivindicação que demanda recursos intensivos. O argumento é o de procurar maneiras de fornecer recursos para essa aprendizagem conjunta nas escolas, uma vez que essa seria uma utilização muito mais eficiente dos fundos educacionais do que aquela em geral gasta em temas periféricos e estruturais da escolarização – que muito frequentemente apresentam menor efeito, tais como a oferta de cursos de verão ($d = 0,23$), redução do tamanho das turmas ($d = 0,21$), capacidade de formar grupos ($d = 0,12$), comunidades de aprendizagem aberta ($d = 0,01$), programas extracurriculares ($d = 0,17$) ou de retenção ($d = -0,16$). Alcançar o máximo impacto na aprendizagem dos alunos depende de equipes de professores trabalhando juntas, com excelentes líderes ou treinadores, de acordo com resultados que valem a pena; estabelecendo altas expectativas; conhecendo o ponto de partida dos alunos e o sucesso desejado na aprendizagem; buscando continuamente evidências sobre seu impacto em todos os alunos; modificando seu ensino à luz dessa avaliação e se unindo em torno do sucesso de buscar verdadeiramente fazer a diferença nos resultados dos alunos.

4
Preparando a aula

O planejamento da aula pode ser feito de várias maneiras, mas a mais poderosa é quando os professores trabalham juntos para desenvolver planos e desenvolver um entendimento comum do que vale a pena ensinar, colaboram na compreensão de suas crenças de desafio e progresso e trabalham juntos para avaliar o impacto do seu planejamento nos resultados dos alunos.

Há quatro partes críticas no planejamento que precisamos considerar de antemão: os *níveis de desempenho* dos alunos no início (resultados anteriores), os *níveis desejados* ao final de uma série de aulas (ou trimestre ou ano) (aprendizagem direcionada) e a *velocidade de progresso* do início ao fim da série de aulas (progressão). O quarto componente é *colaboração e crítica de professores no planejamento*.

> **Aprendizagem visível – *checklist* para o planejamento**
> 6. A escola possui, e os professores utilizam, métodos justificáveis para:
>   a. monitorar, registrar e tornar disponível, de modo imediato, interpretações sobre o desempenho anterior, atual e almejado dos alunos;
>   b. monitorar o progresso dos alunos ao longo dos anos, e essa informação é utilizada no planejamento e na avaliação das aulas;
>   c. estabelecer metas relacionadas aos efeitos esperados dos professores sobre a aprendizagem dos alunos.

RESULTADOS ANTERIORES

David Ausubel (1968, p. vi) defendeu:

> [...] se eu pudesse reduzir toda a psicologia educacional a apenas um princípio, diria o seguinte: "o fator isolado mais importante influenciando a aprendizagem é o que o aprendiz já sabe. Determine esse fator e ensine de acordo com ele".

Os resultados anteriores são um poderoso indicador dos resultados das aulas ($d = 0,67$).

O que um aluno traz para a sala de aula a cada ano está em grande parte relacionado aos seus resultados em anos anteriores: os com mais facilidade tendem a obter mais resultados e os com mais dificuldade, a alcançar menos. Nosso trabalho como professores é alterar esse padrão, planejando maneiras que acelerem o crescimento daqueles que começam mais atrás a fim de que possam alcançar de modo mais eficiente os objetivos do currículo e a aprendizagem das aulas ao lado daqueles com mais facilidade. Isso significa conhecer sua trajetória de aprendizagem, as atuais estratégias de aprendizagem utilizadas e quão dispostos e prontos os alunos se encontram para investir na aprendizagem. Assim, antes que a aula seja planejada, o professor deve conhecer de fato o que um aluno sabe e pode fazer. Isso permite que o professor adapte a aula de modo que o aluno possa preencher a lacuna entre o seu conhecimento e a sua compreensão atuais e o conhecimento e a compreensão desejados. Portanto, também é crucial ter uma compreensão clara da posição atual dos alunos e da posição a ser atingida.

Qualquer planejamento de aula deve, portanto, começar com um conhecimento profundo do que cada aluno já sabe e consegue fazer e o modo como o ensino visa a aumentar o progresso e os níveis de desempenho para cada um dos alunos. A preocupação primária é agregar valor a todos eles, independentemente do seu ponto de partida, e fazer *todos* alcançarem os resultados desejados.

Um dos entendimentos mais importantes que os professores precisam ter sobre cada aluno é sobre a sua maneira de pensar. Com isso, não se pretende pesquisar os estilos de aprendizagem (visual, cinestésico, etc.), cuja eficácia não encontra suporte em qualquer evidência, mas entender as estratégias de pensamento dos alunos, de modo que possam ser ajudados a avançar no seu pensamento. Uma das teorias de aprendizagem mais conhecidas – a de Piaget – ainda se encontra entre as mais poderosas que conhecemos. Embora tenham ocorrido muitos avanços sobre como pensamos desde que Piaget produziu sua influente pesquisa, vale a pena voltar ao seu trabalho para destacar um ponto-chave: antes que os professores possam ajudar os alunos a "construir" o conhecimento e a compreensão, eles precisam conhecer as diferentes maneiras pelas quais os alunos pensam.

Piaget (1970) defendia que as crianças desenvolviam o seu pensamento por meio de uma sucessão de estágios.

1. O primeiro estágio é o "sensório-motor", que ocorre entre o nascimento e os 2 anos de idade. As crianças se baseiam na visão, no tato e na sucção de objetos e estão aprendendo a relação entre seus corpos e o ambiente. Elas aprendem sobre a permanência dos objetos – isto é, que um objeto existe independente delas, mesmo quando ele não possa ser visto.
2. O segundo estágio é o "pré-operatório" (dos 2 aos 7 anos), durante o qual a criança acredita que todos pensam como ela e tem dificuldade de encarar a vida com qualquer outra perspectiva além da sua. Durante esse estágio, as crianças aprendem a formar conceitos e utilizar símbolos e, desse modo, adquirir habilidades de linguagem. O pensamento é concreto e irreversível. Portanto, é difícil para elas pensar em termos abstratos ou inverter eventos em suas mentes.
3. É no próximo estágio, o "operatório concreto" (dos 7 aos 12 anos), que o pensamento lógico emerge, a reversibilidade começa a ocorrer, e as crianças começam a explorar conceitos.
4. No estágio de operação formal (dos 12 anos até a vida adulta), as crianças podem pensar em termos abstratos ou hipotéticos, são capazes de formular hipóteses e podem argumentar a partir de analogias ou metáforas.

É claro que ocorreram muitas críticas, modificações e melhoras nesse trabalho. A maior crítica se relaciona à noção de estágios fixos ligados à faixa etária: defende-se que os alunos podem se encontrar em múltiplos estágios (o que Piaget também defendeu), que os estágios não são necessariamente ligados a essas idades (Piaget sugeriu que essas eram orientações) e que não exista uma sequência estrita. Case (1987, 1999) revelou que o alcance de marcos de etapas do desenvolvimento cognitivo não ocorria em um ritmo uniforme ao longo dos diferentes domínios do conhecimento. Ele demonstrou que melhorar as capacidades de processamento de informações e de memória de trabalho de uma criança poderia levar a uma melhora na compreensão geral.

A questão central é a de que a criança pode pensar de maneira diferente dos adultos/professores, o que significa que a atenção precisa ser direcionada para o *como* e não para *o quê* a criança está aprendendo. Baseado nas noções de Piaget, Shayer (2003) desenvolveu um programa de "aceleração cognitiva" baseado em três orientações principais: a mente se desenvolve em resposta ao desafio ou desequilíbrio, assim, qualquer intervenção deve fornecer algum grau de *conflito cognitivo*, a mente cresce à medida que aprendemos a nos tornar conscientes dos nossos próprios processos e, assim, assumir o controle e o desenvolvimento cognitivo é um processo social promovido por diálogo de alta qualidade entre colegas e apoiado por professores. O programa alcançou tamanho do efeito de mais de 0,60.

Shayer (2003) sugere dois princípios básicos para professores. Primeiro, os professores precisam encarar como parte de seu papel a criação de intervenções que aumentarão a proporção de crianças alcançando um nível superior de pensamento, de modo que os alunos podem utilizar e praticar essas habilidades de pensamento durante o curso de uma aula típica – isto é, os professores precisam acompanhar *como* os alunos estão pensando.

> Se você não puder avaliar a amplitude dos níveis mentais das crianças na sua turma e, simultaneamente, saber qual é o nível de exigência cognitiva de cada uma das atividades da aula, como você pode planejar e em seguida executar – em retorno às respostas dos alunos a cada minuto – táticas que resultem em um engajamento frutífero de todos? (SHAYER, 2003, p. 481).

Segundo, a aprendizagem é colaborativa e exige diálogo, o que demanda professores atentos a todos os aspectos da construção e mediação entre colegas (particularmente na discussão com toda a turma, ao estimular e criar espaços para todas as visões, comentários e críticas). Isso permite que os professores sejam mais conscientes tanto sobre os níveis de processamento de diferentes aspectos da atividade quanto sobre como a resposta de cada aluno indica o nível em que está fazendo esse processamento – isto é, professores precisam escutar e falar.

Uma tendência preocupante é a de que os alunos do Reino Unido atingem o estágio das operações formais de Piaget em idades cada vez mais avançadas (SHAYER, 2003). Shayer (2003) sugere que a razão pode ser a quantidade de atenção dada aos testes que medem o acúmulo de conhecimento (se esse for um resultado valorizado pelas autoridades, então os professores e alunos precisam aprender a desenvolver maneiras bem-sucedidas de fornecer o que as autoridades pedem às escolas, independentemente dos níveis mais elevados de pensamento!). Além disso, os níveis de processamento da criança média de 11-12 anos de idade, pouco antes de entrar no ensino médio, variam em cerca de 12 anos de desenvolvimento (na média, idades de 6 a 18 anos), e menos de 50% dos alunos com idades de 11 e 12 anos são pensadores no nível das operações formais.

A mensagem é que precisamos saber o que os alunos já sabem, conhecer como eles pensam e, então, almejar que todos os alunos progridam na direção dos critérios de sucesso da aula.

OS AUTOATRIBUTOS QUE OS ALUNOS TRAZEM PARA A AULA

> **Aprendizagem visível – *checklist* para o planejamento**
> 7. Os professores entendem as atitudes e as disposições que os alunos trazem para a aula e procuram melhorá-las de modo que sejam uma parte positiva da aprendizagem.

Além de trazerem seus resultados anteriores, os alunos trazem também muitas outras disposições para a sala de aula. Elas incluem motivações, estratégias e confiança para aprender. Nos meus primeiros anos na academia, passei muito tempo estudando a noção de autoconceito e sua mensuração (HATTIE, 1992): como os alunos veem a si mesmos, o que consideram mais importante e como isso se relaciona com sua aprendizagem e seus resultados? Havia duas direções principais nessa literatura de pesquisa: pesquisa sobre a estrutura de autoconceito (quais são as várias maneiras em que vemos a nós mesmos e como elas funcionam juntas para formar um autoconceito geral?) e pesquisa sobre os processos de autoconceito (como processamos as informações sobre nós mesmos). Propus um modelo para abordar essas duas orientações juntas – chamado de modelo de autoconceito "da corda" (HATTIE, 2008).

A metáfora da corda procurou enfatizar o fato de não haver um único fio por trás de nosso autoconceito, mas sim que havia muitos conceitos sobrepostos de *self* e que a força da corda "[...] se encontra não em uma fibra que corre ao longo de todo o seu comprimento, mas na sobreposição de muitas fibras [...]" (WITTGENSTEIN, 1958, seção 67). Essas várias fibras se relacionam aos processos de autoconceito – tais como autoeficácia, ansiedade, desempenho ou orientações de controle de metas – que utilizamos para interpretar as informações que recebemos e para apresentar a nós mesmos para os outros. Os professores precisam conhecer como os alunos processam a autoinformação de modo que possam desenvolver e melhorar a confiança dos alunos em lidar com tarefas desafiadoras, ensiná-los a terem resiliência diante do erro e do fracasso, abertura e disposição para compartilhar ao interagir com os colegas e orgulho em investir sua energia em ações que levarão a resultados bem-sucedidos.

Um grande argumento do modelo da corda é de que os alunos são pessoas "que escolhem" e procuram impor algum sentido de ordem, coerência e previsibilidade em seu mundo. Fazemos escolhas sobre como interpretar os eventos, sobre cursos de ação alternativos e sobre os valores de tomar ou não essas decisões (é por isso que alguns garotos maus procuram evidências que confirmem suas visões de si mesmos como garotos maus). Essas escolhas procuram *proteger, apresentar* e *promover* nosso autoconceito de modo que possamos "nos apoiar" – isto é, manter um sentimento de autoestima. Um propósito principal da escolarização é o de permitir que os alunos "se apoiem" como aprendizes naquilo que consideramos que vale a pena conhecer.

Passamos muitos anos trabalhando com adolescentes em prisões. Eles também apoiam a si mesmos e utilizam autoestratégias semelhantes a fim de adquirir um maior conhecimento e compreensão – sobre tarefas e resultados socialmente indesejáveis (CARROLL et al., 2009). Defendemos que eles também apreciam o desafio, o compromisso e a paixão e constroem muitas estratégias de aprendizagem bem elaboradas para alcançar o sucesso naquelas áreas em que eles "apoiam a si mesmos" como aprendizes. Os professores e as instituições precisam tornar as escolas ambientes convidativos nos quais aprendemos o conhecimento que valorizamos, mas os professores e as instituições jamais deveriam presumir que todos os alunos vêm para a escola querendo compartilhar esses valores. Os membros das escolas precisam estender um convite aos alunos para que se engajem na aprendizagem que é considerada valiosa - e isso exige um desafio adequado e ajudá-los a ver o valor de investir na prática deliberada de aprender as matérias escolares (PURKEY, 1992).

Alguns dos processos internos a que os professores precisam prestar atenção e que devem modificar, quando necessário, incluem autoeficácia, autolimitação, automotivação, objetivos pessoais, autodependência, autodesânimo e distorção, autoperfeccionismo e comparação social.

Autoeficácia – É a confiança ou a força da crença que temos em nós mesmos de que podemos fazer nossa aprendizagem acontecer. Aqueles com maior autoeficácia tendem a encarar as tarefas difíceis como desafios em vez de tentar evitá-las e, quando fracassam, encaram essas oportunidades como uma chance para aprender e fazer um esforço maior ou buscar nova informação da próxima vez. Aqueles com baixa autoeficácia tendem a evitar tarefas difíceis, que encaram como desafios pessoais. Eles tendem a apresentar baixo ou fraco compromisso com os objetivos e tendem a ser mais encontrados em situações de "fracasso", a se estender sobre deficiências pessoais e obstáculos encontrados ou a negar a agência pessoal, além de demorar para recuperar a confiança.

Autolimitação – Ocorre quando os alunos escolhem os impedimentos ou obstáculos ao desempenho que lhes permitem desviar a causa do fracasso da sua competência para impedimentos adquiridos. Os exemplos incluem procrastinação, a escolha de circunstâncias enfraquecedoras do desempenho (p. ex., "o cachorro comeu o meu dever de casa"), participação em pouca ou nenhuma prática das tarefas futuras, ter objetivos de baixo desafio, exagerar os obstáculos para obter sucesso e reduzir estrategicamente os esforços. No momento do fracasso, a pessoa tem imediatamente uma desculpa. Podemos reduzir a autolimitação proporcionando mais sucesso na aprendizagem, reduzindo a incerteza sobre os resultados da aprendizagem e ensinando os alunos a se tornarem melhores monitores da sua própria aprendizagem.

Automotivação – Ela pode ocorrer em função de atribuições intrínsecas ou extrínsecas: a aprendizagem em si é fonte de satisfação ou as recompensas percebidas são as fontes desse sentimento? "Como eu reinvisto em aprender mais?", "Como eu passo para a próxima tarefa, mais desafiadora?", e "Agora eu entendo..." são exemplos do primeiro caso. "Isso cai na prova?", "Vou receber um adesivo (de elogio)?" e "Isso é suficiente para passar?" são exemplos do último. Uma combinação de ambos provavelmente é necessária, mas quanto mais o equilíbrio se deslocar na direção da motivação intrínseca, maior o investimento na aprendizagem, que leva então a maio-

	Autoeficácia é a confiança ou força da crença que temos em nós mesmos de que podemos fazer a nossa aprendizagem acontecer.
Elevada autoeficácia	• encara tarefas difíceis como desafios em vez de tentar evitá-los; • encara as falhas como chances de aprender e de fazer um esforço maior ou buscar por nova informação da próxima vez.
Baixa autoeficácia	• tende a evitar tarefas difíceis, que são encaradas como ameaças pessoais; • tem baixo ou fraco compromisso com objetivos; • encara os fracassos como chances de se estender sobre suas deficiências pessoais e obstáculos encontrados ou para negar a agência pessoal; • recupera lentamente o sentimento de confiança.

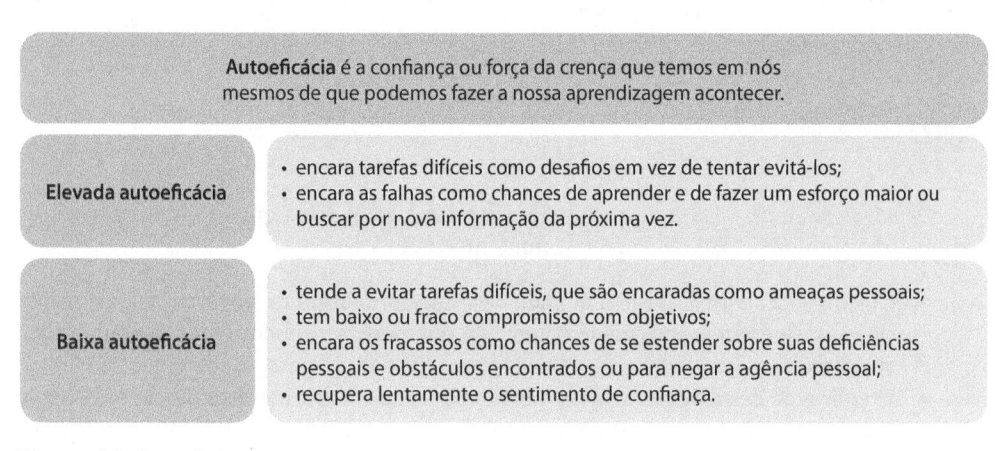

Figura 4.1 Autoeficácia.

A **autolimitação** ocorre quando os alunos escolhem impedimentos ou obstáculos ao desenvolvimento que lhes permitam desviar a causa dos insucessos de sua competência para os impedimentos adquiridos.

Exemplos incluem:	• procrastinação; • a escolha de circunstâncias enfraquecedoras do desempenho; • participação em pouca ou em nenhuma prática das tarefas futuras; • escolha de objetivos de baixo desafio; • exagero dos obstáculos ao sucesso; • redução estratégica de esforços.
Podemos reduzir:	• proporcionando mais sucesso na aprendizagem; • reduzindo a incerteza sobre os resultados da aprendizagem; • ensinando os alunos a se tornarem melhores monitores da sua própria aprendizagem.

Figura 4.2 Autolimitação.

res ganhos nesse processo. Motivação externa excessiva pode levar a uma aprendizagem rasa de aspectos superficiais, conclusão do trabalho independentemente da qualidade e com o objetivo de receber elogios ou recompensas semelhantes.

A **automotivação** pode ser voltada para atribuições intrínsecas ou extrínsecas – a aprendizagem em si é a fonte de satisfação (intrínseca) ou as recompensas percebidas são as fontes desse sentimento (extrínsecas)?

Intrínseca	• Quanto maior for o investimento na aprendizagem, maiores os ganhos nesse processo. • *Como eu reinvisto meu tempo e energias na aprendizagem?* • *Como eu passo para a próxima tarefa mais desafiadora?* • *Agora eu entendo...*
Extrínsecas	• Maior aprendizagem rasa de aspectos superficiais e conclusão do trabalho independentemente do padrão e com o objetivo de receber elogios ou recompensas semelhantes. • *Isso cai no teste?* • *Eu vou receber um adesivo (de elogio)?* • *Isso é suficiente para passar?*

Figura 4.3 Automotivação.

Objetivos pessoais – Há uma rica literatura sobre os objetivos que os alunos podem ter. Existem três tipos principais de objetivos, como mostrado a seguir.

- *Objetivos de controle* surgem quando os alunos procuram desenvolver sua competência e consideram a capacidade como algo que pode ser desenvolvida por um esforço crescente.
- *Objetivos de desempenho* surgem quando os alunos procuram demonstrar sua competência particularmente ao superar os colegas e consideram a capacidade como algo fixo e não maleável ou capaz de ser alterada.

- *Objetivos sociais* surgem quando os alunos estão preocupados principalmente em como interagem e se relacionam com os outros membros da turma.

De controle	• Os alunos procuram desenvolver suas competências e consideram a capacidade como algo que pode ser desenvolvido pelo aumento do esforço.
De desempenho	• Os alunos procuram demonstrar suas competências particularmente ao superar os colegas, e consideram a capacidade como algo fixo em vez de ser maleável ou capaz de ser alterada.
Sociais	• Os alunos estão preocupados principalmente em como interagem e se relacionam com os outros na turma.

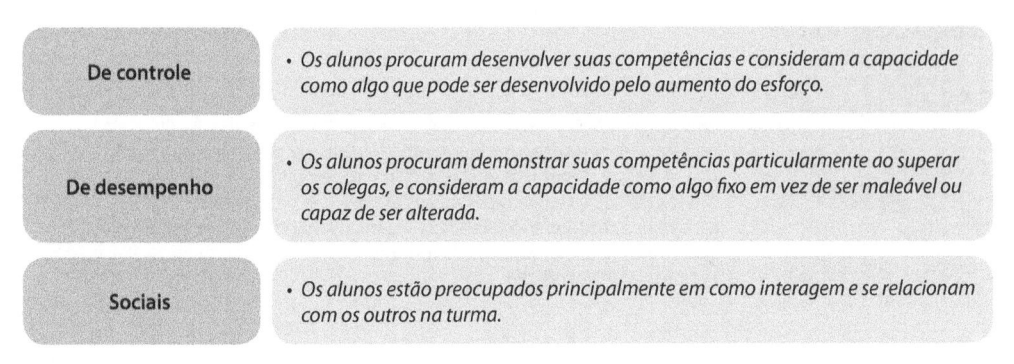

Figura 4.4 Objetivos pessoais.

Esses objetivos podem ser de "abordagem" (quando o aluno está se esforçando para aprender ou dominar a intenção da aula) ou de "prevenção" (quando o aluno está se esforçando para não ter um desempenho pior que os demais). A relação com o desempenho é maior para os objetivos de abordagem do que para os de prevenção.

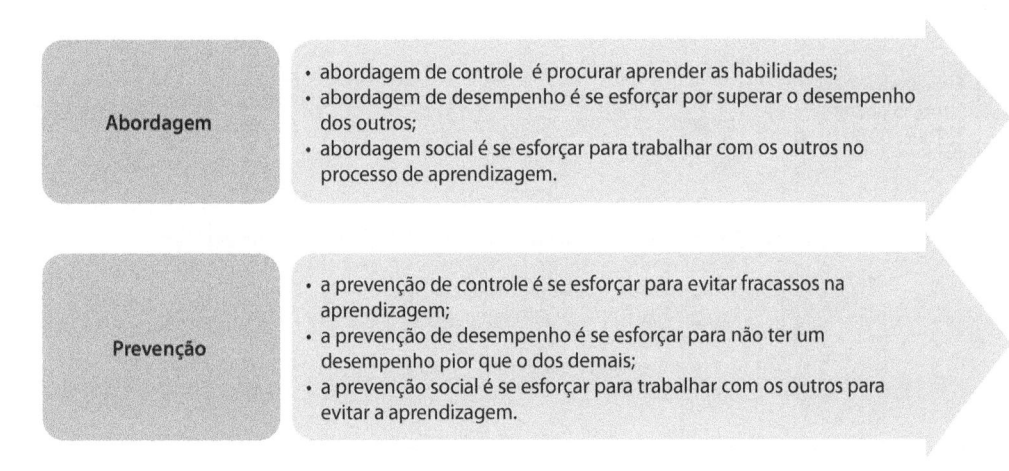

Abordagem	• abordagem de controle é procurar aprender as habilidades; • abordagem de desempenho é se esforçar por superar o desempenho dos outros; • abordagem social é se esforçar para trabalhar com os outros no processo de aprendizagem.
Prevenção	• a prevenção de controle é se esforçar para evitar fracassos na aprendizagem; • a prevenção de desempenho é se esforçar para não ter um desempenho pior que o dos demais; • a prevenção social é se esforçar para trabalhar com os outros para evitar a aprendizagem.

Figura 4.5 Abordagem e prevenção.

Autodependência – Pode ocorrer quando os alunos se tornam dependentes de orientações dos adultos. Especialmente em muitas turmas talentosas, os alunos podem buscar fazer tudo que o professor lhes pede, a ponto de não saberem como se autorregular, automonitorar e autoavaliar. Embora possam obter estima e sucesso em tarefas ao seguirem essas orientações, seu sucesso a longo prazo está longe de ser garantido quando essas orientações não se fazem presentes. Conheci muitos alunos com facilidade que trabalhavam por razões extrínsecas, desenvolviam estratégias autodependentes e começavam a falhar quando se esperava que eles regulassem sua própria aprendizagem (sobretudo quando frequentavam a universidade).

Autodependência ocorre quando...	• os alunos se tornam dependentes de orientações de adultos; • os alunos procuram fazer tudo o que o professor pede a ponto de não aprenderem como se autorregular, automonitorar e autoavaliar.
Implicações	• embora eles possam receber estima e sucesso ao obedecerem às orientações, seu sucesso a longo prazo está longe de estar assegurado quando essas orientações não estiverem presentes; • muitos alunos trabalham por razões extrínsecas, desenvolvem estratégias autodependentes e começam a falhar quando se espera que controlem sua própria aprendizagem (especialmente quando eles entram na universidade).

Figura 4.6 Autodependência.

Autodesânimo e distorção – Pode ser invocado por alunos que "repudiam" informações como elogios, punição ou *feedback*, achando-os não valiosos, imprecisos ou coisas que não valem a pena. Por exemplo, quando um professor diz a um aluno que ele está fazendo um bom trabalho, a reação do aluno pode ser "ignorar" essa afirmação argumentando que "ela está apenas querendo fazer com que eu me sinta bem" ou "é apenas porque ele está caprichado e não porque esteja correto".

Autodesânimo e distorção ocorrem quando...	• os alunos "repudiam" informações como elogios, punições ou *feedback*, achando-os pouco valiosos, imprecisos ou que não valem a pena.
Por exemplo...	• um professor diz a um(a) aluno(a) que ele(a) está fazendo um bom trabalho mas o(a) aluno(a) descarta esse *feedback* argumentando que: – o professor sempre diz a mesma coisa; – o professor apenas está tentando fazer com que o aluno se sinta bem; e/ou – é só porque o trabalho está caprichado e não porque ele esteja correto.

Figura 4.7 Autodesânimo e distorção.

Autoperfeccionismo – Ocorre de várias maneiras: podemos estabelecer padrões tão exigentes para nós mesmos que, quando não são atingidos, encaramos tal fato como um fracasso; podemos exigir que os recursos sejam perfeitos e culpar a sua falta (p. ex., falta de tempo) quando não somos bem-sucedidos; podemos adiar a tarefa porque as condições não são perfeitas para o sucesso; podemos nos prender a detalhes irrelevantes e investir um tempo excessivo que pode não valer a pena; ou podemos adotar uma abordagem "tudo ou nada", acreditando que a conclusão da tarefa não vale muito a pena ou não vale nada. Embora possa haver uma sensação de prazer derivada do esforço diligente, provavelmente haverá mais consequências negativas.

> **Autoperfeccionismo**
> Podemos estabelecer padrões para nós mesmos que são tão exigentes que, quando não os atingimos, encaramos o fato como um fracasso.
> Podemos exigir que os recursos disponíveis sejam perfeitos e culpar sua falta (p.ex., tempo) quando não somos bem-sucedidos.
> Podemos adiar se as condições não forem perfeitas para o sucesso.
> Podemos nos prender a detalhes irrelevantes e investir com um cuidado excessivo em tarefas que podem não valer a pena tamanho investimento.
> Exigimos uma abordagem "tudo ou nada", acreditando que a conclusão de determinada tarefa

Figura 4.8 Autoperfeccionismo.

Ausência de esperança – Se refere ao fato de o aluno não esperar que ocorra melhora de resultados para ele e que ele não tem esperança de mudar essa situação. Nesse cenário, o aluno evita e não se envolve com a realização de tarefas, protege sua autoestima ao ganhar reputação ou sucesso a partir de outras atividades (como mau comportamento) e não encara a melhora nos resultados como resultado de suas ações ou como algo que esteja sob o seu controle. Tal ausência de esperança tem origem a partir de fracassos acadêmicos, da manutenção de pontos de vista que defendem que os resultados não podem ser alteráveis de forma rápida, sendo provavelmente fixos, de baixos níveis de autoeficácia, não valorizando a aprendizagem escolar, não apresentando estratégias de aprendizagem adequadas para a tarefa e de estarem em um contexto que é duro, muito exigente ou punitivo (AU et al., 2009).

Ausência de esperança	
Se refere ao fato...	• do(a) aluno(a) não esperar que ocorra melhora nos resultados e ele(a) não tem esperança de mudar essa situação.
Ocorre quando...	• o aluno evita e não se dedica na realização de tarefas; • o aluno protege sua autoestima obtendo reputação ou sucesso a partir de outras atividades (p. ex., mau comportamento); • o aluno não considera a melhora nos resultados como resultado de suas ações ou sob o seu controle; • os alunos consideram que as opiniões não podem ser prontamente alteráveis; • o aluno aprende a desvalorizar a aprendizagem escolar; • os contextos são desagradáveis, exigentes demais ou punitivos.

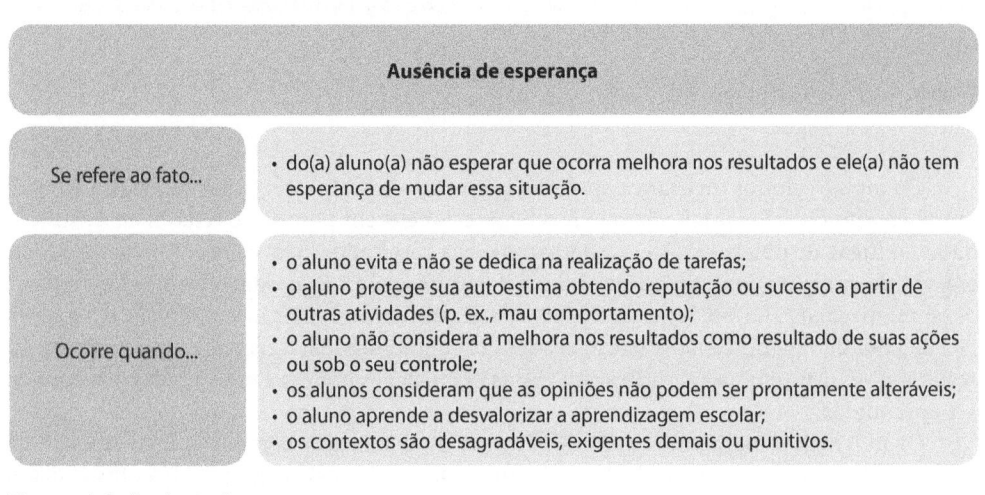

Figura 4.9 Ausência de esperança.

Comparação social – Está sempre presente nas salas de aula. Os alunos com frequência monitoram o comportamento dos outros em busca de características ou atributos que expliquem ou promovam suas próprias concepções de si mesmos. Por exemplo, um aluno muito bom em matemática pode ter um elevado autoconceito nessa disciplina em uma turma mediana em matemática, mas, após ter sido colocado em uma turma muito talentosa nessa matéria, seu autoconceito pode despencar à medida que se compara com esse novo grupo. Marsh et al. (2008) denominaram esse quadro de efeito "peixe grande, tanque pequeno". É essencial ensinar a esses alunos que eles podem ter múltiplas fontes de comparação, a fim de reduzir qualquer efeito negativo (NEIDERER, 2011). Indivíduos com baixa autoestima com frequência utilizam comparações sociais – se comparando especialmente àqueles menos afortunados do que eles – e, em geral, procuram se apresentar como mais confiantes para impressionar os outros e talvez, até mesmo, a si próprios. A ostentação pública, no entanto, pode criar uma impressão de competência e produzir rejeição desse aluno entre os colegas – sobretudo, quando eles percebem o verdadeiro baixo desempenho daquele aluno.

Comparação social	• os alunos frequentemente monitoram o comportamento dos outros em busca de sinais e atribuições que expliquem ou promovam suas próprias concepções de si mesmos.
"Tanque grande, peixe pequeno"	• alunos bem-sucedidos apresentam um elevado autoconceito em determinada matéria em uma turma de nível mediano; • após serem colocados em uma turma talentosa, esse autoconceito pode despencar, pois agora eles comparam a si mesmos com esse novo grupo; • precisamos ensinar a esses alunos que eles podem ter múltiplas fontes de comparação.
Ostentação pública	• os alunos se comparam àqueles menos afortunados do que eles e se apresentam como mais confiantes para impressionar aos outros e talvez, até mesmo, a si próprios; • podem criar uma impressão de competência e gerar rejeição por parte dos colegas, especialmente quando eles se tornam conscientes do seu baixo desempenho.

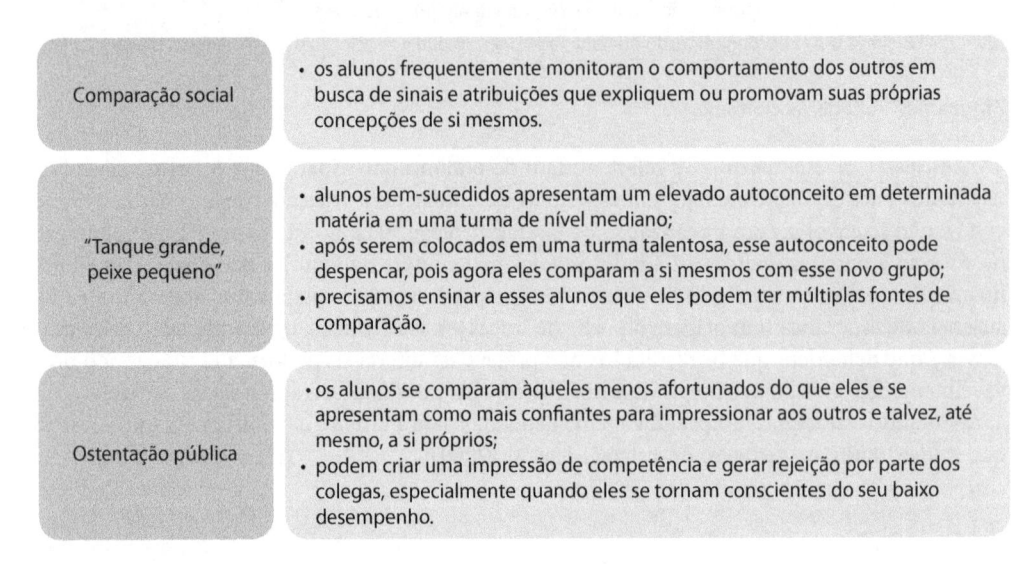

Figura 4.10 Comparação social.

Quando os alunos invocam a aprendizagem em vez de estratégias de desempenho, aceitam e não ignoram os *feedbacks* que recebem, estabelecem pontos de referência de dificuldade no lugar de objetivos fáceis, comparam seus resultados com os critérios das matérias em vez de compará-los com os resultados dos outros alunos, desenvolvem uma eficiência de aprendizagem alta no lugar de baixa e realizam autorregulação e controle pessoal em vez de falta de esperança na situação acadêmica, então tendem a reconhecer a melhora dos resultados e investem na aprendizagem. Essas disposições podem ser ensinadas; elas podem ser aprendidas.

Quanto mais transparentes o professor tornar os objetivos de aprendizagem, é mais provável que o aluno se envolva no trabalho necessário para atingir esse objetivo. Além disso, quanto mais o aluno estiver consciente dos critérios de sucesso, mais ele será capaz de ver e apreciar as ações específicas que são necessárias para alcançar esses critérios. É claro, eu, ele ou ela poderiam escolher não se envolver, serem ativamente não envolvidos ou apenas esperar e ver. Se o professor não estabelecer com clareza os objetivos da aprendizagem, então, em geral, o único objetivo para um aluno é o de comparar a si mesmo com os outros colegas – e como é fácil escolher alguém que não seja tão bom quanto você, o que significa que o sucesso é quase garantido! Schunk (1996) demonstrou que, quando os objetivos são tornados transparentes no início da aula, os alunos apresentam uma maior confiança de que podem alcançá-los. Sua confiança aumenta à medida que fazem progresso na aquisição de habilidades e, desse modo, ajuda a manter a motivação e o desempenho habilidoso. Avaliações formadoras rápidas (ver Cap. 7) utilizadas ao longo das aulas também ajudam os alunos a "verem" seu progresso e, portanto, monitorar seu investimento e confiança na aprendizagem.

APRENDIZAGEM DIRECIONADA

> **Aprendizagem visível – *checklist* para o planejamento**
> 8. Os professores na escola planejam conjuntamente a série de aulas, com os objetivos de aprendizagem e os critérios de sucesso relacionados a especificações curriculares que valham a pena.

Há duas partes na aprendizagem direcionada: a primeira é ser claro sobre o que deve ser aprendido a partir das aulas (o objetivo da aula); o segundo é ter uma maneira de saber que a aprendizagem desejada foi alcançada (os critérios de sucesso). A aprendizagem direcionada envolve o professor saber em que direção está indo sua aula e assegurar que os alunos saibam em que direção estão indo. *Esses caminhos devem ser transparentes para o aluno.* Tal clareza docente é essencial e, com isso, quero dizer clareza dos professores a partir da visão dos alunos. Os professores precisam saber como manter toda a sala na direção do objetivo de aprendizagem e em seguida avaliar seu sucesso nessa tarefa. Objetivos de aprendizagem transparentes também podem levar a maior confiança entre aluno e professor, de modo que ambas as partes se tornam mais envolvidas no desafio oferecido e investem na direção do objetivo. Isso não significa saber se e quando os alunos completam as atividades, mas saber se eles obtêm os conceitos e a compreensão relacionados aos objetivos das aulas.

Objetivos de aprendizagem

Os objetivos (isto é, as intenções de aprendizagem) de qualquer aula precisam ser uma combinação de objetivos superficiais, profundos ou conceituais, com a combinação exata dependendo da decisão do professor, que, por sua vez, é baseada em como a aula se encaixa no currículo. Os objetivos precisam ser de curto prazo (para uma aula ou parte de uma aula) ou de longo prazo (ao longo de uma série de aulas) e, portanto, precisam ser acompanhados em termos de importância e eficiência em relação à complexidade da aprendizagem desejada e duração das aulas. Bons objetivos de aprendizagem são aqueles que deixam claro para os alunos o tipo ou nível de desempenho que eles precisam alcançar, de modo que eles entendam onde e quando investir suas energias, estratégias e pensamento e onde eles estão posicionados ao longo da trajetória na direção da aprendizagem bem-sucedida. Desse modo, eles sabem quando atingiram a aprendizagem pretendida. Professores eficientes planejam efetivamente ao decidirem a respeito de objetivos desafiadores e, então, estruturando situações de modo que os alunos possam atingir esses objetivos. Se os professores puderem estimular os alunos a atingir esses objetivos desafiadores e se fornecerem *feedback* para os alunos sobre como ser bem-sucedidos na aprendizagem à medida que trabalham para alcançar seus objetivos, então é provável que esses serão alcançados de modo mais fácil.

Os objetivos de aprendizagem descrevem o que nós queremos que os alunos aprendam e sua clareza está no centro da avaliação formativa. A menos que os professores sejam claros a respeito do que eles querem que os alunos aprendam (e sobre como o resultado dessa aprendizagem se parece), eles dificilmente desenvolverão uma boa avaliação daquela aprendizagem.

Clarke, Timperley e Hattie (2003) observaram algumas características importantes dos objetivos e do planejamento da aprendizagem, como mostrado a seguir.

- compartilhe os objetivos da aprendizagem com os alunos, de modo que eles possam compreendê-los e reconhecer o sucesso. Isso é mais do que recitar os objetivos de aprendizagem no início da aula, mas uma compreensão mais profunda do que é desejado, como o sucesso se parece e como as tarefas se relacionam com os objetivos;
- nem todos os alunos na turma estarão trabalhando na mesma velocidade ou começando do mesmo ponto, então, é importante adaptar o planejamento aos objetivos para torná-lo inclusivo para todos;
- a cascata que parte da orientação do currículo, por meio da concretização dos resultados até o objetivo da aprendizagem é, algumas vezes, complexa, porque nem todos os documentos do currículo seguem o mesmo formato e a aprendizagem não ocorre em sequências ideais, lineares;
- os objetivos e as atividades da aprendizagem podem ser agrupados, porque uma atividade pode contribuir para mais de um objetivo de aprendizagem ou um objetivo pode precisar de várias atividades para que os alunos o compreendam por completo;
- os objetivos de aprendizagem são aquilo que queremos que os alunos aprendam. Eles também podem aprender outras coisas não planejadas (que podem ser positivas ou negativas), e os professores precisam estar conscientes de consequências imprevistas;
- termine cada unidade ou lição se referindo ao objetivo de aprendizagem e ajude os alunos a compreender o quanto eles estão próximos dos critérios de sucesso.

Um tema-chave é o de que os alunos em geral precisam ser ensinados explicitamente sobre os objetivos de aprendizagem e sobre os critérios de sucesso. Hastie (2011) investigou a natureza dos objetivos que os estudantes estabelecem para si mesmos nos anos finais do ensino fundamental. Ela descobriu que, na melhor das hipóteses, eles estabelecem objetivos de desempenho como: "tenho como objetivo completar o trabalho de modo mais rápido, melhor ou tornar o trabalho mais longo". Ela desenvolveu em seguida uma série de estudos para ensinar os alunos a estabelecerem objetivos de controle ("desejo entender os conceitos"), mas eles não foram tão bem-sucedidos quanto ensinar os professores a como ajudar os alunos a estabelecer objetivos de controle. Foram ensinadas aos professores estratégias que mostrassem aos alunos como estabelecer e escrever seus recordes pessoais, o valor dos objetivos SMART (isto é, aqueles que são específicos [*specific*], mensuráveis, ambiciosos, orientados para resultados [*results-oriented*] e oportunos [*timely*]), como os alunos podem dividir os objetivos em micro-objetivos, o que o desafio significou dentro do objetivo, como deve ser o sucesso em função dos objetivos e como os alunos poderiam responder a um diário de perguntas de autorrevisão. O diário convidava os alunos, auxiliados por seus professores, a escrever três objetivos para si próprios baseados na unidade que eles estavam prestes a estudar. Eles receberam, então, exemplos de como deveria ser o sucesso em função do objetivo e classificaram a si mesmos após cada lição.

As perguntas pré-aula incluíram as seguintes:

- "Qual é o objetivo de hoje?"
- "O quanto eu já sei sobre o objetivo de hoje?" ("nada" a "muita coisa")
- "Acho que o objetivo de hoje será..." ("muito difícil" a "muito fácil")
- "Quanto esforço devo fazer no objetivo de hoje?" ("nenhum" a "muito")

As perguntas pós-aula incluíram as seguintes:

- "Qual foi o objetivo de hoje?"
- "Eu alcancei esse objetivo?" ("nem um pouco" a "totalmente")
- "Quanto esforço eu fiz?" ("não muito" a "muito")

Os alunos receberam, então, algumas justificas para serem assinaladas explicando por que eles pensavam ter atingido o objetivo, tais como:

- "Queria aprender a aula de hoje"
- "Queria atingir o objetivo de hoje"
- "Prestei atenção"
- "Revisei minhas respostas"
- "Entendi por que eu havia errado"
- "Olhei exemplos no meu livro" etc.

Do mesmo modo, eles responderam dando as razões para não ter alcançado o objetivo do dia, tais como:

- "Me distraí"
- "Desisti"
- "Era difícil demais"
- "Era fácil demais"
- "Não entendi o que eu deveria fazer"
- "Acelerei as respostas ao trabalho porque eu queria terminar rapidamente"
- "O professor estava ocupado demais com os outros" etc.

Entre os 339 alunos, o tamanho de efeito das notas de matemática, entre o grupo foco e o grupo controle, ao longo de um período de oito semanas, foi de 0,22 – um retorno razoável para um investimento pequeno. Tão importante quanto isso, houve ganhos muito maiores para atenção e motivação, uma melhora no compromisso em atingir objetivos e informação específica, para professores, sobre por que os alunos atingiram ou não os objetivos. Quando os professores mostram aos alunos como estabelecer controle de objetivos e como deve ser o sucesso nesses objetivos, há um aumento da atenção e da motivação para ser bem-sucedido e há mais sucesso. Essas são habilidades ensinadas com importantes consequências.

Outra maneira que vale a pena de estabelecer objetivos é por meio de registros pessoais. Martin (2006) demonstrou a utilidade desse método e como os registros pessoais podem melhorar o prazer da aprendizagem, a participação na turma e a persistência na tarefa. Ele distinguiu duas dimensões de registros pessoais (RPs): especificidade e desafio. Recordes pessoais podem reduzir a ambiguidade sobre o que deve ser alcançado e o nível de desafio prescrito por um RP deve ser pelo menos mais alto do que o desempenho de um recorde pessoal anterior. Mais importante, os RPs se relacionam ao alcance de um padrão *personalizado* e isso é o que os distingue de muitos outros objetivos. Eles são competitivos (em relação aos registros anteriores) e autoaprimoráveis (o sucesso leva a um melhor desempenho).

Martin (2006) observou que os RPs ajudam a manter a motivação e auxiliam a identificar consciência, acessibilidade, ajustes e utilizam várias estratégias para alcançá-los. Tão importante, se esforçar para conquistar RPs pode valer a pena para a aprendizagem bem-sucedida, mesmo se os objetivos forem de desempenho ou controle.

Intervenções orientadas [para registros pessoais] podem buscar desenvolver as habilidades dos alunos em estabelecer objetivos acadêmicos personalizados que são específicos e, de modo ideal, mais desafiadores do que os que haviam alcançado anteriormente e também ajudam os alunos a desenvolver estratégias para alcançar esses objetivos. (MARTIN, 2006, p. 269).

Os objetivos são importantes para os professores. Butler (2007) descobriu que os professores apresentam diferentes orientações no que diz respeito à sua opinião sobre seus objetivos de aprendizagem. Primeiro, ela pediu que os professores comentassem o que eles consideravam "um dia bem-sucedido". Ela descobriu quatro fatores principais que, em seguida, levaram a quatro formas diferentes de motivação, como resumido na Tabela 4.1.

TABELA 4.1 Quatro importantes fatores envolvidos na orientação dos professores para seus objetivos de ensino

Quatro fatores principais	Exemplo	Esforços e motivações dos professores
Abordagem de controle	"Aprendi algo novo sobre eu mesmo; as perguntas dos alunos me fizeram pensar."	Para demonstrar uma habilidade superior de ensino
Abordagem de capacidade	"Minha turma teve notas mais altas do que outras turmas; meu plano de aula foi o melhor."	Para aprender e adquirir habilidades e compreensão profissionais
Abordagem de prevenção de trabalho	"Meus alunos não fizeram perguntas difíceis; minha turma não piorou no teste; minha turma não está muito atrás."	Para evitar a demonstração de habilidade inferior
Abordagem de prevenção de habilidade	"Eu não precisava preparar aulas; eu me viro sem trabalhar duro; não tinha nenhum trabalho para marcar."	Para vencer o dia com pouco esforço

Uma correlação chave dessas motivações foi a busca de ajuda por parte dos alunos: apenas a abordagem de controle foi associada a encarar a busca de ajuda por parte dos alunos como útil na promoção da aprendizagem. Esses professores disseram aos alunos que fazer perguntas é uma boa maneira de aprender, forneceram oportunidades para essas perguntas, convidaram os alunos a aceitar e trabalhar por meio dos seus erros, promoveram a mensagem de que a busca por ajuda não é um sinal de capacidade inadequada, mas de um desejo de aprender e eles tinham uma maior propensão a responder a essa busca por ajuda. Esses professores se sentiam bem-sucedidos quando estavam aprendendo algo novo, quando algo em sua turma os fez pensar, quando superaram dificuldades e quando viram que estavam ensinando melhor do que haviam feito no passado. Eles tendiam a concordar que ensinavam de maneira que apoiavam as orientações de controle de objetivos dos alunos e que forneciam a eles tarefas desafiadoras e estimulantes que promovessem o pensamento crítico e independente (RETELSDORF et al., 2010).

As últimas duas motivações (prevenção de trabalho e de habilidade), em particular, foram associadas à prevenção – e mesmo desestimulação – de busca por ajuda. Os alunos nas turmas desses professores relataram que eles se envolviam mais em colar, procuravam menos a ajuda desses professores, tendiam a receber tarefas fáceis que recebiam altas notas e consideravam que os alunos que faziam perguntas ou procuravam ajuda eram considerados menos inteligentes por esses professores.

Precisamos de mais professores com abordagens de controle.

Critérios de sucesso

Os critérios de sucesso se relacionam ao conhecimento dos pontos finais – isto é, como sabemos quando chegamos? Um objetivo de aprendizagem voltado para *"aprender a utilizar adjetivos de maneira eficiente"*, por exemplo, não fornece aos alunos os critérios de sucesso ou como eles serão julgados. Imagine que eu lhe pedisse simplesmente para entrar no seu carro e dirigir. Em algum momento não especificado eu deixarei que você saiba quando tiver sido bem-sucedido (se é que você terá sucesso). Para muitos alunos, é isso que a aprendizagem parece. Na melhor das hipóteses, eles sabem que, quando chegarem lá, irão pedir mais a eles (para "dirigir" mais), e não deve ser nenhuma surpresa que muitos alunos se desinteressem da aprendizagem escolar. No caso dos *"adjetivos eficientes"*, dois critérios de sucesso podem ser: *"sua meta é utilizar pelo menos cinco adjetivos eficientes"* ou *"sua meta é utilizar um adjetivo imediatamente antes de um nome em pelo menos quatro ocasiões que irão ajudar a descrever um quadro detalhado, de modo que o leitor possa sentir a selva e a luz da selva"*. Os alunos podem estar ativamente envolvidos em desenvolver critérios de sucesso com o professor.

Não devemos cometer o erro de tornar os critérios de sucesso meramente relacionados à conclusão da atividade ou aula ou de uma aula ser motivadora e agradável. Em vez disso, o principal papel é tornar os alunos motivados e capazes de desfrutar o desafio da aprendizagem. É o desafio que nos mantém investindo e perseguindo objetivos e nos comprometendo a alcançá-los.

CINCO COMPONENTES DE OBJETIVOS DE APRENDIZAGEM E CRITÉRIOS DE SUCESSO

> **Aprendizagem visível – *checklist* para o planejamento**
>
> 9. Há evidências de que essas aulas planejadas:
>   a. invocam desafios apropriados que atraem o compromisso dos alunos em investir na aprendizagem;
>   b. capitalizam e constroem a confiança dos alunos em alcançar os objetivos da aprendizagem;
>   c. baseiam-se em expectativas adequadamente altas de resultados para os alunos;
>   d. levam os alunos a ter objetivos de serem controlados e desejarem reinvestir em sua aprendizagem;
>   e. apresentam objetivos de aprendizagem e critérios de sucesso que são explicitamente conhecidos pelo aluno.

Existem cinco componentes essenciais da equação de aprendizagem no que se refere aos objetivos de aprendizagem e critérios de sucesso: desafio, compromisso, confiança, altas expectativas e compreensão conceitual.

1. Desafio

Desafio é um termo relativo – relativo ao desempenho e à compreensão atuais de um aluno e aos critérios de sucesso derivados do objetivo da aprendizagem. O desafio não deve ser tão difícil a ponto de o objetivo ser encarado como inalcançável diante do nível de resultados anterior do aluno, autoeficácia ou confiança. Em vez disso, os professores e os alunos devem ser capazes de ver um caminho para alcançar o objetivo desafiador – um caminho que pode incluir estratégias para compreender o objetivo ou a intenção, planos de implantação para alcançá-lo e (de preferência) um compromisso em atingir o objetivo.

Uma noção fascinante é como o desafio está relacionado ao que sabemos: na maioria das tarefas escolares, precisamos já saber cerca de 90% do que estamos querendo dominar para desfrutar e aproveitar ao máximo o desafio (BURNS, 2002). Na leitura, esse alvo é um pouco maior: precisamos conhecer em torno de 95-99% das palavras em uma página antes que possamos aproveitar o desafio de ler um texto em particular (GICKLING, 1984). Qualquer coisa menos de 50% praticamente garante que os alunos tendam a não se envolver na tarefa e seu sucesso será limitado.

Os professores costumam ver o desafio na atividade em si – isto é, que a tarefa é desafiadora – enquanto os alunos veem o desafio na dificuldade de concluir a tarefa – isto é, "minha cabeça dói" (INOUE, 2007). As tarefas podem ser inerentemente desafiadoras, mas, a menos que o aluno invista e se envolva na tarefa, ela pode não ser desafiadora para ele. Embora o desafio seja um dos ingredientes centrais da aprendizagem eficiente, a arte se encontra em fazer o desafio adequado ao aluno. É por isso que relacionar uma tarefa à aprendizagem anterior é tão importante.

Também existe uma relação recíproca entre o desafio dos objetivos e o poder do *feedback*. Se os objetivos forem mais desafiadores, então o *feedback* é mais poderoso. Se os objetivos forem fáceis, então o *feedback* tem um efeito menor. Se você já sabe algo, então fornecer o *feedback* tem pouco valor.

O problema com a noção de desafio é que ela é individual: o que está muito além do alcance de um aluno pode ser fácil para outro. Tomlinson (2005, p. 163-164) resumiu essa ideia muito bem:

> Assegurar que o desafio é ajustado às necessidades particulares de um aprendiz em um determinado momento é um dos papéis mais essenciais do professor e parece ser inegociável para o crescimento dos alunos. Nosso melhor entendimento sugere que um aluno aprende apenas quando o trabalho o está desafiando moderadamente e quando há assistência para ajudá-lo a controlar o que a princípio parece fora de alcance.

Quando experimentamos o desafio, com frequência encontramos dissonância, desequilíbrio e dúvida. A maioria de nós precisa de redes de segurança se for correr o risco do desafio, e isso é particularmente verdadeiro quando são algumas de nossas compreensões de conceitos subjacentes que podem estar em risco.

Muitos professores consideram que estimular dissonância, desequilíbrio e dúvida pode ser desmoralizante para os alunos. Com certeza, a intenção não é fazer que os alunos lutem duramente, fiquem desmotivados e comecem a deixar de se envolver. Essa criação positiva de tensão enfatiza a importância dos professores no encorajamento e no acolhimento do erro e, em seguida, na ajuda para que os alunos vejam o valor desse erro para seguir adiante. Essa é a essência do grande ensino. A mudança de foco do *eu* para a tarefa, para a natureza do erro e para as estratégias de utilização do erro são as habilidades do ensinar. Ser bem-sucedido em algo que parecia difícil é a maneira mais segura de promover a autoeficácia e o autoconceito como aprendiz.

2. Compromisso

Criar aulas em que os alunos estejam comprometidos com a aprendizagem é menos importante do que assegurar que a tarefa seja desafiadora – isto é, o compromisso vem em segundo lugar. O "compromisso" se refere à fixação ou à determinação de um aluno (ou de um professor) em atingir um objetivo: quanto maior o compromisso, melhor o desempenho.

O compromisso é mais poderoso quando se relaciona ao investimento em tarefas desafiadoras. Precisamos tomar cuidado para que, ao tornar as atividades interessantes, relevantes, autênticas e motivadoras, isso não leve a um trabalho ocupacional em vez de aprendizagem e desafio. A motivação é maior nas salas de aula em que os alunos percebem o ensino como desafiador e como uma atividade na qual os colegas estão sendo igualmente desafiados (SHERNOFF; CSIKSZENTMIHALYI, 2009). Isso não deve subestimar o papel do compromisso na equação da aprendizagem: no geral, os efeitos da adição de compromisso ao desafio estão entre os ingredientes mais poderosos no planejamento e na aprendizagem.

À medida que os alunos avançam ao longo do ensino fundamental, uma fonte importante desse compromisso com a escola vem dos colegas – por meio de pressão, modelagem e competição (CARROLL et al., 2009). O objetivo do professor, portanto, é o de ajudar os alunos a obterem uma reputação de bons aprendizes entre seus colegas.

3. Confiança

A capacidade de confiar na possibilidade de alcançar os objetivos da aprendizagem é decisiva. Tal confiança pode vir do aluno (de ter tido sucesso anteriormente na aprendizagem), do professor (em fornecer a qualidade do ensino e *feedback* ao longo do caminho para assegurar o sucesso), das tarefas (ao assegurar a base adequada ao longo da escada do sucesso) e dos colegas (em termos de *feedback*, compartilhamento e ausência de distração). Juntos, o mantra é "eu penso que posso... eu penso que posso... eu *sei* que posso...", seguido de "eu pensava que podia... eu pensava que podia... eu *sabia* que podia...". Tal confiança pode levar à resiliência – particularmente diante do fracasso. Resiliência é a capacidade de reagir à adversidade, ao desafio, à tensão ou ao fracasso de uma maneira adaptativa ou produtiva. A proficiência para se adaptar a essas situações é um pouco semelhante a quando somos inoculados com um patógeno causador de doenças para então construir resistência e, portanto, superar a doença.

4. Expectativas dos alunos

A maior influência de todas em *Visible Learning* foram as notas autorreferidas. No geral, os alunos apresentam compreensões razoavelmente precisas dos seus níveis de realização. Ao longo de seis metanálises (cerca de 80 mil alunos), o efeito foi de $d = 1,44$, ou uma correlação de cerca de 0,80 entre as estimativas dos alunos e seu desempenho posterior em tarefas escolares.

> Por um lado, isso revela um nível acentuadamente alto de previsão sobre os resultados em sala de aula (e deve questionar a necessidade de tantos testes quando os alunos parecem já possuir a maior parte da informação que os testes supostamente fornecem), mas, por outro lado, essas expectativas de sucesso (que às vezes estabelecem limites inferiores aos que os alunos poderiam alcançar) podem se tornar uma barreira para alguns alunos, uma vez que eles podem simplesmente responder de acordo com as expectativas que eles já possuem sobre sua capacidade, quaisquer que elas sejam. (HATTIE, 2009, p. 44).

Existem pelo menos dois grupos que não são tão bons em prever seu desempenho e que nem sempre fazem suas previsões na direção correta: alunos de grupos de minorias e alunos com baixos resultados. Esses alunos são menos precisos em suas autoestimativas ou autocompreensão sobre seus resultados. Eles tendem a subestimar o seu desempenho e, ao longo do tempo, tendem a acreditar em suas baixas estimativas e perdem a confiança para assumir tarefas mais desafiadoras. Existem muitos estudos que procuram melhorar a calibração e atrair os alunos para que tenham uma maior confiança ou eficácia ao enfrentar essas tarefas. Alterar as previsões desses alunos sobre o seu desempenho se mostrou muito difícil, em geral porque a confiança mais baixa e a desesperança aprendida se desenvolveram e foram reforçadas ao longo de muito tempo. À medida que chegam à adolescência, esses alunos frequentemente consideram uma alternativa: sair do local denominado "escola".

Apenas a reflexão dos alunos sobre o seu desempenho não faz diferença. Enfatizar a calibração precisa é mais eficiente do que recompensar a melhora do desempenho. A mensagem é que os professores precisam fornecer oportunidades para que os alunos se envolvam na previsão do seu desempenho. É importante tornar os objetivos da aprendizagem e os critérios de sucesso transparentes, tendo expectativas altas, porém adequadas, e fornecendo *feedback* em níveis adequados (ver Cap. 7) para construir confiança no enfrentamento bem-sucedido de tarefas desafiadoras. Educar os alunos para que eles tenham expectativas altas, desafiadoras e adequadas está entre as mais poderosas influências para a melhora do seu desempenho.

5. Compreensão conceitual

A natureza do sucesso levanta questões sobre a natureza dos resultados. Há, pelo menos, três níveis de compreensão: superficiais, profundos e conceituais (HATTIE, 2009, p. 26-29). O modelo mais poderoso para entender esses três níveis e integrá-los aos objetivos de aprendizagem e critérios de sucesso é o modelo SOLO (estrutura dos resultados de aprendizagem observados) desenvolvido por Biggs e Collis (1982).

Nesse modelo, existem quatro níveis, denominados "uniestrutural", "multiestrutural", "relacional" e "abstrato estendido" – o que significa simplesmente "uma ideia", "muitas ideias", "associar ideias" e "ampliar ideias", respectivamente. Os primeiros dois níveis abordam a aprendizagem superficial, e os dois últimos são sobre o processamento mais aprofundado (ver Fig. 4.11 para um exemplo). Juntas, a compreensão superficial e profunda levam os alunos a desenvolverem a compreensão conceitual.

Superficial	
• Uniestrutural • Multiestrutural	• Quem pintou Guernica. • Destaque pelo menos dois princípios de composição que Picasso utilizou em Guernica

Profunda	
• Relacional • Abstrata ampliada	• Relacione o tema de Guernica a um evento atual. • O que você acha que Picasso estava dizendo através da sua pintura Guernica?

Figura 4.11 Um exemplo de quatro questões associadas à taxonomia SOLO.

Utilizamos o modelo SOLO no desenvolvimento de nosso sistema de avaliação (ver HATTIE; BROWN, 2004; HATTIE; PURDIE, 1998) e descobrimos que a maioria dos exames (tanto os feitos pelos professores quanto os estatais amplos padronizados) são dominados por itens superficiais. De fato, a maioria das perguntas dos professores nas turmas são superficiais (e em geral fechadas, também). No mínimo, o objetivo é equilibrar as questões superficiais e profundas (em nosso instrumento de avaliação, as TTle,* descobrimos que pelo menos 30% dos itens em um teste devem ser superficiais e 30%, profundos para produzir testes ideais). Também utilizamos a distinção superficial e profunda ao classificar itens de resposta aberta, tais como ensaios, *performances*, experimentos (COOGAN; HOBEN; PARR, 2003; GLASSWELL; PARR; AIKMAN, 2001), na classificação de programas de habilidades de estudo (HATTIE; BIGGS; PURDIE, 1996), na identificação de professores especialistas (SMITH et al., 2008) e na avaliação de programas para superdotados (MAGUIRE, 1988).

---

* N. de R.T.: É uma ferramenta *on-line* de avaliação do desempenho em leitura, escrita e matemática de alunos do 1º ano do ensino fundamental à 1ª série do ensino médio. É um instrumento neozelandês e bilíngue (inglês e maori).

Steve Martin é um professor de ciências no Howick College (em Auckland, Nova Zelândia) que utiliza objetivos de aprendizagem, critérios de sucesso e complexidade (por meio da taxonomia SOLO) na preparação de todas as unidades de trabalho. Considere, por exemplo, uma série de aulas sobre luz e som. Martin começa com pré-testes – às vezes com uma discussão na turma, às vezes com um teste escrito, às vezes entrevistando três alunos (de capacidades diferentes). Ele trabalha com os alunos por meio de formulários de objetivos de aprendizagem ilustrados na Tabela 4.2. Agora ele tem um excelente sistema, de modo que pode monitorar o progresso dos alunos, desde o ponto de aprendizagem em que começaram a aula, por meio dos vários objetivos de aprendizagem, sabendo (da mesma forma que os alunos) como deve ser o sucesso – em diferentes níveis de complexidade. Ele também acompanha cada formulário de objetivo de aprendizagem com recursos, palavras-chave e assim por diante.

TABELA 4.2 Um exemplo de objetivos de aprendizagem e critérios de sucesso categorizados pelo sistema SOLO de categorias de complexidade

Objetivos de aprendizagem		Critérios de sucesso
SOLO 1: Reconhecer que luz e som são tipos de energia que são detectados pelos ouvidos e pelos olhos		
Uni/Multiestrutural	Reconhecer que luz/som são formas de energia e apresentam propriedades	Posso nomear uma ou mais propriedades da luz e som
Relacional	Saber que som/luz podem ser transformados em outras formas de energia	Posso explicar como luz/som é transformado em outros tipos de energia
Abstrata ampliada	Compreender como luz/som nos permitem comunicar	Posso discutir como luz/som permite a nossa comunicação
SOLO 2: Ser capaz de desenhar uma normal, medir ângulos e definir a Lei da Reflexão		
Uni/Multiestrutural	Ser capaz de desenhar diagramas de raios, incluindo a normal, com ângulos corretamente desenhados	Posso desenhar um diagrama de raios com a medida correta dos ângulos
Relacional	Ser capaz de definir a Lei da Reflexão, ligando os termos "incidência" e "raio refletido"	Posso definir a Lei da Reflexão, ligando os termos "incidência" e "raio refletido", "normal" e "superfície lisa"
Abstrata ampliada	Reconhecer que a Lei da Reflexão é verdadeira para todas as superfícies planas e poder prever o que acontecerá se a superfície for áspera	Posso prever o que acontecerá se a luz for refletida de uma superfície áspera e explicar por que isso ocorre
SOLO 3: Ser capaz de utilizar caixas de raios para compreender como os espelhos côncavos e convexos se comportam		
Uni/Multiestrutural	Saber que mudar a distância de um objeto perante um espelho côncavo altera a aparência da imagem	Posso reconhecer que uma imagem em um espelho côncavo muda à medida que um objeto se move para mais perto ou para longe do espelho
Relacional	Ser capaz de explicar por que os espelhos côncavos são conhecidos como "espelhos convergentes", e os espelhos convexos, como "espelhos divergentes"	Posso explicar (utilizando diagramas) por que os espelhos côncavos e convexos são chamados de espelhos "convergentes" e "divergentes", respectivamente
Abstrata ampliada	Reconhecer padrões nos raios refletidos dos espelhos côncavos e convexos e ser capaz de fazer uma generalização	Posso escrever uma generalização sobre os padrões de raios refletidos em espelhos côncavos e convexos

O CURRÍCULO: O QUE DEVE SER ENSINADO, ESCOLHA DE RECURSOS E PROGRESSO

> **Aprendizagem visível – *checklist* para o planejamento**
> 10. Todos os professores estão amplamente familiarizados com o currículo – em termos de conteúdo, níveis de dificuldade e progresso esperado – e compartilham interpretações comuns sobre ele uns com os outros.

Agora que os ingredientes-chave do planejamento foram destacados, nos voltamos para uma questão crítica de avaliação que os professores devem abordar: que conhecimento e compreensão devem ser ensinados? Isso leva imediatamente a duas subquestões: que conhecimento e compreensão são importantes e que conhecimento e compreensão irão levar aos maiores entendimentos e ganhos cognitivos?

O ponto de partida na determinação do que deve ser ensinado, a complexidade adequada e os objetivos desejados deve ser o currículo – que em geral é um território fortemente contestado. Podem existir currículos locais, estaduais, nacionais ou internacionais (p. ex., *International Baccalaureate*) e todos eles são diferentes. Eles diferem, entretanto, mais na ênfase dos tópicos e temas de ordem mais elevada do que em seus fundamentos – pelo menos no que se refere à leitura e à matemática. A maior diferença, em geral, não se encontra nos níveis mais baixos, superficiais do currículo, mas nos níveis mais elevados. Por exemplo, em nosso trabalho de avaliação, identificamos 140 objetivos específicos de leitura na Nova Zelândia. Quando traduzimos o nosso instrumento de avaliação para se encaixar nas escolas da cidade de Nova Iorque, os mesmos 140 objetivos estavam presentes, mas foram agrupados em noções de ordem superior de uma maneira bem diferente. Do mesmo modo, quando a Nova Zelândia realizou uma grande revisão do seu currículo de leitura, as noções superiores mudaram de inferência, descoberta da informação, compreensão, conexões, conhecimento e características superficiais (gramática, pontuação e ortografia) para linguagem, inferência, propósitos, processos e características superficiais, mas os mesmos 140 objetivos foram meramente reclassificados.

Uma diferença entre os vários currículos pode se encontrar na ordem ou nas progressões: alguns objetivos vêm antes ou depois de outros. Existe muito pouca evidência sobre qual é a melhor ordem e mesmo, em alguns domínios, se existe de fato uma ordem. Por exemplo, na matemática do ensino médio há muitos tópicos que são ensinados aos alunos, mas a ordem da aprendizagem provavelmente não é tão decisiva (como as diferenças de ordem entre as jurisdições indicam). O que parece ser mais importante é o nível de desafio crescente que pode estar envolvido em escolher os currículos a serem ensinados. A noção de "desafio" está ligada estreitamente à escolha das atividades, às aulas e aos resultados de uma aula. Portanto, o argumento aqui é o de que, embora o "currículo seja o componente mais decisivo" para a escolha da matéria, é igualmente importante que levemos em conta o desafio, o compromisso, a confiança e a compreensão conceitual.

Parece que, em muitas jurisdições, existe atualmente uma obsessão com a realização de testes e o desenvolvimento de padrões cada vez mais refinados – assim, os currículos são elaborados de baixo para cima, dos padrões para as "ideias valiosas". O foco parece ser o alinhamento entre o que é avaliado e o que é ensinado, o que é relatado (i.e., os resultados) e o que é ensinado, quais devem ser os padrões e, portanto, o que é ensinado e o que é sujeito à agregação de valores ou a outros temas de responsabilidade. Presume-se, frequentemente, que o desenvolvimento de currículos comuns, as evidências sobre a ordem adequada para ensinar os currículos e, sobretudo, os debates sobre os currículos desejáveis em uma sociedade democrática sejam respondidos por essas questões baseadas em respostas de exames, em vez de serem baseadas em um debate sobre o que vale a pena preservar em nossa sociedade e o que vale a pena saber a fim de viver a "boa vida" desejada.

Escolha de recursos

O planejamento é feito, com frequência, sobre recursos e atividades, muito embora a abordagem de *Visible Learning* (HATTIE, 2009) seja a de não começar por esses pontos até que o ciclo de planejamento esteja avançado. Há milhões de recursos disponíveis na internet, e criar novos parece um dos maiores desperdícios de tempo em que os professores adoram se engajar. Muitas jurisdições, agora, estão fornecendo bancos de recursos e, em nosso próprio instrumento de avaliação, tivemos muito sucesso em mapear recursos em uma tabela de duas colunas – sucesso comprovado pela forma como os professores continuam acessando o *site*. O *site* "*What Next*" (TKI, 2016), que é parte do nosso instrumento de avaliação, é organizado pelos níveis (dificuldade) dos currículos (níveis 2 a 6) e temas curriculares ("grandes ideias").

Em "*What Next*" (TKI, 2016), se os professores escolherem a média atual (i.e., o ponto em negrito no interior do quadrado), eles serão capazes de acessar materiais do nível curricular ao qual o aluno de nível médio do grupo já está alcançando. Recomendamos aos professores que não continuem ensinando nesse nível e que escolham recursos mais desafiadores. Assim, os professores devem escolher um botão adequado *acima* da média atual para, pelo menos, metade do grupo. Se um ou dois indivíduos estiverem no nível 4P enquanto a maioria da turma está no nível 3B, um professor pode selecionar material adequado para aqueles dois indivíduos do nível 4A ou 5B, enquanto fornece material de 3P ou 3A para a maioria da turma. Os objetivos de resultado podem permanecer os mesmos para a turma, se esse for o desejo do professor, mas o nível curricular do material será adequado para os indivíduos ou grupos (ver Fig. 4.12).

Apertando o botão desejado (azul escuro), o professor ou o aluno serão encaminhados a vários endereços eletrônicos que apresentam conjuntos de planos de aulas, recursos para professores, recursos para alunos, modelos de itens nesse nível do desafio, *links* da *web*, itens mais abertos e *links* para estratégias de ensino. A página também descreve as habilidades e as estratégias esperadas em cada nível e procura reduzir a variabilidade de entendimento dos professores sobre esses níveis. Embora pareça que os professores não tenham dificuldade em fazer e encontrar recursos, a habilidade está em adaptar os recursos ao próximo nível de desafio para o aluno – e esse é o poder do *What Next* (TKI, 2016).

Progressão

Alguns anos atrás, nossa equipe analisou o *status* dos resultados de leitura, escrita e matemática em escolas da Nova Zelândia (HATTIE, 2007). A Nova Zelândia apresenta bons resultados nessas áreas em termos de comparações internacionais e, assim, os "níveis" de desempenho não são a principal preocupação. Em vez disso, a única grande preocupação que identificamos foi a necessidade de os professores terem entendimentos comuns do progresso. Para muitos professores, parece ser um distintivo de valor descartar as evidências de progresso produzidas pelos professores anteriores e, assim, a cada vez que um aluno chega a uma nova turma ou escola, há uma "ocultação" do seu progresso enquanto o novo professor reavalia, segundo seus propósitos, os níveis desse novo aluno. O tão conhecido "efeito verão", em que os alunos reduzem os

Relatório *What Next* para testes: ajuda do usuário Grupo: Todos os candidatos do teste				Data do teste: 08 de dezembro de 2006	
	Leitura				
	Processos e Estratégias	Propósitos e Audiências	Ideias	Características da linguagem	Estrutura
6 Avançado		●			
6 Proficiente	●	●	●	●	●
6 Básico		●			
5 Avançado	●	●	●	●	●
5 Proficiente		●			
5 Básico	●	●	●	●	●
4 Avançado		●			
4 Proficiente	●	●	●	●	●
4 Básico		●			
3 Avançado	●	●	●	●	●
3 Proficiente		●			
3 Básico	●	●	●	●	●
2 Avançado		◉			
2 Proficiente	●	●	●	●	●
2 Básico		●			

Figura 4.12 O relatório *What Next?* do e-asTTle.

resultados ao longo do verão ($d = -0,10$) é, provavelmente, o resultado dessa "ocultação" pelos novos professores à medida que reavaliam a fim de fazer seus próprios julgamentos, como se os alunos tivessem estado de férias (para os professores é o "começo do zero" ou "um novo início", para os alunos costuma ser "mais do mesmo"). Isso leva a subestimar o que os alunos são capazes de fazer e a suspeitar da aprendizagem profunda que ocorreu "naquela escola anterior". Desse modo, a continuidade do currículo é quebrada. Se houvesse planos de transferência, de modo que os professores valorizassem e utilizassem a informação dos professores anteriores, essa queda poderia ser reduzida (ver GALTON; MORRISON; PELL, 2000).

Observe que uma compreensão comum de progresso significa que os professores têm um entendimento entre eles em uma mesma escola e, de preferência, entre escolas, de quais são as noções de desafio e dificuldade ao implantar o currículo. Isso deve assegurar que expectativas de desafios adequadamente mais elevados sejam apresentadas aos alunos: os professores precisam saber como reconhecer o progresso em termos de níveis de desafio e dificuldade para os alunos, de modo que, se os professores fossem substituídos, entre as turmas ou entre as escolas, suas noções de desafio seriam sincronizadas às visões de progresso de outros professores. Isso não quer dizer que exista uma única trajetória correta de progresso para todos os alunos.

O modo como a aprendizagem progride é com frequência decidido por um comitê: os currículos são cheios de orientações desejadas e proscritas para o ensino dos conteúdos ou conceitos. Existem recomendações sobre sequências adequadas ao desenvolvimento de estratégias de ensino da aritmética, para a aprendizagem da informação histórica, para introduzir ideias matemáticas e assim por diante. Em vez disso, é mais decisivo analisar de perto como os alunos na verdade progridem. Steedle e Shavelson (2009) revelaram que os progressos podem diferir dependendo do que os alunos já sabem (mesmo se esse conhecimento seja incorreto). Em um estudo da progressão ao longo de uma unidade de força e movimento, Steedle e Shavelson mostraram que ocorreram diferentes progressos entre aqueles alunos cuja compreensão é mais cientificamente precisa em comparação com aqueles que acreditam que a velocidade é linearmente associada à força.

De fato, os mais interessantes avanços na pesquisa sobre a identificação de trajetórias estão em curso em muitas equipes de pesquisa. Popham (2011) distingue entre dois tipos de progressos de aprendizagem, que ele classifica como progressos na aprendizagem "em letras maiúsculas" e "em letras minúsculas". O caso da aprendizagem em letras maiúsculas é essencial e pode informar as noções do caso minúsculo (ver CLEMENTS; SARAMA, 2009; CONFREY; MALONEY, 2010; DARO; MOSHER; CORCORAN, 2011). Confrey e Maloney (2010), por exemplo, entrevistaram vários alunos e observaram sua aprendizagem e a partir daí desenvolveram várias trajetórias de aprendizagem para o ensino de aspectos da matemática. Eles criaram, então, avaliações que ajudam os professores a compreender em qual trajetória e onde, nela, o aluno se encontra, e os erros que ele está cometendo que o impedem de prosseguir.

Muitos sistemas de avaliação estaduais e nacionais parecem excessivamente zelosos a respeito dos níveis dos resultados. Embora eu não esteja dizendo que os níveis dos resultados não são importantes, existe também a questão de como fazer cada aluno progredir, de onde quer que ele se encontre, através desses níveis de resultados (progressão ou aprendizagem). De fato, precisamos de ambos: alcance de padrões de resultados e taxas de progresso justificáveis. No entanto, se houver uma ênfase excessiva nos níveis dos resultados, então aquelas escolas que começam com alunos acima do nível médio irão aparecer como as escolas mais eficientes e, inversamente, aquelas que começam com alunos abaixo da média parecerão as menos eficientes. Porém, enviamos os alunos para a escola para que progridam em relação ao que sabiam no início, portanto, o *progresso* se encontra entre as dimensões mais importantes para julgar o sucesso das escolas.

TABELA 4.3 Distinção entre duas maneiras de encarar os progressos de aprendizagem

	Progressos na aprendizagem em maiúsculas	Progressos na aprendizagem em minúsculas
1	Descreve como a aprendizagem de coisas específicas por parte dos alunos se desenvolve ao longo de um período de tempo	Descreve como a aprendizagem dos alunos sobre algo se desenvolve – em função da instrução – ao longo de um período de tempo relativamente curto, tais como algumas semanas ou um semestre
2	Enfoca o alcance de objetivos curriculares significativos extraordinários por parte dos alunos, como no caso de "grandes e valiosas ideias" em um determinado conteúdo	Lida com o controle dos alunos de objetivos curriculares significativos, mas não decisivos
3	A pesquisa é ratificada no sentido de que a natureza e a sequência das unidades de progresso da aprendizagem foram confirmadas por rigorosos estudos empíricos	Baseada nas análises conceituais de educadores dos precursores necessários de objetivos curriculares, e não nos resultados de investigações de pesquisa

Fonte: Popham (2011).

PROFESSORES DIALOGANDO ENTRE SI SOBRE O ENSINO

> **Aprendizagem visível – *checklist* para o planejamento**
> 11. Os professores dialogam entre si sobre o impacto do seu ensino, baseados nas evidências de progresso dos alunos, e sobre como maximizar seu impacto em todos eles.

Uma das principais mensagens de *Visible Learning* (HATTIE, 2009) é o poder da aprendizagem dos professores a partir do planejamento e do diálogo entre si sobre esse planejamento – objetivos de aprendizagem, critérios de sucesso, o que é uma aprendizagem valiosa, progresso, o que significa ser "bom" em uma matéria. Black et al. (2010) descobriram que perguntar aos professores "O que significa ser bom em [inglês, matemática, etc.]?" era uma maneira poderosa de iniciar uma discussão sobre validade e temas curriculares. Eles observaram que os professores se envolveram prontamente nesse debate, e "[...] por meio desse envolvimento, começaram a perceber que haviam, em suas práticas, deixado de criticar seu próprio trabalho à luz das suas crenças e valores sobre o propósito da aprendizagem na sua matéria [...]" (BLACK et al., 2010, p. 222). Apenas tendo uma compreensão comum do que significa ser "bom" em algo é que podem fazer sentido os debates resultantes sobre formas de evidência, qualidade do ensino e resultados dos alunos. Isso pode levar a uma discussão mais embasada sobre o que significa progresso – que se encontra no centro do ensino e da aprendizagem eficientes. Compartilhar uma compreensão comum sobre progresso é um dos fatores de sucesso mais críticos em qualquer escola. Sem ele, individualismo, opiniões pessoais e o "vale tudo" predominam (em geral em silêncio nas salas de professores, mas em alto e bom som atrás de qualquer porta de sala de aula fechada). Miller (2010) se refere ao "enxame inteligente" que ocorre quando todos começam a se mover na direção correta baseados na crítica colaborativa, resolução distribuída de problemas e interações múltiplas.

Encontrar maneiras para que ocorra essa discussão sobre progresso é o ponto de partida, a sustentação de qualquer escola. Isso exige muitos métodos: moderação, compartilhamento de indicadores de marcos de desempenho (utilizando exemplos do trabalho dos alunos), compartilhamento de marcações entre as turmas e pré-planejamento colaborativo entre grupos de mesma idade e em cada um deles. O método mais bem-sucedido que encontrei é o modelo de "dados de equipe", no qual uma equipe pequena se encontra, no mínimo, a cada duas ou três semanas, e utiliza uma estrutura explícita derivada dos dados para separá-los, analisar o desempenho dos alunos, estabelecer objetivos progressivos, se envolver no diálogo sobre ensino de maneira explícita e deliberada e criar um plano para monitorar a aprendizagem dos alunos e o ensino dos professores. Essas equipes podem trabalhar por ano/série, currículo, departamento, prédio ou mesmo por nível de sistema. Elas permitem um trabalho focado e uma implantação profunda. Reeves (2010, p. 36) diz: "[...] a implantação parcial foi, na verdade, pior do que a implantação mínima ou a ausência de implantação".

McNulty e Besser (2011) defendem que as equipes de dados sejam formadas com base em três critérios:

- todos os professores em uma equipe de dados instrucionais devem apresentar um padrão comum ou área comum de foco;

- todos os professores em uma equipe de dados instrucionais devem administrar uma avaliação comum que leve a interpretações regulares da formação;
- todos os professores em uma equipe de dados instrucionais devem medir a aprendizagem a partir de um guia ou rubrica de classificação.

Eles percebem o modelo de equipes de dados em um processo de quatro etapas.

1. A primeira etapa envolve coleta e mapeamento dos dados, com o objetivo de tornar os dados visíveis, colocar um nome em cada número e desenvolver confiança e respeito para disparar a melhora a partir de todos, e (mais importante) resolver as questões fundamentais a serem feitas à equipe de dados.
2. Em seguida, a equipe começa a utilizar as evidências para priorizar, estabelecer, rever e revisar os objetivos de melhora. Isso envolve ser explícito sobre como deve ser o sucesso, quais grandes expectativas precisam ser estabelecidas e que grau de aceleração é necessário para permitir que todos os alunos atinjam os critérios de sucesso.
3. A equipe, agora, questiona as estratégias instrucionais e como elas impactam cada aluno, o que precisa ser alterado, o que precisa permanecer e (mais importante) que resultados convenceriam a equipe a fazer alterações ou a manter outras partes. Tais "indicadores de resultados" permitem que as equipes façam correções ao longo do processo.
4. Finalmente, a equipe monitora o impacto dessas estratégias e o impacto na aprendizagem dos alunos.

O ciclo então se repete.

A essência da tomada de decisões orientada por dados não é a perfeição nem a escolha da decisão que é popular, trata-se de encontrar a decisão que apresenta maior chance de melhorar os resultados dos alunos, produzir os melhores resultados para a maioria dos alunos e promover os objetivos de longo prazo de equidade e excelência (REEVES, 2011, p. 24).

Existem, agora, muitas fontes que ilustram tais equipes de dados em ação (tais como ANDERSON, 2010, 2011).

Existem muitos outros sistemas, como as equipes de dados, que se baseiam nas evidências da aprendizagem dos alunos e então criam debates sobre impacto, efeito e consequências. Darling-Hammond (2010) pesquisou sobre equipes de dados instrumentais; DuFour, DuFour e Eaker (2008) defenderam que as equipes trabalhem juntas para esclarecer os objetivos de aprendizagem, monitorem cada aluno de maneira oportuna, proporcionem intervenção sistemática e verifiquem se todos alcançaram os critérios de sucesso.

O modelo de "resposta à intervenção" e as rodadas instrucionais pioneiras de Elmore, Fiarmen e Teital (2009) envolvem o aluno e o professor na presença do conteúdo. O modelo é baseado em sete princípios, como mostrado a seguir.

1. O aumento da aprendizagem dos alunos ocorre apenas como uma consequência de melhoras no nível do conteúdo, do conhecimento e da habilidade dos professores e do envolvimento dos alunos.
2. Se alterar qualquer elemento isolado do núcleo instrucional, você tem que alterar os outros dois.

3. Se você não encontra o que procura no núcleo, não está lá.
4. A tarefa prevê o desempenho.
5. O verdadeiro sistema de responsabilidade está nas tarefas que são solicitadas aos alunos.
6. Aprendemos a fazer o trabalho ao fazê-lo, não dizendo a outras pessoas que o façam, não por termos feito o trabalho em algum momento do passado e não contratando especialistas que possam atuar como substitutos para nosso conhecimento sobre como fazer o trabalho.
7. Descrição antes da análise, análise antes da previsão, previsão antes da avaliação.

A mensagem não é sobre se formamos comunidades de aprendizagem profissional, utilizamos ferramentas inteligentes ou se orientamos equipes de dados. Em vez disso, é sobre professores sendo abertos às evidências do seu impacto sobre os alunos, criticando os impactos uns dos outros à luz das evidências de tais impactos e construindo julgamentos profissionais sobre como eles, então, precisam – e de fato podem – influenciar a aprendizagem de todos os alunos na sua turma. Muito frequentemente o processo se torna um mantra e permite encontros adoráveis que têm pouco efeito além de proporcionar um fórum para as pessoas falantes polirem o seu lirismo. A mensagem, no entanto, é sobre o impacto.

Um dos primeiros revisores do livro, Rick DuFour, identificou três "grandes ideias" de *Visible Learning* (HATTIE, 2009), como mostrado a seguir:

1. O propósito fundamental das escolas é assegurar que todos os alunos aprendam e não apenas que todos os alunos tenham aulas. A aprendizagem dos alunos deve ser a lente através da qual os educadores devem olhar ao examinar todas as suas práticas, suas políticas e seus procedimentos.
2. As escolas não podem ajudar todos os alunos a aprender se os educadores trabalharem isoladamente. As escolas devem criar estruturas e culturas que promovam a colaboração efetiva de educadores – colaboração que enfoque nos fatores que estejam em nossa esfera de influência, para impactar a aprendizagem dos alunos de modo positivo.
3. As escolas não saberão se os professores estão ensinando ou não, a menos que elas sejam claras sobre o que os alunos devem aprender e a menos que elas reúnam, continuamente, evidências daquela aprendizagem e, em seguida, utilizem as evidências:
   a. para melhor atender às necessidades dos alunos por meio do ensino e do enriquecimento sistemáticos;
   b. para informar e melhorar as práticas profissionais individuais e coletivas dos educadores.

O revisor forneceu, então, argumentos paralelos para a importância da responsabilidade coletiva, para os tópicos do debate em comunidades de aprendizagem profissional e para trazer essas três "grandes ideias" à vida por meio de um processo recursivo que enfoca quatro questões críticas para cada unidade que elas ensinam.

1. "O que queremos que os nossos alunos saibam e sejam capazes de fazer como resultado dessa unidade?" (Aprendizagem essencial)
2. "Como eles demonstrarão que adquiriram o conhecimento e as habilidades essenciais? Chegamos a um consenso sobre os critérios que utilizaremos ao julgar a

qualidade do trabalho dos alunos e podemos aplicar os critérios de maneira consistente?" (Indicadores de sucesso)
3. "Como iremos intervir para que os alunos que se esforçam e enriquecem o conhecimento passem a ser proficientes?"
4. "Como podemos utilizar as evidências da aprendizagem dos alunos para melhorar nossa prática profissional individual e coletiva?"

Essas questões são tópicos críticos para a aprendizagem profissional, comunidades, equipes de dados ou qualquer forma de responsabilidade coletiva em nossas escolas. Essas são as proposições de valor que precisamos destacar sobre o impacto de nossas escolas. São as estratégias mais promissoras para desenvolver a capacidade das pessoas das escolas a assumir responsabilidade coletiva por melhorar a aprendizagem de alunos e adultos.

Se houver alguma inferência, ao longo destas páginas, de que os professores são os responsáveis pelo fato de todos os alunos aprenderem ou não aprenderem, não é intencional. Diante da variedade de alunos pelos quais as escolas são responsáveis, das expectativas curriculares e sociais em expansão, continuamente depositadas nas escolas, e do papel da imprensa, que pode apontar uma atenção de destaque para a responsabilidade das escolas, não é razoável presumir que um professor saiba de tudo. Trata-se de uma responsabilidade coletiva, distribuída por toda a escola, garantir que todos os alunos estejam, pelo menos, crescendo um ano para cada ano de estímulo, e trabalhar junto para diagnosticar, recomendar intervenções e avaliar coletivamente o impacto de professores e programas.

Seria poderoso acompanhar não apenas as diferenças de concepções de progresso de professores no interior das escolas, mas, também, de métodos entre as escolas. No nosso próprio trabalho, meus colegas e eu convidamos os professores a se engajarem em um exercício de "indicadores" de estabelecimento de padrões. Fornecemos aos professores apostilas sobre 50 itens ordenados com base no desempenho dos alunos (do "mais fácil" ao "mais difícil"). Pedimos a eles que completassem cada item individualmente e, então, colocassem um "indicador" (uma etiqueta adesiva) entre o item que assinala a mudança entre o conjunto anterior de itens e o próximo conjunto de itens em pontos-chave de referência (na Nova Zelândia os pontos de referência são níveis, pois o currículo nacional é baseado em níveis de escolarização em vez de anos – mas os pontos de referência poderiam envolver anos de escolarização ou outros marcos). Apresentamos, então, com um retroprojetor, o item que cada professor escolheu como de demarcação e levantamos uma discussão sobre a natureza das habilidades e estratégias que os levaram a defender que os itens antes e depois desse item de corte eram diferentes. Isso certamente levou a uma forte discussão, após a qual foi pedido aos professores que repetissem a tarefa – mas dessa vez em grupos de três a cinco pessoas – e, então, repetissem a discussão. Esse método é poderoso para produzir debates (em um ambiente razoavelmente seguro) sobre o que os professores consideram como progresso e o que veem como habilidades e estratégias sustentando esse progresso. Um benefício adicional é que ele leva a uma maior consistência no julgamento ao longo das escolas.

Por exemplo, fizemos uma série de oficinas ($N = 438$ professores) que tiveram como objetivo determinar o nível de desempenho em um conjunto de itens de leitura. Foi pedido aos professores que respondessem a mais de 100 itens e, em seguida, colocassem indicadores entre os conjuntos de itens que melhor representavam seu conceito do Nível 2 (em geral concluído por alunos do 5º e 6º anos) e do Nível 3 (7º e 8º anos), até o Nível 6 (últimas séries do ensino médio) do currículo da Nova Zelândia. Durante a primeira etapa, eles realizaram essa tarefa independentemente e seus resultados foram mostrados a todos os professores no grupo. Após escutarem os argumentos uns dos outros sobre as habilidades e as estratégias que sustentaram suas decisões, eles completaram uma segunda rodada em grupos de quatro a cinco professores.

O item médio em cada nível pouco mudou entre os professores – indicando que, *na média*, os professores da Nova Zelândia apresentam concepções semelhantes dos *níveis* do currículo. No entanto, a *variabilidade* entre os professores diminuiu de forma drástica (em 45%) após ouvirem uns aos outros. A simples realização desse exercício tornou mais consistentes os julgamentos feitos pelos professores sobre o significado do trabalho dos alunos em diferentes níveis do currículo. Os julgamentos sobre os níveis de desempenho não se basearam mais nas crenças individuais dos professores e agora podia haver segurança sobre a existência de concepções mais próximas de proficiência e progresso.

Treinar os professores a falarem uns com os outros sobre o impacto do seu ensino

Falar é uma coisa, fazer é outra. Para colocar em ação as ideias desse livro, por exemplo, precisamos ter uma intenção de mudar, conhecendo como deve ser uma mudança bem-sucedida, e ter uma oportunidade segura de testar quaisquer novos métodos de ensino. Isso, com frequência, requer algum treino específico. Os treinadores podem atuar como "[...] fontes de sinceridade, fornecendo aos líderes individuais o *feedback* necessário para alimentar o seu crescimento [...]" (SHERMAN; FREA, 2004). Esse treinamento é específico para trabalhar sobre os resultados dos alunos. Não é aconselhamento para adultos, não é reflexão, não é autoconsciência, não é tutoria ou trabalho conjunto. O treinamento é composto de ações deliberadas para ajudar os adultos a obter resultados dos alunos – frequentemente ajudando os professores a interpretar evidências sobre os efeitos de suas ações e lhes oferecendo escolhas para que obtenham esses efeitos de modo mais eficiente. Existem três elementos: o treinador, aqueles que são treinados e os objetivos explícitos acordados de treinamento.

TABELA 4.4 Impacto dos vários métodos de treinamento nos resultados

Componente do treinamento	Compreensão	Alcance de habilidade	Aplicação
Teoria do entendimento	85%	15%	5–10%
Demonstração	85%	18%	5–10%
Prática e *feedback*	85%	80%	10–15%
Treinamento	90%	90%	80–90%

Joyce e Showers (1995) revelaram o poderoso impacto do treinamento em comparação com outros métodos de aumento da compreensão, de obtenção de habilidades e de aplicação. Reeves (2009) utilizou extensamente o treinamento para facilitar alterações baseadas na escola e começou a partir da posição de que nem todo treinamento é eficiente. Ele considera que o treinamento é mais eficiente quando há um consenso de que o foco é um melhor desempenho, quando existem planos de aula sobre a aprendizagem e o desempenho claros e consensuais, quando existe, em seguida, *feedback* específico, relevante e oportuno e quando há uma saída consensual do treinamento sobre conclusões planejadas específicas. O treinamento envolve o empoderamento de pessoas ao facilitar a aprendizagem autodirigida, o crescimento pessoal e a melhora no desempenho.

Um método conhecido para fazer com que os professores dialoguem sobre o ensino

Um dos métodos mais bem-sucedidos para maximizar o impacto e possibilitar que os professores dialoguem sobre o ensino é a instrução direta. Eu sei que muitos professores consideram a menção dessa frase um anátema em relação aos seus conceitos de métodos desejáveis, mas isso ocorre porque ela costuma ser confundida com a transmissão ou ensino didático (o que ela não é). Infelizmente, muitas implantações da instrução direta se baseiam em aulas prescritas compradas – o que certamente limita uma das suas principais vantagens, isto é, professores trabalhando juntos para criar o planejamento das aulas. A mensagem aqui não é a de prescrever esse método como "o caminho" (embora seu tamanho de efeito médio de $d = 0,59$ o coloque entre os programas mais bem-sucedidos que conhecemos), mas apresentá-lo como um método que revela o poder dos professores ao trabalharem juntos no planejamento e na crítica de uma série de aulas, compartilhando suas concepções de progresso, articulando objetivos e critérios de sucesso e acompanhando o impacto na aprendizagem de alunos e professores.

O método é mais bem detalhado em muitos trabalhos (incluindo HATTIE, 2009, p. 204-207). Destacado pela primeira vez por Adams e Engelmann (1996), a instrução direta envolve sete etapas principais.

1. Antes de a aula ser preparada, o professor deve ter uma ideia clara de quais são os *objetivos de aprendizagem*: o que, especificamente, o aluno deve ser capaz de fazer/entender/se importar como resultado da aprendizagem?
2. O professor precisa saber que *critérios de sucesso* de desempenho são esperados e quando e quais alunos serão considerados responsáveis a partir da aula/atividade. É igualmente importante que os alunos sejam informados sobre os padrões de desempenho.
3. É necessário *construir compromisso e envolvimento* com a tarefa da aprendizagem – um "gancho" para capturar a atenção do aluno de modo que compartilhe os objetivos e entendimentos do que significa ser bem-sucedido.
4. Precisam existir orientações sobre *como o professor deve apresentar a aula* – incluindo noções como estímulo, modelagem* e verificação da aprendizagem.
5. A *prática orientada* envolve uma oportunidade para cada aluno demonstrar o alcance da sua nova aprendizagem, trabalhando por meio de uma atividade ou exercício – de modo que os professores podem fornecer *feedback* e correção individual quando necessário.
6. O *fechamento* envolve aquelas ações ou afirmações que sinalizam aos alunos que eles chegaram a um ponto importante da aula ou ao final de uma aula e que ajudam a organizar a aprendizagem dos alunos, ajudam a formar uma figura coerente, consolidar, eliminar confusão e frustração e reforçar os pontos principais a serem aprendidos.

---

* N. de R.T.: Estratégia de ensino que possibilita ao aluno observar os processos de pensamento do professor. O professor explicita/demonstra a sua forma de pensar para aprender um determinado conteúdo por meio de perguntas investigativas feitas aos alunos. A partir das trocas professor-aluno e das respostas dadas aos questionamentos, novas perguntas são lançadas pelo professor, que vai mediando a aprendizagem dos alunos e oferecendo um modelo de como agir diante de diferentes situações--problema (modelagem). A ideia por trás do uso dessa estratégia é a de que, à medida que o aluno se torne mais autônomo em seu processo de aprendizagem e se encontre diante de uma situação-problema, ele possa usar a forma de organização de pensamento "modelada" pelo professor.

7. A *prática independente* vem após o domínio do conteúdo, particularmente em novos contextos. Por exemplo, se a lição for sobre inferência a partir da leitura de uma passagem sobre dinossauros, a prática deve ser sobre a inferência a partir da leitura de outro tópico como, por exemplo, baleias. Os defensores da instrução direta argumentam que o fracasso em seguir esse sétimo passo é responsável pela maior parte do insucesso dos alunos na aplicação de algo aprendido.

A instrução direta revela o poder de declarar abertamente os objetivos de aprendizagem e os critérios de sucesso e, em seguida, motivar os alunos a se moverem nessa direção. O professor precisa convidar os alunos a aprender, precisa fornecer muitas práticas deliberadas e modelagem, fornecer *feedback* adequado e múltiplas oportunidades para aprender. Os alunos precisam de oportunidades para prática independente e, em seguida, para aprender a habilidade ou o conhecimento implícito no objetivo de aprendizagem em contextos diferentes daqueles em que foi ensinado.

Existem duas grandes mensagens na pesquisa de *Visible Learning* (HATTIE, 2009) relacionadas à instrução direta. A primeira é o poder dos *professores trabalhando juntos, criticando seu planejamento*. Isso levanta a questão de como construir escolas em que os professores dialoguem sobre o ensino – não sobre o currículo, os alunos, as avaliações, as condições ou sobre futebol, mas sobre o que eles entendem por "desafio", "progresso" e "evidências dos efeitos previstos e obtidos das aulas". A crítica é que é poderosa. Comprar roteiros prontos destrói uma fonte importante de poder desse método.

A segunda mensagem é o poder de desenhar e avaliar *roteiros de aulas*. Fullan, Hill e Crévola (2006) os chamam de "vias instrucionais de aprendizagem crítica" (*critical learning instructional pathways* - CLIPs). Seus CLIPS incluem caminhos diários detalhados de partes específicas do progresso para outras. Diferentes alunos podem começar em diferentes pontos de partida e fazer diferentes progressos ao longo desses caminhos. Os caminhos precisam ser construídos em vias múltiplas onde os alunos possam aprender e permitir desvios para que retrocedam e tentem outros caminhos para alcançar o progresso. Existe uma grande necessidade de formação rápida de interpretações sobre progresso e *feedback* para professores e alunos a respeito do sucesso com que os professores estão implantando seu ensino, de modo que haja um avanço ao longo dos caminhos em termos de aprendizagem dos alunos. Obviamente, os CLIPs exigem uma compreensão muito detalhada da aprendizagem e exigem estudo colaborativo do progresso dos alunos na especificação desses caminhos, e assim por diante. O profissionalismo dos professores reside na sua capacidade de avaliação para entender tanto o efeito das suas intervenções quanto o *status* e o progresso de todos os seus alunos (ver o planejamento de aula de Steve Martin como um exemplo, nas páginas 46-48).

Há algumas sínteses interessantes de vários programas de intervenção que estão levando a mais roteiros baseados em evidências. Brooks (2002) fornece uma análise sistemática dos efeitos de cerca de 50 roteiros de programas de leitura no Reino Unido. Snowling e Hulme (2010) mostram como se conectar a partir de um excelente diagnóstico de problema de leitura até uma intervenção associada de modo ideal. Eles indicam como identificar "alunos que respondem mal" à intervenção, a importância de uma abordagem escalonada de intervenção, uma vez que os alunos mudam durante o tratamento, a importância do grau de implantação ou dosagem da intervenção e como utilizar os resultados da intervenção para melhorar as teorias dos professores sobre as dificuldades de leitura. Elliot (ver o prefácio deste livro) ficaria satisfeito.

CONCLUSÕES

O planejamento conjunto de aulas é a tarefa que apresenta uma das maiores probabilidades de ter uma diferença marcadamente positiva na aprendizagem dos alunos. Este capítulo identificou vários fatores que, juntos, impactam a qualidade desse planejamento: ter um bom sistema de registro dos conhecimentos anteriores dos alunos ajuda os professores a conhecerem os resultados anteriores e o progresso feito por cada aprendiz – e "conhecer os resultados anteriores" significa não apenas reconhecer o desempenho cognitivo dos alunos, mas também suas maneiras de pensar e níveis de pensamento, sua resiliência e outros autoatributos (como confiança, reação ao sucesso e ao fracasso). Outros fatores importantes incluem estabelecer objetivos para o que é desejado para cada aluno a partir das aulas, concentrando nas evidências de progresso a partir dos resultados anteriores até o alvo e trabalhando com outros professores antes de dar as aulas, para se envolver com suas críticas sobre como otimizar o impacto das aulas na aprendizagem dos alunos. Muito frequentemente, o planejamento envolve um professor solitário em busca de recursos, atividades e ideias, raras vezes esses planos são compartilhados. Ao compartilhar o processo de planejamento, é mais provável que sejam repartidas ao final da aula as evidências de impacto e a compreensão, bem como as consequências de associar essas evidências ao planejamento.

Duas maneiras poderosas de aumentar o impacto são conhecer *e* compartilhar tanto os objetivos de aprendizagem quanto os critérios de sucesso da aula com os alunos. Quando os alunos conhecem ambos, eles têm uma chance maior de trabalhar na direção desse sucesso e tendem a apresentar uma boa chance de aprender a monitorar e autorregular seu progresso.

Existem muitas noções associadas aos objetivos de aprendizagem e critérios de sucesso, tais como estabelecer metas, apresentar altas expectativas por parte de professores e alunos, ajudar os alunos a estabelecer objetivos de controle bem como de desempenho, estabelecer registros pessoais e assegurar que os objetivos e critérios sejam suficientemente desafiadores para todos os alunos – e uma mensagem importante neste capítulo é a de que essas noções se aplicam tanto aos professores quanto aos alunos. A natureza dos objetivos pode se relacionar à aprendizagem superficial ou profunda, e essa escolha depende do ponto em que os alunos se encontram no ciclo, de novatos, passando por competentes a proficientes.

EXERCÍCIOS

1. Crie um mapa conceitual *com seus alunos* sobre os objetivos da aprendizagem, as relações entre eles e as ideias e os recursos que vão experimentar e compartilhe as noções de como deve se parecer o sucesso nas aulas.
2. Faça uma reunião de professores em que eles levem seus planos de aula. Em pares, escolha um objetivo de aprendizagem e sua atividade relacionada e crie "em linguagem simples" um objetivo de aprendizagem e um critério de sucesso relacionado. Faça com que cada par de professores leia o objetivo de aprendizagem original e, em seguida, o critério de sucesso, e trabalhe-os novamente até que todos concordem. Em seguida, associe os objetivos de aprendizagem aos recursos de aprendizagem (se estão associados, são eficientes, etc.).
3. Após cerca de metade de um trimestre, faça uma reunião de *feedback* em que cada professor faça uma apresentação baseada nos efeitos de compartilhar os objetivos de aprendizagem e os critérios de sucesso, como enfatizado no Exercício 2, incluindo sucessos, problemas e estratégias para superar essas dificuldades.

4. Escolha três alunos que não pareçam "estar entendendo" uma matéria que você esteja ensinando. Desenvolva um perfil dos seus autoprocessos – isto é, sua autoeficácia, autolimitação, automotivação, objetivos pessoais, autodependência, autodesânimo e distorção, autoperfeccionismo e comparação social. Escolha um aluno para o qual qualquer um desses processos não seja ideal, desenvolva uma intervenção e, em seguida, monitore o impacto no aluno e na sua aprendizagem.
5. Torne prioridade na escola a presença e o valor dos objetivos de aprendizagem e os critérios de sucesso, falando deles em reuniões, com o objetivo de que professores e alunos vejam que essa é uma abordagem de toda a escola, com uma linguagem compartilhada.
6. Entreviste alunos sobre o que significa "desafio" para eles: peça alguns exemplos de atividades que foram desafiadoras e quão comprometidos eles estavam quando foi pedido que enfrentassem esses desafios? Entreviste os professores sobre o mesmo assunto e compare as respostas.
7. Para cada aluno, verifique seu progresso antes da série de aulas prestes a ser ministrada. Para cada um, estabeleça um alvo em termos de resultados que você deseja alcançar. Assegure-se de que isso seja suficientemente acima do nível atual de resultados do aluno e que as medidas dos resultados (tarefas, projetos, testes) reflitam os níveis almejados e, em seguida, monitore o progresso na sua direção.

5

Começando a aula

A partir da perspectiva dos alunos, a passagem para cada aula deve "fluir". Existem algumas premissas fundamentais que levam a esse fluxo – começando pelo bom planejamento, como destacado no capítulo anterior. Outros aspectos relacionados ao fluxo da aula são as condições para ambientes de aprendizagem ideais, as proporções de fala entre professores e alunos, o conhecimento dos professores sobre os alunos e a escolha dos métodos de ensino.

O AMBIENTE DA SALA DE AULA

> **Aprendizagem visível – *checklist* para iniciar a aula**
> 12. O ambiente da turma, avaliado a partir da perspectiva dos alunos, é percebido como agradável: os alunos sentem que não há problema em dizer "eu não sei" ou "preciso de ajuda", há um alto nível de confiança e os alunos acreditam que são ouvidos, e eles sabem que o propósito da turma é aprender e fazer progresso.

Em *Visible Learning*, o ambiente em sala de aula foi observado como um dos fatores mais importantes para a promoção da aprendizagem (HATTIE, 2009). Esses fatores positivos para o ambiente incluíram a proficiência dos professores em reduzir as interrupções no fluxo de aprendizagem de cada aluno e ter a percepção de ser capaz de identificar e, rapidamente, agir sobre os potenciais problemas de comportamento ou aprendizagem. Existe, portanto, certa atenção por parte dos professores na sala de aula para o que está acontecendo e para o que tem chance de acontecer, que pode afetar o fluxo de cada aluno.

Para alcançar tal controle positivo da sala de aula, é necessário que exista um acompanhamento atento da relação professor-aluno. Cuidado, confiança, cooperação, respeito e habilidades de equipe estão presentes, pois são habilidades necessárias para promover salas de aula em que o erro não é apenas tolerado, mas também bem-vindo. Professores e alunos precisam ser claros sobre o propósito de uma aula e compreender que a aprendizagem é um processo com interrupções, cheio de erros, e que há uma necessidade de que todos na turma participem da aprendizagem. Isso requer (mais uma vez) tornar explícitos os objetivos e os critérios da aprendizagem bem-sucedida, estabelecendo os objetivos de aprendizagem em um nível de desafio adequado e fornecendo suporte para reduzir os intervalos entre o que cada aluno sabe e pode fazer, e o que é desejado que eles saibam e sejam capazes de fazer ao final de uma série de aulas.

Quando nos perguntam os nomes dos professores que tiveram um efeito positivo marcante sobre nós, o número mais comum é de dois ou três, e as razões começam em geral com comentários sobre atenção ou "que eles acreditavam em mim". A principal razão é a de que esses professores se importavam se você sabia a matéria e compartilhavam sua paixão – e sempre procuravam direcioná-lo para sua paixão. Os alunos sabem quando os professores se importam e são comprometidos o suficiente e têm habilidades suficientes para fazer com que apreciem os desafios e o entusiasmo pela sua matéria (seja ela esporte, música, história, matemática ou tecnologia).

Um ambiente positivo, atencioso e respeitoso na sala de aula é uma condição prévia para a aprendizagem. Sem a sensação dos alunos de que há um grau razoável de "controle", sensação de segurança para aprender e de respeito e justiça de que a aprendizagem irá ocorrer, há pouca chance de que algo positivo aconteça. Isso não significa ter fileiras de adoradores, sentados silenciosamente, ouvindo de modo atento e, em seguida, cooperando e trabalhando juntos para resolver os dilemas e se unindo para realizar atividades interessantes. Significa que os alunos devem se sentir seguros em demonstrar o que não sabem e tenham confiança de que as interações com os colegas e com o professor serão justas e de várias maneiras previsíveis (especialmente quando eles pedem ajuda).

Portanto, os professores precisam ter a habilidade de percepção – isto é, a capacidade de identificar e atuar rapidamente em problemas potenciais e estar conscientes do que está acontecendo na turma (o proverbial "ter um olho na parte de trás da cabeça", ou atenção). Os alunos precisam saber quais são os limites do que é aceitável e do que não é (e o que devem esperar quando ultrapassam esses limites). Eles precisam ser ensinados a trabalhar em grupos (e isso não significa meramente sentar em grupos) e, portanto, a como se envolverem no trabalho com outros no processo de aprendizagem. Mais importante, os alunos precisam conhecer os objetivos da aula e os critérios para alcançar de maneira bem-sucedida esses objetivos de aprendizagem. Existem muitas evidências que mostram que os alunos querem ter um sentido de justiça, compreender as regras de participação, ser membros de uma equipe em sala de aula e, mais importante, ter a sensação de que todos (professores e alunos) estão trabalhando na direção de ganhos positivos de aprendizagem.

> **Aprendizagem visível – *checklist* para iniciar a aula**
>
> 13. A sala dos professores deve apresentar um alto nível de confiança nas relações (respeito pelo papel de cada pessoa na aprendizagem, respeito pela competência, relação pessoal com os outros e altos níveis de integridade) ao tomar decisões sobre políticas e ensino.

Alcançar esse ambiente exige que cada aluno tenha um senso de desafio, envolvimento e compromisso com a tarefa e com o sucesso. Para alcançá-los, por sua vez, precisa haver um sentido de direcionamento para os objetivos, as relações interpessoais positivas e o apoio social. Quanto maior for a sensação de confiança na comunidade escolar, mais bem-sucedida será a escola. Talvez o estudo mais fascinante sobre o poder da confiança tenha sido a análise de sete anos de Bryk e Schneider (2002) sobre 400 escolas dos anos iniciais do ensino fundamental. Eles descobriram que, quanto maior era o nível de confiança nas relações na comunidade escolar (diretores, professores, alunos, pais), maior a melhora no desempenho nos testes padronizados. Eles defenderam que a confiança nas relações é um elemento essencial da administração escolar eficiente e positiva que enfoca as políticas de melhoria escolar. Tal confiança é o adesivo que mantém unidas as relações tanto na sala de aula quanto na sala dos professores, ao serem tomadas decisões que promovam o avanço da educação e do bem-estar dos alunos.

A noção de Bryk e Schneider de "confiança nas relações" se refere às trocas sociais interpessoais que ocorrem em uma comunidade escolar (na sala de aula e na sala dos professores) e se baseia em quatro critérios.

- *Respeito* envolve o reconhecimento do papel que cada pessoa desempenha na aprendizagem.
- *Competência* na execução de um papel se relaciona às capacidades que uma pessoa tem para alcançar os resultados desejados.
- *Relação pessoal* com outros é a percepção de como uma pessoa vai além do que dela é esperado em seu papel de se importar com outra pessoa.
- *Integridade* é a consistência entre o que as pessoas dizem e o que elas fazem.

Como você pontuaria nos cinco itens da "Escala de Confiança de Professores" de Bryk e Schneider (2002)?

1. "Os professores na escola confiam uns nos outros".
2. "Não há problema na escola em discutir sentimentos, preocupações e frustrações com outros professores".
3. "Os professores respeitam outros professores que lideram os esforços para a melhoria da escola".
4. "Os professores na escola respeitam aqueles colegas que são competentes na sua especialidade".
5. "Os professores se sentem respeitados por outros professores".

Onde estiver presente a confiança no relacionamento, então a competência é reconhecida e os erros não são apenas tolerados, mas, mesmo, bem-vindos. Considere os elementos-chave da aprendizagem bem-sucedida ao longo deste livro: um denominador comum é se sentir confortável em cometer erros. Sabendo o que não sabemos, podemos aprender. Se não cometêssemos erros, teríamos menos probabilidade de aprender (ou mesmo a necessidade de aprender) – e, provavelmente, não estaríamos envolvidos em desafios se não houvesse uma possibilidade de estar errado e não ter sucesso. Não é um déficit de pensamento se o professor e o aluno veem os erros como oportunidades. O ambiente e a confiança são, portanto, os ingredientes para obter o máximo do fato de cometer erros e, assim, permitir que os alunos sejam mais impactados por nosso ensino.

Uma das partes mais difíceis dessa confiança no relacionamento é a confiança entre colegas (i.e., entre alunos e seus colegas e professores e seus colegas). Os alunos podem ser cruéis com aqueles colegas que demonstram aquilo "que não sabem". Assim, cabe aos professores estruturar as salas de aula de modo que "não saber" não seja algo negativo e não leve a atribuições ou reações negativas e que os alunos possam trabalhar juntos para resolver o que eles não sabem, de modo a investir em um progresso mais eficiente e eficaz para o sucesso da aula (o mesmo acontece para líderes escolares em relação a professores na escola).

PROFESSORES FALAM, FALAM E FALAM

> **Aprendizagem visível – *checklist* para iniciar a aula**
> 14. As salas de professores e salas de aula são mais dominadas pelo diálogo do que pelo monólogo sobre a aprendizagem.

As salas de aula são dominadas pela fala dos professores, e um dos temas de *Visible Learning* é que a proporção da fala em relação à escuta precisa mudar para muito menos fala e muito mais escuta (HATTIE, 2009).

Yair (2000) pediu a 865 alunos do 7º ano até o final do ensino médio para usarem relógios de pulso digitais programados para emitir sinais oito vezes ao dia – levando a 28.193 experiências. Foi pedido a eles que anotassem "onde você estava no momento do sinal" e "o que você pensava". Os alunos estavam envolvidos em suas aulas na metade das vezes. Esse envolvimento raramente variou em função da sua capacidade ou entre as matérias. A maior parte da aula foi expositiva, mas tal discurso produziu o mais baixo envolvimento. Os professores falam, em média, entre 70 e 80% do tempo da aula. O tempo de fala dos professores aumenta à medida que aumenta o nível de escolaridade e diminui o tamanho da turma! Ao longo das séries, quando o ensino era desafiador, relevante e academicamente exigente, então todos os alunos tinham um envolvimento maior e os professores falavam menos – e os maiores beneficiários eram os alunos em risco.

A fala dos professores também segue um padrão típico: o professor *inicia*, o aluno *responde* e o professor *avalia* (evaluate) – frequentemente chamado de IRE* (MEEHAN, 1979). Essa troca em três etapas leva ao domínio da fala pelo professor, fornece apoio para que o professor continue falando e segue o padrão IRE de modo que ele promove resultados de aprendizagem cognitiva de ordem mais baixa** (porque, com frequência, o início envolve sinais para relembrar fatos e confirmação de conhecimento declarativo) e limita e desencoraja o diálogo dos alunos sobre a sua aprendizagem (ALEXANDER, 2008; DUSCHL; OSBORNE, 2002; MERCER; LITTLETON, 2007). Muito pouco (menos de 5%) do tempo da aula é destinado a discussões em grupo ou a interações professor-aluno envolvendo uma discussão significativa de ideias (NEWTON; DRIVER; OSBORNE, 1999) e, em geral, o professor está distraído na parte seguinte do seu monólogo antes de os alunos terem respondido à primeira parte. Os professores podem envolver todos os alunos no IRE, mas é comum isso ocorrer por meio de uma resposta em coro, e muitos alunos aprendem a "jogar o jogo" e, portanto, estão de corpo presente, passivamente envolvidos, mas psicologicamente ausentes. Os professores adoram falar – para esclarecer, resumir, refletir, compartilhar experiências pessoais, explicar, corrigir, repetir e elogiar. Cerca de 5 a 10% das falas dos professores disparam mais conversação ou diálogo que envolve os alunos. Por favor, observe que isso não é como os professores *percebem* o que ocorre em suas salas de aula, mas o que, na verdade, está acontecendo – como revelado por análises de vídeo, observações de turma e amostras de eventos.

---

* N. de R.T.: IRE - Iniciais para os termos *initiation*, *response* e *evaluation*.

** N. de R.T.: De acordo com a taxonomia de Bloom, sistema de classificação de habilidades cognitivas, tais habilidades variam de níveis. As habilidades de ordem mais baixa exigem menos processamento cognitivo, como a memorização de fatos, e as habilidades de ordem superior requerem aprendizagem mais profunda e um maior grau de processamento cognitivo, como as tarefas que envolvem análise, síntese, posicionamento crítico.

Esse domínio da fala do professor leva ao desenvolvimento de relações particulares nas salas de aula – principalmente voltadas para facilitar a fala do professor e controlar a transmissão do conhecimento: "fique quieto, comporte-se, escute e então reaja às minhas perguntas factuais fechadas quando eu lhe perguntar". "Interação" significa: "me diga o que eu acabei de falar para que eu possa verificar se você está ouvindo e assim eu possa continuar falando". Esse desequilíbrio precisa ser corrigido, e os professores podem obter análises independentes de suas salas de aula para verificar as proporções da aula em que falam com os alunos. É claro que é necessária alguma transmissão didática de informações e ideias – mas, em muitas salas de aula, precisa haver uma situação em que predomine menos a fala do professor e mais a fala dos alunos e sua participação.

Hardman, Smith e Wall (2003) contribuíram muito para o ressurgimento do interesse na observação em sala de aula. Eles desenvolveram dispositivos manuais para registrar continuamente as interações na sala de aula e em seguida utilizaram sofisticados programas para fornecer análises em tempo real. Em um dos seus estudos, por exemplo, baseado em 35 turmas de alfabetização e 37 de aritmética no Reino Unido, 60% de cada aula foi com a turma toda, principalmente com questões fechadas (69 por hora), avaliação (65 por hora), explicação (50 por hora) e direção (39 por hora); 15% dos professores não fizeram perguntas com questões abertas. Em relação aos alunos, eles responderam mais a perguntas dos professores (118 por hora), deram respostas em coro (13 por hora) ou fizeram uma apresentação (13 por hora) e apenas em nove vezes por hora apresentaram uma contribuição espontânea. Quando professores altamente eficientes foram comparados a outros professores, os primeiros tinham uma fala mais voltada para toda a turma e menos falas direcionadas.

A tarefa mais importante para os professores é ouvir. Parker (2006) considerou a escuta como um processo que envolve humildade (reconhecer que podemos estar perdendo algo), cuidado (não dar voz a todos os pensamentos que vêm em nossas mentes) e reciprocidade (entender a perspectiva dos alunos). A escuta precisa de diálogo – que envolve a união de alunos e professores na abordagem de questões ou temas de preocupação comum, considerando e avaliando diferentes maneiras de abordar e aprender sobre esses temas, trocando e reconhecendo as visões de cada um e coletivamente resolvendo os temas. A escuta exige não apenas que tenhamos respeito pelas visões dos outros e que avaliemos as visões dos alunos (porque nem todas valem a pena ou necessariamente levam às melhores direções), mas também permite compartilhar genuína profundidade de pensamento e processamento de nossos questionamentos e permite o diálogo, tão necessário se queremos envolver os alunos de uma maneira bem-sucedida com a aprendizagem. A escuta pode informar os professores (e outros alunos) sobre o que os alunos trazem para a aprendizagem, quais estratégias e resultados anteriores eles estão utilizando e a natureza e a extensão da distância entre o ponto em que se encontram e onde precisam estar, além de fornecer oportunidades para utilizar a "voz" do aluno para encorajar maneiras mais eficientes de ensinar-lhes novas ou mais eficientes estratégias e conhecimento para melhor alcançar os objetivos da aula.

Uma das dificuldades que o excesso de fala por parte dos professores gera é demonstrar aos alunos que os professores são os donos do conteúdo da matéria e controladores do ritmo e da sequência de aprendizagem, reduzindo as oportunidades de os alunos apresentarem seus próprios resultados, entendimentos, sequenciamentos e perguntas anteriores. Burns e Myhill (2004) analisaram 54 aulas de alunos do 3º ao 7º anos do Reino Unido (após a introdução dos exames de avaliação nacionais, ou "SATs*") e registraram que os professores faziam afirmações

---

* N. de R.T.: SAT – Standard Assessment Test (Teste de avaliação padronizado).

ou perguntas em 84% do tempo. Havia muito mais fala do que escuta, bem mais professores do que alunos em ações, e o engajamento mais destacado foi o compromisso e a resposta às solicitações dos professores. Para a maioria das turmas que foram observadas, as interações e perguntas foram factuais ou no sentido de fornecer orientações. English (2002) relatou uma média de três manifestações orais de alunos em uma hora de alfabetização, e a maioria das interações eram como no tênis de mesa: do professor para o aluno, do aluno para o professor. Os alunos parecem vir para a escola para ver o professor trabalhar!

Observe que, se convidarmos os professores a "calarem a boca", a mensagem não é, então, sobre permitir que os alunos se envolvam em trabalho que os ocupe (ou pior, que façam deveres). Em vez disso, a mensagem é sobre conversas produtivas sobre a aprendizagem.

Bakhtin (1981) fez uma distinção muito útil entre falas "monológicas" e "dialógicas". O professor monológico é, em grande parte, preocupado com a transmissão do conhecimento e permanece firmemente no controle do seu objetivo, utiliza uma forma de discussão baseada em recitação/resposta/resposta com os alunos e verifica se, pelo menos, alguns deles adquiriram, ao menos, um conhecimento superficial. O objetivo é assegurar que os alunos, dentro do possível, obtenham o conhecimento desejado pelo professor. Em contraste, um discurso dialógico procura promover a comunicação com e entre os alunos, a fim de demonstrar o valor dos seus pontos de vista e ajudar os participantes a compartilhar e construir significado de modo colaborativo. No discurso monológico, a fala do professor para toda a turma domina, e o questionamento em geral envolve não mais do que três palavras – ou uma resposta de menos de cinco segundos, pelos alunos, em 70% do tempo (HARDMAN; SMITH; WALL, 2003). Os alunos aprendem que a voz e as visões do professor dominam, e esse é o modo de conhecimento que é comunicado e reconhecido por aqueles que são bem-sucedidos nesse modelo. Mercer e Littleton (2007) documentaram essas salas de aula, que são dominadas por recapitulações (revendo o que ocorreu antes), evocações (fazendo perguntas para estimular lembranças), repetição (repetindo as respostas dos alunos), reformulação (parafraseando a resposta de um aluno para melhorá-la para o resto da turma) e exortação (estimulando os alunos a pensarem ou lembrarem o que foi dito anteriormente).

Pense no que fazemos (como fazem as crianças) na conversação comum: temos conversas com os outros que são negociadas, participativas e provedoras de sentido – tanto individuais quanto com os colegas, de forma coletiva– e, frequentemente, há tanta escuta quanto fala. Mas, na turma, a fala costuma ser controlada pelo professor, que fornece explicações, correções e orientações. As respostas dos alunos são breves, reativas e, por certo, raras vezes envolvem conversação. Os erros são frequentemente vistos como embaraçosos, e os professores se esforçam para minimizar os erros públicos a fim de evitar que a criança "fique envergonhada". Os professores perdem, portanto, grandes oportunidades de explorar ao grupo esses erros e concepções alternativas.

Alexander (2008) documentou a sala de aula dialógica, que apresenta um efeito poderoso na participação e na aprendizagem do aluno, observando como os professores começam a sondar o pensamento e a compreensão das crianças. Nesse tipo de aula, os alunos fazem perguntas (mais do que os professores lhes fazem) e comentam suas ideias. As características essenciais são definidas como: coletivas (realizar as atividades de aprendizagem juntos), recíprocas (escutar uns aos outros, compartilhar ideias, considerar alternativas), de apoio (explorar ideias sem medo de repercussão negativa por cometer erros), cumulativas (construídas a partir das próprias ideias e das ideias dos outros) e intencionais (os professores planejam tendo em mente claros objetivos de aprendizagem e critérios de sucesso). O diálogo é visto como uma ferramenta essencial para a aprendizagem, o envolvimento dos alunos é o que ocorre durante, e não "ao final" de uma troca, e os professores podem aprender muito a respeito dos seus efeitos sobre a aprendizagem dos alunos ao escutá-los pensando em voz alta. Isso envolve o uso eficiente da fala para a aprendizagem, em contraste com a fala ineficiente, para ensinar aquelas características em muitas salas de aula.

Questões

> **Aprendizagem visível – *checklist* para iniciar a aula**
>
> 15. As salas de aula são dominadas mais pelas perguntas dos alunos do que pelas perguntas dos professores.

Os professores fazem muitas perguntas. Brualdi (1998) contou de 200 a 300 por dia, e a maioria delas era de baixa demanda cognitiva: 60%, fatos para relembrar, 20%, processuais. Para os professores, as perguntas são em geral a ligação para o fluxo da aula, e eles encaram as perguntas como capazes de manter os alunos ativos na aula, despertar o interesse, modelar a investigação e confirmar para o professor que "a maioria" deles está acompanhando. Mas a maioria das perguntas é sobre "os fatos, apenas me mostre os fatos", e os alunos sabem que o professor sabe a resposta. Os professores são os mais capazes de escolher os alunos que sabem ou não as respostas e utilizam essa decisão sobre a quem perguntar para manter o fluxo da aula. Os alunos têm, em média, um segundo ou menos para pensar, considerar suas ideias e responder (CAZDEN, 2001). Os com mais facilidade têm mais tempo para responder que os menos capazes e, assim, aqueles que mais precisam de tempo serão aqueles que menos tenderão a recebê-lo. Não surpreende que existam tantos alunos, em todas as turmas, torcendo para que não lhe façam essas perguntas! Mais esforço precisa ser destinado em formular questões que valham a pena ser feitas – aquelas que abram o diálogo na sala de aula de modo que os professores possam "ouvir" as estratégias sugeridas pelos alunos.

Rich Mayer e colaboradores (MAYER, 2004, 2009; MAYER et al., 2009) têm um interesse em utilizar questionamentos nas turmas para promover a aprendizagem ativa, de modo que os alunos acompanhem materiais relevantes, organizem mentalmente o material selecionado e o integrem aos conhecimentos anteriores, para que possam avançar em sua compreensão e entendimento. Mayer et al. (2009) observaram os efeitos positivos de pedir aos alunos que respondam a questões auxiliares enquanto leem um texto, de fazer perguntas ao final e não no início da aprendizagem, de ensinar aos alunos como fazer perguntas durante a aprendizagem, de pedir que se submetam a um teste prático e de estimulá-los a explicar para si, em voz alta, à medida que leem um texto. Eles conduziram uma série de estudos sobre o efeito de respostas imediatas ao *feedback* – no seu caso, em grandes salões de leitura. Uma resposta pessoal, ou "por meio de cliques", envolve os professores fazendo perguntas e pedindo aos alunos que por meio de cliques em dispositivos portáteis. Em poucos segundos, um gráfico é mostrado indicando a resposta correta e a porcentagem de quantos votaram em cada alternativa. O tamanho de efeito das questões auxiliares foi de 0,40, o que mostra que podem existir ganhos importantes a partir de uma pequena mudança na leitura típica. Mayer defendeu que esse ganho (a partir de *feedback* imediato) se deveu provavelmente ao fato de os alunos prestarem mais atenção à leitura, antecipando-se ao fato de terem que responder a perguntas, e organizar mentalmente e interpretar a aprendizagem do conhecimento a fim de responder às questões. Ele também defendeu que os alunos estavam desenvolvendo habilidades metacognitivas para aferir o quanto haviam entendido do material de leitura e sobre como responder às perguntas semelhantes a testes no futuro. Ele sugeriu que isso os ajudava a ajustar seus hábitos de estudo para estarem em sintonia com as prováveis perguntas dos testes dos professores e aumentou sua frequência e, portanto, exposição às ideias. Talvez outra razão importante esteja envolvida: o professor ensina de maneiras diferentes, porque precisa pensar antes da turma sobre as questões ideais para os objetivos da aula, sobre os erros comuns que os alunos tendem a cometer e, assim, se tornar mais sensível a receber *feedback* sobre o seu próprio ensino.

Professores precisam falar, escutar e fazer – como fazem os alunos

> **Aprendizagem visível – *checklist* para iniciar a aula**
> 16. Há um equilíbrio entre a fala, a escuta e a ação dos professores. Há um equilíbrio semelhante entre a fala, a escuta e a ação dos alunos.

Pode ser que as formas monológicas e dialógicas do discurso não sejam opostas. A arte se encontra em saber quando se envolver no monólogo e quando se envolver no diálogo. Quais são as proporções ideais? É difícil encontrar evidências para defender o equilíbrio ideal, e é provável que o melhor exemplo seja a pesquisa Paideia.

O programa Paideia é *um* dos programas mais bem-sucedidos com os quais já trabalhei (tanto como usuário quanto como avaliador). O Paideia procura deslocar a atenção dos professores mais na direção de processos e habilidades do que apenas para o conteúdo e envolve um equilíbrio entre três modos de ensinar e aprender: classes didáticas em que os alunos aprendem os conceitos e os conteúdos curriculares, laboratórios de treinamento em que os alunos praticam e controlam habilidades introduzidas nas aulas didáticas e seminários em que o questionamento do tipo socrático leva os alunos a perguntarem, escutarem, pensarem de modo crítico e comunicarem coerentemente suas ideias em conjunto com membros de outros grupos (HATTIE et al., 1998; ROBERTS; BILLINGS, 1999).

O programa foi introduzido em 91 escolas em um distrito escolar dos Estados Unidos. As escolas que mais implantaram o Paideia apresentaram um ambiente escolar e de turma positivos (p. ex., d= 0,94 para satisfação e 0,70 para ausência de atrito entre aquelas escolas que implantaram integralmente o programa ou que tiveram um alto nível de implantação, em comparação com aquelas com ou sem implantação). Os alunos dessas escolas acreditavam que eram mais independentes ($d = 0,81$) e orientados para as tarefas ($d = 0,67$), e houve melhoras na consistência das regras ($d = 0,36$) e na sua clareza ($d = 0,36$). Os alunos nas turmas com o Paideia apresentaram níveis mais baixos de autolimitação e menos utilização de comparações sociais e apresentaram maior respeito pelas ideias dos outros, mesmo quando discordavam delas. Eles tinham uma tendência a trabalhar como uma equipe, a escutar as ideias e opiniões dos outros e assumir a responsabilidade por suas próprias ações. Mais importante, havia efeitos positivos nos resultados de leitura e matemática ao longo dos cinco anos de implantação, como mostrado na Figura 5.1.

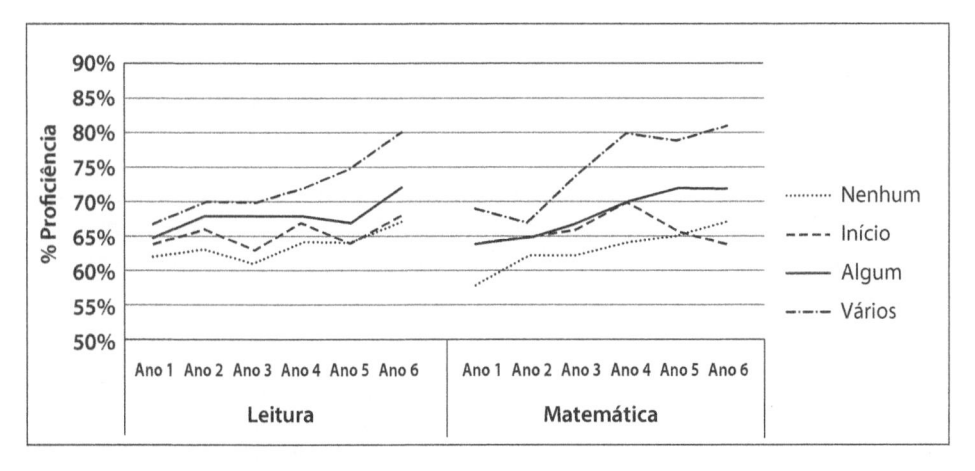

Figura 5.1 Porcentagem de proficiência em leitura e matemática em relação ao grau de implantação do Paideia ao longo de cinco anos.

PROPORÇÃO DE COMPREENSÃO SUPERFICIAL, PROFUNDA E CONCEITUAL

> **Aprendizagem visível – *checklist* para iniciar a aula**
> 17. Professores e alunos estão conscientes do equilíbrio entre compreensão superficial, profunda e conceitual envolvido nos objetivos da aula.

Existem três níveis principais de resultados que os professores precisam considerar quando preparam, ensinam e avaliam suas aulas: conhecimento superficial necessário para entender os conceitos, compreensão profunda de como as ideias se relacionam umas com as outras e se estende a outras compreensões e o pensamento conceitual que permite que os conhecimentos superficial e profundo se transformem em conjecturas e conceitos sobre os quais podem ser construídas novas compreensões superficiais e profundas. Essas diferenças nem sempre são claras: tal construção de conhecimento inclui pensar em alternativas, pensar em críticas, propor testes de experimentos, derivar um objeto a partir de outro, propor um problema, propor uma solução e criticar a solução (BEREITER, 2002).

Uma boa parte da instrução em sala de aula se relaciona ao conhecimento superficial, e a questão aqui é se essa é a ênfase desejada. É provável que seja necessária uma grande mudança de confiança excessiva na informação superficial e ênfase reduzida de que o objetivo da educação é a compreensão profunda ou o desenvolvimento de habilidades de pensamento, para um equilíbrio entre aprendizagem superficial e profunda, levando os alunos a construir, de maneira mais bem-sucedida, teorias justificáveis sobre compreensão e realidade (o nível conceitual). Não há lugar para usinas que sobrecarreguem o aluno de conteúdos, para ensino superficial orientado para os testes, para escolas que empurrem treinamento sobre habilidades de pensamento –

como *Mr.* Gradgrind, personagem de Dickens, o professor tirano de *Hard Times* descrito como "um canhão com fatos apontado para a boca". Em vez disso, o que é necessário é um equilíbrio entre processos superficiais e profundos levando a uma compreensão conceitual. A escolha do ensino em sala de aula e das atividades de aprendizagem para maximizar esses resultados são marcos do ensino de qualidade (KENNEDY, 2010).

Os alunos, entretanto, são muito perspicazes sobre o que os professores de fato valorizam à medida que escutam suas perguntas na turma e verificam seus deveres e exames (tanto a natureza deles quanto os comentários sobre eles) e sabem, a partir de vários encontros, que o valor real em muitas salas de aula é o conhecimento superficial: "apenas me dê os fatos, senhora". Assim, acumular conhecimento, conhecer muito e adotar uma abordagem superficial para compreender tanto o "como" quanto o "quê" devem aprender é estratégico e, portanto, bem-sucedido. Minha recomendação para os professores é passar mais tempo elaborando como suas noções sobre como deve se parecer o sucesso, em termos de equilíbrio entre conhecimento profundo e superficial, *antes* de dar aula. Eles devem deixar essas proporções claras para os alunos, utilizar uma grande quantidade de avaliações formativas para entender como os alunos estão aprendendo nos níveis superficial e profundo e assegurar que as avaliações e as perguntas feitas por eles (e pelos professores) na turma sejam adequadas ao equilíbrio desejado de aprendizagens superficial, profunda e conceitual.

Outros objetivos da aprendizagem podem ser fluência, eficiência e reinvestimento na aprendizagem. Frequentemente, para obtermos conhecimento profundo e conceitual, precisamos ultrapassar a aprendizagem das informações superficiais. Desse modo, podemos utilizar nossos recursos cognitivos para prestar atenção às relações entre ideias e outros entendimentos mais profundos. À medida que nos tornamos mais fluentes, temos menos chance de nos envolvermos em mera aprendizagem do tipo tentativa e erro e mais chance de construir uma aprendizagem mais estratégica a ser aplicada nessas situações de "não saber". O novato tem como objetivo produzir dados, enquanto o especialista está mais interessado nas interpretações dos dados. A reunião dos dados precede a sua interpretação. Esses argumentos podem ser os mesmos tanto para o aprendiz como para o professor. Com o advento da fluência e, desse modo, com o aumento da eficiência, temos uma chance maior de reinvestir em aprender mais sobre os entendimentos superficiais e profundos.

O PAPEL DOS COLEGAS E APOIO SOCIAL

> **Aprendizagem visível – *checklist* para iniciar a aula**
> 18. Professores e alunos utilizam o poder dos colegas para o avanço da aprendizagem.

Embora boa parte da aprendizagem e testagem em nossas escolas tenha sido direcionada para os indivíduos, mais frequentemente aprendemos e vivemos uns com os outros. Os efeitos dos colegas na aprendizagem são elevados ($d = 0,52$) e podem ser muito maiores, de fato, se algumas das influências negativas dos colegas puderem ser mitigadas. Os colegas podem influenciar a aprendizagem ajudando, orientando os estudos (tutoria), fornecendo amizade, dando *feedback* e tornando a turma um lugar ao qual os alunos desejam comparecer todos os dias (WILKINSON et al., 2002). Os colegas podem ajudar fornecendo comparações sociais, apoio emocional, maior facilidade social, reestruturação cognitiva e ensaios ou prática deliberada. Eles podem fornecer atenção, apoio e ajuda e podem facilitar a resolução de conflitos, e tudo isso pode levar a mais oportunidades de aprendizagem, melhorando o desempenho acadêmico (ANDERMAN; ANDERMAN, 1999). Os alunos, particularmente durante o início da adolescência, tendem a desejar uma reputação entre seus pares e um objetivo pode ser o de construir essa reputação de sucesso na aprendizagem de tópicos acadêmicos (ver CARROLL et al., 2009).

Para muitos alunos, a escola pode ser um lugar solitário, e a baixa aceitação da sala de aula pelos colegas pode ser ligada a uma perda de envolvimento e a um desempenho menor. Precisa existir um sentimento de pertencimento, e ele pode vir dos colegas. Certamente, quando um aluno tem amigos na escola, ela se torna um local diferente e melhor. Nos estudos que investigam o que ocorre com alunos que trocam de escola, o maior indicador subsequente de sucesso é se fazem um amigo no primeiro mês (GALTON; MORRISON; PELL, 2000; PRATT; GEORGE, 2005). Portanto, é uma incumbência das escolas acompanhar as amizades dos alunos, para garantir que a turma faça que os recém-chegados se sintam bem-vindos e, no mínimo, assegurar que todos tenham um sentimento de pertencimento.

A aprendizagem cooperativa é com certeza uma intervenção poderosa. Ela supera suas alternativas: $d = 0,41$ para a aprendizagem cooperativa *versus* turmas heterogêneas; $d = 0,59$ para a aprendizagem cooperativa *versus* aprendizagem individualista; $d = 0,54$ para a aprendizagem cooperativa *versus* competitiva; e $d = 0,24$ para a aprendizagem competitiva *versus* individualista. Tanto métodos cooperativos quanto competitivos (particularmente quando o elemento competitivo se relaciona a alcançar recordes pessoais e níveis pessoais de desempenho em vez de competição entre alunos por uma posição mais elevada) são mais eficientes do que métodos individualistas – sinalizando uma vez mais para a importância dos colegas na equação da aprendizagem. A aprendizagem cooperativa é mais poderosa depois que os alunos adquiriram conhecimento superficial suficiente para então se envolverem na discussão e aprendizagem com seus colegas – em geral de alguma maneira estruturada. Ela é, então, mais útil para aprender conceitos, resolver problemas verbais, categorizar, resolver problemas espaciais, reter e memorizar e adivinhar-julgar-prever. Como concluíram Roseth et al. (2006, p. 7): "[...] se você deseja aumentar a realização acadêmica dos alunos, dê a cada um deles um amigo".

Outra forma de aprendizagem com colegas é a tutoria ($d = 0,54$), e os efeitos são tão grandes para os tutores quanto para as pessoas tutoradas. Isso não deve ser surpreendente diante da máxima deste livro – que é a de que os alunos aprendem muito quando se tornam seus próprios professores (e professores de outros). Se o objetivo for o de ensinar a autorregulação e o controle sobre sua própria aprendizagem, então eles devem deixar de ser alunos e para passar a ser professores de si mesmos. E a maioria de nós reconhece que aprende muito mais quando nos pedem para ensinar algo do que quando nos sentamos e somos ensinados. Embora o ensino por tutoria seja útil quando alunos mais velhos ou mais capazes ensinam aos mais jovens ou menos capazes, ainda existem efeitos importantes da tutoria por colegas em uma situação de aprendizagem cooperativa, particularmente quando ela envolve professores ajudando os alunos tutores a estabelecer objetivos de controle do conteúdo, monitorar o desempenho, avaliar os efeitos e fornecer *feedback*. Assim, quando os alunos se tornam professores de outros, eles aprendem tanto quanto aqueles a quem ensinam.

CONHEÇA OS ALUNOS E ABANDONE OS RÓTULOS

> **Aprendizagem visível –** *checklist* **para iniciar a aula**
> 19. Em cada turma e ao longo da escola, rotular os alunos é raro.

Parece que adoramos colocar rótulos – rótulos como "mentalmente incapaz", "esforçado", "disléxico", "TDAH" (transtorno de déficit de atenção/hiperatividade), "autista", "estilos de aprendizagem" (p. ex., aprendizagem cinestésica), "TOC" (transtorno obsessivo-compulsivo) e assim por diante. O ponto central do argumento não é defender que eles não sejam reais (eles são), mas observar como somos rápidos em medicalizar ou estabelecer rótulos (às vezes, para obter financiamentos) e, então, explicar por que não podemos ensinar ou os rotulados não podem aprender (HATTIE; BIGGS; PURDIE, 1996). Cada vez que um pai ou colega afirma que ele (em geral se referem aos meninos) apresenta x ou y, esse é o ponto de partida para o ensino, não a barreira ou a razão para não ensinar.

Uma das tarefas mais infrutíferas é rotular os alunos com "estilos de aprendizagem". Essa mania moderna por estilos de aprendizagem, que não deve ser confundida com a noção mais útil de estratégias múltiplas de aprendizagem, presume que diferentes alunos possuem diferentes preferências por modos de aprendizagem distintos (PASHLER et al., 2009; RIENER; WILLINGHAM, 2010). É comum o argumento de que, quando o ensino está de acordo com o estilo de aprendizagem preferido ou dominante (p. ex., auditivo, visual, tátil ou cinestésico), então ocorre uma melhora no desempenho. Embora possam existir muitas vantagens em ensinar os conteúdos utilizando vários métodos diferentes (visuais, orais, cinestésico), isso não deve ser confundido com o ato de considerar que os alunos apresentam capacidades diferenciadas de pensamento em cada um desses estilos.

Existem várias evidências de que os alunos são classificados em estilos muito diferentes por diferentes professores (HOLT et al., 2005), e as medidas comuns são notoriamente pouco confiáveis e não indicam muita coisa. A revisão mais extensa, feita por Coffield et al. (2004), encontrou poucos trabalhos que atenderam a seus critérios mínimos de aceitabilidade, e os autores apresentaram muitas críticas ao campo, tais como afirmações exageradas, avaliações e itens ruins, pouca validade e efeito negligenciável na prática e uma parte excessiva do apoio voltada para finalidades comerciais. Estratégias de aprendizagem? Sim. Gostar de aprender? Sim. Estilos de aprendizagem? Sim. Mais importante, os professores que falam de "estilos de aprendizagem" estão rotulando os alunos nos termos como eles (professores) pensam que os alunos aprendem e, assim, negligenciando o fato de que eles podem mudar, podem aprender novas maneiras de pensar e podem vencer desafios no processo de aprendizagem.

Talvez o rótulo mais simplista seja o de presumir que existam apenas duas maneiras de aprender: uma maneira masculina e uma feminina! A diferença nos tamanhos de efeito entre meninos e meninas é pequena ($d = 0,15$, em favor dos meninos) – mais especificamente: $d = 0,03$ para linguagem, 0,04 para matemática, 0,07 para ciências, 0,04 para resultados emocionais e -0,03 para motivação, mas existem diferenças muito maiores em atividades motoras, em que $d = 0,42$. Janet Hyde (2005) concluiu o maior estudo a respeito, resumindo os resultados de 124 metanálises e milhões de alunos, no qual fala da hipótese de *semelhanças de gênero*. Ao longo dos seus quatro resultados principais, as diferenças favoreceram ligeiramente as meninas em resultados de comunicação ($d = -0,17$) e meninos em desempenho ($d = 0,03$) e sociais e de personalidade ($d = 0,20$). Em relação a esses últimos, os meninos são mais agressivos ($d = 0,40$) e tendem a se envolver mais na ajuda de outros ($d = 0,30$) e em negociações ($d = 0,09$), mas as maiores diferenças se relacionam à sexualidade (para excitação, $d = 0,30$, para masturbação, $d = 0,95$). As meninas apresentaram valores maiores para atenção ($d = -0,23$), controle por esforço ($d = -1,10$) e controle inibitório ($d = -0,42$) – isto é, as meninas apresentam uma capacidade maior de gerenciar e regular sua atenção e inibir seus impulsos: habilidades que são mais úteis em sala de aula.

Precisamos tomar cuidado com a generalização entre países, uma vez que esses estudos são, principalmente, ocidentais ou de países mais desenvolvidos (nos quais as pesquisas são mais numerosas). Quando se calcula os tamanhos de efeitos de vários estudos internacionais (TIMSS, PISA) em 66 países, existe uma acentuada variação – com diferenças importantes favorecendo as meninas no Bahrein e na Jordânia e favorecendo os meninos na Tunísia e em Liechtenstein.

Não foi possível identificar diferenças de gênero sobre quando os estudantes entraram na escola (em relação ao Kit de Avaliação da Entrada na Escola: $d = -0,03$ para "Conceitos sobre Impressão"; $d = -0,12$ para "Me Diga"; e $d = -0,00$ para "Contas"), no estudo de Monitoramento Nacional da Nova Zelândia ($d = -0,05$ para o Ano 4; $d = -0,10$ para o Ano 8) e nos dados do levantamento nacional (em relação ao asTTIe: $d = -0,16$ para leitura; $d = 0,02$ para matemática; $d = -0,44$ para escrita, um valor bem maior a favor das meninas) (HATTIE, 2010b). Tampouco houve diferença nas taxas anteriores em relação à natureza dos exames de ensino médio: $d = -0,07$ para exames internos de professores; $d = -0,05$ para exames de avaliação externa.

É simples: a variação entre os meninos e entre as meninas é muito grande – e muito, muito maior do que a diferença média entre meninos e meninas. A diferença em como os alunos aprendem não está relacionada a seus atributos de gênero e, embora o rótulo de aprendizagem de "menino" e "menina" possa satisfazer alguns, ele não se baseia em diferenças reais.

Do mesmo modo, a busca por inteligências múltiplas apresenta retorno limitado. Reconhecer que os alunos apresentam diferentes habilidades, talentos e interesses é claramente importante, mas não há necessidade de uma retórica de inteligências múltiplas que vá além dessa bem discutida, bem conhecida e quase simplista (mas poderosa) mensagem. Além disso, em nossa sociedade existe, em geral, uma hierarquia entre as múltiplas inteligências de Gardner: valorizamos as capacidades verbais e de cálculo em relação àquelas cinestésicas, musicais, esportivas, etc. Digo "em geral" porque existem casos óbvios em que há exceções (esportistas, músicos), mas "em geral" ser bem-sucedido nesses esforços é bem mais difícil diante da baixa probabilidade de sucesso. Em vez disso, existem muitas necessidades e tendências diárias que envolvem capacidades verbais e numéricas. Cada vez mais precisamos de competências em avaliação e síntese e altos níveis de inteligência interpessoal – o que envolve respeito por si mesmo e pelos outros. São necessários não apenas habilidades e conhecimentos, mas também habilidades para pensar sobre, avaliar e comunicar seu pensamento (ver FLETCHER; HATTIE, 2011) – e todos os alunos precisam dessas "inteligências". Gardner (2009) advertiu a respeito de implicações ilusórias, defendendo que existem duas importantes implicações a partir dos seus argumentos: preste atenção às diferenças individuais e decida o que realmente é importante na sua disciplina e no ensino e transmita isso de várias maneiras. Isso reitera os argumentos mencionados de que é desejável apresentar *múltiplas maneiras de ensinar* e que não há necessidade de classificar os alunos em diferentes "inteligências".

Aprendizagem visível – *checklist* para iniciar a aula

20. Os professores apresentam altas expectativas em relação aos alunos e constantemente procuram evidências para verificar e melhorar essas expectativas. O objetivo da escola é ajudar os alunos a excederem seus potenciais.

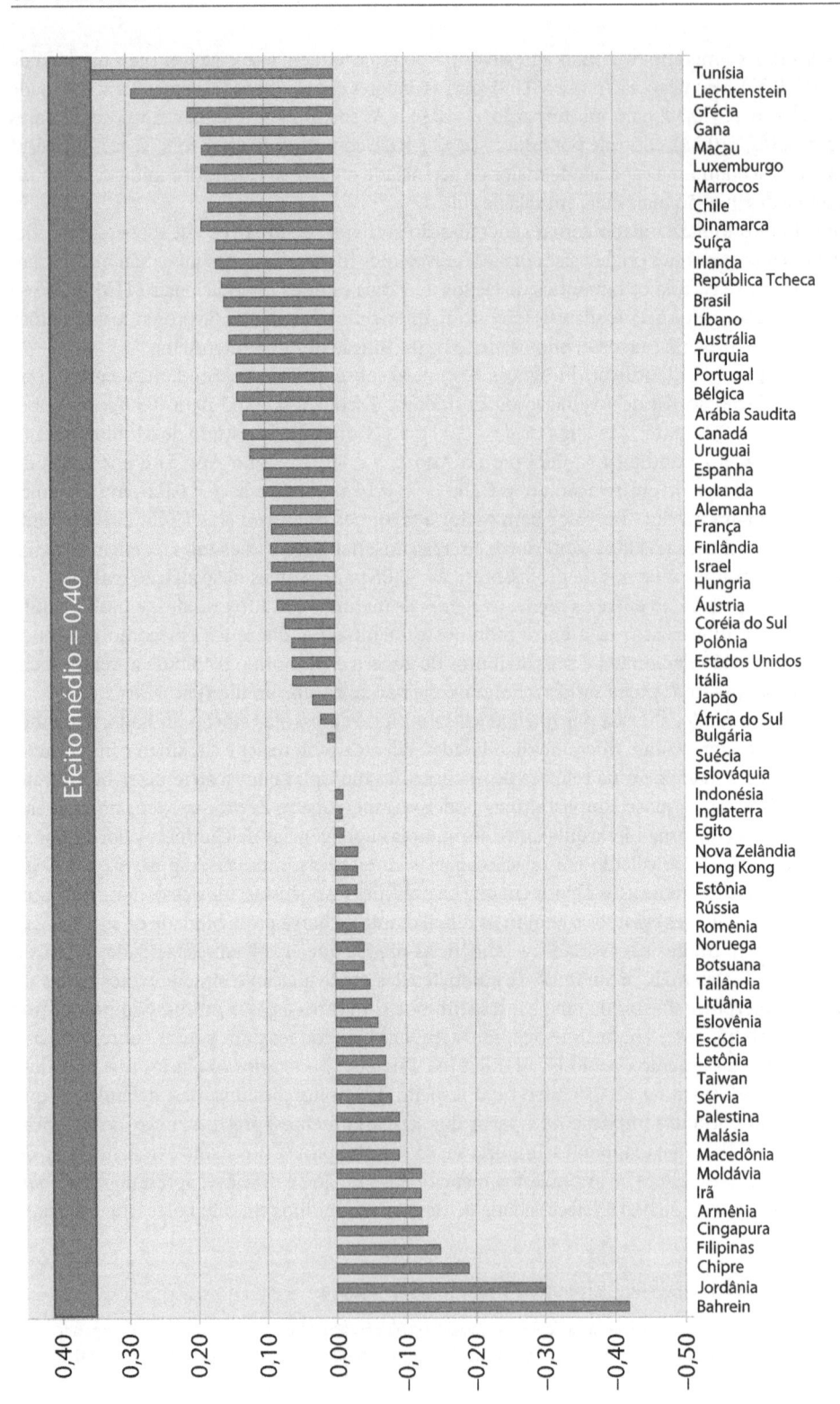

Figura 5.2 Tamanhos de efeitos entre meninos e meninas em 66 países (efeitos positivos favorecem os meninos; efeitos negativos favorecem as meninas).

Outro tipo de rótulo vem das *expectativas dos professores*. Há muito tempo conhecemos os efeitos que as expectativas desempenham nas salas de aula ($d = 0{,}43$). A pergunta, entretanto, não é "Os professores têm expectativas?", e sim: "Eles têm expectativas falsas e ilusórias que levam a reduções ou avanços na aprendizagem? E para quais alunos?" Melhor ainda: "Os professores têm grandes expectativas baseadas no que os alunos sabem e podem fazer?".

Tem havido uma grande busca para identificar que alunos em particular são afetados diferencialmente pelas expectativas dos professores – por seu gênero, conduta anterior, classe social, atração física, por já terem ensinado aos seus irmãos, estereótipos de nomes, a turma à qual pertence e sua etnia. Essas expectativas diferenciais, entretanto, não são o problema principal. Em vez disso, se os professores têm grandes expectativas, eles tendem a apresentá-las para todos os alunos. Do mesmo modo, se têm baixas expectativas, tendem a apresentá-las para todos também. Rubie-Davies (2007; RUBIE-DAVIES; HATTIE; HAMILTON, 2006) pediu aos professores (depois de terem trabalhado com os alunos por cerca de um mês) que previssem onde os estudantes terminariam no final do ano em matemática, leitura e educação física – e quando os alunos foram testados no final do ano, os professores se mostraram razoavelmente precisos. O problema é que, mesmo que alguns professores estabeleçam objetivos abaixo do ponto em que os alunos se encontravam no início do ano, alguns estabelecem objetivos com pouca melhora, e alguns, objetivos de modo razoavelmente aleatório – os alunos atenderam a quaisquer expectativas que os professores tinham.

O papel das expectativas é um bom exemplo de como as atitudes dos professores são importantes. Existem diferenças na melhora de resultados dependendo do fato de os professores *acreditarem* que é difícil melhorar esses resultados em virtude de sua natureza fixa e inata, em comparação com professores que acreditam que os resultados podem mudar (os últimos levando a maiores avanços). Os professores precisam parar de enfatizar excessivamente a capacidade e começar a enfatizar o aumento do esforço e o progresso (curvas de aprendizagem acentuadas são direito de todos os estudantes independentemente de onde começam). Eles precisam parar de buscar evidências que confirmem suas expectativas anteriores; em vez disso, devem buscar evidências que os surpreendam e descobrir maneiras de aumentar o desempenho de todos. Os líderes escolares precisam parar de criar escolas fechadas em torno do desempenho e das experiências anteriores (como ao utilizar turmas de alunos organizadas segundo seu desempenho) e, em vez disso, serem informados, a partir das evidências, a respeito dos seus talentos e do crescimento de todos os alunos ao acolherem a diversidade e serem responsáveis por todos (independentemente das expectativas de professores e escolas). Um importante mantra utilizado para evitar os efeitos de expectativas negativas parece ser "esteja preparado para se surpreender". Se os professores e as escolas forem apresentar expectativas (e, de fato, nós as temos), então eles devem tornar as expectativas desafiadoras, adequadas e verificáveis, de modo que todos os alunos estejam alcançando o que é considerado valioso.

Weinstein (2002) demonstrou que os alunos sabem que são tratados de diferentes maneiras na sala de aula em função das expectativas dos professores e são razoavelmente precisos em informar quando os professores favorecem alguns alunos, em relação a outros, com expectativas maiores. Ela também demonstrou que muitas práticas institucionais (como a de separar os alunos em turmas por desempenho ou por habilidades) podem levar a crenças que dificultam muitas oportunidades de aprendizagem:

> Processos de expectativa não residem apenas "nas mentes dos professores", mas, em vez disso, são incorporados na própria estrutura de nossas instituições e em nossa sociedade (WEINSTEIN, 2002, p. 290).

> **Aprendizagem visível – *checklist* para iniciar a aula**
>
> 21. Os alunos apresentam grandes expectativas para si mesmos em relação à sua aprendizagem atual.

Um "rótulo" adicional se relaciona aos efeitos potencialmente negativos dos *alunos estabelecerem suas próprias expectativas* em níveis muito baixos ou muito altos e, então, não ter um nível de confiança alto de que podem atender a essas expectativas. Os alunos têm entendimentos razoavelmente precisos dos seus níveis de desempenho, mas menos a respeito da sua velocidade de progresso. Por um lado, isso revela um nível de previsão bastante elevado sobre o desempenho em sala de aula. Por outro lado, essas expectativas podem estabelecer um nível "seguro" que eles sabem que pode ser atingido sem muito esforço e, assim, não desafiam a si mesmos a fim de atingir níveis elevados.

Em *Visible Learning*, o maior efeito associado às expectativas dos alunos foram as notas autoatribuídas ($d = 1,44$) (HATTIE, 2009). Imagine que eu diga à minha turma que eles estão prestes a se submeter a um teste para avaliar os objetivos de aprendizagem das aulas anteriores – mas antes de eles se sentarem para fazer o teste, eu peço que eles prevejam suas notas. Eles são muito bons em fazer tais previsões. Isso deve nos fazer parar e perguntar por que fazemos tais testes. De fato, a melhor resposta para essa questão é "para que nós, como professores, saibamos a quem ensinamos bem, o conhecimento que eles dominaram ou não conseguiram dominar, quem fez os maiores ou menores progressos e o que podemos precisar ensinar novamente". Os testes existem, sobretudo, para ajudar os professores a reunirem informação de formação sobre o seu impacto. Com essa atitude, os alunos podem colher os dividendos.

O problema com os alunos sendo tão precisos em suas previsões é que suas expectativas com frequência se baseiam apenas em "fazer o suficiente", ou princípio *minimax* – isto é, o máximo de retorno de nota pelo mínimo esforço extra. Os alunos em geral estabelecem previsões "seguras", e nosso papel como educadores é o de elevar essas expectativas. Nosso papel não é o de permitir que os alunos atinjam seu potencial ou satisfazer suas necessidades, nosso papel é o de descobrir o que os alunos podem fazer e torná-los capazes de ultrapassar seus potenciais e suas necessidades. Nosso papel é o de criar novos horizontes de sucesso e, então, ajudar os alunos a alcançá-los. Podemos estabelecer nossas aspirações em um nível baixo ou, no máximo, no nível que acreditamos poder atingir agora. O objetivo da escolarização é o de identificar confiavelmente talentos e, então, criar oportunidades para ajudar na realização desses talentos. Muitos desses talentos não fazem parte das atuais expectativas dos alunos.

ESCOLHENDO O MÉTODO

> **Aprendizagem visível – *checklist* para iniciar a aula**
>
> 22. Os professores escolhem os métodos de ensino como a etapa final do processo de planejamento das aulas e avaliam essa escolha nos termos do seu impacto sobre os alunos.

Passamos tempo demais falando sobre métodos particulares de ensino. O debate parece frequentemente se basear nesse ou naquele método: houve grandes batalhas sobre instrução direta, construtivismo, aprendizagem cooperativa *versus* individualista e assim por diante. Nossa atenção, em vez disso, deve se concentrar no efeito que temos sobre a aprendizagem dos alunos – e, às vezes, precisamos de múltiplas estratégias e, mais ainda, alguns alunos precisam de estratégias de ensino diferentes daquelas que eles vêm recebendo. Uma mensagem importante das descobertas de *Visible Learning* é que é mais comum, quando os alunos não aprendem, que eles não precisem de "mais". Em vez disso, eles precisam de "diferente".

Vários métodos de ensino bem-sucedidos foram identificados em *Visible Learning*, mas o livro também identificou a importância de não correr para implantar apenas as melhores estratégias (HATTIE, 2009). Em vez disso, é importante compreender as razões subjacentes para o sucesso das estratégias e utilizar isso como a base para a tomada de decisões sobre os métodos de ensino. Os programas mais bem-sucedidos foram os de aceleração ($d = 0{,}88$), ensino recíproco ($d = 0{,}72$), ensino por resolução de problemas ($d = 0{,}61$) e autoverbalização/autoquestionamento ($d = 0{,}64$). Esses métodos dependem da influência dos colegas, de *feedback*, de objetivos de aprendizagem e critérios de sucesso transparentes, do ensino de múltiplas estratégias, ou do ensino utilizando várias estratégias, e da atenção tanto aos conhecimentos superficiais quanto profundos. Os métodos menos eficientes parecem não envolver os colegas, dar importância excessiva aos conhecimentos profundos em detrimento de, primeiro, se preocupar com os conhecimentos mais superficiais ou com o desenvolvimento de habilidades, enfatizar excessivamente novas tecnologias e falhar em levar em conta semelhanças em vez de enfatizar diferenças.

A mensagem não é a de escolher um dos melhores métodos, mas a de escolher um método e avaliar seu impacto sobre a aprendizagem do aluno. Muito frequentemente a avaliação se dá em termos do tipo: "Funcionou para mim", "Os alunos parecem ter gostado dele", "Os alunos pareceram motivados" ou "Ele me permitiu cobrir todo o currículo". A única opção possível é o impacto da escolha do método de ensino na aprendizagem de todos os alunos. Recentemente, visitei um grupo de educadores comprometido, desejando fazer uma grande diferença para alunos de minorias em uma área rural remota. Eles decidiram implantar a instrução direta – o que com certeza aumentou a probabilidade de impacto bem-sucedido na aprendizagem dos alunos. A medida do sucesso, no entanto, não é a frequência de instrução direta, mas a evidência do seu impacto nos avanços dos alunos. Eu os incentivei, primeiro, a considerar as evidências que os professores e as escolas forneciam aos seus conselhos sobre os avanços na aprendizagem (e para que se baseassem na qualidade dessas evidências, bem como na informação fornecida sobre o que a escola pretende fazer como consequência dessas evidências) e, apenas então, falar sobre a frequência e os efeitos da instrução direta. Passamos um bom tempo em nosso trabalho desenvolvendo instrumentos para a medição das evidências de impacto (e nunca utilizamos apenas testes de desempenho, mas também valorizamos as opiniões dos professores, as evidências de sala de aula, os relatos dos alunos, etc.) e, então, perguntamos o que é preciso para melhorar ou, quando necessário, mudar os métodos para obter o impacto que estamos buscando (p. ex., $d = > 0{,}40$ em um ano de trabalho).

Uma das tarefas mais difíceis é a de convencer os professores a mudar seus métodos de ensino, pois muitos adotam um método e o alteram ao longo da sua carreira. Em função dessa longa história de uso, eles frequentemente têm um corpo de evidências anedóticas sugerindo por que tem funcionado para eles – então, por que correr o risco e mudar o que parece estar dando certo? Os professores não se importam em mudar os outros, mas não ficam muito felizes em ser mudados. Mas esse método *tem* funcionado para todos os alunos? Talvez muitos dos vários métodos funcionem razoavelmente bem para alunos acima da média (eles vão aprender apesar dos nossos esforços), mas a qualidade do ensino é mais importante para aqueles abaixo da média (e qualquer que seja o método que funcione para esses alunos, em geral também funciona melhor para aqueles acima da média). Como será discutido no Capítulo 6, quando aprendemos algo que é novo para nós (com dificuldade ou facilidade), precisamos desenvolver mais habilidades e conteúdos. À medida que progredimos, precisamos de mais conexões, relacionamentos e esquemas para organizar essas habilidades e conteúdos. Precisamos, então, de mais regulação ou autocontrole sobre como continuaremos a aprender os conteúdos e as ideias. Os métodos com os maiores efeitos são particularmente poderosos para alunos nos estágios iniciais da aprendizagem. Entretanto, a mensagem principal é de que, em vez de recomendar um método de ensino particular, os professores precisam ser avaliadores do efeito dos métodos que escolhem. Quando os alunos não aprendem por meio de um método, é mais provável que o conteúdo tenha que ser ensinado de novo utilizando outro método. Não deve ser suficiente apenas repetir o mesmo método várias vezes. Como professores, precisamos mudar se os alunos não mudam em seus modos de aprender.

TABELA 5.1 Tamanhos dos efeitos de diferentes programas

Programas	N° de metanálises	N° de estudos	N° de indivíduos	N° de efeitos	Tamanho do efeito (TE)	Erro padrão (EP)	Posição
Ensino recíproco	2	38	677	53	0,74		9
Programas de vocabulário	10	442		1.109	0,67	0,108	15
Programas de leitura repetida	2	54		156	0,67	0,080	16
Programas de habilidades de estudo	19	1.278	135.778	3.450	0,63	0,090	20
Ensino por resolução de problemas	6	221	15.235	719	0,61	0,076	22
Programas de compreensão	16	657	38.393	3.146	0,60	0,056	24
Mapas conceituais	7	325	8.471	378	0,60	0,051	25
Aprendizagem cooperativa vs. individualista	4	774		284	0,59	0,088	26
Instrução direta	4	304	42.618	597	0,59	0,096	27
Aprendizagem para o controle	10	420	9.323	374	0,58	0,055	29
Fornecer exemplos trabalhados	1	62	3.324	151	0,57	0,042	30
Tutoria por colegas	14	767	2.676	1.200	0,55	0,103	32
Aprendizagem cooperativa vs. competitiva	7	1.024	17.000	933	0,54	0,112	33
Instrução fônica	19	523	21.134	6.453	0,54	0,191	34

Controle Pis de Keller	3	263		162	0,53		38
Métodos de vídeos interativos	6	441	4.800	3.930	0,52	0,076	44
Programa de jogos	2	70	5.056	70	0,50		47
Programas de segunda/terceira chance	2	52	5.685	1.395	0,50		48
Instrução assistida por computador	100	5.947	4.239.997	10.291	0,37	0,059	76
Simulações	10	426	10.934	550	0,33	0,081	85
Ensino indutivo	2	97	3.595	103	0,33	0,035	86
Ensino baseado em investigação	4	205	7.437	420	0,31	0,092	90
Ensino para realização de testes e treinamento	11	275	15.772	372	0,27	0,024	97
Aprendizagem competitiva vs. individualista	4	831		203	0,24	0,232	103
Instrução programada	8	493		391	0,23	0,084	104
Instrução individualizada	10	638	9.380	1.185	0,22	0,060	108
Métodos visuais/ audiovisuais	6	359	2.760	231	0,22	0,070	109
Programas extracurriculares	8	2.161		1.036	0,19	0,055	115
Coensino/ensino em equipe	2	136	1.617	47	0,19	0,057	117
Aprendizagem baseada na internet	3	45	22.554	136	0,18	0,124	123
Aprendizagem baseada em problemas	9	367	38.090	747	0,15	0,085	126
Programas de combinação de frases	2	35		40	0,15	0,087	127
Programas de percepção motora	1	180	13.000	637	0,08	0,011	136
Método de linguagem integral	4	64	630	197	0,06	0,056	137
Média/soma	**330**	**20.339**	**4.699.961**	**42.054**	**0,41**	**0,080**	–

PROFESSORES COMO AVALIADORES E ATIVADORES

> **Aprendizagem visível – *checklist* para iniciar a aula**
> 23. Professores encaram seu papel fundamental como avaliadores e ativadores da aprendizagem.

Um "ativador" é qualquer operação que traz mudança, algo que "aumenta a atividade de uma enzima ou de uma proteína que acelera a produção de um produto gênico na transcrição do DNA". Essa noção apresenta ação, atividade e aumento – e, portanto, é a metáfora mais adequada para descrever o papel principal do professor. O outro papel é o de "avaliador", no qual se pede ao professor que preste atenção à validade e ao mérito da ativação. Tendo uma atitude em que os papéis fundamentais são o de avaliador e ativador, os professores enfocam mais no seu impacto sobre todos os alunos, na qualidade dos resultados que desejam impactar, e são colocados na posição de encarar seus efeitos mais nos termos das consequências para os alunos do que em cobrir todo o currículo, fazer com que passem nos exames e dar excelentes aulas com atividades motivadoras.

A maneira mais adequada para se escolher o melhor método de ensino (e a maneira para mudar os professores de forma que eles comecem a usar esse método) é dar mais atenção à avaliação dos tamanhos de efeitos de aprendizagem da aula e utilizá-los como o ponto de partida para discutir se os métodos ideais de ensino foram utilizados. Essa utilização de "evidências para ação" pode, então, influenciar as crenças dos professores sobre aprendizagem, planejamento, motivação e controle da aprendizagem. Observe, entretanto, que essa abordagem apenas gera a questão correta, mas não responde qual é o melhor método de ensino – cuja resposta requer julgamento, escuta e competência. Pode ser que um método seja melhor para um aluno do que para outro, para determinado conteúdo e não para outro – mas a chave é o impacto, e não o método.

Os programas de formação de professores precisam se voltar menos para promover várias estratégias de ensino e enfatizar excessivamente a diversidade e mais para como os novos professores avaliam o impacto do seu ensino nos alunos, mais em como eles utilizam múltiplas estratégias diferentes, e mais em observar as semelhanças e em permitir a variedade de impactos em seu grupo de alunos. Essa abordagem de escolha do método de ensino baseada nas evidências do seu impacto nos alunos envolve etapas específicas (ver Apêndice E para mais detalhes).

1. Seja claro sobre os resultados (critérios de sucesso) da aula ou série de aulas (isso, provavelmente, deve incluir alguns resultados relacionados a desempenho, mas existem, é claro, muitos outros resultados).
2. Decida, de preferência antes de começar a dar as aulas, sobre a melhor maneira de medir os resultados (quando você usa esse método pela primeira vez, é recomendado que utilize alguma forma de avaliação padronizada e, posteriormente, passe para avaliações feitas pelo professor).
3. Aplique essa medição de resultados no início das aulas. Tal "teste de progresso", como é em geral chamado, pode determinar o que os alunos já sabem e podem fazer e pode ajudar a identificar pontos fortes e lacunas (sim, eles podem aprender algo ao fazerem o teste no início – por que não?).
4. Conduza o ensino.
5. Aplique novamente a medição de resultados no final das aulas.
    a. Calcule o escore médio e o desvio padrão (medida de dispersão) para os escores do início e do final.

b. Calcule o tamanho de efeito para a turma (ver Apêndice E para mais informações sobre como estimar o tamanho de efeitos).
   i. Se ele for maior que 0,40, então reflita sobre o que deu certo naquela série de aulas.
   ii. Se ele for menor que 0,40, então reflita sobre o que não deu certo naquela série de aulas e faça quaisquer mudanças necessárias na aula, no método de ensino, nas atividades e assim por diante (fazer "mais do mesmo" raramente é a resposta).
c. Utilizando a medida de dispersão (DP) e presumindo que ela pode ser utilizada para cada aluno, calcule o tamanho de efeito para cada um deles.
   i. Se ele for maior que 0,40, então reflita sobre o que deu certo naquela série de aulas para esses alunos.
   ii. Se ele for menor que 0,40, então reflita sobre o que não deu certo naquela série de aulas e faça as mudanças necessárias na aula, no método de ensino, nas atividades e assim por diante, para esses alunos.

CONCLUSÕES

A noção de professores (e líderes escolares) como avaliadores e ativadores implica uma mudança deliberada, direcionamento da aprendizagem e fazer visivelmente a diferença nas experiências e nos resultados para os alunos (e para os professores) – e o mecanismo-chave para essa ativação é uma atitude que acolhe o papel da avaliação. As questões-chave para o professor incluem as seguintes:

- "Como sei que algo está funcionando?"
- "Como posso comparar esse programa com outros?"
- "Qual é o mérito e o valor dessa influência na aprendizagem?"
- "Qual é a magnitude do efeito?"
- "Que evidências me convenceriam que estou errado?"
- "Onde se encontram as evidências que demonstram que esse programa é superior a outros?"
- "Onde eu vi essa prática em ação produzindo resultados efetivos?"
- "Compartilho uma concepção comum de progresso com outros professores?"

O "professor como avaliador" envolve mais do que utilizar habilidades e ferramentas desenvolvidas na avaliação ou na sociologia. É, principalmente, sobre decidir quais são as análises críticas a serem seguidas e assegurar que elas sejam, de fato, adotadas no contexto do impacto da aprendizagem dos alunos. Essa não é uma defesa de que exista apenas um modelo ou método de avaliação, pois esses temas são intensamente debatidos. Em vez disso, é a defesa de que o "professor como avaliador" precisa levar em conta noções de "qualidade da adequação", perguntando e decidindo os melhores métodos que levaram a julgamentos de mérito, a fim de que exista rigor suficiente e adequado para defender as evidências e as interpretações dessas evidências, que levam às afirmações sobre as avaliações (para uma discussão sobre líderes como ativadores veja HATTIE; CLINTON, 2011).

O objetivo é o de fazer com que os alunos se envolvam de forma ativa na busca por evidências: seu papel não é simplesmente o de fazer tarefas decididas por professores, mas administrar ativamente e reconhecer seus avanços na aprendizagem. Isso inclui avaliar seu próprio progresso, ser mais responsável por sua aprendizagem e se envolver com os colegas, aprendendo juntos sobre avanços na aprendizagem. Se os alunos devem se tornar avaliadores ativos do seu próprio progresso, os professores devem fornecer aos alunos o *feedback* adequado para que possam se engajar nessa tarefa. Van den Bergh, Ros e Beijaard (2010, p. 3) descrevem a tarefa desse modo:

> Estimular a aprendizagem ativa parece uma tarefa muito desafiadora e exigente para professores, que precisam de conhecimento sobre os processos de aprendizagem dos alunos, habilidades em fornecer orientação, *feedback* e controle da sala de aula.

O que se faz necessário é motivar esses alunos para essa mesma tarefa desafiadora e exigente.

A sugestão, neste capítulo, é a de começar as aulas ajudando os alunos a entender o objetivo da aula e mostrar a eles como deve se parecer o sucesso ao final. Muitas vezes, os professores procuram por um início interessante para a aula – pelo gancho e pela questão motivadora. Dan Willingham (2009) forneceu um excelente argumento para não pensar dessa forma. Ele defende começar com aquilo em que provavelmente o aluno está pensando. Ganchos interessantes, demonstrações, fatos fascinantes e semelhantes podem parecer atraentes (e em geral são), mas ele sugere que, provavelmente, existam outras partes da aula que são mais adequadas para capturar a atenção. O local mais provável para colocar um tema que capture a atenção é no final da aula, pois isso irá ajudar a consolidar o que foi aprendido. Mais importante, Willingham pede que os professores pensem fortemente, e por muito tempo, sobre como fazer a conexão entre o tema que captura a atenção e o argumento para o qual ele foi planejado. De preferência esse argumento será a ideia principal da aula.

Ter muitas atividades abertas (aprendizagem por descoberta, busca na internet, preparo de apresentações em PowerPoint) pode tornar difícil dirigir a atenção dos alunos para o que importa – porque eles em geral amam explorar detalhes, irrelevâncias e o que não é importante, enquanto fazem essas atividades. Um dos princípios de Willingham é o de que qualquer método de ensino é mais útil quando apresenta vários episódios de *feedback* imediato sobre a forma como o aluno pensa sobre o problema. Do mesmo modo, o autor defende a noção de que as tarefas devem ser, principalmente, sobre o que o professor quer que os alunos pensem (não para demonstrar "o que eles sabem"). Os alunos são muito bons em ignorar o que você diz ("Valorizo conexões, ideias profundas, seus pensamentos") e perceber o que você valoriza (correções gramaticais, comentários sobre as referências, correção ou ausência de fatos). Assim, os professores devem fazer uma lista com os valores de cada item para qualquer tarefa antes que completem a questão ou termine o prazo e mostrar essa lista aos alunos para que eles saibam o que o professor valoriza. Tal *feedback* de formação pode reforçar as "grandes ideias" e as compreensões importantes e ajudar a fazer valer a pena o investimento de energia. É mais provável que ele leve à compreensão cognitiva, reduza as indicações falsas e qualquer ênfase excessiva no conhecimento superficial – e será mais recompensador para todos.

EXERCÍCIOS

1. Aplique os cinco itens da "Escala de Confiança de Professores" de Bryk e Schneider (2002) (ver p. 69) aos professores da escola (de forma anônima) e discuta com seus colegas professores sobre como os níveis de confiança podem, então, ser maximizados na escola.
2. Durante as observações em sala de aula, monitore o volume de conversa e questionamento por parte de professores e alunos. Quantos alunos estão envolvidos em fazer

perguntas e em responder às perguntas de seus colegas? Existe uma dominação dos professores no início, nas respostas e na avaliação? As questões são profundas ou superficiais?

3. Considere os dois trechos seguintes de *Hard Times*, de Charles Dickens (1854). Como o ensino e a formação de professores mudaram desde o século XIX?

    [Sr. Gradgrind] "Agora, o que quero são fatos. Ensine a esses meninos e meninas nada além de fatos. Apenas os fatos são necessários na vida. Não plante nada além de fatos e remova todo o resto. Você pode formar as mentes de animais racionais apenas com fatos: nada mais terá qualquer utilidade para eles. Esse é o princípio pelo qual criei meus próprios filhos e esse é o princípio pelo qual crio essas crianças. Atenha-se aos fatos, senhor!".

    Assim, o Sr. M'Choakumchild começou em sua melhor forma. Ele e cerca de 140 professores foram recentemente torneados ao mesmo tempo, na mesma fábrica, segundo os mesmos princípios, do mesmo modo que tantas pernas de tantos pianos. Eles foram submetidos a uma imensa variedade de ritmos e responderam a inúmeras questões difíceis. Ortografia, etimologia, sintaxe, prosódia, biografia, astronomia, geografia, cosmografia básica, as ciências das proporções compostas, álgebra, topografia e nivelamento, música vocal e desenho de modelos, estão todos na ponta dos dez dedos frios. Ele construiu seu difícil caminho até a Seção B do Honorável Conselho Privado de Sua Majestade e removeu o entusiasmo dos ramos superiores da matemática e da física, do francês, do alemão, do latim e do grego. Ele sabia tudo sobre todas as bacias hidrográficas do mundo (onde quer que estejam) e todas as histórias sobre todos os povos, bem como todos os nomes de rios e montanhas e todos os produtos, as maneiras e os costumes de todos os países, todas as suas fronteiras e orientações em todos os pontos da bússola. Ah, muito exagerado, M'Choakumchild. Se ele apenas tivesse aprendido um pouco menos, teria ensinado infinitamente melhor e muito mais!

4. Faça uma sessão de questionamento socrático do tipo Paideia. Após ensinar algum conteúdo, reúna cerca de 15 alunos em um círculo (se forem mais de 15, então, faça com que os outros sentem atrás do círculo e, posteriormente, lhes dê a oportunidade de fazer parte do círculo interno mais ativo). Comece fazendo uma pergunta aberta (uma que leve a mais discussão e debate) e, então, permita que os alunos façam perguntas uns aos outros, respondam a essas perguntas e travem um diálogo. *Em nenhum momento* você pode, como professor, intervir com estímulos, perguntas ou respostas. Após 10-20 minutos, reúna a informação da sessão. Mais importante, utilize as perguntas e as respostas dos alunos como evidências de formação sobre o que você, como professor, deve fazer em seguida. Se precisar de ajuda no desenvolvimento das questões abertas, com maneiras para evitar o envolvimento e para ensinar os alunos a serem mais respeitosos uns com os outros, veja o trabalho de Roberts e Billings (1999) para mais detalhes e conselhos.

5. Observe uma turma e "escute" o que o professor e os alunos estão dizendo. Leve, então, o que você escutou para os participantes, com suas palavras. Tal escuta empática requer que você se coloque em uma posição para entender o outro. Ao trazer para o grupo o que escutou, você demonstra para a outra pessoa que você tem respeito pelo que foi dito. Permita que o outro autocorrija o que você ouviu e desse modo compartilhe seus momentos de aprendizagem, erros de compreensão, inatividade, autodescoberta e desafio. O outro se sente, agora, compreendido?

6. Pesquise no Google por "Pedagogia produtiva", que se baseia na premissa de que os professores precisam tomar decisões altamente complexas sobre o impacto do seu ensino, frequentemente, "de modo corrido" durante uma aula. Avalie sua aula – sobretudo o seu início – utilizando as seguintes questões.

QUESTÕES DE QUALIDADE INTELECTUAL	
Pensamento de ordem superior	Estão ocorrendo casos de pensamento de ordem superior e análise crítica?
Conhecimento profundo	A aula cobre os campos operacionais com alguma profundidade, detalhe ou nível de especificidade?
Compreensão profunda	Os trabalhos e as respostas dos alunos fornecem evidências de compreensão dos conceitos ou das ideias?
Conversação substancial	A conversa em sala de aula escapa do padrão IRE e leva a um diálogo contínuo entre alunos e entre alunos e professores?
Conhecimento problematizador	Os alunos fazem críticas e apresentam outras opiniões sobre textos, ideias e conhecimento?
Metalinguagem	Aspectos da linguagem, gramática e vocabulário técnico estão em primeiro plano?
QUESTÕES DE RELEVÂNCIA	
Integração do conhecimento	A aula abrange diversos campos, disciplinas e paradigmas?
Conhecimento prévio	Existe uma tentativa de fazer uma conexão com os conhecimentos prévios dos alunos?
Conexão com os contextos globais	As aulas e os trabalhos passados apresentam alguma semelhança ou conexão com o mundo real?
Currículo baseado na resolução de problemas	Existe um foco na identificação e resolução de problemas intelectuais e/ou do mundo real?
PERGUNTAS DE APOIO AO AMBIENTE DE SALA DE AULA	
Controle de alunos	Os alunos têm alguma possibilidade de opinar sobre o ritmo, direção ou resultado de uma aula?
Apoio social	A sala de aula é um ambiente positivo de apoio social?
Envolvimento	Os alunos estão envolvidos nas tarefas?
Critérios explícitos	São estabelecidos critérios para o desempenho dos alunos?
Autorregulação	A orientação do comportamento dos alunos é implícita e autorregulatória ou explícita?
QUESTÕES DE RECONHECIMENTO DA DIFERENÇA	
Conhecimento cultural	Conhecimentos culturais diversos encontram espaço?
Inclusão	São feitas tentativas deliberadas para aumentar a participação de todos os alunos oriundos de diferentes contextos?
Narrativa	O ensino é, principalmente, na forma de narrativa ou é expositivo?
Identidade de grupo	O ensino promove um sentimento de comunidade e identidade?
Cidadania	São feitas tentativas de promover a cidadania ativa?

6

O fluxo da aula: aprendizagem

A aprendizagem está frequentemente "na cabeça" e é um objetivo do professor ajudar a tornar essa aprendizagem visível. Existem muitas fases na aprendizagem e não existe uma única maneira de aprender ou um conjunto de concepções que decifrem os processos de aprendizagem. Trata-se mais de uma combinação de fases. Uma exigência em geral necessária para que essa aprendizagem ocorra é algum tipo de tensão, algum reconhecimento do fato de "não saber", um comprometimento em querer conhecer e compreender – ou, como Piaget (1970) denominou, algum "estado de desequilíbrio". Quando isso ocorre, a maior parte das pessoas precisa de ajuda (de outra pessoa instruída, de alguns recursos) para, então, aprender novo material e acomodá-lo como parte do novo entendimento. Existem muitas estratégias possíveis com as quais se pode realizar essa aprendizagem e nós, certamente, precisamos ter competência em escolher e utilizar essas estratégias. Porém, mais importante, precisamos reconhecer que o uso dessas estratégias requer concentração, muita prática e habilidades. A exigência prática para melhorar a aprendizagem dos alunos é de que os professores encarem essa aprendizagem com os olhos dos alunos.

Com frequência os professores iniciantes e o desenvolvimento profissional oferecido aos professores mais experientes priorizam o ensino e não a aprendizagem. A atenção precisa se deslocar de como ensinar para como aprender – e apenas depois que os professores forem capazes de compreender como os alunos aprendem é que eles podem tomar decisões a respeito de como ensinar. Pode ser surpreendente para alguns que existam tantas teorias de aprendizagem e tantos livros recentes sobre essas teorias (como ALEXANDER, 2006). Schunk (2008), por exemplo, apresenta as seguintes teorias: de condicionamento, sociocognitivas, de processamento de informações cognitivas, de processos de aprendizagem cognitiva e construtivistas. Ele também apresenta capítulos sobre desenvolvimento e aprendizagem, cognição e ensino, neurociência da aprendizagem, aprendizagem conteúdo-área e motivação.

Observações em sala de aula tipicamente revelam que há pouco ensino direto sobre "como aprender" ou sobre o desenvolvimento e utilização de várias estratégias de aprendizagem. Moseley et al. (2004), por exemplo, observou 69 salas de aula em busca de evidências de estratégias de aprendizagem. Em geral, 80% das turmas participavam de leitura de livros, do fornecimento de informações ou da instrução de tarefas, 65% das aulas incluíram pedidos de respostas a perguntas, e cerca de um terço envolveu o fornecimento de informação específica. O ensino que envolveu a utilização ou sugestão de estratégias foi observado de modo pouco frequente, com 10% dos professores não oferecendo esse tipo de ensino. Ornstein et al. (2010) revisaram as observações de sala de aula das estratégias de ensino e concluíram que há pouquíssima, na linha de conversações explícitas, utilização de estratégias específicas. Em vez disso, predomina a memorização: metade dos intervalos de observação continha alguma forma de pedido de memorização deliberado. Proporcionar aos alunos estratégias de aprendizagem no contexto da compreensão do conteúdo é certamente muito poderoso. A próxima etapa é fornecer oportunidades para que pratiquem essas estratégias, seguida pela oportunidade de assegurar que as estratégias escolhidas são eficientes. Isso é a essência da ideia de aprender a aprender: trata-se da *intenção* de utilização, *consistência* na utilização adequada das estratégias e em saber quando as estratégias escolhidas são *eficientes*. Esse aprender a aprender é frequentemente chamado de "autorregulação", cujo termo destaca as decisões necessárias ao aluno no processo de aprendizagem.

Este capítulo é sobre aprendizagem, como torná-la visível e como desenvolvê-la.

VÁRIAS FASES DA APRENDIZAGEM

A aprendizagem começa com "um planejamento de trás para frente" – em vez de começar a partir dos livros ou de aulas preferidas e atividades consagradas ao longo do tempo. A aprendizagem começa com o professor (e, de preferência, também o aluno) conhecendo os resultados desejados (expressos como critérios de sucesso relacionados às intenções de aprendizagem) e, então, trabalhando para trás até onde o aluno começa as aulas – em termos de seu conhecimento prévio e do ponto em que se encontra no processo de aprendizagem. O objetivo é reduzir a lacuna entre o ponto em que o aluno começa e os critérios de sucesso para a aula. Isso requer um conhecimento profundo, não apenas do conhecimento prévio de cada aluno, mas também de como ele pensa e onde se encontra no desenvolvimento dos seus processos de pensamento. Assim, para ensinar bem, é necessária uma compreensão profunda sobre como aprendemos.

> **Aprendizagem visível – *checklist* para durante a aula: aprendizagem**
> 24. Os professores apresentam compreensões valiosas sobre como a aprendizagem envolve avançar vários níveis de habilidades, capacidades, catalisadores e competências.

Existem quatro considerações que se sobrepõem na aprendizagem. Infelizmente, não existem associações diretas necessárias entre cada uma dessas quatro maneiras de encarar a aprendizagem. Em vez disso, todas elas desempenham seus papéis nos processos de aprendizagem.

a. Habilidades ao pensar

Piaget (1970) observou que as crianças passavam de respostas muito intuitivas a respostas mais científicas e socialmente aceitáveis, sobretudo à medida que eram expostas a outros colegas e adultos que se interessavam em conversar com elas (ver também Cap. 4).

TABELA 6.1 Quatro considerações principais que se sobrepõem no processo de aprendizagem

	Habilidade	Capacidade	Catalisador	Competência
	Estágios de Piaget	Níveis do SOLO	Motivação	Processos
1	Sensório-motor	Uma ideia	Observação de uma lacuna	Iniciante
2	Pré-operatório	Ideias	Estabelecimento de objetivos	Competente
3	Operatório concreto	Associação de ideias	Desenvolvimento de estratégias	Proficiente
4	Operatório formal	Expansão de ideias	Preenchimento de lacuna	

Piaget (1970) propôs quatro fases principais de como o pensamento dos alunos se desenvolve qualitativamente ao longo do tempo.

- *Sensório-motor* – Os alunos veem o mundo a partir do seu próprio ponto de vista, principalmente por meio de movimentos e sentidos, e não percebem o mundo a partir dos pontos de vista dos outros.
- *Pré-operatório* – Por meio da aquisição de habilidades motoras e linguagem, os alunos se tornam mais propensos a utilizar símbolos, podem utilizar um objetivo ou um personagem para representar algo diferente, mas não conseguem manipular mentalmente a informação ou adotar os pontos de vista de outros.
- *Operatório concreto* – Os alunos começam a pensar logicamente, mas em termos muito concretos.
- *Operatório formal* - Os alunos desenvolvem a argumentação abstrata e podem pensar mais logicamente.

Conhecer o estágio em que o aluno se encontra e sua passagem ao longo dos níveis de pensamento está entre as fontes mais importantes de conhecimento. Esse conhecimento não apenas ajuda os professores a otimizarem o ponto do qual os alunos começam, como também é chave para conhecer o nível seguinte do processo de pensamento na direção do qual os alunos devem estar se movendo. Shayer e Adey (1981) denominaram essa assistência de "aceleração cognitiva", baseados em três dos principais condutores do desenvolvimento cognitivo de Piaget:

1. que a mente se desenvolve em relação ao desafio ou desequilíbrio, indicando que a intervenção deve fornecer algum *conflito cognitivo*;
2. que a mente apresenta uma capacidade crescente de se tornar consciente e assumir o controle de seus próprios processos, isto é, que a intervenção deve incentivar os alunos a serem *metacognitivos*; e
3. que o desenvolvimento cognitivo é um processo social promovido por discussões de alta qualidade entre os colegas e mediado por um professor ou outra pessoa mais madura, isto é, que a intervenção deve incentivar a *construção social*.

Eles foram cuidadosos o suficiente em não associarem esses motivadores a idades, pois não existe uma relação entre idade e os estágios de Piaget. Além disso, não se trata de aprendizagem por descoberta ou de colaboração entre pares sem intervenção:

[...] lembre-se de que cada momento do controle da aula envolve o professor estar consciente de ambos os níveis de processamento dos diferentes aspectos da atividade e, também, como a resposta de cada aluno indica o nível de processamento em que o aluno se encontra e, portanto, em que direção está se movendo no momento. (SHAYER, 2003, p. 484).

Seus programas de intervenção obtiveram regularmente tamanhos de efeito de desempenho entre 0,3 e 1,0.

Uma mensagem importante que Shayer (2003) retira dessa pesquisa é o importante papel desempenhado pelos professores na estruturação da aprendizagem para assegurar que os alunos elaborem suas aprendizagens para si mesmos e com outros colegas, particularmente quando as aulas apresentam duas ou três etapas de aprendizagem dos conceitos importantes no nível de pensamento utilizado pelo aluno ou logo acima. Isso significa que os professores precisam saber como os alunos pensam e as exigências do pensamento de cada etapa na aula, tanto dos alunos quanto dos colegas com quem eles estão trabalhando. Tal fato, ele defende, impede que a colaboração entre os colegas degenere para uma situação em que "um cego guia outro cego". Isso exige que os professores intervenham para manter a aprendizagem avançando a todo instante em relação às demandas do conhecimento da matéria que é ensinada. Essa noção de ensinar no nível em que os alunos estão pensando, "ou um nível acima", é um tema importante deste capítulo.

b. Fases do pensamento: superficial a profundo

> **Aprendizagem visível – *checklist* para durante a aula: aprendizagem**
> 25. Os professores entendem como a aprendizagem se baseia no fato de os alunos precisarem de múltiplas estratégias de aprendizagem para alcançar compreensões superficiais e profundas.

As quatro fases da taxonomia de SOLO foram introduzidas no Capítulo 4. À medida que os alunos se deparam com as aulas, eles adquirem uma ideia ou ideias e, então, associam ou ampliam aquelas ideias. Ao contrário dos modelos de pensamento (como os de Piaget), os alunos podem começar em qualquer um desses níveis, mas a capacidade de associação e ampliação depende de eles conhecerem as ideias que devem ser associadas e ampliadas. É muito frequente o pedido para que os alunos associem e ampliem as ideias mínimas em que baseiam suas tarefas – levando ao empobrecimento da aprendizagem profunda. Muitas escolas estão chamando a si mesmas de "escolas investigativas", como se essa associação e ampliação pudessem ser realizadas sem uma base firme de compreensão sobre essas ideias. Como foi observado, a transferência entre as disciplinas é notoriamente difícil, e apenas aprender a "investigar" sem basear essa investigação em uma rica base de ideias não é uma estratégia defensável. O argumento aqui, ao contrário, é de que os professores devem conhecer em que fase da aprendizagem o aluno está melhor preparado – para aprender mais ideias superficiais e passar da superfície para uma associação e ampliação mais profunda dessas ideias. O objetivo é trabalhar no nível em que o aluno se encontra agora, ou um nível acima.

c. Fases de motivação

Os alunos não permanecem em um constante estado de motivação! Isso também exige o conhecimento da fase de motivação e trabalho do nível atual, ou um nível acima. Winne e Hadwin (2008) destacaram um modelo de motivação em quatro etapas, como mostrado a seguir:

1. *Observe uma lacuna.* O aluno precisa observar uma lacuna entre o que ele sabe no momento e a aprendizagem pretendida. No primeiro estágio – definição de tarefas –, o aluno processa informação sobre a tarefa.
2. *Estabeleça uma meta.* Quando ele tem informação suficiente (mas não necessariamente completa), ele passa para a fase dois. Isso envolve o estabelecimento de metas e o planejamento, no qual o aprendiz estabelece um objetivo e desenvolve um planejamento para atingir o objetivo (com ajuda, quando necessário).
3. *Estratégias.* Quando os alunos têm objetivos e planejamento, eles podem procurar por estratégias para se aproximar do objetivo. Esse terceiro estágio envolve empregar essas estratégias.
4. *Preencher a lacuna.* O aluno examina criticamente se ele preencheu a lacuna o suficiente a ponto de ser bem-sucedido e seguir adiante.

Em geral, o mais difícil é passar do primeiro para o segundo estágio (para professores e alunos). Alguns alunos nunca passam do primeiro estágio, e Winne e Hadwin (2008) observaram que alguns professores parecem relutantes em permitir que os alunos passem dele. Fazer essa transição envolve estar consciente dos objetivos da aula, da natureza da lacuna e da necessidade de desenvolver, em seguida, estratégias cognitivas e planejamento, bem como ter a motivação para reduzir essa lacuna.

d. Fases sobre como aprendemos

Uma importante e recente revisão sobre como as pessoas aprendem (BRANSFORD; BROWN; COCKING, 2000) identificou três fases principais, indo de novato, passando a competente e depois a proficiente, como descrito a seguir:

1. Os alunos chegam à turma com preconceitos sobre como o mundo funciona, e os professores precisam motivá-los com essa compreensão inicial, do contrário, os alunos podem não ser capazes de dominar os novos conceitos e informações.
2. Para que os professores desenvolvam as competências dos alunos, estes devem apresentar uma profunda fundamentação em conhecimento factual, compreender as ideias no contexto de uma base conceitual e organizar o conhecimento de maneiras que facilitem sua recuperação e aplicação.
3. Construindo essas competências, uma abordagem metacognitiva para o ensino pode, então, ajudar os alunos a aprenderem a controlar sua própria aprendizagem, ao definirem seus objetivos de aprendizagem e monitorarem seu progresso em alcançar os objetivos.

A aprendizagem se baseia em saber com que conhecimento os alunos começam, em seguida, adquirir um equilíbrio entre compreensões superficiais e profundas e, por fim, ajudá-los a assumir um controle maior sobre a sua aprendizagem. Esses três princípios significam que a aprendizagem exige o envolvimento ativo do aprendiz. A aprendizagem é, principalmente, uma atividade social. Novos conhecimentos são construídos a partir do que já foi entendido e aceito, e a aprendizagem se desenvolve empregando estratégias eficientes e flexíveis que nos ajudam a entender, argumentar, memorizar e resolver problemas. Os aprendizes devem ser ensinados a planejar e monitorar sua aprendizagem, a estabelecer seus próprios objetivos de aprendizagem e a corrigir seus erros.

O objetivo de "aprendizagem" de qualquer conjunto de aulas é fazer com que os alunos aprendam as habilidades de ensinar a si mesmos o conteúdo e a compreensão – isto é, a *autorregular* sua aprendizagem. Isso exige ajudar os alunos a desenvolver estratégias múltiplas de aprendizagem e reconhecer por que precisam investir em práticas deliberadas e concentração durante a aprendizagem. Isso exige a utilização de estratégias de aprendizagem para avançar de conhecimentos superficiais para conhecimentos profundos, exige ajuda para reduzir a carga cognitiva de modo que possa ser dada atenção ao desenvolvimento dessas estratégias de aprendizagem, fornecer aos alunos oportunidades múltiplas de aprenderem ideias e se envolverem em práticas deliberadas e um ambiente onde eles possam se concentrar na sua aprendizagem. Tudo isso depende das expectativas e atitudes de que os alunos "podem fazer" essa aprendizagem, da presença de desafios adequados e do uso de *feedback* adequado levando em consideração a atual fase de aprendizagem dos alunos.

Existem, pelo menos, três fases de aprendizagem que se sobrepõem: novato, competente e proficiente. Esse processo pode ocorrer em muitas dessas fases: pode ocorrer ao aprender algo pela primeira vez, pode ocorrer durante a aprendizagem à medida que encontramos novas noções para construir a partir delas ou para substituir o pensamento atual e pode ocorrer imediatamente após nos tornarmos proficientes e, então, precisarmos começar de novo com ideias mais desafiadoras que sejam novas para nós.

1. Na primeira fase, *novato*, tentamos entender as exigências da atividade e focar em produzir maneiras de avançar sem cometer grandes erros.
2. Em seguida, à medida que adquirimos *habilidade*, somos capazes de minimizar mais erros, nosso desempenho melhora e não precisamos mais focar tão intencionalmente em cada etapa da tarefa ou nas partes componentes do conhecimento.
3. Ao final, na fase *proficiente*, nos tornamos mais automáticos em nossas reações a novas ideias, precisamos de menos esforço para executar cada tarefa e, à medida que ficamos mais automático, então, de algum modo, nos tornamos menos capazes de controlar a execução das habilidades.

e. Ensino diferencial

> **Aprendizagem visível – *checklist* para durante a aula: aprendizagem**
> 26. Os professores proporcionam diferenciação para assegurar que a aprendizagem seja significativa e direcionada de maneira eficiente a todos os alunos a quem se destinam os objetivos das aulas.

Todas as quatro fases de aprendizagem descritas anteriormente enfatizam que os professores saibam onde se encontram os alunos e que, então, procurem movê-los um nível acima desse ponto. Assim, é pouco provável que uma aula para "toda a turma" seja dada corretamente para todos os alunos. Esse é o momento em que a habilidade dos professores em perceber as semelhanças entre os alunos e permitir que suas diferenças se manifestem se torna tão importante. A diferenciação entre os alunos se relaciona principalmente à estruturação das turmas, de modo que todos estejam trabalhando no nível em que começaram, ou um nível acima, de modo que possam ter oportunidades máximas de alcançar os critérios de sucesso das aulas.

Um dos truísmos presentes na maioria das escolas é o de que o nível de escolarização reflete mais do que qualquer outra coisa a ampliação das capacidades dos alunos. No 5º ano espera-se que existam pelo menos cinco anos de ampliação das capacidades dos alunos da turma, no 9º ano, que ocorra um aumento de nove anos. Como acomodar esse aumento é uma preocupação importante, e houve muitas respostas tais como personalização, diferenciação e atender às diferenças individuais, muitas escolas (especialmente as de ensino médio) recorrem a métodos estruturais – por exemplo, programas para separar os alunos de acordo com suas habilidades em cada disciplina (*tracking/streaming*) e programas de retirada dos melhores alunos de uma turma heterogênea para conviverem com seus pares acadêmicos (*pull-outprogram*). Apesar desses métodos, todas as turmas são cheias de heterogeneidade (e isso na maior parte dos casos é vantajoso, pois os alunos podem aprender muito uns com os outros). Ensinar para essas diferenças se tornou um mantra para alguns. Em certos casos a diversidade é levada a extremos – ela meramente significa que todos os alunos são diferentes. Embora não haja dúvida de que cada aluno na turma é provavelmente diferente, uma das artes de ensinar é observar o aspecto comum na diversidade, em ter colegas trabalhando juntos, sobretudo quando eles trazem diferentes talentos, erros, interesses e disposições para a situação, e em entender que a diferenciação se relaciona mais a fases da aprendizagem – de novato, passando por competente a proficiente – em vez de simplesmente fornecer atividades diferentes a diferentes (grupos de) alunos.

Para que a diferenciação seja eficiente, os professores precisam conhecer, para cada aluno, de onde ele inicia e onde ele se encontra na sua jornada para alcançar os critérios de sucesso da aula. Esse aluno é um novato, um pouco competente ou proficiente? Quais são seus pontos fortes e lacunas no conhecimento e na compreensão? Quais estratégias de aprendizagem ele apresenta ou como podemos ajudá-lo a desenvolver outras estratégias de aprendizagem? Dependendo da sua fase de aprendizagem, da sua compreensão superficial ou profunda, da sua fase de motivação e de suas estratégias de aprendizagem, o professor terá que proporcionar diferentes maneiras pelas quais os alunos podem demonstrar seu controle e compreensão durante o processo para atingir os critérios de sucesso. Deve ser óbvio por que um rápido *feedback* formativo pode ser tão poderoso para que os professores reconheçam a fase da aprendizagem dos alunos e, então, os ajudem a alcançar resultados um nível acima daquele em que se encontram.

Tomlinson (1995) demonstrou que existem quatro características eficientes de ensino diferenciado.

1. A primeira é a de que *todos* os alunos precisam ter a oportunidade de explorar e aplicar os conceitos-chave da matéria que é estudada e, então, alcançar o sucesso.
2. É necessária interpretação formativa frequente para monitorar o percurso dos alunos até o sucesso nos objetivos de aprendizagem. Isso, mais do que a maioria das atividades, irá ajudar a produzir a probabilidade mais alta de ensino e aprendizagem bem-sucedidas.
3. Agrupar os alunos de maneira flexível de modo que possam trabalhar sozinhos, juntos ou como uma única turma, de acordo com a necessidade, torna possível retirar o máximo das oportunidades criadas pelas diferenças e pelos aspectos comuns.
4. Sempre que possível, devemos motivar os alunos de uma maneira ativa para explorar e alcançar as metas de sucesso.

A essas eu acrescentaria uma quinta: frequentemente, a diferenciação precisa ser melhor associada a avanços diferenciais de aprendizagem – aqueles que avançam mais precisam de um ensino diferenciado daqueles que avançam menos. Em outras palavras, em vez de pensar na diferenciação em termos de alunos com mais facilidade ou dificuldade, pense nela em termos de quem avançou ou não avançou. Aqueles que não avançaram (independentemente do ponto de partida) tendem a precisar de um ensino diferenciado.

Essas cinco características ajudam a assegurar que as intenções de aprendizagem e os critérios de sucesso sejam transparentes para todos os alunos. A chave é que os professores tenham uma clara razão para a diferenciação e associem o que fazem *diferencialmente* em função de onde o aluno está localizado na progressão de novato a competente, em relação aos objetivos de aprendizagem e critérios de sucesso.

A formação de grupos, em geral, não é bem entendida. O objetivo não é necessariamente o de agrupar os alunos em função de sua fase de aprendizagem, etc., mas agrupá-los em função de uma mistura daqueles que se encontram em um nível e daqueles que se encontram um nível acima, de modo que a mediação entre colegas possa ser parte do processo de todos avançarem. Ter, no grupo, alunos da mesma fase de aprendizagem ou acima pode ajudá-los a avançar à medida que discutem, trabalham e veem o mundo através dos olhos de outros colegas.

O erro é assumir que, porque os alunos "sentam em grupos", existe aprendizagem em grupo. Galton e Patrick (1990) mostraram que meramente colocar os alunos em grupos raras vezes significa que trabalhem em grupo de acordo com qualquer forma de diferenciação. A Figura 6.1 mostra que, embora a maioria das salas de aula seja organizada em grupos ou pares, a maior parte da atividade ainda é individual ou de ensino para toda a turma.

Um método para diferenciação estruturada é o método do "quebra-cabeça" (ARONSON, 2008). Ele envolve grupos de alunos trabalhando em um conjunto de tarefas, com cada um recebendo uma tarefa específica (peça do "quebra-cabeça"). O aluno de um grupo pode se juntar então aos de outros grupos que também receberam essa tarefa específica e todos receberão ensinamentos específicos sobre a tarefa. Após sua investigação e aprendizagem individual sobre a tarefa, eles retornam aos seus grupos e apresentam suas descobertas. Um relatório de grupo é então preparado.

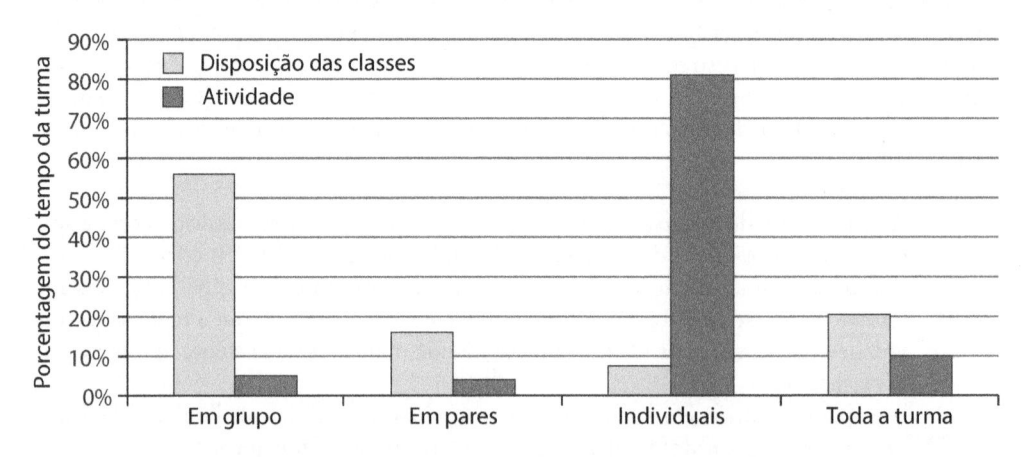

Figura 6.1 Proporção do tempo e da atividade da turma despendidos em vários arranjos de grupo.

f. Comentários sobre as fases da aprendizagem

A mensagem nas seções anteriores é de que é fundamental que os professores estejam conscientes das várias fases da aprendizagem e onde cada aluno se encontra em sua aprendizagem. Fornecer ensino no nível errado para cada aluno é errar o alvo, é ineficiente e ineficaz. A chave é fornecer ensino suficientemente acima do nível atual do aluno e procurar movê-lo um nível acima na progressão da sua aprendizagem. Isso significa que os professores (e os alunos) são mais bem preparados quando conhecem não apenas o nível de conhecimento e compreensão prévios dos alunos, mas também como cada um processa a informação, quando conhecem o equilíbrio adequado entre os conhecimentos superficiais e profundos, quando sabem como melhor motivar os alunos para perceberem uma lacuna, quando estabelecem metas e desenvolvem estratégias e apresentam uma compreensão profunda de como os alunos estão aprendendo.

ESPECIALISTAS ADAPTÁVEIS

> **Aprendizagem visível – *checklist* para durante a aula: aprendizagem**
> 27. Professores são especialistas em aprendizagem adaptáveis, que sabem onde os alunos se encontram no contínuo entre novato, competente e proficiente, quando os alunos estão ou não aprendendo, para onde seguir na próxima etapa e que podem criar um ambiente de sala de aula para alcançar esses objetivos de aprendizagem.

Portanto, os professores precisam ser "especialistas em aprendizagem adaptáveis", que não apenas utilizam várias das estratégias de aprendizagem eficiente, mas que também apresentam um alto nível de flexibilidade que lhes permite inovar quando as rotinas não são suficientes (BRANSFORD; BROWN; COCKING, 2000). Especialistas adaptáveis sabem quando os alunos não estão aprendendo, sabem para onde seguir na próxima etapa, podem adaptar recursos e estratégias para ajudá-los a alcançar objetivos de aprendizagem que valham a pena e podem recriar ou alterar o ambiente da sala de aula para atingir esses objetivos de aprendizagem.

> Especialistas adaptáveis também sabem como expandir continuamente sua especialidade, reestruturando seu conhecimento e suas competências para alcançar novos desafios. (DARLING-HAMMOND, 2006, p. 11).

Esses professores apresentam altos níveis de empatia e sabem como "reconhecer a aprendizagem através dos olhos dos alunos" e mostrar aos alunos que entendem como eles estão pensando e como o seu pensamento pode ser melhorado. Isso exige que os professores prestem atenção especial ao modo como os alunos definem, descrevem e interpretam os fenômenos e as situações de resolução de problemas, de modo que comecem a entender essas experiências a partir das perspectivas únicas dos alunos (GAGE; BERLINER, 1998). De fato, uma maneira poderosa para observar tal aprendizagem através dos olhos dos alunos é ouvir as perguntas deles e como respondem às perguntas dos seus colegas (ver ROBERTS; BILLINGS, 1999, sobre o método Paideia* para mais detalhes sobre como empregá-lo).

Observe que não queremos *conhecimentos rotineiros*. Em vez disso, trata-se de *conhecimentos adaptáveis*. O conhecimento rotineiro de professores e alunos procura identificar o que é desejado e tem como meta atingi-lo. Os professores ou os alunos identificam o que funcionou para eles anteriormente e, então, utilizam esse método de novo. A abordagem pode ser resumida como: "Vamos resolver o problema da maneira mais eficiente possível e podemos prosse-

---

* N. de R.T.: No Capítulo 5 é descrito o Programa Paideia.

guir". Mas o problema é que, quando essas rotinas não funcionam, muitos alunos são deixados para trás. Em contraste, os especialistas adaptáveis estão atentos para quando a aprendizagem não ocorre, de modo que podem reconhecer o ponto em que devem intervir (ou não) para fazer avançar a aprendizagem. Às vezes, eles precisam interromper o equilíbrio, quebrar o hábito ou encarar o erro como uma oportunidade de intervenção. Professores e alunos especialistas adaptáveis veem a si mesmos como avaliadores fundamentalmente engajados como pensadores e solucionadores de problemas.

ESTRATÉGIAS DE APRENDIZAGEM

> **Aprendizagem visível – *checklist* para durante a aula: aprendizagem**
> 28. Os professores são capazes de ensinar múltiplas maneiras de conhecer e múltiplas maneiras de interagir e fornecer oportunidades múltiplas para a prática.

Recentemente, um consórcio de cerca de 35 pesquisadores eminentes resumiu alguns dos principais processos de aprendizagem embasados empiricamente (GRAESSET; HALPERN; HAKEL, 2008). Suas descobertas, com algumas adições, estão relacionadas a múltiplas maneiras de conhecer, múltiplas maneiras de interagir, múltiplas oportunidades para a prática e muito *feedback* para saber o que estamos aprendendo.

Múltiplas maneiras de conhecer – A principal mensagem é a de que múltiplas maneiras de apresentar o material devem ser fornecidas, próximas umas das outras, com um mínimo de material capaz de provocar distração. Podemos processar muita informação por vez, mas precisamos de múltiplas maneiras de encarar novas ideias sem sobrecarregar nossa memória de trabalho.

- Ideias que precisam ser associadas devem ser apresentadas próximas umas das outras no tempo e no espaço.
- Materiais apresentados verbal e visualmente e em multimídia fornecem representações mais ricas do que em único formato.
- A flexibilidade cognitiva melhora com múltiplos pontos de vista que associem fatos, habilidade, procedimentos e princípios conceituais profundos.
- Materiais e multimídia devem associar explicitamente ideias relacionadas e minimizar material irrelevante que possa provocar distração.
- A informação apresentada ao aprendiz não deve sobrecarregar a memória de trabalho.

Múltiplas maneiras de interagir – Aprendemos melhor interagindo com as ideias, reformulando-as deliberadamente e descobrindo "ganchos" para ligá-las a noções anteriores (ou exemplos) – particularmente quando existe tensão entre o que conhecemos e o que estamos encontrando. Precisamos ser ensinados de modo explícito a processar essa aprendizagem.

- Destacar, integrar e sintetizar a informação produz uma melhor aprendizagem do que reler os materiais ou outras estratégias passivas.
- Histórias e exemplos de casos tendem a ser melhor lembrados do que fatos e princípios abstratos.

- A argumentação e a aprendizagem profundas são estimuladas por problemas que criam desequilíbrio cognitivo, tais como obstáculos a objetivos, contraindicações, conflitos e anomalias – e os alunos precisam ser ensinados de que essa é uma parte normal da aprendizagem.
- Sucesso na transferência fluente e flexível exige uma compreensão profunda das "grandes ideias" que conectam o conhecimento superficial. Precisamos de "ganchos" aos quais ligar nossas compreensões ao longo de problemas, situações e controle dos conteúdos.
- A maioria dos alunos precisa de treinamento sobre como autorregular sua aprendizagem e outros processos cognitivos.

Múltiplas oportunidades para a prática – A maioria de nós, com dificuldade ou facilidade, precisa de múltiplas oportunidades para aprender novas ideias, preferencialmente ao longo do tempo, e precisamos perceber o objetivo de praticar deliberadamente.

- A compreensão de um conceito abstrato melhora com exemplos múltiplos e variados.
- Calendários de estudo espaçados produzem uma melhor retenção a longo prazo do que uma única sessão.
- Para manter uma aprendizagem motivada e contínua é necessário perceber o valor e o propósito da prática e a necessidade de desenvolver um senso crescente de confiança ao enfrentar os desafios dessa aprendizagem.

Conhecer o que estamos aprendendo – Quando aprendemos, podemos cometer muitos erros, ir em direções erradas, aprender informações erradas e enfrentar muitos desafios – e, portanto, com frequência dependemos de *feedback* "na hora certa, apenas para mim", para assegurar que nos movamos eficiente e eficazmente na direção de critérios de sucesso.

- O *feedback* é mais poderoso quando a sua natureza está associada ao grau de proficiência do aluno (de novato a proficiente).
- Cometer erros é, em geral, uma necessidade para que a aprendizagem possa ocorrer. Os alunos necessitam de ambientes seguros em que possam ir além dos seus níveis de conforto, cometer erros e aprender a partir deles e saber quando erraram.
- A aprendizagem de informações erradas pode ser reduzida quando o *feedback* é imediato.
- Os desafios ajudam a tornar a aprendizagem mais fácil e, desse modo, apresentam efeitos positivos na retenção a longo prazo.

O livro *How People Learn* (Como as pessoas aprendem), de Bransford, Brown e Cocking (2000), é um recurso poderoso que pode ajudar os professores a entender muitas das descobertas e dos debates sobre a aprendizagem. Essas descobertas foram elaboradas em detalhe e estão ligadas a três grandes ideias: "conhecer as realizações anteriores", "utilizar isso como uma ligação" e "pensar sobre o pensamento".

- *Conhecer as realizações anteriores* – Primeiro, utilizamos nosso conhecimento atual para aprender novas informações e para que elas façam sentido. Quando as pessoas adquirem novos conhecimentos, elas o fazem a partir de conhecimentos e compreensões anteriores, estabelecendo conexões com eles. Isso destaca a importância de os professores perceberem o que os alunos já sabem e o que podem fazer – porque essa é a conexão com o novo pensamento. Algumas vezes, esse antigo conhecimento precisa ser abandonado (se, por exemplo, ele estiver errado ou mal compreendido), mas é o fundamento da aprendizagem futura.

- *Ligação entre o velho e o novo* – Embora comecemos com o conhecimento existente, a nova aprendizagem não é simplesmente acrescentada ao conhecimento antigo "tijolo por tijolo" – e é por isso que as relações entre as compreensões antiga e nova são tão importantes. Isso leva, então, à compreensão conceitual, que pode, por sua vez, se tornar uma nova ideia – e assim o ciclo continua. Essas compreensões conceituais formam os "ganchos" a partir dos quais interpretamos e assimilamos novas ideias e as relacionamos e ampliamos. Às vezes, esses "ganchos" podem ser deficientes e, então, as novas ideias podem ser rejeitadas ou não ser compreendidas. Assim, nossos conhecimentos prévios podem ser uma barreira para aprender o novo conhecimento. Os professores, portanto, precisam estar conscientes dos conhecimentos superficiais e profundos de cada aluno e as maneiras pelas quais apresentam as atuais concepções e verificar constantemente se as novas ideias estão sendo assimiladas e acomodadas por cada aprendiz.
- *Pensar sobre o pensamento* – Precisamos desenvolver uma consciência sobre o que estamos fazendo, para onde estamos nos dirigindo e como estamos indo nessa direção. Precisamos saber o que fazer quando não soubermos o que fazer. Tais atividades de autorregulação, ou metacognitivas, são um dos objetivos supremos da aprendizagem: elas são o que, com frequência, queremos dizer com "aprendizagem ao longo da vida", e é por isso que queremos que os "alunos se tornem seus próprios professores". Esse controle da nossa própria aprendizagem não ocorre em um vácuo e certamente se baseia em conhecimentos superficiais e profundos. Não é possível ensinar a "autorregulação" fora do controle dos conteúdos das matérias.

Concluímos uma meta-análise sobre os efeitos do ensino aos alunos de várias habilidades de estudo e desenvolvimento de autorregulação (HATTIE; BIGGS; PURDIE, 1996). Digno de interesse foi o questionamento sobre se os programas de estudo precisam se desenvolver associados ao controle dos conteúdos de uma matéria ou não – isto é, as estratégias podem ser ensinadas no contexto do controle de conteúdos de uma matéria ou podem ser generalizadas entre os diferentes controles de conteúdos? A resposta foi a de que estratégias simples (tais como estratégias mnemônicas, sistemas de memorização) podem ser ensinadas independentemente do conteúdo, mas a maioria das estratégias tem que ser ensinada no contexto do controle de determinado conteúdo – mais uma vez a transferência entre conteúdos não é fácil. Programas que foram oferecidos fora do contexto dos conteúdos de uma disciplina (os programas mais gerais de habilidades de estudo) são eficientes apenas quando o resultado pretendido é o conhecimento superficial. Os programas adotados segundo o contexto (isto é, aqueles altamente associados ao conteúdo da disciplina a ser aprendida) eram mais eficientes em níveis superficiais e profundos de conhecimento e compreensão.

É provável que os programas de "aprender a aprender" que não estão mergulhados no contexto da matéria a ser ensinada apresentem pouco valor. Nossas recomendações são de que o treinamento das habilidades de pensamento e de estudo deve:

a. ocorrer em um contexto;
b. utilizar tarefas no interior do mesmo domínio que o conteúdo alvo;
c. promover um nível elevado de atividade e consciência metacognitiva do aprendiz.

Os estudantes precisam conhecer várias estratégias adequadas para a tarefa em questão – isto é, o "como", "quando" e "por que" da sua utilização. O treinamento de estratégias precisa estar baseado no próprio contexto de ensino.

Diante desses argumentos, Bransford, Brown e Cocking (2000) defenderam que as salas de aula precisam ser:

- *centradas na aprendizagem* – porque tudo se trata de onde o aluno se encontra na jornada de novato, passando por competente a proficiente;
- *centradas no conhecimento* – precisa existir conhecimento de modo que conexões e relações possam ser construídas;
- *ricas em avaliações* – para compreender melhor e articular o que já sabemos e podemos fazer, saber quando estamos nos movendo na direção da proficiência e compreender em que direção será o próximo passo;
- *centradas na comunidade* – porque não existe apenas um caminho de novato a proficiente e, assim, precisamos compartilhar e aprender uns com os outros (para que possamos ver e desfrutar os processos e as atribuições de como cada um de nós progride) e compartilhar a relevância daquilo que pretendemos aprender.

> **Aprendizagem visível – *checklist* para durante a aula: aprendizagem**
> 29. Os professores e os alunos apresentam múltiplas estratégias para aprender.

É fácil ficar sobrecarregado ao rever as várias estratégias de aprendizagem. Lavery (2008) comparou os efeitos relativos de muitas dessas estratégias e descobriu um efeito geral de 0,46, que é bastante alto – e o efeito esperado seria ainda maior se as estratégias fossem mais sintonizadas com a fase de aprendizagem de cada aluno.

Ela encontrou os maiores efeitos em estratégias que procuraram "prever" a fase de aprendizagem, tais como a definição de objetivos e planejamento, autoinstrução e autoavaliação (Tab. 6.2).

- As *definições de objetivos e metas* foram mencionadas anteriormente como métodos de aprendizagem poderosos.
- A *autoinstrução* (isto é, utilizar autoverbalização e autoquestionamento) é uma ferramenta inestimável para que o aprendiz foque sua atenção e verifique a utilização de várias estratégias – mas tais habilidades de autoinstrução precisam ser ensinadas.
- Estratégias de *autoavaliação* permitem que o aprendiz autorreflita sobre o desempenho em relação a objetivos previamente definidos – que é muito mais importante do que o automonitoramento (tais como marcar as tarefas concluídas), pois requer uma etapa extra, de modo que o aprendiz, na verdade, avalie o que ele monitorou.

Muitas das melhores estratégias (tais como organização e transformação, fazer resumos e parafrasear) promovem uma abordagem mais ativa para a aprendizagem das tarefas e para níveis elevados de envolvimento com o conteúdo. As menos ativas apresentam uma posição bem mais baixa na classificação (manutenção de registros, de imagens, gerenciamento do tempo e reestruturação do ambiente de aprendizagem).

TABELA 6.2 Várias estratégias metacognitivas e seus tamanhos de efeitos

Estratégia	Definição	Exemplo	N° de efeitos	TE
Organização e transformação	Rearranjo explícito ou implícito dos materiais instrucionais para melhorar a aprendizagem	Fazer um esboço antes de escrever um artigo	89	0,85
Autoconsequências	Disposição ou imaginação dos alunos sobre recompensas ou punições pelo sucesso ou fracasso	Colocar de lado eventos prazerosos até que o trabalho esteja concluído	75	0,70
Autoinstrução	Autoverbalização das etapas para completar uma atividade administrada	Verbalizar etapas na resolução de um problema matemático	124	0,62
Autoavaliação	Estabelecimento de padrões a serem utilizados para o autojulgamento	Verificar o trabalho antes de entregá-lo ao professor	156	0,62
Procura de ajuda	Esforços para buscar ajuda de um colega, professor ou de outro adulto	Ter um parceiro de estudos	62	0,60
Manutenção de registros	Registro de informações relacionadas às tarefas de estudo	Fazer anotações da aula	46	0,59
Pesquisa e memorização	Memorização do material por estratégias explícitas ou implícitas	Escrever uma fórmula matemática até que ela seja memorizada	99	0,57
Estabelecimento de metas/planejamento	Estabelecimento de objetivos educacionais ou planejamento de subobjetivos e da sequência, do tempo e da conclusão das atividades relacionadas a esses objetivos	Fazer listas de tarefas a serem cumpridas durante o estudo	130	0,49
Revisão de registros	Esforços para reler observações, testes ou livros para preparar para a turma ou para testes adicionais	Rever o livro antes de ir para aula	131	0,49
Automonitoramento	Observação e acompanhamento do próprio desempenho e resultados, frequentemente registrando-os	Manter registros do rendimento do estudo	154	0,45
Estratégia de tarefas	Análise das tarefas e identificação de métodos vantajosos específicos para a aprendizagem	Criar mnemônicos para lembrar-se dos fatos	154	0,45
Registro de imagens	Criação e recriação de imagens mentais vivas para auxiliar a aprendizagem	Imaginar as consequências de falhar nos estudos	6	0,44
Controle do tempo	Estimativa e dosagem da utilização do tempo	Agendar estudos diários e um tempo para a realização dos deveres de casa	8	0,44
Reestruturação do ambiente	Esforços para selecionar ou arranjar o ambiente físico para tornar a aprendizagem mais fácil	Estudar em um ambiente isolado	4	0,22

Sitzmann e Ely (2011) também reviram muitas estratégias de aprendizagem e aquelas com as mais altas relações com o desempenho incluíram o estabelecimento de objetivos, a capacidade de se concentrar e persistir em uma tarefa, a quantidade de esforço despendido na aprendizagem e a confiança em ser bem-sucedido na tarefa.

Essas estratégias podem não apenas ser ensinadas, mas também é possível que seja necessário que as estratégias menos eficientes sejam abandonadas. Assim, os efeitos do ensino podem não ser observados imediatamente à medida que os alunos abandonam algumas estratégias e se adaptam a outras. Os alunos que se esforçam para começar a entender são os que mais precisam que essas estratégias lhes sejam ensinadas e, para eles, também pode valer a pena ensinar primeiro algumas das estratégias mais genéricas – tais como tomar notas, mnemônica, destacar as ideias principais e em seguida se autoavaliar, monitorar e aplicar corretamente a informação aprendida. Como foi observado, ao se discutir sobre como ensinar critérios de sucesso, fornecer exemplos já trabalhados é eficiente. Kobayashi (2005), por exemplo, descobriu que os efeitos de fazer anotações eram maiores quando os alunos recebiam comentários dos instrutores para trabalhar a partir deles, pois esses forneceram modelos para suas próprias anotações e uma legenda a partir da qual trabalhar ao aprender com os comentários. Os efeitos foram maiores quando os comentários foram fornecidos ($d = 0{,}41$) em comparação a quando não foram ($d = 0{,}19$), e foi a revisão desses apontamentos que foi mais eficiente do que fazer as anotações. O tempo despendido na revisão não fez diferença nem o formato da apresentação (vídeo, áudio ou pessoalmente). Uma razão importante para essa eficiência é que fazer anotações reduz o esforço mental ao mesmo tempo em que aumenta a sua eficiência (WETZELS et al., 2011).

Uma maneira das estratégias de aprendizagem terem um impacto no desempenho é por meio do aumento da confiança, de modo que o aluno saiba o que fazer quando não souber o que fazer. Tal confiança pode ajudá-los a se envolver no processo de aprendizagem, a recolocar o problema para identificar o que sabem e não sabem, a tentar diferentes estratégias, buscar padrões, construir resiliência para o fato de não saber e utilizar o sucesso na aprendizagem para reforçar sua posse da aprendizagem.

PLANEJAMENTO INVERSO

> **Aprendizagem visível –** *checklist* **para durante a aula: aprendizagem**
> 30. Professores usam princípios de "planejamento inverso" – movendo-se dos resultados (critérios de sucesso) de volta às intenções de aprendizagem, em seguida, para as atividades e os recursos necessários para alcançar os critérios de sucesso.

Uma das melhores maneiras de maximizar a aprendizagem é utilizar a noção de "planejamento inverso" (WIGGINS; MCTIGHE, 2005). Conhecer nossos objetivos e como deve ser o sucesso em uma aula antes de começarmos a planejar é a essência desse pensamento inverso. Tal conhecimento também nos permite improvisar e fazer mudanças durante o processo de ensino, enquanto permanecermos relutantes em alterar as noções de sucesso.

Isso significa que o foco da tomada de decisões envolve mais o desenvolvimento de estratégias de aprendizagem para alcançar metas de sucesso e menos a implantação de um método de ensino específico (tais como aprendizagem cooperativa ou ensino recíproco). Durante uma aula, o professor precisa ser capaz de responder de acordo com o ponto em que os alunos se encontram, à medida que progridem a partir do que sabem (seus conhecimentos prévios) na direção do seu conhecimento desejável (alcançando, de modo bem-sucedido, a aprendizagem pretendida na aula). Essa habilidade de mudar e continuar a inovar é o que chamamos de capacidade adaptativa – particularmente entre professores e, cada vez mais, entre alunos, à medida que desenvolvem habilidades de autorregulação.

Às vezes, os alunos têm que "desaprender" ou "retroceder" antes que possam avançar. Especialmente ao final dos anos iniciais do ensino fundamental, os alunos desenvolvem algum sistema de estudo – quer ele envolva buscas na internet, resolver os problemas de matemática e ficar satisfeito ao apresentar alguma resposta sem se preocupar se é a resposta certa ou se foi utilizada a melhor estratégia, aprender a memorizar ou utilizar estratégia mnemônica quando necessário, ou apenas desejar como um louco que as questões não sejam muito difíceis. Nem todos os métodos são igualmente úteis. Aqueles alunos que se envolvem em práticas que valem a pena tendem a fazê-lo em um ambiente em que é improvável que existam distrações, monitoram e verificam o seu progresso com maior frequência e apresentam um sentido da qualidade do seu trabalho. Esses métodos, em geral, precisam ser ensinados – especialmente para aqueles alunos que se esforçam para obter conhecimentos superficiais e, então, adotar várias estratégias para obter esse nível de controle ao trabalharem sozinhos.

A APRENDIZAGEM PRECISA DE DUAS HABILIDADES PRINCIPAIS

> **Aprendizagem visível – *checklist* para durante a aula: aprendizagem**
> 31. Todos os alunos são ensinados a praticar deliberadamente e a se concentrar.

Prática deliberada

Às vezes, a aprendizagem não é divertida. Em vez disso, ela envolve apenas trabalho pesado, apenas práticas deliberadas ou simplesmente fazer algumas coisas muitas vezes mais. Essa ideia tem uma longa história: Bryan e Harter (1898) afirmaram que são necessários dez anos para se tornar um especialista. Simon e Chase (1973) defenderam que os mestres enxadristas precisavam adquirir 50.000 jogadas ou padrões para ter uma chance de se tornarem especialistas. Malcolm Gladwell (2008) defendeu essa opinião na imprensa popular – que são necessários 10.000 ou mais horas de prática para levar à proficiência. Ele apresentou casos de pessoas cujo sucesso em geral atribuímos a uma grande habilidade (Bill Gates, The Beatles, Michael Jordan), que gastaram uma quantidade enorme de horas praticando e aprendendo antes que sua habilidade se tornasse conhecida pelos demais. O que essas pessoas fizeram, ele argumentou, foi participar de práticas deliberadas: "praticar, praticar e praticar". Sim, foi a prática, em muitos aspectos diferente da tarefa, e isso também é importante. Não se trata de treinamentos e habilidades repetitivos, mas de prática que leva à perícia. Um papel importante das escolas é ensinar aos alunos o valor da prática deliberada, de modo que possam perceber como a prática leva à competência.

Fui treinador de críquete por muitos anos e sei quantas horas demora para se aprender uma determinada habilidade de golpe de rebatida ou de devolução da bola. Aprender a fazer um *square cut* (um tipo de rebatida no críquete) exige que você trabalhe horas com uma máquina lançadora de bolas ou nas redes, concentrando-se, em algumas sessões, na posição dos pés, em outras, na imobilidade da cabeça ou no movimento *follow-through*, aprendendo o movimento para baixo do bastão com a extensão total dos braços, observando a si mesmo no vídeo e falando consigo mesmo ao longo dessas sessões e aprendendo quando utilizá-lo. Durante essas sessões eu não sou a pessoa que registra o placar do jogo, juiz ou administrador de exame. Em vez disso, constantemente monitoro as decisões, os movimentos e as reações do rebatedor e reflito sobre o que funcionou, quando funcionou e o que deve ser praticado em seguida. Nesse caso, os efeitos das decisões são óbvios para o aluno, e o teste de aprendizagem é a execução dessa jogada em uma partida (na qual sou apenas um expectador na margem do campo). Trata-se da escolha de tarefas práticas, da variação no desenvolvimento de habilidades, da repetição seguida – além de proporcionar *feedback* formativo rápido para assegurar que a mente do aluno esteja no controle das decisões do corpo, de forma a executar o golpe correto na ocasião correta.

Considere outro exemplo: o modo como muitos jogos de computador funcionam. O objetivo do jogo é transparente, e o que significa ser bem-sucedido é muito claro – embora o sucesso seja definido mais em termos de várias ações específicas e individuais durante o jogo, e não apenas em atingir "o final". Por exemplo, ao jogarem *Super Mario Bros*, muitos jogadores não sabiam, por algum tempo, com o que se pareceria o final do jogo (foi necessário jogar repetidamente esse jogo durante um recesso de três semanas para descobrir que *existia* um final do jogo). Existe *feedback* constante (sobre sucesso e fracasso) e desafios constantes. De fato, *feedback* e desafios são a marca registrada da maioria dos jogos de computador. O objetivo do jogador é o de dominar as etapas do jogo, ultrapassar seus bloqueios anteriores e continuar endo recompensado por *feedback* a respeito do seu sucesso e seus fracassos. Por que os alunos costumam fazer escolhas diferentes quando seu objetivo é a melhora do desempenho, em relação a quando seu objetivo é agradar ao adulto mais próximo?

Podemos aprender muito a respeito em nossas salas de aula. Os alunos são bem-sucedidos a partir de *feedback* formativo durante a aula, eles não querem ser bloqueados pela ausência de *feedback* (isso provoca tédio ou um momento de se "desligar da aula") e não querem esperar até o final da aula para saber se estão no caminho certo. Tanto o críquete quanto os jogos de computador envolvem o desejo dos alunos de dominar as habilidades e, então, ser capazes de realizá-las de maneira mais controlada. Tanto a perícia quanto o desempenho estão envolvidos e, portanto, é importante escolher tarefas que convidem os alunos a se engajarem em práticas deliberadas, sendo transparentes a respeito do valor final da prática e fornecendo muito *feedback* formativo para melhorar o impacto da prática. Alguns alunos estão preparados para investir bastante no processo de domínio das habilidades – isto é, eles gostam de aprender, jogar o jogo e podem estar menos interessados nos resultados. Outros tendem a investir menos na aprendizagem, a menos que saibam qual é o produto ou resultado antes de começarem.

Muitos são mais estimulados pelos resultados e, assim, podem passar muito tempo se certificando que o produto final ou o desempenho tenha sido bom – como, por exemplo, produzindo lindas apostilas, belos pôsteres ou modelos magníficos. Isso é o que muitos teóricos da motivação chamam de "motivação por desempenho", o que é diferente de ser motivado pelo desejo de dominar os processos que levam ao produto. Os alunos motivados pelo desejo de dominar os processos investem mais em estratégias para melhorar os processos, e aqueles motivados pelo desempenho investem nas estratégias para melhorar os produtos. Alguns querem apenas terminar, independentemente de como chegarão lá. Pegue a matemática, por exemplo: alguns alunos querem completar os exercícios independentemente de eles estarem certos ou errados ou de confiarem nos processos que levaram às suas respostas. Às vezes, dar a esses alunos a resposta pode fazer com que aprendam a investir mais nos processos. O que é fundamental, então, é desenvolver o domínio do processo, e não apenas realizar o processo esperando dominá-lo.

A chave para entender os processos de aprendizagem (ou autorregulação) é que eles são ensinados de modo que o aluno aprenda a monitorar, controlar ou regular sua própria aprendizagem (isto é, saiba quando e como executar uma determinada jogada). Isso envolve aprender a aplicar uma estratégia, como aplicar essa estratégia e avaliar o quanto ela foi eficiente para melhorar a aprendizagem. Requer auto-observação, autojulgamento e autorreação. É preciso ensinar como avaliar as consequências das ações (p. Ex., aprender o que fazer em seguida, aprender a perceber que está correto e aplicar estratégias eficientes e eficazes), ter um grau de controle sobre os recursos e se tornar mais eficiente na aprendizagem (como, por exemplo, reduzindo as distrações). São necessários professores que permitam, bem como desenvolvam o domínio dos alunos sobre a autoverbalização, permitindo que cometam erros e que valorizem o sucesso na compreensão e no domínio dos processos de aprendizagem, dando-lhes algum controle sobre sua aprendizagem. Exige um investimento deliberado de esforço em aprender, desenvolver e praticar as habilidades em conhecer como aprender, bem como de estar consciente da necessidade de prática deliberada. Exige ensinar aos alunos que vale a pena aprender algumas coisas e como discernir o que vale do que não vale a pena aprender. Isso significa também, é claro, conhecer quais são os objetivos da aprendizagem e como deve ser o sucesso. Essas são as principais proficiências que pedimos aos professores ao planejar e conduzir uma aula, e é por isso que a noção de autorregulação é semelhante a "alunos sendo seus próprios professores".

A autorregulação se relaciona ao desenvolvimento de *intenções* para tomar decisões sobre estratégias de aprendizagem, consciência sobre como avaliar a *efetividade* dessas estratégias para alcançar sucesso na aprendizagem e *consistência* na escolha das melhores estratégias de aprendizagem entre as tarefas e áreas de conteúdo. No início da aprendizagem de um novo tópico, os novatos em geral apresentam estratégias disponíveis limitadas, daí a necessidade de ensiná-los várias estratégias. Podemos precisar ensinar aos alunos, nessa fase inicial, várias estratégias de aprendizagem, de modo que tenham um repertório maior para sua escolha. Em muitos casos, os novatos podem ter algumas estratégias que continuam aplicando, mas que podem levar a um fracasso na aprendizagem (porque eles apresentam poucas estratégias além dessas para as quais possam retroceder).

Como professores, precisamos identificar a natureza das estratégias que os alunos estão utilizando e garantir que elas estão atuando para inspirar a confiança na prática deliberada das habilidades envolvidas na tarefa, bem como assegurando que são ideais para alcançar os critérios de sucesso. Isso pode significar reduzir a carga cognitiva para permitir aos alunos o espaço mental para explorar utilizando diferentes estratégias (p. ex., dar aos alunos as respostas para que possam se concentrar no processo ou fornecer exemplos resolvidos), fornecer ensino sobre o conteúdo e diferentes estratégias, garantir oportunidades ideais para a prática deliberada e exigir e valorizar o esforço (ORNSTEIN et al., 2010, p. 46).

Pode ser um exagero de caso, mas é fundamental observar que a prática deliberada é diferente da simples prática. A prática deliberada exige concentração e alguém (o aprendiz ou um professor ou treinador) monitorando e fornecendo *feedback* durante a prática. A tarefa ou atividade deve estar tipicamente fora dos limites do desempenho atual e invocar um desafio para o aluno, e ajuda muito se o aluno estiver tanto consciente do propósito da prática quanto de uma visão sobre como deve ser o sucesso.

Concentração ou persistência

Se envolver em tal prática deliberada exige várias habilidades – e uma, com frequência subestimada, é a proficiência em se concentrar ou *persistência*. "Persistência" se refere à concentração ou à manutenção da atenção em uma tarefa, mesmo na presença de distrações internas e externas (ANDERSSON; BERGMAN, 2011). Nós nos concentramos de maneiras diferentes, mas, para os novatos, é imperativo que existam distrações mínimas. Isso não significa salas silenciosas, nenhum ruído de fundo e solidão, mas, sim, tentativas deliberadas de se concentrar na tarefa – a chave está no quão deliberadamente, porque raras vezes a maioria de nós (sobretudo, os novatos para a tarefa) se concentra de forma espontânea. A aprendizagem não é tão espontânea quanto muitos gostariam que ela fosse.

É por meio da prática deliberada e da concentração que a aprendizagem é estimulada – e é mais decisiva a qualidade do que a quantidade do tempo de estudo. Plant et al. (2005) demonstraram que os alunos com os escores de desempenho mais altos podem alcançar as mesmas ou melhores notas com menos tempo de estudo. Eles observaram que a maior parte da prática feita enquanto "realizam a atividade" (tais como golfe, críquete e história), sobretudo com os amigos, é bem menos eficaz em melhorar o desempenho do que a prática deliberada orientada pelo treinador ou solitária. Mais experiência no xadrez, por exemplo, "[...] não melhora consistentemente o desempenho nesse jogo quando os efeitos da prática solitária são contabilizados [...]" (PLANT et al., 2005, p. 112). Não é a quantidade de prática que importa, mas a quantidade de esforço deliberado para melhorar o desempenho. A combinação ideal de prática deliberada e concentração ocorre quando os aprendizes recebem tarefas que são a princípio de áreas fora dos limites atuais do desempenho confiável, mas que:

> [...] podem ser dominadas em horas de prática por meio da concentração em aspectos críticos e refinando gradualmente o desempenho por meio de repetições após *feedback*. Desse modo, a exigência de *concentração* estabelece práticas deliberadas diferentes do desempenho rotineiro desatento e do envolvimento lúdico. (ERICSSON, 2006, p. 694, itálico no original).

Ajuda quando professores e alunos buscam ativamente tais tarefas desafiadoras:

> Atividades de prática deliberada precisam ser estabelecidas em um nível de dificuldade e desafio adequados e possibilitar refinamentos sucessivos ao permitirem a repetição, dando espaço para que erros sejam cometidos e corrigidos e fornecendo *feedback* informativo ao aprendiz. [...] Uma vez que a prática deliberada exige que os alunos se estendam a níveis de desempenho mais elevados, ela demanda concentração total e muito esforço para ser mantida por longos períodos de tempo. Os alunos não se envolvem em práticas deliberadas por elas serem inerentemente agradáveis, mas porque isso os ajuda a melhorar o seu desempenho (VAN GOG et al., 2005, p. 75).

COMO VER A APRENDIZAGEM ATRAVÉS DOS OLHOS DOS ALUNOS

> **Aprendizagem visível – *checklist* para durante a aula: aprendizagem**
> 32. Processos estão em vigor para que os professores vejam a aprendizagem através dos olhos dos alunos.

Nuthall (2007) passou muitos anos escutando em salas de aula. Ele defendeu que existem três mundos na sala de aula: o *mundo público*, que os professores veem e controlam, o *mundo semiprivado* das relações contínuas entre pares e o *mundo privado* da mente do próprio aluno. Cerca de 70% do que acontece entre os alunos não é visto ou conhecido pelo professor. Isso certamente deve nos fazer parar para pensar sobre a utilidade da reflexão dos professores sobre o que eles *pensam* que aconteceu e sobre o valor dos ciclos de aprendizagem profissional que confirmam, retrospectivamente, o que os professores viram. Por que contemplar apenas os 30% que foram observados? Precisamos prestar mais atenção às evidências dos efeitos que temos sobre os alunos e fazer ajustes em nosso pensamento, nosso ensino, nossas expectativas e nossas ações à luz dessas evidências. Tais evidências, a partir de múltiplas fontes, precisam ser a fonte de nossa reflexão e crítica profissional.

Não há dúvida de que as salas de aula podem ser complexas, aparentemente caóticas e confusas e difíceis de serem monitoradas. Uma habilidade-chave é o desenvolvimento da "situação de consciência" (chamada de percepção no Cap. 5), pois essa é uma característica-chave de muitos especialistas (WICKENS, 2002). Em vez de simplificar a sala de aula (fileiras silenciosas, professor falando), os professores precisam construir competências para fazer sentido, percebendo padrões, antecipando e tomando decisões e monitorando, de modo que possam se adaptar durante o processo. Parte da habilidade, no desenvolvimento dessa consciência, é aprender com o que não se deve importar e, assim, desenvolver as habilidades de exploração, identificando oportunidades e barreiras à aprendizagem, categorizando e avaliando o comportamento dos alunos e interpretando as situações em relação às decisões de ensino, e não em relação a temas voltados para o controle da sala de aula.

O que se torna óbvio ao observar as salas de aula é o número de alunos que são indiferentes ao ensino que ocorre no seu interior – e que, assim, passam uma grande parte do tempo em um estado de ambivalência. Esses alunos não são resistentes ou indisciplinados, eles simplesmente não estão envolvidos no processo de aprendizagem. Por um lado, aprender a ser ambivalente é uma habilidade necessária para lidar com a natureza fervilhante e ocupada do nosso mundo – com a predominância da fala dos professores e as interações limitadas que podem ocorrer em muitas salas de aula. Por outro, ambivalência demais pode levar a "ser deixado de lado" e fazer com que o aluno adote alguma forma aprendida de impotência ("apenas me diga o que fazer e eu farei"). Esses alunos adotam uma posição que tende a obter favores daqueles que são responsáveis por eles ("pelo menos não são indisciplinados") e, assim, evitam ter que decidir cognitivamente sobre os prós e os contras de analisar as vias alternativas de ação, interpretando padrões complexos de informação ou fazendo trocas difíceis. Em vez disso, esses alunos se desligam enquanto *parecem* envolvidos. A centelha da aprendizagem está começando a ser ceifada.

Existem vários estudos sobre envolvimento que indicam a natureza geral do comportamento dos alunos na turma. Por exemplo, o Projeto Pipeline* fez um levantamento com 2.686 estudantes em 230 turmas ao longo de dois anos (ANGUS et al., 2009). Havia quatro grupos principais:

- alunos se comportando produtivamente (60%);
- alunos desmotivados, mas não agressivos ou que não obedecem (20%);
- alunos que não cooperam, frequentemente agressivos e que não obedecem (12%);
- alunos que eram muito indisciplinados com uma mistura de comportamentos dessa natureza (8%).

---

* N. de R.T.: Projeto de estudo longitudinal, desenvolvido na Austrália, que acompanhou por um período de quatro anos o desempenho acadêmico e de comportamento de mais de 2.000 alunos do ensino fundamental. O projeto foi desenvolvido para examinar três aspectos principais: a) analisar em que medida o comportamento em sala de aula pode explicar o baixo desempenho dos alunos nas avaliações nacionais de leitura, escrita e matemática; b) avaliar se o comportamento do aluno em sala de aula, de fato, influencia o desempenho acadêmico; e c) observar se os alunos com baixo desempenho acadêmico e de comportamento conseguem, a partir de intervenções escolares específicas, alcançar seus pares sem dificuldades (ANGUS et al., 2009).

O que é fascinante é que os que não cooperavam apresentaram os menores avanços ao longo do ano, mas seus avanços não foram muito diferentes daqueles dos desmotivados. Os desmotivados foram estudantes que, por exemplo, achavam seus trabalhos escolares desinteressantes, eram inclinados a desistir diante de tarefas desafiadoras, buscavam distrações, não conseguiam se preparar para as aulas e optavam por não participar das atividades de turma. Esses alunos ambivalentes devem ser um dos focos da atenção dos professores – e são, talvez, os mais fáceis de reconquistar.

CONCLUSÕES

Se a aprendizagem fosse fácil, então a escola seria um passeio. Este capítulo deixou claro que entender como cada aluno aprende não é uma tarefa direta. Existem muitas facetas envolvidas na aprendizagem, e o argumento é de que existem quatro principais maneiras de pensar em como os alunos aprendem: sua capacidade de pensar (o modelo de Piaget foi utilizado para ilustrar essas capacidades), sua capacidade de pensar em vários níveis (desde aprender as ideias até relacioná-las e ampliá-las), seu catalisador para a aprendizagem (de perceber alguma lacuna entre o ponto em que se encontram e algum alvo e, então, utilizar alguma estratégia para reduzir essa lacuna) e sua competência à medida que progridem ao longo da sua aprendizagem, de novato, competente a proficiente. Para cada aspecto da aprendizagem, os professores não podem presumir que os alunos apresentam as estratégias adequadas, e existe uma necessidade importante de aumentar a quantidade de tempo gasto ensinando essas estratégias. No momento, o ensino de estratégias se destaca pela sua ausência.

Alunos com dificuldade são os que mais precisam do ensino de estratégias, mas mesmo alunos com facilidade podem apresentar estratégias ineficientes ou se tornarem abertamente de poucas estratégias e podem depender muito das instruções e do *feedback* dos professores. Todos nós precisamos desenvolver estratégias suficientes sobre as quais tenhamos algum controle em termos de quando e como utilizá-las. Tal autorregulação é um objetivo importante da aprendizagem.

Diante da multiplicidade de estratégias de aprendizagem e da importância de saber quando utilizá-las durante o processo de aprendizagem, existe muita pressão sobre os professores para que compreendam as semelhanças e permitam as diferenças no interior da turma. Isso leva à importância do ensino diferenciado – mas sem passar abruptamente a "agrupar" os alunos em grupos homogêneos. O objetivo não é manter os alunos na fase de aprendizagem em que se encontram, mas, sim, o de movê-los para um nível acima da fase atual. Com muita frequência isso pode ser favorecido por alunos que observam as diferentes maneiras pelas quais seus colegas se motivam a aprender, compartilhando compreensões e incompreensões, reconhecendo que o desafio é comum para aqueles com dificuldades e facilidades e vendo que eles podem trabalhar suas aprendizagens juntos.

Um tema importante é a necessidade de ser adaptável – isto é, se adaptar ao desafio, ao ambiente, a outros alunos e saber o que fazer quando você não souber o que fazer. Também é necessário ser capaz de persistir, se concentrar, se envolver em múltiplas formas de conhecer, interagir e praticar. Em todos os momentos, entretanto, os professores e os alunos não devem perder de vista os objetivos ou os critérios de sucesso da aula. É por isso que é útil utilizar o "planejamento de trás para frente", que envolve começar com um entendimento do final e então perguntar como fazer para mover os alunos do ponto em que se encontram até esse ponto final.

Existem múltiplas estratégias de aprendizagem e sabe-se muito sobre estratégias mais ou menos eficientes. Estabelecimento de metas, automonitoramento, concentração e práticas deliberadas estão entre as estratégias mais eficientes. Isso se aplica tanto aos professores quanto aos alunos – e elas podem ser ensinadas. Pode parecer ultrapassado reforçar a importância de oferecer múltiplas oportunidades de aprendizagem para a prática deliberada e para a concentração – mas elas permanecem como as estratégias mais poderosas de aprendizagem. Todos os alunos podem ser ensinados a praticar e a se concentrar, desde que as noções de sucesso sejam transparentes, que exista muito *feedback* formativo para que os alunos avancem e que exista modificação e novo ensino fornecido durante essa prática. Não se trata de prática pela prática em si, mas prática para ajudar os professores e os alunos a saber como refinar, ensinar novamente e ensaiar as habilidades e compreensões.

Pôr em prática essas noções difíceis de "como os alunos aprendem" exige que os professores encarem a aprendizagem através dos olhos dos alunos. Precisamos de mais do que apenas reflexão sobre o que vimos, uma vez que a maior parte do que acontece em uma sala de aula não é vista ou ouvida pelos professores. Precisamos de muitos métodos de avaliação, de ouvir os diálogos e os questionamentos dos alunos, da ajuda de outras pessoas que observem como eles aprendem em nossas turmas e assegurar que os alunos também nos forneçam evidências de como estão pensando e aprendendo.

EXERCÍCIOS

1. Entreviste cinco professores sobre o que eles entendem a respeito do modo como "aprendemos". Como nós, como professores, aprendemos? Como os alunos aprendem? Como essas opiniões se articulam com os argumentos sobre "como aprendemos", delineados neste capítulo? Se necessário, desenvolva um plano de aula com esses professores sobre como melhorar seu conhecimento sobre as estratégias de aprendizagem.
2. Considere uma aula que você tenha planejado. Como ela oferece oportunidade a alunos com diferentes níveis de pensamento (como nos estágios de Piaget), diferentes níveis de proficiência (novato, competente, proficiente) e diferentes níveis de complexidade (superficiais e profundos)?
3. Se você agrupasse os alunos na sua turma, como você faria isso de modo que eles pudessem avançar um nível de aprendizagem além daquele em que se encontram? Que evidências você reuniria para que pudesse saber que estão de fato avançando nesses grupos?
4. Que nível de atenção e debate é fornecido na sua escola (ou turma ou programa de formação continuada de professores) a partir das atividades propostas? Quando você tiver completado essa atividade, verifique o impacto que cada uma delas apresenta, na média, de acordo com o Apêndice D do livro.
5. Peça que um colega observe a sua turma. Peça que ele sente na sala, anote tudo o que você falar e fizer e, mais importante, escolha dois alunos e observe tudo o que eles fizerem, como reagiram e sobre o que falaram (o máximo que o seu colega conseguir ouvir). Ao final, imprima o roteiro e, juntos, identifiquem cada ocasião em que os alunos responderam e reagiram – isto é, o que os motivou, o que lhes fez avançar e assim por diante. Indique exemplos em que você tomou decisões adaptáveis à luz das evidências de que os alunos estavam ou não aprendendo (ver também Exercício 1 no Cap. 8).

INFLUÊNCIA	IMPACTO		
Habilidade de agrupar/acompanhar	Alto	Médio	Baixo
Ensino assistido por computador	Alto	Médio	Baixo
Redução de comportamento indisciplinado	Alto	Médio	Baixo
Programas extracurriculares	Alto	Médio	Baixo
Programas de escolarização doméstica	Alto	Médio	Baixo
Tema de casa	Alto	Médio	Baixo
Como acelerar a aprendizagem	Alto	Médio	Baixo
Como melhor ensinar estratégias metacognitivas	Alto	Médio	Baixo
Como desenvolver altas expectativas para cada aluno	Alto	Médio	Baixo
Como desenvolver altas expectativas para cada professor	Alto	Médio	Baixo
Como fornecer melhor *feedback*	Alto	Médio	Baixo
Instrução individualizada	Alto	Médio	Baixo
Influência do ambiente doméstico	Alto	Médio	Baixo
Ensino baseado em investigação	Alto	Médio	Baixo
Programas curriculares integrados	Alto	Médio	Baixo
Diferenças de desempenho de homens e mulheres	Alto	Médio	Baixo
Espaços de aprendizagem abertos *vs.* tradicionais	Alto	Médio	Baixo
Influências dos colegas no desempenho	Alto	Médio	Baixo
Fornecimento de educação continuada aos professores	Alto	Médio	Baixo
Redução do tamanho da turma	Alto	Médio	Baixo
Finanças escolares	Alto	Médio	Baixo
Controle dos alunos sobre a aprendizagem	Alto	Médio	Baixo
Relações professor-alunos	Alto	Médio	Baixo
Ensino de estratégias de aprendizagem	Alto	Médio	Baixo
Ensino de habilidades de estudo	Alto	Médio	Baixo
Ensino de realização de testes e treinamento	Alto	Médio	Baixo
Maneiras de parar de rotular os alunos	Alto	Médio	Baixo

6. Procure na internet conselhos sobre a implantação do método do "quebra-cabeça" em sala de aula. Planeje com um colega uma aula para tentar utilizar esse método. Antes de implantá-lo, faça as seguintes perguntas:
   a. Como lidarei com o aluno dominante/o aluno lento/o aluno entediado/o aluno excessivamente competitivo?
   b. Quais evidências aceitarei como prova de que o método está ou não tendo um impacto positivo na eficiência ou eficácia dos alunos em alcançar os critérios de sucesso da aula?

7
O fluxo da aula: o lugar do *feedback*

O *feedback* está entre as características mais comuns do ensino e da aprendizagem bem-sucedidos. Mas existe um enigma: enquanto o *feedback* está entre os mais potentes moderadores da aprendizagem, seus efeitos estão entre os mais variáveis. Passei muitos anos pensando nesse problema e construí um modelo que ajuda a explicar como obter benefícios completos do *feedback* na sala de aula.

A melhor maneira de entender o *feedback* é considerar a noção de lacuna de Sadler (1989): o *feedback* ajuda a reduzir a lacuna entre o ponto em que o aluno "se encontra" e onde ele "deve estar" – isto é, entre o conhecimento prévio ou atual e os critérios de sucesso. Para tornar o *feedback* efetivo, portanto, os professores precisam saber muito bem onde os alunos se encontram e deveriam estar – e quanto mais eles tornarem esse *status* transparente para os alunos, mais os alunos irão ajudar a passar do ponto em que se encontram até o ponto de sucesso, desfrutando, assim, dos efeitos do *feedback*. O *feedback* atua de várias maneiras na redução dessa lacuna: ele pode fornecer sinais que capturam a atenção de uma pessoa para que ela se concentre para obter sucesso na tarefa, pode dirigir a atenção para os processos necessários para realizar a tarefa, pode fornecer informação sobre ideias que tenham sido entendidas de modo incorreto e pode ser motivacional, de modo que os alunos possam investir mais esforços ou habilidades na tarefa (ver HATTIE; TIMPERLEY, 2006).

O *feedback* pode ser fornecido de várias maneiras: por meio de processos afetivos, de aumento do esforço, motivação ou envolvimento, fornecendo aos alunos diferentes processos cognitivos, reestruturando compreensões, confirmando se ele está correto ou incorreto, indicando que mais informação está disponível ou é necessária, apontando direções que os alunos podem seguir e indicando estratégias alternativas com as quais podem entender informações particulares. Uma consideração-chave é a de que o *feedback* em geral vem em segundo lugar – após o ensino – e, portanto, sua eficácia é limitada se for fornecida em um vácuo.

Uma noção importante é de que o *feedback* aumenta com o erro, mas o erro não deve ser considerado um privilégio dos alunos com baixo desempenho. Todos os alunos (bem como todos os professores) nem sempre são bem-sucedidos na primeira vez, nem sempre sabem o que fazer em seguida e nem sempre alcançam a perfeição. Isso não é um déficit, pensamento deficitário ou concentração no aspecto negativo. Em vez disso, trata-se do oposto, uma vez que reconhecer os erros permite a criação de oportunidades. O erro é a diferença entre o que sabemos e podemos fazer e aquilo que almejamos saber e fazer – e isso se aplica a todos (com dificuldade e facilidade, alunos e professores). Conhecer o erro é fundamental na direção do sucesso. Esse é o propósito do *feedback*.

Além disso, o foco deste capítulo é utilizar as evidências dos alunos sobre o que eles fazem, dizem, criam ou escrevem para inferir, em seguida, o que eles compreendem, sabem, sentem ou pensam (GRIFFIN, 2007). Trabalhar com fatores observáveis é a base da avaliação formativa da aprendizagem. Muito frequentemente, os professores trabalham a partir de teorias ou inferências sobre o que os alunos fazem que não são sempre abertas a mudanças à luz do que os alunos *na verdade* fazem. Em vez disso, os professores precisam primeiro se concentrar no que os alunos fazem, dizem, criam ou escrevem e modificar suas teorias sobre os alunos a partir dessas observações (ou dessas evidências). Os professores precisam buscar *feedback* a partir dessa avaliação, de modo que possam modificar seu ensino. Isso é a avaliação como *feedback* para professores, fornecendo rápido *feedback* formativo, ou avaliação como ensino.

A evidência sobre sua eficácia é documentada em *Visible Learning* (HATTIE, 2009). Em resumo, o tamanho de efeito médio é de 0,79, o que é duas vezes maior que o efeito médio de todos os outros efeitos da escolarização. Isso coloca o *feedback* nas dez maiores influências sobre o desempenho, embora exista variação considerável – mas como explicar essa variabilidade? Meu argumento é de que o *feedback* funciona em quatro níveis e aborda três questões.

AS TRÊS QUESTÕES DO *FEEDBACK*

> **Aprendizagem visível – *checklist* para durante a aula: *feedback***
>
> 33. Os professores estão conscientes e procuram fornecer *feedback* em relação a três perguntas importantes: "Para onde estou indo?", "Como estou indo para lá?" e "Para onde ir em seguida?".

	Níveis	Questões importantes	Três questões de *feedback*
1	Tarefa	Com que qualidade foi executada a tarefa? Ela está correta ou incorreta?	Para onde estou indo? Quais são meus objetivos?
2	Processo	Quais são as estratégias necessárias para executar a tarefa? Existem estratégias alternativas que podem ser utilizadas?	Como estou indo? Que progresso está sendo feito na direção do objetivo?
3	Autor-regulação	Quais são os conhecimentos e compreensões condicionais necessários para que você saiba o que está fazendo? Automonitoramento, direcionando os processos e tarefas.	Para onde ir em seguida? Que atividades precisam ser empreendidas a seguir para progredir melhor?
4	Pessoal	Avaliação pessoal e efeito sobre a aprendizagem.	

Figura 7.1 Os níveis e as questões de *feedback*.

PARA ONDE ESTOU INDO?

A primeira questão se relaciona a objetivos – isto é: "Para onde estou indo?". Isso significa que os professores precisam saber e comunicar aos alunos os objetivos da aula – daí a importância dos objetivos de aprendizagem e critérios de sucesso. O que parece surpreendente é que muitos alunos não conseguem articular os objetivos da aula; na melhor das hipóteses, seus objetivos são relacionados ao desempenho: "termine a tarefa", "faça-a bem feita", "inclua o máximo de recursos possíveis". Raramente os objetivos são relacionados ao domínio: "entender o conteúdo", "dominar a habilidade". Parte disso é que muitas aulas são sobre "os fatos", professores falando e "cobrindo todo o currículo", que implora por objetivos de desempenho, pois os alunos apresentam pouca noção de como deve ser o domínio.

Sandra Hastie (2011) entrevistou alunos dos anos finais do ensino fundamental que certamente conheciam sobre o estabelecimento de objetivos de domínio nas suas vidas esportivas e sociais (ver Cap. 4). Porém, a maioria dos seus objetivos acadêmicos se relacionava mais à conclusão do trabalho, ao fato de serem pontuais e se esforçarem, e menos à qualidade dos resultados acadêmicos. Ela ensinou os professores a estabelecer objetivos de domínio e a comunicá-los aos alunos e, em seguida, a fazer com que os alunos monitorassem seus objetivos e seu progresso, a cada dia, na direção desses objetivos – e foi pedido aos professores que monitorassem seu sucesso em comunicar esses objetivos aos alunos.

Samantha Smith (2009) foi a "decana do sucesso" em sua escola de ensino médio. Ela colocou em um gráfico o desempenho dos mil alunos ao longo dos últimos cinco anos em leitura e matemática. Ela utilizou esses dados de desempenho para projetar o número esperado de créditos e a nota média para cada aluno ao final do ano corrente. Ela passou, então, essas notas para os professores e lhes pediu que lessem para ver se concordavam e para considerar se desejariam estabelecer metas ligeiramente mais altas do que planejado. Cerca de metade dos professores da escola concordou com essas tarefas e metade recusou ("Eu não sou responsável pelo fato de os alunos alcançarem as metas, eles precisam vir para a aula preparados, fazer seus deveres de casa e assumir responsabilidades"). No final do primeiro ano, os professores do primeiro grupo tiveram resultados muito superiores aos dos professores resistentes. Metas podem fazer a diferença.

Como foi argumentado no Capítulo 4, existem dois elementos adicionais dos objetivos: desafio e compromisso. Objetivos desafiadores estão relacionados ao *feedback* de três maneiras principais.

1. Eles informam os indivíduos sobre o nível de desempenho desejado, o que significa que esses indivíduos podem, então, acompanhar esse desempenho na direção dessas metas.
2. O *feedback* permite que os alunos (e/ou seus professores) estabeleçam objetivos adequadamente desafiadores à medida que os anteriores forem sendo alcançados, estabelecendo, assim, as condições para a aprendizagem contínua. Isso exige uma compreensão razoável de como deve ser o progresso em uma matéria, e essa é, provavelmente, a fonte mais importante de conhecimento sobre o conteúdo exigido pelos professores.
3. Se não houver desafio, o *feedback* provavelmente apresenta pouco ou nenhum valor: se os alunos já conhecem o material ou o consideram muito fácil, então buscar ou oferecer *feedback* terá pouco efeito. De fato, fornecer *feedback* de sucesso não apenas tem pouco ou nenhum efeito, mas pode ser dispendioso, uma vez que os alunos esperam pelo *feedback*, não passam para as novas tarefas mais desafiadoras e se tornam

dependentes da presença desse *feedback* ou, quando as tarefas são muito fáceis, eles não passam mais tempo em atividades mais desafiadoras (ver HAYS; KORNELL; BJORK, 2010).

Os componentes-chave da primeira pergunta de *feedback* - "Para onde estou indo?" -, estão relacionados às intenções de aprendizagem, aos objetivos e às metas, à clareza, ao desafio e ao compromisso. A chave é que não só o professor crie e conheça esses componentes, mas também os alunos, sendo totalmente familiarizados com eles. Os alunos que falam nos termos dessas noções e as compreendem são aqueles que fizeram grandes progressos na "regulação da sua própria aprendizagem" e aqueles que mais provavelmente buscam *feedback*.

Como estou indo para lá?

A segunda questão - "Como estou indo para lá" -, destaca as noções de *feedback* de progresso, ou *feedback* em relação ao ponto de partida ou chegada, e é frequentemente expressa em relação a algum padrão esperado, ao desempenho anterior ou ao sucesso ou fracasso de uma parte específica da tarefa. Esse é o momento em que é mais valioso fornecer um *feedback* formativo rápido – particularmente em relação aos critérios de sucesso em vez de comparações com o ponto em que os outros alunos se encontram. Wiliam e colaboradores (BLACK et al., 2003; WILIAM; THOMPSON, 2008; WILIAM et al., 2004) defenderam que existem cinco amplas estratégias que os professores podem utilizar nessa fase para tornar a aprendizagem mais eficiente e eficaz em relação a "como estou indo para lá?": esclarecer e compartilhar os objetivos de aprendizagem e critérios de sucesso, construir discussões, questões e tarefas de aprendizagem eficientes em sala de aula, fornecer *feedback* que faça os aprendizes avançarem, encorajar os alunos a verem a si mesmos como os donos da própria aprendizagem e ativar os alunos como recursos de ensino uns para os outros.

Para onde ir em seguida?

A terceira questão é mais uma consequência: "para onde ir em seguida?". Tal *feedback* pode auxiliar na escolha dos próximos desafios mais adequados e pode levar a desenvolver mais autorregulação sobre o processo de aprendizagem, além de uma maior fluência e automação para a aprendizagem de diferentes estratégias e processos a serem empregados nas tarefas, para uma aprendizagem mais profunda e para mais informação sobre o que é compreendido e o que não é. Essa é a questão de maior interesse para os alunos, e o objetivo não é apenas o de lhes fornecer a resposta para "para onde ir?", mas também lhes ensinar a ter suas próprias respostas.

Os quatro níveis de *feedback*

> **Aprendizagem visível – *checklist* para durante a aula: *feedback***
>
> 34. Os professores estão conscientes e utilizam o *feedback* em seus três níveis de importância: tarefas, processos e autorregulação.

As três questões de *feedback* operam em quatro níveis de *feedback* – e os quatro níveis correspondem a fases de aprendizagem: de novato, evoluindo a competente, até proficiente.

1. Nível da tarefa e do produto

O *feedback* sobre o nível do produto e da tarefa é poderoso se for mais concentrado em informação (p. ex., correta ou incorreta), leva à aquisição de mais ou diferente informação e constrói mais conhecimento superficial. Esse tipo de *feedback* é mais comum nas salas de aula, e a maioria dos alunos encara o *feedback* dessa forma. Ele é frequentemente chamado de "*feedback* corretor", ou "conhecimento dos resultados", e é comumente oferecido nas salas de aula por meio das perguntas dos professores (a maioria das quais está nesse nível da informação), é mais oferecido nas correções dos exercícios, é frequentemente específico e não generalizável, é o tipo de *feedback* mais oferecido para toda a turma e pode ser poderoso, sobretudo quando o aprendiz é um novato (HEUBUSCH; LLOYD, 1998). Exemplos incluem a indicação de respostas corretas ou incorretas, precisando de mais ou diferentes respostas, fornecendo mais ou diferentes informações relevantes para a tarefa e construindo mais conhecimento sobre a tarefa. Tal *feedback* sobre a tarefa é decisivo e serve como um pedestal sobre o qual o processamento (nível 2) e a autorregulação (nível 3) podem ser efetivamente construídos.

Um exemplo de como poderia ser esse *feedback* é apresentado a seguir.

> ...Seu objetivo de aprendizagem foi estruturar suas anotações de modo que a primeira coisa que você escrevesse fosse a primeira coisa que havia feito. Em seguida, você deveria escrever sobre as outras coisas que fez na mesma ordem em que elas aconteceram.
> Você escreveu a primeira coisa primeiro, mas depois ficou confuso. Você precisa rever o que escreveu, numerar a ordem em que as coisas aconteceram e reescrevê-las nessa ordem.

2. Nível do processo

O segundo nível é o *feedback* voltado para os processos utilizados para criar o produto ou para completar a tarefa. Tal *feedback* pode conduzir a um processamento alternativo, à redução da carga cognitiva, ajudar a desenvolver estratégias de aprendizagem e detecção de erros, sinalizar para uma busca mais eficiente por informação, reconhecer as relações entre as ideias e empregar estratégias para a realização das tarefas. Exemplos incluem ajudar a fornecer conexões entre as ideias, oferecer estratégias para a identificação dos erros, aprender a aprender explicitamente a partir dos erros e fornecer sinais sobre as diferentes estratégias ou erros. O *feedback* nesse nível do processo parece ser mais eficiente para aumentar a aprendizagem mais profunda do que no nível da tarefa, e pode haver um efeito interativo poderoso entre o *feedback* almejado na melhora das estratégias e processos e o *feedback* almejado na informação mais superficial da tarefa. O último pode ajudar na melhora da confiança e autoeficácia da tarefa, que, por sua vez, fornece recursos para uma informação mais eficiente e inovadora e busca por estratégias. Chan (2006) induziu uma situação de fracasso e, então, registrou que o *feedback* tendia a aumentar a autoeficácia quando era formativo em vez de somativo e autorreferenciado em vez de comparativo com o *feedback* dos colegas.

Exemplos de *feedback* nesse nível encontram-se a seguir.

> ...Você está preso nessa palavra e olhou para mim em vez de tentar resolver a situação. Você consegue perceber por que errou – e pode, então, tentar uma estratégia diferente?

... A você é solicitado que compare essas ideias. Por exemplo, você poderia tentar ver o quanto elas são parecidas ou o quanto são diferentes... Como elas se relacionam?

3. Autorregulação ou nível condicional

O terceiro nível se concentra mais no nível da autorregulação ou no monitoramento dos seus próprios processos de aprendizagem. O *feedback* nesse nível pode melhorar as habilidades de autoavaliação dos alunos, proporcionar maior confiança para que se envolvam ainda mais na tarefa, ajudar na busca e aceitação do *feedback* por parte dos alunos e aumentar a vontade de investir esforços na busca e na relação com informação por *feedback*. Os exemplos incluem ajudar os alunos a identificar o *feedback* por si e a como se autoavaliarem, fornecendo oportunidades e consciência sobre a importância da prática deliberada e do esforço, desenvolvendo a confiança para buscar a aprendizagem. Quando podem monitorar e autorregular sua aprendizagem, os alunos podem utilizar o *feedback* de forma mais eficiente para reduzir as discrepâncias entre o ponto em que se encontram na sua aprendizagem e os resultados desejados ou sucessos da sua aprendizagem. Tal *feedback* – geralmente na forma de questões reflexivas ou de sondagem – pode orientar o aprendiz sobre "quando", "onde" e "por que" na seleção ou utilização da tarefa e do nível de processo de conhecimento e das estratégias. Exemplos desse *feedback* encontram-se a seguir.

... Fiquei impressionado com como você voltou para o início da frase quando ficou presa nessa palavra – mas, nesse caso, não ajudou. O que mais você poderia fazer? Quando decidir o que isso significa, quero que me diga quão confiante você está e por quê.

... Você verificou sua resposta no livro de apoio [Autoajuda] e descobriu que você errou. Você tem alguma ideia sobre por que errou [Detecção de erro]? Que estratégia você usou? Você pode pensar em outra estratégia? E de que outra maneira você poderia resolver se estivesse correto?

4. Nível pessoal

> **Aprendizagem visível – *checklist* para durante a aula: *feedback***
>
> 35. Os professores estão conscientes da importância do elogio, mas não confunda elogio com informação de *feedback*.

O quarto nível é o *feedback* direcionado para o "pessoal" (p. ex., "Você é um grande aluno", ou "Muito bem") e está em geral inserido na noção de "elogio". O elogio é utilizado com frequência para fornecer apoio e conforto, está sempre presente em várias salas de aula e é bem-vindo e esperado pelos alunos – mas ele, com frequência, dirige a atenção para longe das tarefas, dos processos ou da autorregulação. A mensagem principal é a de elogiar, mas de uma maneira que dilua o poder do *feedback*: mantenha separados o *elogio* e o *feedback* da aprendizagem.

O elogio em geral contém pouca informação associada à tarefa e raras vezes é convertido em um maior engajamento ou compromisso com os objetivos de aprendizagem, aumento da autoeficácia e compreensão da tarefa. Ao incorporar o elogio a outras formas de *feedback*, a informação de aprendizagem é diluída. O elogio apresenta pouca informação sobre o desempenho na tarefa e fornece pouca ajuda na resposta às três questões de *feedback*. Wilkinson (1980) encontrou um tamanho de efeito baixo para o elogio ($d = 0{,}12$), assim como Kluger e DeNisi

(1996; 0,09), e fornecer *feedback* sem elogio comparado ao *feedback* com elogio teve um efeito maior sobre o desempenho (0,34).

Existe, agora, uma evidência crescente sobre esse efeito de diluição do elogio na aprendizagem. Kessels et al. (2008) forneceram aos alunos *feedback* com e sem elogio. O elogio levou a um menor envolvimento e esforço. Kamins e Dweck (1999) compararam os efeitos do elogio sobre uma pessoa como um todo (p. ex., "Você é uma menina inteligente") com o efeito do elogio sobre os esforços de uma pessoa ("Você é excelente em sua capacidade de se esforçar"). Ambos levaram a efeitos nulos ou negativos no desempenho. Os efeitos do elogio são particularmente negativos não quando os alunos são bem-sucedidos, mas quando começam a fracassar ou não entendem a aula. Hyland e Hyland (2006) observaram que, aproximadamente, metade dos *feedbacks* dos professores era elogio e que elogios prematuros ou gratuitos confundiam os alunos e desestimulavam revisões. É ainda mais comum os professores utilizarem o elogio para atenuar comentários críticos, o que de fato diluiu o efeito positivo de tais comentários (HYLAND; HYLAND, 2001). Talvez o efeito mais deletério do elogio seja que ele dá apoio à impotência aprendida: os alunos se tornam dependentes da presença de elogios para se envolverem em seus trabalhos escolares. Na melhor das hipóteses, o esforço do elogio tem um efeito neutro ou nenhum efeito quando os alunos são bem-sucedidos, mas ele é provavelmente negativo quando os alunos não são bem-sucedidos, pois leva a uma reação "impotente ou sem esperança" (SKIPPER; DOUGLAS, 2011).

Essa falta de apoio ao elogio não significa que devemos ser terríveis com os alunos. Essa é uma das influências claramente negativas. Os alunos devem sentir que eles "pertencem" à aprendizagem, que existe um alto nível de confiança, tanto entre professores e alunos quanto com seus colegas, e sentir que seu trabalho é adequadamente apreciado (quando merecido). De fato, os alunos encaram o elogio como importante para o seu sucesso na escola, e a presença do elogio está relacionada aos resultados da aprendizagem. A mensagem é de que, na contramão de um *feedback* eficiente no ato da aprendizagem, o elogio acaba por dissipar o *feedback*. Elogie os alunos e faça com que se sintam bem-vindos à sua turma e valorizados como aprendizes, mas, se você deseja fazer uma grande diferença na aprendizagem, não inclua o elogio no *feedback* sobre a aprendizagem.

Comentário geral sobre os quatro níveis

A arte de ensinar de modo eficiente é a de oferecer a forma correta de *feedback* no nível em que o alunos estão trabalhando ou imediatamente acima – com uma exceção: não misture elogio ao *feedback* imediato, pois isso reduz o seu efeito! Quando o *feedback* atrai atenção para si mesmo, os alunos tentam evitar os riscos envolvidos no enfrentamento de uma tarefa desafiadora – particularmente se eles tiverem um grande medo de falhar (e, assim, procuram minimizar o risco para si mesmos). Desse modo, de maneira ideal, o ensino e a aprendizagem precisam se mover da tarefa na direção dos processos ou entendimentos necessários para aprendê-la e, em seguida, para a regulação sobre continuar além da tarefa para tarefas ou objetivos mais desafiadores – isto é: de "O que sei e o que posso fazer?" para "O que não sei e o que não posso fazer?" e, então, para "O que posso ensinar aos outros (e a mim mesmo) sobre o que sei e posso fazer?". Esse processo resulta em maior confiança e maior investimento de esforço. O objetivo de fornecer *feedback* é ajudar os alunos ao longo desse processo. Esse fluxo costuma ocorrer à medida que o aluno ganha cada vez mais fluência, eficiência e domínio. Os três primeiros níveis de *feedback* formam uma progressão. A hipótese é de que seja ideal fornecer o *feedback* adequado no nível atual em que aluno esteja operando ou um nível acima e fazer uma clara distinção entre o *feedback* nos três primeiros níveis e no quarto (pessoal).

FREQUÊNCIA DE *FEEDBACK*

> **Aprendizagem visível – *checklist* para durante a aula:** *feedback*
> 36. Os professores fornecem *feedback* adequado no ponto em que os alunos se encontram na aprendizagem e buscam evidências de que esse *feedback* é adequadamente recebido.

O objetivo é de fornecer *feedback* que seja "oportuno", "personalizado", "adequado para o ponto em que estou no processo de aprendizagem" e "exatamente o que preciso para me ajudar a avançar". É necessário estar consciente de que esse *feedback* pode vir de várias fontes (e que esse *feedback* pode ser errado!). Pode ser enganador simplesmente aumentar a quantidade de *feedback* ou se concentrar apenas em fornecer, em oposição a receber *feedback*.

Existem muitas evidências sobre a frequência do *feedback*, e a maioria delas não é muito informativa – porque existem mais fatores importantes do que simplesmente a quantidade de *feedback*, ou se ele é imediato ou retardado. Por exemplo, Carless (2006) demonstrou que a maior parte do *feedback* oferecido pelos professores se destina a toda a turma, sendo que a maior parte dele não é recebido por nenhum aluno – porque nenhum aluno acredita que o *feedback* seja destinado a ele. Além disso, o *feedback* pode vir de muitas fontes: como será mostrado a seguir, a maior parte do *feedback* vem de colegas e, às vezes, isso excede a quantidade de *feedback* recebido de professores e outras fontes (como livros ou a internet). O que é mais crítico é que, de onde quer que ele venha, ele é frequentemente mal recebido e pouco utilizado nas revisões dos trabalhos.

Os professores consideram seus *feedbacks* como muito mais valiosos do que os alunos pensam, pois estes, em geral, consideram esse *feedback* confuso, ilógico e incompreensível. Pior, os alunos pensam que entenderam o *feedback* dos professores quando, na verdade, não entenderam e, mesmo quando isso acontece, argumentam que têm dificuldade em aplicá-lo à sua aprendizagem (GOLDSTEIN, 2006; NUTHALL, 2007). Higgins, Hartley e Skelton (2001, p. 270) defenderam que "[...] muitos estudantes simplesmente são incapazes de entender e interpretar de modo correto os comentários de *feedback* [...]". Em grande parte, isso depende da sua compreensão do discurso de *feedback*, se aquele que apresenta esse discurso é percebido como poderoso, justo e confiável, e das emoções (rejeição e aceitação) associadas ao contexto e nível de investimento.

Surpreendentemente, houve poucos estudos que investigaram a quantidade e o tipo real de *feedback* oferecido *e* recebido nas salas de aula. Os professores encaram o *feedback* mais em termos de quanto eles *oferecem* e não da visão mais importante de quanto *feedback* é *recebido* pelos alunos. Carless (2006) descobriu que 70% dos professores relataram que ofereceram *feedback* detalhado que ajudou os alunos a melhorar nas suas tarefas seguintes – mas apenas 45% dos alunos concordaram com as alegações dos seus professores. Além disso, Nuthall (2005) descobriu que a maioria dos *feedbacks* que os alunos receberam em qualquer dia veio de outros alunos – e que a maioria dos *feedbacks* estava incorreta.

Em nosso trabalho, pedi a uma pessoa neutra que sentasse no fundo das salas de aula e digitasse uma transcrição de tudo que era dito e feito em uma aula de 40-60 minutos. Essa pessoa também escolheu dois alunos próximos de onde ela digitava e observou tudo o que eles disseram ou fizeram. É claro que não é possível entrar "nas cabeças" desses alunos, mas, ao final da aula, o registro foi impresso, e o professor e uma pessoa especialista em decodificar aulas destacaram cada episódio em que cada um desses alunos *recebeu feedback* (de quem quer que fosse e sobre qualquer coisa).

As análises das transcrições frequentemente mostram que a típica aula inclui muito poucos exemplos de *feedback* recebido – e que muito dele ocorre quando os alunos olham para o lado ou conferem com um colega. Tantas salas de aula são dominadas pela fala do professor – dando instruções sobre o que fazer, conduzindo a recitação de perguntas e respostas da qual muitos alunos não participam, mas que ficam felizes em participar e observar a ação. Isso não significa que nenhuma aprendizagem esteja ocorrendo, mas o poder do *feedback* é raramente operacionalizado durante esses solilóquios. O *feedback* encontra sua justificativa quando os alunos "não sabem", "não sabem como escolher as melhores estratégias para enfrentar o trabalho", "não sabem como monitorar o seu trabalho" ou "não sabem para onde ir em seguida".

Em uma análise recente de 18 turmas em uma escola conhecida por seu importante sucesso no desempenho, houve um exemplo de *feedback oferecido* a um dos dois alunos observados a cada 25 minutos. A maior parte do *feedback oferecido* a todos os alunos foi associada a tarefas, e esse padrão pode ser visto ao longo de dois outros estudos que utilizaram essa metodologia de discriminação (Tab. 7.1). A questão é como obter as proporções corretas dos quatro níveis, e "corretas" se refere a assegurar que os níveis de *feedback* se relacionem ao lugar onde os alunos se encontram na progressão de novato a proficiente. Nessas várias classes (ao longo dos três estudos), o *feedback* seria adequado desde que os alunos estivessem, sobretudo, na fase de novatos, ou na fase inicial da aprendizagem. Quando mostramos nossas distribuições (e registros destacados) aos professores e lhes perguntamos se eles eram adequados, a reposta foi um decisivo "não": seus alunos eram muito mais envolvidos no processamento e na autorregulação. Esses dados serviram então como um patamar para alterar o modo como o *feedback* era oferecido nessas escolas.

TABELA 7.1. Porcentagem de *feedback* oferecido, em vários níveis de *feedback* diferentes, em três estudos

	HATTIE & MASTERS (2011)	VAN DEN BERGH, ROSE, & BEIJAARD (2010)	GAN (2011)
Nível	18 turmas de EM	32 professores nos anos finais do EF	235 colegas
Tarefa	59%	51%	70%
Processo	25%	42%	25%
Regulação	2%	2%	1%
Pessoal	14%	5%	4%

TIPOS DE *FEEDBACK*

A refutação pode ser mais poderosa do que a confirmação

A *confirmação* está associada ao *feedback* que confirma os preconceitos de um aluno sobre uma hipótese. A *refutação* está associada ao *feedback* que corrige uma ideia ou pressuposto errôneo ou que fornece informação que vai contra as atuais expectativas (ver NICKERSON, 1998). Os alunos (e professores) frequentemente buscam evidências de confirmação ao, por exemplo, buscar *feedback* que confirme suas atuais opiniões ou entendimentos e descartam *feedback* que seja contrário às suas opiniões anteriores. Quando é fornecido *feedback* que os refuta, então, pode haver uma mudança maior – desde que ele seja aceito.

Essas noções não devem ser confundidas com *feedback* positivo ou negativo, pois a refutação pode ser positiva e a confirmação negativa. O *feedback* é mais poderoso quando ele aborda interpretações errôneas, e não uma completa ausência de compreensão (em cujo caso um novo ensino é em geral mais eficiente). Nessa última circunstância, o *feedback* pode ser, até mesmo, ameaçador para o aluno:

> Se o material estudado for desconhecido ou obscuro, oferecer *feedback* deve ter pouco efeito sobre o critério de desempenho, uma vez que não há maneira de relacionar a nova informação ao que já se sabe. (KULHAVY, 1977, p. 220).

O *feedback* de refutação pode melhorar o desempenho da recuperação* (no nível da tarefa) quando os aprendizes recebem *feedback* sobre as respostas incorretas, mas não quando recebem retorno sobre as respostas corretas (KANG; MCDERMOTT; ROEDIGER, 2007). Em uma pesquisa semelhante, Peeck, Van Den Bosch e Kreupeling (1985) registraram que o *feedback* melhorou o desempenho, passando de 20 a 56% de respostas corretas em respostas inicialmente incorretas. Porém, teve pouco efeito para respostas inicialmente corretas (88% sem *feedback* e 89% com *feedback*).

Erros precisam ser bem-vindos

O *feedback* é mais eficiente quando os alunos não apresentam proficiência ou domínio da matéria – e, assim, este se multiplica quando há erro ou conhecimento e compreensão incompletos (em geral, há pouco valor informativo em fornecer *feedback* no nível da tarefa quando o aluno dominou os conteúdos). Os erros convidam às oportunidades. Eles não devem ser vistos como embaraços, sinais de fracasso ou algo a ser evitado. Eles são excitantes, pois indicam uma tensão entre o que sabemos *agora* e o que *poderíamos* saber. Eles são sinais de oportunidades para aprender e devem ser acolhidos. William James (1897, p. 19), meu psicólogo favorito (a partir do qual um dos meus cães foi nomeado!), coloca os erros em perspectiva:

> Com certeza nossos erros não são coisas terrivelmente solenes. Em um mundo em que estamos seguros demais para cometê-los apesar de todo nosso cuidado, certa leveza do coração parece mais saudável do que esse nervosismo excessivo em seu nome.

Isso significa que precisa existir um ambiente na sala de aula em que exista um mínimo de reação dos colegas ao fato de não se saber, ou seja, um reconhecimento dos erros, e no qual haja pouco risco pessoal envolvido em responder publicamente e falhar (ALTON-LEE; NUTHALL, 1990). É muito frequente os alunos responderem apenas quando estão razoavelmente seguros de que estão respondendo a resposta certa – o que, em geral, indica que eles já aprenderam a resposta da pergunta que está sendo feita. Heimbeck et al. (2003) observaram a pobreza das pesquisas sobre erros e recomendaram que, em vez de ter uma atitude de evitar erros, deve ocorrer treinamento que aumente a exposição aos erros em um ambiente seguro que pode levar a um melhor desempenho. Tal ambiente requer altos níveis de regulação ou segurança (p. ex., ensino

---

* N. de.R.T: Recuperação da informação, da memória de longo prazo, necessária para a obtenção de êxito na tarefa.

explícito que enfatize a função positiva dos erros), para que os erros sejam valorizados, sendo necessário lidar, sobretudo, com os erros como desvios potencialmente evitáveis de objetivos. Michael Jordan afirmou, em uma propaganda da Nike, que ele:

> [...] havia perdido mais de nove mil lançamentos em sua carreira. Perdi quase 300 jogos. Vinte e seis vezes eu tive a bola do jogo e errei no lançamento. Eu falhei várias e várias e várias vezes na minha vida. E foi por isso que eu fui bem-sucedido. (JAYMJ23'S CHANNEL, 2006).

O fracasso ou a aprendizagem a partir dos erros também é importante na sala dos professores. Uma escola precisa ter uma cultura da ausência de culpa, um desejo de investigar o que não está funcionando (ou o que não está funcionando com quais alunos). São necessários cuidados e análises para atribuir o fracasso às razões corretas. Claramente, a única razão que se encontra sob nosso controle é o nosso próprio ensino e nossa mentalidade. Fatores externos (casa, recursos, etc.) podem perfeitamente ser fatores importantes, mas a mentalidade de que os professores podem mudar de modo positivo os resultados dos alunos é um pré-requisito poderoso para fazer essas mudanças – e reduzir os efeitos desses outros fatores (muito embora esses fatores possam ser poderosos). Existem muitos professores que se tornam muito conscientes do que não está funcionando e adotam, em seu lugar, estratégias para reparar essa situação. Esses professores têm muito mais sucesso do que aqueles que aceitam as limitações externas. A força mental e a resiliência que estão por trás da ideia de que "você" pode fazer a diferença diante da adversidade é um fator comum por trás do sucesso no esporte, nos negócios e nas escolas. A confiança de que podemos mudar é um precursor poderoso de que podemos mudar. Do mesmo modo, podemos ser presas do excesso de confiança – o sucesso pode nos levar a acreditar que somos melhores do que de fato somos – daí a necessidade de estudarmos e explicarmos o sucesso, a necessidade de encontrarmos maneiras de nos tornarmos melhores do que somos, levarmos em conta alternativas para fazer maiores diferenças e a necessidade de não nos tornarmos complacentes quando bem-sucedidos. Precisamos ver como o futuro pode enfraquecer uma fórmula vitoriosa. Celebre o sucesso, mas o examine. *Scrums*, trabalhos em grupo, observações curtas de aulas (*walk-throughs*) e verificação do impacto em todos os alunos podem ser parte da avaliação (e estima) do sucesso, vendo onde podemos melhorar, investigando quais alunos não estão compartilhando o sucesso, perguntando pelas cinco coisas que estão funcionando bem e as cinco que não estão funcionando tão bem e assegurando que não nos tornemos confiantes demais e percamos oportunidades. Diante do fracasso, em geral perguntamos "por quê?". Do mesmo modo, com o sucesso, precisamos perguntar "por quê?". A avaliação dos processos, dos produtos, das pessoas e dos programas precisa ser uma parte inerente de todas as escolas.

Feedback da avaliação dos professores

Existiram muitos movimentos recentes na direção da avaliação *para*, em vez de uma ênfase na avaliação *da* aprendizagem. Uma alternativa é considerar a "avaliação como *feedback*", e defendi que ela é muito poderosa quando tal avaliação de *feedback* é orientada para o professor e sobre quais alunos estão se movendo na direção dos critérios de sucesso, o que eles ensinaram bem/não ensinaram bem, as forças e lacunas do seu ensino e quando ela fornece informação sobre as três questões de *feedback* (HATTIE, 2009). Como os professores obtêm *feedback* das avaliações que estabelecem para seus alunos, podem existir, portanto, importantes ajustes sobre como ensinam, como consideram o sucesso, como reconhecem as forças e as lacunas dos alunos e como encaram seus próprios efeitos sobre os alunos. A essência de tais interpretações formativas é fornecer aos professores *feedback* oriundo das avaliações sobre como eles precisam modificar o seu ensino e fornecer aos alunos *feedback*, de modo que eles possam aprender a se autorregular e serem motivados a se envolver em mais aprendizagem. Isso é mais eficiente do que quando a avaliação é voltada para os alunos, que em geral podem estimar seu desempenho antes de completar as avaliações e podem, portanto, receber *feedback* mínimo das avaliações. Os professores costumam encarar as avaliações de *feedback* fazendo afirmações sobre os alunos e não sobre o seu ensino e, assim, os benefícios de *feedback* oriundos de tais testes são frequentemente diluídos.

Na Nova Zelândia, tem havido muita utilização de interpretações formativas por parte de professores e escolas. A maioria das escolas é consciente da distinção entre interpretações formativas e somativas.* Uma das preocupações que surgiram foi a de não ver "tudo" na escola como interpretações formativas: há um lugar para interpretações somativas. Alguns testes têm pouca ou nenhuma interpretação formativa e não há necessidade de justificar algumas práticas negativas chamando-as de "formativas". Foi pedido que um grupo fosse além das interpretações formativas, e a recomendação foi a de promover as "capacidades de avaliação dos alunos" (ABSOLUM et al., 2009). A premissa fundamental é de que todos os alunos devem ser educados de maneira que desenvolvam sua capacidade de avaliar sua própria aprendizagem. É muito comum as decisões de avaliação mais importantes tenderem a ser tomadas por adultos em nome dos alunos. Em vez disso, defendemos que a função principal da avaliação é apoiar a aprendizagem gerando *feedback* sobre o qual os alunos podem atuar em relação às perguntas: para onde estão indo, como estão indo para lá e para onde podem ir em seguida. Tal avaliação envolve uma colaboração ativa entre alunos-professores e professores que também demonstram que utilizam a avaliação em suas interpretações formativas. O argumento é de que, quando os alunos participam na avaliação da sua própria aprendizagem, aprendem a reconhecer e entender as ideias principais e aplicam novas aprendizagens em diferentes maneiras e situações. Os alunos que desenvolveram suas capacidades de avaliação são mais capazes e motivados para acessar, interpretar e utilizar a informação de avaliações de qualidade de modo a afirmar ou ampliar sua aprendizagem. Isso é interpretação formativa em ação.

> **Aprendizagem visível – *checklist* para durante a aula: *feedback***
>
> 37. Os professores utilizam múltiplos métodos de avaliação para oferecer interpretações formativas rápidas para os alunos e fazer os ajustes no seu ensino, a fim de maximizar a aprendizagem.

Avaliação formativa rápida

A noção de avaliação formativa rápida é muito poderosa como uma forma de *feedback*. Yeh (2011) comparou a relação custo-benefício de 22 abordagens de aprendizagem e identificou a avaliação formativa rápida como aquela com a melhor relação – comparada à reforma escolar total, tutoria entre as faixas etárias, educação assistida por computador, um dia escolar mais

---

* N. de R.T: A avaliação formativa monitora a aprendizagem do aluno visando a qualificar o ensino do professor e a aprendizagem do aluno. É um tipo de avaliação mais qualitativa voltada tanto para o ensino quanto para o desempenho do aluno. Na avaliação somativa, o objetivo é avaliar a aprendizagem do aluno comparando-a com algum padrão ou referência, como, por exemplo, os exames nacionais de desempenho.

longo, melhora na formação dos professores, experiência dos professores, salário dos professores, escola de verão, turmas de matemática mais rigorosas, avaliação de valor agregado dos professores, redução do tamanho das turmas, redução de 10% no gasto por aluno, educação infantil de tempo integral, programa Head Start na educação infantil (programa do Ministério da Saúde, Educação e Assistência Social dos Estados Unidos que oferece educação e serviços sociais envolvendo as áreas da família, saúde e nutrição a crianças de baixa renda), exames de saída de parâmetros elevados, certificação do National Board for Professional Teaching Standards (NBPTS, Câmara Nacional de Padrões de Ensino Profissional), notas mais elevadas para professores nos exames das licenciaturas, educação infantil de alta qualidade, um ano escolar adicional, programas de *voucher* escolar ou escolas autônomas (*charter schools*, que recebem verba pública, mas funcionam independentemente do sistema público de ensino). A avaliação formativa rápida surgiu do trabalho de Black e Wiliam (1998), "*Inside the black box*",* e começa a partir da premissa de que a avaliação *para* a aprendizagem se baseia em cinco fatores-chave:

- os alunos estão ativamente envolvidos em seus próprios processos de aprendizagem;
- é fornecido *feedback* eficiente aos alunos;
- as atividades de ensino são adaptadas em resposta aos resultados da avaliação;
- os alunos são capazes de realizar autoavaliações;
- é reconhecida a influência da avaliação na motivação dos alunos e na sua autoestima.

A partir daí, Black e Wiliam (2009) derivaram cinco estratégias principais:

1. esclarecer e compartilhar os objetivos da aprendizagem e os critérios de sucesso;
2. desenvolver discussões eficientes em sala de aula e outras tarefas de aprendizagem que gerem evidências de aprendizagem pelos alunos;
3. fornecer *feedback* que faça os aprendizes avançarem;
4. ativar os alunos como recursos de ensino uns para os outros;
5. ativar os alunos como donos da sua própria aprendizagem.

Dylan Wiliam e colaboradores demonstraram o valor da avaliação formativa – isto é, aquela avaliação que pode levar a *feedback* durante o processo de aprendizagem (WILIAM, 2011). Isso significa bem mais do que testes e inclui muitas formas de evidências:

> A prática em uma sala de aula é formativa na medida em que as evidências sobre as realizações dos alunos são geradas, interpretadas e utilizadas por professores, aprendizes ou seus colegas para tomar decisões sobre as próximas etapas na educação, que tendem a ser melhores, ou melhor fundamentadas, do que decisões que tomariam na ausência das evidências que foram geradas. (BLACK; WILIAM, 2009, p. 9).

A chave é se concentrar nas decisões que os professores e os alunos tomam durante a aula, assim, acima de tudo, o objetivo é informar os julgamentos de professores e alunos sobre as decisões-chave: "Eu devo aprender de novo... Praticar de novo... Avançar? Para quê?" e assim por diante. No nosso próprio trabalho desenvolvemos registros que ajudam professores e aprendizes a apreciarem que conceitos eles dominaram ou não e onde se encontram suas forças e lacunas, quais alunos precisam de estímulo ou tempo adicional, quais estão alcançando os critérios de sucesso e assim por diante (HATTIE et al., 2009).

Mas Wiliam está mais preocupado com o *feedback* durante a aula – isto é, as avaliações formativas de ciclo curto, ou o que ele denomina "avaliação formativa rápida" (avaliações conduzidas entre duas e cinco vezes por semana). Por exemplo, Black et al. (2003) descreveram como eles apoiaram

---

* N. de R.T.: Dentro da caixa preta (tradução livre).

um grupo de 24 professores a desenvolver sua utilização de avaliação formativa "no momento", em matemática e ciências. Eles descobriram que os avanços no desempenho dos alunos foram substanciais – equivalentes a um aumento na taxa de aprendizagem dos alunos de cerca de 70%.

Wiliam faz uma importante distinção entre as "estratégias" e as "técnicas" da avaliação formativa. As estratégias se relacionam a identificar onde os aprendizes se encontram em sua aprendizagem, para onde estão indo e quais etapas precisam ser vencidas para chegar lá. Isso se assemelha fortemente às nossas três perguntas de *feedback*: "para onde estou indo?, "como estou indo para lá?" e "para onde ir em seguida?".

O trabalho de Leahy e Wiliam (2009, p. 15) nas escolas mostra que:

> Quando as práticas de avaliação formativa são integradas nas atividades de sala de aula dos professores minuto a minuto, dia após dia, são possíveis aumentos substanciais no desempenho de alunos – da ordem de 70 a 80% de aumento na velocidade de aprendizagem, mesmo quando os resultados são medidos por meio de testes externos padronizados obrigatórios.

Suas mensagens gerais sobre colocar suas ideias em prática também refletem muitas das ideias presentes neste livro.

- Os critérios para avaliar quaisquer resultados de aprendizagem devem se tornar transparentes para os alunos, a fim de permitir que tenham uma clara visão geral dos objetivos do seu trabalho e do que significa completá-lo de maneira bem-sucedida.
- Devem ser ensinados aos alunos os hábitos e as habilidades da colaboração na avaliação de colegas, tanto porque apresentam um valor intrínseco quanto porque a avaliação dos colegas pode ajudar a desenvolver a objetividade necessária para uma autoavaliação eficiente.
- Os alunos devem ser estimulados a ter em mente os objetivos do seu trabalho e avaliar seu próprio progresso, para alcançar esses objetivos à medida que prosseguem. Eles serão, então, capazes de guiar seu próprio trabalho e, a partir daí, se tornarem aprendizes independentes (BLACK et al., 2003, p. 52-53).

Utilização de *prompts** como precursores do recebimento de *feedback*

Existem muitas formas de *prompts*: *prompts* organizacionais (p. ex., "Como você pode estruturar da melhor forma os conteúdos de aprendizagem de uma maneira que faça sentido?", "Quais são os pontos principais?"), elaboração dos *prompts* (p. ex., "Que exemplos você pode pensar que ilustram, confirmam ou entram em conflito com o conteúdo da aprendizagem?", "Você pode criar ligações entre os conteúdos da aula e seus conhecimentos de outros exemplos do cotidiano?") e padrões de monitoramento do progresso (p. ex., "Que pontos do cotidiano eu compreendi bem?", "Que pontos principais ainda tenho que compreender"?).

Professores e alunos que utilizam *prompts* podem recorrer a *feedback* de muitas fontes. O principal efeito de tais *prompts* é o de aumentar a quantidade de estratégias de elaboração e organização durante a aprendizagem. Nuckles, Hubner e Renkl (2009) mostraram que os *prompts* não apenas permitiram que os alunos identificassem os déficits de compreensão de modo mais imediato, mas, também, convidaram os alunos a investirem mais esforços para pla-

---

* N. de R.T.: *Prompt* no sentido de incitar, provocar, instigar, estimular o aluno a tomar consciência e monitorar seu processo de aprendizagem. O *prompt* é utilizado como meio de ativar o uso de estratégias pelo aluno, como, tarefa, que dão a ele dicas, lembretes, pistas sobre como organizar o pensamento para resolver a questão.

nejar e reconhecer estratégias cognitivas de remediação, a fim de melhorar a sua compreensão. Também vale a pena considerar a utilização adequada de *prompts* dependendo de onde se encontram os alunos no processo de aprendizagem (ver Tab. 7.2).

TABELA 7.2 Exemplos de *prompts*

Nível do *prompt*	Exemplos
Tarefa	• Sua resposta atende aos critérios de sucesso? • Sua resposta é correta/incorreta? • Como ele pode elaborar a resposta? • O que ele fez bem? • O que ele fez errado? • Qual é a resposta certa? • Que outra informação é necessária para atender a esses critérios?
Processo	• O que está errado e por quê? • Que estratégias ele utilizou? • Qual é a explicação para a resposta correta? • Que outras perguntas ele fez sobre a tarefa? • Quais são as relações com outras partes da tarefa? • Que outras informações são fornecidas no folheto? • Qual é a sua compreensão dos conceitos/conhecimentos relacionados à tarefa?
Autorregulação	• Como ele pode monitorar o seu próprio trabalho? • Como ele pode realizar autoverificação? • Como ele avalia a informação fornecida? • Como ele reflete sobre a sua própria aprendizagem? • O que você fez para...? • O que aconteceu quando você...? • Como você pode explicar...? • Que justificativa pode ser dada para...? • Que dúvidas adicionais você apresenta em relação a essa tarefa? • Como ela se compara a...? • O que toda essa informação tem em comum? • Que objetivos de aprendizagem você alcançou? • Como suas ideias mudaram? • O que você pode ensinar agora? • Você pode ensinar agora outro aluno a...?

A chave com todos os *prompts* é não apenas realizar o *prompt* em relação à fase da aprendizagem, mas também saber quando removê-lo – isto é, quando desaparecer ou permitir que aluno assuma mais responsabilidade. Um conceito relacionado é *"scaffolding"** – e, como os andaimes nos prédios, a arte é saber quando é necessário remover essa estrutura. O propósito da colocação dessa estrutura é o de fornecer suporte, conhecimento, estratégias, modelagem, questionamento, instrução, reestruturação e outras formas de *feedback*, com o objetivo de que o aluno se torne o "dono" do conhecimento, da compreensão e dos conceitos. Van de Pol, Volman e Beishuizen (2010) descreveram cinco objetivos do *scaffolding*:

---

* N. de R.T.: No inglês significa suporte/andaime. No contexto educacional, refere-se a estratégias de ensino para auxiliar o aluno a alcançar um nível de aprendizagem mais sofisticado (dominar uma tarefa ou um conceito). O aluno recebe suporte durante o seu processo de aprendizagem (mediação, assessoramento, questionamento). É desejável que o *scaffolding*/suporte vá gradualmente diminuindo, à medida que o aluno se torne mais autônomo e desenvolva estratégias de aprendizagem mais eficientes.

- manter o aluno como alvo e manter a busca do aluno pelo objetivo da aprendizagem;
- o fornecimento de estruturas explicativas e de opinião que organizem e justifiquem;
- assumir o controle das partes da tarefa que o aluno ainda não for capaz de realizar, simplificando, assim, um pouco a tarefa (e reduzindo a carga cognitiva) para o aluno;
- fazer com que os alunos se interessem por uma tarefa e ajudá-los a aderir às exigências da tarefa;
- facilitar o desempenho dos alunos por meio do *feedback*, bem como manter o aluno motivado por meio da minimização da frustração.

ATRIBUTOS DOS ALUNOS E *FEEDBACK*

A cultura do aluno

A cultura do aluno pode influenciar os efeitos do *feedback*. Luque e Sommer (2000) identificaram que alunos de culturas coletivistas (p. ex., países do Pacífico Sul e países asiáticos baseados nos ensinamentos de Confúcio*) preferiram *feedback* indireto e implícito, mais voltado para o *feedback* do grupo, e nenhum *feedback* baseado no nível pessoal. Os alunos de culturas individualistas/socráticas (p. ex., os Estados Unidos) preferem um *feedback* mais direto, particularmente relacionado ao esforço, tendendo a utilizar questionamento direto para obter *feedback* e preferiram um *feedback* mais individual, concentrado e pessoal. Kung (2008) relatou que, embora tanto os alunos individualistas quanto coletivistas tenham buscado o *feedback* para reduzir a incerteza, os alunos coletivistas tinham uma tendência maior a acolherem a autocrítica "para o bem da coletividade" e maior probabilidade de buscar *feedback* de desenvolvimento, enquanto os alunos individualistas reduziam esse *feedback* para protegerem seus egos. Alunos individualistas tinham uma chance maior de se envolver em estratégias de autoajuda, pois procuravam obter *status* e alcançar resultados (BRUTUS; GREGURAS, 2008). Hyland e Hyland (2006) defenderam que os alunos de culturas em que os professores são altamente direcionadores em geral recebem bem o *feedback*, esperam que os professores observem e comentem os seus erros e se sentem ressentidos quando eles não o fazem.

Perguntando aos alunos sobre *feedback*

Uma busca na literatura não encontrou uma medida razoável que perguntasse aos alunos o que eles pensavam sobre o *feedback*. Brown, Irving e Peterson (2009) desenvolveram um instrumento baseado em suas concepções de modelo de avaliação, mas ele teve pouco papel preditivo e eles recomendaram a realização de investigações adicionais. O instrumento que desenvolvi começou revisando o seu trabalho e pedindo aos professores que entrevistassem cinco colegas professores e cinco alunos, fazendo registros de suas aulas e conversando com professores e alunos sobre o *feedback* recebido. O instrumento começou com 160 questões abertas e fechadas, mas foi reduzido para 45, após a análise fatorial e atenção ao valor das interpretações a partir do instrumento.

---

* N. de R.T.: Pensador e filósofo chinês cuja filosofia enfatizava a moralidade pessoal e governamental, os procedimentos corretos nas relações sociais, a justiça e a sinceridade. Pregava a importância da educação para melhorar a sociedade, com destaque à construção do caráter, e não apenas ao acúmulo de conhecimento.

A primeira parte, "*Feedback* soa como..." perguntou aos alunos como o *feedback* lhes soava ou parecia. Havia três escalas: *feedback* como algo positivo, negativo ou proporcionando crítica construtiva. A segunda parte foi relacionada aos "Tipos de *feedback*", incluindo o *feedback* como corretor e confirmador e *feedback* como melhora, e à frequência do *feedback* (dos professores e colegas). A terceira parte consistiu de "Fontes de *feedback*" – o argumento sendo que o *feedback* mais eficiente está relacionado mais aos critérios da aula (os objetivos de aprendizagem e critérios de sucesso) do que a critérios individuais (comparados às realizações anteriores) e, de preferência, não a critérios sociais (p. ex., comparativos; cf. HARKS et al., 2011).

Existem diferenças acentuadas nessas escalas entre professores e escolas: os professores encaram o *feedback* mais em termos de comentários, críticas e correções, os alunos preferem ver o *feedback* como um olhar para a frente, ajudando a endereçar a questão "Para onde ir em seguida?" e relacionado aos critérios de sucesso da aula. Independentemente de suas percepções do nível de realizações anteriores, os alunos encaram da mesma forma o valor e a natureza do *feedback*. Os itens com maior relação com os resultados são: "O *feedback* esclarece minhas dúvidas sobre a tarefa", "O *feedback* indica a qualidade do meu trabalho", "O *feedback* me ajuda a elaborar minhas ideias", "O *feedback* soa como uma crítica construtiva", "O *feedback* soa como comentários específicos", "Entendo o *feedback* que recebo desse professor" e "O *feedback* fornece exemplos resolvidos que me ajudam a pensar de modo mais profundo". A mensagem principal parece ser a de que os alunos – independentemente do nível de resultados em que se encontram – preferem que os professores ofereçam mais *feedback* voltado para o futuro, relacionado ao sucesso da aula e, de maneira "oportuna" e "personalizada", "sobre o meu trabalho" (e não "sobre mim"). Higgins, Hartley e Skelton (2001) registraram que os alunos percebem o *feedback* negativamente se ele não fornece informação suficiente para ser útil, se ele for muito impessoal, se ele for geral demais e se ele não for formativo – isto é, voltado para o futuro. Não é suficiente "[...] simplesmente dizer a um aluno onde ele errou – os erros precisam ser *explicados*, e as melhoras para os trabalhos futuros, sugeridas [...]" (HIGGINS; HARTLEY; SKELTON, 2001, p. 62, itálicos no original).

O poder dos colegas

Nuthall (2007) realizou observações extensas em sala de aula e observou que 80% do *feedback* verbal vem dos colegas – e a maioria dessa informação de *feedback* é incorreta! Os professores que não reconhecem a importância do *feedback* dos colegas (e se eles estão produzindo avanços ou não) podem ter seu efeito sobre os alunos muito prejudicado. São necessárias intervenções que tenham como objetivo a promoção do *feedback* pelos pares, particularmente porque muitos professores parecem relutantes em envolver os colegas como agentes de *feedback*. Existe uma alta correlação (cerca de 0,70) entre as preocupações dos alunos sobre a justiça e a utilidade da avaliação pelos pares (SLUIJSMANS; BRAND-GRUWEL; VAN MERRIENBOER, 2002), assim como existem altas correlações entre as observações de alunos e professores nas tarefas passadas. Receber *feedback* dos colegas pode levar a um efeito positivo, produzindo reputação como um bom aprendiz, sucesso e redução da incerteza, mas também pode levar a um efeito negativo, produzindo uma reputação como um aprendiz ruim, vergonha, dependência e desvalorização do mérito. Se existirem relações positivas entre os colegas na sala de aula, o *feedback* (particularmente o *feedback* crítico) tende a ser considerado construtivo e menos doloroso (ver FALCHIKOV; GOLDFINCH, 2000; HARELLI; HESS, 2008).

Mark Gan (2011) observou que os problemas sobre o *feedback* eram prevalentes, mas frequentemente equivocados. Ele começou perguntando como podemos melhorar o *feedback* oferecido pelos colegas. Ao final da sua série de estudos, ele manifestou muita confiança no poder dos *prompts* dos professores em ajudar os colegas a oferecer *feedback* eficiente. Como observado anteriormente, esses *prompts* incluíram questões norteadoras, desencadeadoras de frases ou de questões de base que fornecem sinais, dicas, sugestões e lembretes para ajudar os alunos a completar uma tarefa. Os *prompts* (p. ex., "Um exemplo disso é...", "Outro bom argumento é..." ou "Fornecer uma explicação para...") atendem a duas funções-chave na aprendizagem dos alunos: estrutura de suporte e ativação. Os *prompts* atuam como *scaffolding* para ajudar os aprendizes a dar apoio e informação aos seus processos de aprendizagem. Os *prompts* podem ser planejados tendo como alvo habilidades de procedimentos, cognitivas e metacognitivas do aprendiz. Eles podem fornecer informação nova ou corretora, invocar estratégias alternativas já conhecidas pelo aluno e fornecer orientações para tentar novas estratégias de aprendizagem. Nesse sentido, os *prompts* podem ser concebidos como "ativadores de estratégias" (BERTHOLD; NÜCKLES; RENKL, 2007, p. 566) ou auxílios para o envolvimento cognitivo. Parte da arte é ajudar os alunos a se envolverem em "autoverbalização" e, assim, começarem a desenvolver uma série de estímulos que eles ou seus colegas podem usar quando "não sabem o que fazer em seguida" (BURNETT, 2003).

À medida que passam da tarefa para o processamento, até a regulação, os alunos podem utilizar *prompts* para monitorar e refletir sobre suas próprias abordagens de aprendizagem, tais como estratégias de resolução de problemas, processos investigativos e autoexplicações. Exemplos de *prompts* de justificativa racional incluem: "Qual é o seu plano para resolver o problema?", "Como você decidiu que tem dados suficientes para tirar conclusões?". Tais *prompts* ajudam os alunos a se organizarem, planejarem e monitorarem suas ações ao tornarem o seu pensamento explícito, identificar áreas específicas que eles não compreendiam e o que eles precisavam conhecer e utilizar o conhecimento de domínio específico para argumentar sobre a abordagem que adotaram para resolver o problema. Davis e Linn (2000) empregaram o termo "*prompts* direcionados" para descrever os *prompts* destinados a gerar planejamento e monitoramento (p. ex., "Quando criticamos as evidências, precisamos...", "Pensando em como todas essas ideias se encaixam, ficamos confusos com...", "O que estamos pensando agora é...") ou para verificar a compreensão ("Pedaços de evidências que não entendemos muito bem incluíram..."). Tais *prompts* genéricos proporcionam mais "liberdade" para os alunos refletirem sobre a sua aprendizagem, enquanto os *prompts* direcionados podem desorientar alguns alunos com um "falso sentido de compreensão". Verificou-se que o nível de autonomia dos alunos interage com a sua utilização de *prompts* genéricos para reflexão, com aqueles com nível médio de autonomia avançando, em grande parte, em função de *prompts* de reflexão, uma vez que "[...] lhes foi permitido que direcionassem suas próprias reflexões [...]" (DAVIS, 2003, p. 135).

Gan (2011) utilizou um modelo de *feedback* em três níveis (Fig. 7.2) para desenvolver métodos para treinar os alunos a identificarem que conhecimento foi necessário para cada nível e como gerar *feedback* orientado para aquele nível de aprendizagem. Nas suas turmas de controle, ele descobriu que os alunos não estimulados ou não treinados pareciam adotar uma abordagem de *feedback* "terminal", em que a solução ou a resposta certa era fornecida e elogios eram utilizados para reforçar a noção de uma resposta correta. Esse *feedback* terminal feito por colegas presume que os alunos são capazes de retirar inferências ou fazer ajustes com base em informações corretoras e, então, decidirem, com base nessas informações, se moverem do seu estado de compreensão atual para alcançar os critérios de sucesso. Embora possa ser provável que os alunos de capacidade superior apareçam com suas próprias estratégias de revisão, isso é pouco provável para os alunos com menor capacidade. Em contraste, a abordagem de *feedback* progressivo feito por colegas fornece aos alunos uma imagem mental que fraciona o *feedback*

Figura 7.2

Sua resposta atende aos critérios de sucesso?

Tarefa
- Sua resposta é correta/incorreta? — Incorreto — Como ele/ela pode elaborar a resposta?
- Correto
  - O que ele/ela fez bem?
  - O que ele/ela fez errado?
  - Qual é a resposta certa?
  - Que outra informação é necessária para atender esses critérios?

Processo
- Que estratégias ele/ela utilizou?
- O que está errado e por quê?
- Qual é a explicação para a resposta correta?
- Estratégias de busca de informação
  - Que outras perguntas ele/ela fez sobre a tarefa?
  - Quais são as relações com outras partes da tarefa?
  - Que outras informações são fornecidas no folheto?
  - Qual é a sua compreensão dos conceitos/conhecimentos relacionados à tarefa?

Autorregulação
- Como ele/ela pode monitorar o seu próprio trabalho?
- Como ele/ela pode realizar autoverificação?
- Como ele/ela avalia a informação fornecida?
- Como ele/ela reflete sobre a sua própria aprendizagem?

- O que você fez para...?
- O que aconteceu quando você...?
- Como você pode explicar...?
- Que justificativa pode ser dada para...?
- Que dúvidas adicionais você apresenta em relação a essa tarefa?

- Como ela se compara a...?
- O que toda essa informação tem em comum?

- Que objetivos de aprendizagem você alcançou?
- Como suas ideias mudaram?

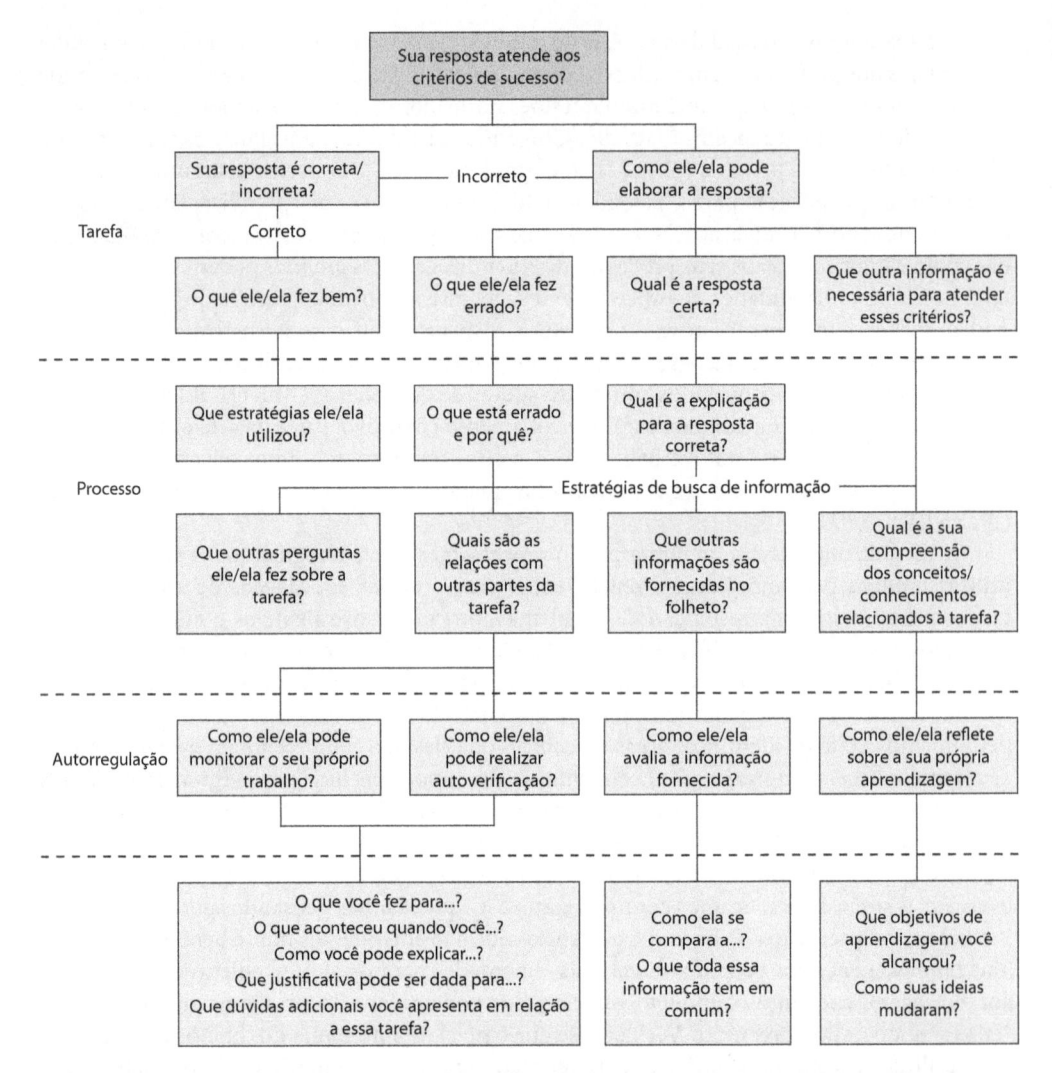

Figura 7.2 Uma orientação para ajudar os alunos a decidirem o *feedback* adequado para os colegas.

em etapas concretas, permitindo que os alunos se concentrem em uma área de trabalho específica. Pode parecer que essa organização da aprendizagem e do *feedback* reduz a exigência de recursos cognitivos dos alunos, permitindo que façam conexões, identifiquem as lacunas de aprendizagem e realizem ações corretoras. Isso parece ser uma tarefa difícil e, desse modo, Gan (2011) desenvolveu um mapa conceitual com níveis hierarquizados de *feedback*.

Ele utilizou as aulas de ciências em Cingapura e Nova Zelândia para avaliar a eficiência desse modelo. Ele exigiu planejamento dos professores na concepção da tarefa, processos e no desejado automonitoramento pelos alunos do domínio dos conteúdos. Também importante, a tarefa tinha que ser igualmente desafiadora para estimular a necessidade dos colegas em oferecer uns aos outros *feedback*. Tal fato teve o bônus adicional de ajudar os professores a articular seus objetivos de aprendizagem e critérios de sucesso reais, e isso ficou mais fácil quando os professores, em seguida, criticaram os planos de aula e as instruções antes de ensinar. Os resultados desses estudos indicaram que os treinamentos dos alunos para oferecer *feedback* para os colegas nos níveis de tarefa, processo e regulação tiveram um efeito significativo na qualidade do *feedback* oferecido pelos alunos em seus registros escritos em laboratório.

Os alunos começaram em sua turma pré-teste oferecendo, predominantemente, *feedback* no nível de tarefa aos seus colegas, com muito pouco *feedback* nos níveis de processo ou regulação. Quando os alunos foram explicitamente treinados sobre como diferenciar os níveis de *feedback* de tarefa, processo, regulação e pessoal (utilizando o modelo), eles foram capazes de formular mais *feedbacks* nos níveis de regulação (de 0,3 a 9% de todo os *feedbacks* no nível de autorregulação). As entrevistas mostraram que os alunos e seus colegas encararam a oferta e a recepção de *feedback* dos colegas como uma experiência potencialmente enriquecedora, pois lhes permitia identificar suas lacunas de aprendizagem, colaborar na detecção e na correção de erros, desenvolver sua capacidade de autorregulação, incluindo o monitoramento de seus próprios erros e iniciar suas próprias medidas ou estratégias corretoras. Uma mensagem importante é a de que o valor positivo do *feedback* dos colegas exige suporte de instrução deliberada (como a utilização do modelo de Gan) dos três principais níveis de *feedback* e de estímulos associados para cada nível.

> **Aprendizagem visível – *checklist* para durante a aula: *feedback***
>
> 38. Professores:
>   a. são mais preocupados com o modo como os alunos recebem e interpretam *feedback*;
>   b. sabem que os alunos preferem obter mais progresso do que *feedback* corretor;
>   c. sabem que, quando os alunos apresentam objetivos mais desafiadores, isso os leva a apresentar uma maior receptividade ao *feedback*;
>   d. ensinam deliberadamente os alunos a pedir, compreender e utilizar o *feedback* oferecido;
>   e. reconhecem o valor do *feedback* dos colegas e, deliberadamente, ensinam os colegas a oferecer aos outros alunos o *feedback* adequado.

CONCLUSÕES

Como pai, estou consciente dos baixos níveis de *feedback* que meus próprios filhos tendiam a receber na escola. A cada noite, no jantar, as perguntas "O que você fez/aprendeu na escola hoje?" ou "Qual foi a melhor coisa que você fez hoje (além da hora do recreio)?" foram substituídas por "Que *feedback* você recebeu dos seus professores hoje?". Pelo menos uma vez por dia, o objetivo foi o de que prestassem atenção em pelo menos uma parte de um *feedback*, ao menos para permitir que a conversa do jantar passasse para assuntos mais interessantes. São questões importantes para as quais os alunos precisam estar sintonizados – para aprender a buscar ou receber *feedback* sobre em que direção estão indo, como chegarão lá e para onde devem ir em seguida.

Existe muita coisa que se sabe sobre o *feedback*, mas há muito mais a ser descoberto sobre como otimizar seu poder na sala de aula. Por um lado, o *feedback* se encontra entre as influências mais poderosas no desempenho. Por outro, ele está entre as influências mais variáveis. Para que o *feedback* seja recebido e tenha um efeito positivo, precisamos de objetivos transparentes e desafiadores (objetivos de aprendizagem) e compreender o *status* atual em relação a esses objetivos (conhecimento dos resultados anteriores), além de critérios de sucesso transparentes e conhecidos, somados a comprometimento e habilidades por parte de professores e alunos, para investir e implantar estratégias e compreensões em relação a esses objetivos e critérios de sucesso. A sugestão é de que os modelos de *feedback* precisam levar em conta sua natureza multidimensional: o *feedback* tem dimensões de foco (p. ex., as três questões de *feedback*), efeito (p. ex., os quatro níveis de *feedback*), propensão (p. ex., as disposições culturais e de personalidade do receptor) e tipos (ver SHUTE, 2008).

Para tornar o *feedback* mais poderoso e assegurar que ele seja recebido e utilizado, existe a necessidade de conhecer muito mais sobre como os alunos estabelecem objetivos de domínio acadêmico da matéria (mais do que objetivos de desempenho, sociais e, certamente, de evasão) e como professores e alunos estabelecem metas para a aprendizagem – porque eles podem melhorar e aumentar o valor do *feedback* na direção desses objetivos e metas. A noção de "recordes pessoais" e de desafio, compromisso, *feedback* de avanço e capacidades de avaliação dos alunos (ABSOLUM et al., 2009) são centrais para os efeitos do *feedback*, bem como o conhecimento sobre as várias estratégias de *feedback* e diferentes tipos e funções do *feedback*. Convidar os alunos a terem uma sensação de consciência em relação ao *feedback* deve ser um resultado importante das aulas.

Também pode ser importante levar em conta a natureza e dosagem do *feedback*. É provável que ele seja mais eficiente quando oferecido em etapas graduais (e isso se aplica aos alunos, aos professores e aos administradores). Muito frequentemente, o *feedback* é despejado em um longo discurso, envolvendo muitas ideias e estímulos diferentes e, assim, permitindo que o receptor seja seletivo ou que perca as prioridades, podendo ficar mais confuso. O *feedback* precisa ser concentrado, específico e claro.

Vários indicadores de *feedback* e de resultados foram identificados, incluindo a distinção entre se concentrar em dar ou receber *feedback*, como a cultura do aluno pode mediar os efeitos do *feedback*, a importância da refutação, bem como da confirmação e a necessidade de um ambiente de aprendizagem que encoraje os "erros" e leve os alunos a aceitá-los – e, particularmente, o poder dos colegas nesse processo. Quando as avaliações (testes, perguntas e assim por diante) são consideradas como uma forma de obter *feedback*, de modo que os professores possam modificar, melhorar ou mudar suas estratégias, há avanços maiores do que quando a avaliação é encarada mais com a função de informar os alunos sobre o seu *status* atual. Essa é toda a essência da avaliação formativa.

Observe que não há discussão, neste capítulo, sobre o *feedback* em relação às classificações ou notas. Isso é porque as mensagens são sobre "*feedback* em movimento", auxiliando, em essência, todos a avançar com base em corretores e informação que reduzem a lacuna entre o ponto em que os alunos se encontram e onde precisam estar. É muito comum os comentários sobre ensaios e outros trabalhos serem muito tardios e ineficientes e são ignorados. Como Kohn (2006, p. 41) observou: "Nunca classifique os alunos enquanto eles ainda estão aprendendo". Os alunos consideram a classificação, em geral, como o "final" da aprendizagem. A principal razão em relação à natureza e à estrutura dessas partes de trabalho que são classificadas é que elas são os resultados de aulas, e a aprendizagem ocorre mais provavelmente durante, e não depois, que a aprendizagem terminou (ou "é entregue"). Os alunos logo reconhecem a pobreza do *feedback* de tal trabalho, não sendo nada mais do que um somatório da classificação do trabalho: eles olham para suas notas e então para as notas dos seus amigos. Os comentários podem oferecer a justificativa para a nota, mas há poucas evidências de que os comentários possam levar a mudanças nos comportamentos de aprendizagem dos alunos, ou maior esforço, ou mais práticas deliberadas – principalmente, porque os alunos encaram o "trabalho" como encerrado.

Deve estar claro que existem muitas complexidades ao se buscar maximizar o *feedback* recebido pelos alunos. Os alunos diferem na receptividade e no desejo de compreender o *feedback* em relação aos seus contextos culturais, sua reação à confirmação e refutação, sua experiência em lidar com o erro, o modo como os testes e as avaliações se mostraram úteis para avançar, o quanto foram bem-sucedidos em ensinar a maximizar a utilidade do *feedback* e o papel do *feedback* dos colegas.

Existe um futuro emocionante para a pesquisa sobre o *feedback*. Está bastante claro que o *feedback* é crítico para aumentar o desempenho, mas que ele esteja tão ausente nas salas de aula (pelo menos em termos de ser recebido pelos alunos) deve permanecer como um importante enigma. Ele poderia ser poderoso a ponto de mover a pesquisa para além das descrições dos tipos de *feedback*, a fim de descobrir como basear o *feedback* "mais adequado", não apenas no ensino, mas também para ajudar os alunos a buscá-lo, avaliá-lo (especialmente quando fornecido por colegas e pela internet) e utilizá-lo na sua aprendizagem – e para que os professores recebam *feedback* dos alunos, de modo que possam modificar seu ensino. Isso pode exigir um deslocamento, de falar menos sobre como ensinamos para falar mais sobre como aprendemos, menos sobre o ensino reflexivo e mais sobre a aprendizagem reflexiva, e mais pesquisa sobre como basear o *feedback* nos processos de aprendizagem. Isso, provavelmente, requer uma melhor compreensão da dinâmica da sala de aula, fornecendo maneiras dos professores encararem a aprendizagem não, simplesmente, através dos seus próprios olhos e reflexão, e, sim, através dos olhos dos alunos.

Shute (2008) forneceu nove orientações para a utilização do *feedback* na melhora da aprendizagem:

- concentre o *feedback* na tarefa, não no aprendiz;
- forneça *feedback* elaborado (descrevendo "o quê", "como" e "por quê");
- apresente *feedback* elaborado em unidades administráveis (p. ex., evite a sobrecarga cognitiva);
- seja específico e claro com as mensagens de *feedback*;
- mantenha o *feedback* o mais simples possível, mas não mais simplificado (baseado nas necessidades dos alunos e nas limitações de ensino);
- reduza a incerteza entre desempenho e objetivos;
- forneça *feedback* objetivo e não tendencioso, escrito ou pelo computador (fontes mais confiáveis têm maior probabilidade de serem recebidas);
- promova uma orientação de objetivo de aprendizagem via *feedback* (mova o foco do desempenho para a aprendizagem, acolha os erros);
- forneça *feedback* depois que os aprendizes tenham buscado uma solução (levando a uma maior autorregulação).

Ela também observou interações com o nível de resultados dos alunos: utilize *feedback* imediato, direcionador ou corretor, como *scaffolding*, para alunos com baixos resultados, e *feedback* retardado, facilitador e verificador, para alunos com grandes resultados.

Sadler (2008) defendeu que três condições devem ser atendidas para que o *feedback* seja eficiente e útil: o aprendiz precisa do *feedback*, recebe o *feedback* e tem tempo para utilizá-lo e deseja e é capaz de utilizar o *feedback*. Então, por que os alunos não recebem o *feedback* que os professores alegam oferecer amplamente? Dunning (2005) estudou esse problema de modo extenso e ofereceu algumas explicações fascinantes. Primeiro, para os alunos, o *feedback* é, na melhor das hipóteses, probabilístico: não há garantia de obtê-lo – sobretudo quando ele é necessário. Ele é, frequentemente, incompleto – os alunos, em geral, não conseguem diferenciar os resultados das alternativas. Ele está, frequentemente, oculto – e, portanto, as consequências podem não ser óbvias. Ele pode ser ambíguo – qual é a ação que leva ao *feedback*? E ele é tendencioso – ele, em geral, inclui elogios.

Em segundo lugar, os alunos (como todos nós) tendem a receber o *feedback* que desejam: buscamos por ocorrências associadas positivas, fazemos profecias autorrealizáveis, não reconhecemos nossos erros em retrospectiva, buscamos *feedback* consistente com nossa imagem, aceitamos o *feedback* positivo e examinamos de modo minucioso o negativo, codificamos o *feedback* positivo amplamente e o negativo de maneira estreita, atribuímos o *feedback* positivo a nós mesmos e o negativo a qualquer outra coisa e esquecemos o *feedback*.

Não é surpresa que oferecer um *feedback* que seja recebido de modo adequado seja tão difícil.

EXERCÍCIOS

1. Como para o Exercício 5 do Capítulo 6, peça que um colega observe sua turma através dos olhos dos alunos. Por exemplo, peça que ele se sente na sala, faça registro de tudo o que você disser e fizer e, mais importante, que ele escolha dois alunos e anote tudo o que eles fizerem, suas reações e tudo o que falarem (o máximo que seu colega consiga ouvir). Ao final, imprima o registro e, juntos, identifiquem cada ocasião em que o professor forneceu *feedback* e *cada* ocasião em que os dois alunos receberam e atuaram sobre qualquer *feedback*.
2. Entreviste cinco professores e cinco alunos sobre "Como o *feedback* se parece e como soa" e forneça um exemplo de episódios úteis e não tão úteis de *feedback*. Compartilhe esses exemplos com outros professores que completaram essa tarefa. Existem semelhanças em termos de *feedback* corretor ou formador?
3. Faça um vídeo de uma de suas aulas. Reveja a aula e reflita sobre onde houve oportunidade para que os alunos recebessem um *feedback* mais eficiente sobre o seu progresso na aula. Pratique essas oportunidades com seus colegas e, em seguida, procure encontrar ocasiões nas suas próximas aulas para utilizá-las.
4. Após a próxima aplicação de um teste em sua turma, detalhe o que você aprendeu a partir da interpretação dos resultados, o que faria de modo diferente e o que ensinaria de novo. À luz desses resultados, pergunte se a avaliação serviu ao seu propósito de oferecer *feedback* para você como professor. Caso contrário, mude a avaliação para maximizar essas oportunidades.
5. Pratique o oferecimento a cada aluno de rápida avaliação formativa e convide-os para que busquem *feedback* sobre seu progresso em pelo menos três ocasiões durante a aula. Avalie o valor dessa intervenção.
6. Discuta os seguintes tópicos que, de acordo com a minha opinião, são verdadeiros.
    a. Testes normo-referenciados* são otimizados quando os alunos têm, em média, 50% dos itens corretos. Testes referenciados por critérios** são otimizados quando cada aluno apresenta 50% dos itens corretos.

---

* N. de R.T.: Utilizados para medir o desempenho do aluno em grandes áreas do conhecimento (leitura, matemática, escrita) e compará-lo com uma população de referência.
** N. de R.T.: Utilizados para medir o desempenho do aluno em habilidades ou conceitos específicos que compõem o currículo.

b. Um professor é responsável, principalmente, por assegurar que cada aluno faça um progresso de, pelo menos, um ano para cada ano de estímulo, mais do que levar os alunos aos níveis de proficiência esperados.
c. O *feedback* é mais poderoso quando é procurado pelo professor sobre o seu ensino do que pelo aluno sobre a sua aprendizagem.
d. Interpretações formativas não podem ser realizadas sem incluírem alguma forma de avaliação.
e. "Erros" estão associados tanto a alunos com facilidade quanto a alunos com dificuldade e devem ser encarados como oportunidades.
f. A principal razão para aplicar testes nas salas de aula é para que os professores descubram o que eles ensinaram direito ou não, a quem eles ensinaram direito ou não e onde eles devem se concentrar em seguida. Se um teste não leva um professor a avaliar essas questões, ele foi, provavelmente, uma perda de tempo e de esforço para todos.
g. O papel dos professores ao aplicar testes é o de ajudar os alunos a superar sua nota esperada no teste.
h. Se um professor imprimir os resultados do teste, provavelmente é tarde demais para alterar o ensino!

8
O final da aula

A aula com os alunos está completa, mas a história continua. Em geral, o apelo, agora, é por reflexão – mas essa não é a minha mensagem. A reflexão rapidamente se transforma em justificativa *post-hoc*. Observei muitos professores falando de suas aulas ou reagindo a vídeos sobre o seu ensino e, certamente, eles podem ser muito líricos sobre o que aconteceu, por que fizeram isso e não aquilo – e, quando são questionados sobre o que poderiam fazer melhor, em geral, eles se concentram no que poderiam fazer melhor no futuro. Quando observam a mesma aula através dos olhos do aluno, eles são bem mais silenciosos! A surpresa sobre como o ensino se parece, por vídeos com o ponto de vista dos alunos, faz com que reconheçam que não haviam observado a aprendizagem – viram apenas o ensino. O objetivo deve ser observar o *efeito* de nossas ações e nosso ensino, e não confundir isso com aquelas ações e ensino.

É por isso que eu nunca deixo que professores e líderes escolares visitem salas de aula para observar professores. Eu deixo que eles observem apenas alunos – as reações dos alunos a incidentes, ao ensino, aos colegas e à atividade. Assim, eles entrevistam e escutam os alunos sobre o que estão fazendo, pensando e não entendendo. Tais observações acrescentam outro par de olhos, que ajudam o professor a observar o efeito do seu ensino, e deslocam a discussão do ensino para o *efeito* do ensino. Do contrário, os observadores apresentariam maneiras agradáveis de dizer aos professores como "ensinar como eu"...

O ponto de partida é rever o ambiente na sala de aula e, então, fazer uma série de perguntas em relação ao efeito dos professores sobre os alunos: você está consciente do progresso do aluno na sua jornada, do seu ponto de partida até o ponto em que ele alcançou os critérios de sucesso? Quão perto está cada aluno de atingir os critérios de sucesso? O que precisa ocorrer agora para ajudá-lo a alcançar os critérios de sucesso? Igualmente importante, cada aluno sabe onde se encontra no seu caminho de aprendizagem, desde o seu ponto de partida para o ponto em que ele terá alcançado o sucesso?

A EXPERIÊNCIA DA AULA A PARTIR DA EXPECTATIVA DOS ALUNOS

> **Aprendizagem visível – *checklist* para o final da aula**
> 39. Professores fornecem evidências de que todos os alunos se sentem como se fossem convidados para suas turmas para aprender efetivamente. Esse convite envolve sentimento de respeito, confiança, otimismo e intenção de aprender.

Embora possamos aprender sem saber que estamos aprendendo (em geral chamado de "conhecimento tácito"), para a maioria de nós, precisa existir uma tentativa deliberada de assimilar ou acomodar nova aprendizagem. Isso significa que um grande precursor da aprendizagem é o envolvimento na aprendizagem. Como Purkey (1992) tão eloquentemente colocou, nós, como professores, precisamos convidar nossos alunos à aprendizagem. Em geral, os alunos chegam à sala porque essa é a próxima aula para a qual eles têm que ir. Seu argumento é que tal convite traz em si respeito, confiança, otimismo e intencionalidade por parte dos professores.

Ele identificou quatro padrões principais, e a primeira lição foi a de pensar sobre a aula que acabou de acontecer e perguntar quais dos itens a seguir *os alunos considerariam* o padrão dominante.

a. *A aula foi desmotivadora de modo intencional.* Os alunos argumentariam que se sentiram incapazes e desvalorizados, o professor estava ocupado com muitas distrações e se concentrou nas deficiências dos alunos.
b. *A aula foi desmotivadora de modo não intencional.* Os alunos argumentariam que o professor era bem-intencionado, mas condescendente, obcecado por condutas e procedimentos e desconhecedor dos sentimentos dos alunos. Existiam muitos rótulos e estereótipos, os sinais não verbais eram negativos e havia um baixo nível de estímulo dos alunos.
c. *A aula foi convidativa de modo não intencional.* O professor era motivador, mas inconsistente ao considerar o que os alunos traziam para a aula. O professor não era igualmente bem-sucedido em tornar suas intenções transparentes, mas conduziu a aula em função de sua boa natureza e agradabilidade.
d. *A aula foi convidativa de modo intencional.* O professor explicitamente convidou os alunos a tomar parte no fluxo da aula, deixou claro seus objetivos e critérios de sucesso e se importou em verificar se os alunos estavam conscientes deles. O professor estava otimista acreditando que todos alcançariam o sucesso e era respeitoso diante dos erros, do trabalho árduo e do progresso.

As dimensões-chave para avaliar se os alunos eram convidados a aprender foram as seguintes.

- *Respeito.* "Você demonstrou aos alunos que eles eram capazes, valiosos e responsáveis e os tratou de acordo?"
- *Confiança.* "A aula levou a um envolvimento cooperativo e colaborativo na aprendizagem, de modo que o processo de aprendizagem foi visto por muitos alunos como tão importante quanto o produto da aula?"

- *Otimismo.* "Os alunos entenderam sua mensagem de que eles possuem potencial não explorado de aprender o que está sendo ensinado hoje?"
- *Intencionalidade.* "O modo como você criou e manteve o fluxo da aula foi especificamente desenhado para convidar à aprendizagem?"

A aprendizagem convidativa envolve um compromisso transparente em promover a aprendizagem para todos e levar em conta a aprendizagem anterior dos alunos e o que cada um traz para a aula. Ela exige um senso de justiça e abertura que permita aos alunos aprender, cometer erros e colaborar no sucesso da aprendizagem. Ela permite um diálogo entre professores e alunos em relação à compreensão dos conceitos presentes na aula. Além disso, a aprendizagem convidativa requer que o professor seja proficiente em estabelecer e manter tal ambiente e demonstre de modo transparente a presença de altas expectativas em relação aos alunos.

Essa noção de como os alunos vivenciam a aula é decisiva para o envolvimento e o sucesso da participação na aprendizagem – mais para adolescentes do que para alunos dos anos iniciais do ensino fundamental (que ficam mais contentes em estar "ocupados"). Cornelius-White (2007) concluiu uma das mais importantes metanálises sobre o ensino centrado nos alunos. Ele localizou 119 estudos e estimou 1.450 efeitos, baseados em 355.325 alunos, 14.851 professores e 2.439 escolas. No geral, o efeito foi de $d = 0,64$ entre variáveis de professores centradas em indivíduos e resultados cognitivos de alunos e de $d = 0,70$ com resultados afetivos e comportamentais de alunos. A chave desse ensino centrado nos alunos foi o que Cornelius-White chamou de "relação facilitadora" – isto é, o modo como os professores atenciosos abordam os seus alunos. O professor centrado nos alunos é apaixonado pelo envolvimento e pelo sucesso de cada aluno naquilo que está sendo ensinado, e o professor está consciente do progresso de cada um do início ao fim do ensino dos objetivos da aprendizagem (observe que é importante não confundir o professor centrado nos alunos com métodos específicos de ensino, tais como a aprendizagem colaborativa, aprendizagem individualizada e assim por diante).

A essência do professor centrado nos alunos é composta de quatro etapas: um professor centrado nos alunos apresenta cordialidade, confiança, empatia e relações positivas.

1. *Cordialidade: o contribuinte fundamental.* Embora possa ser comum para os professores pensar que eles podem ser atenciosos (p. ex., eles trabalham duro, querem ser bem-sucedidos e assim por diante), a questão é se os alunos podem citar evidências dessa cordialidade. A cordialidade é demonstrada na aceitação, na afeição, no respeito incondicional e na atitude positiva em relação aos alunos. A ideia é de que os professores devem demonstrar cordialidade de maneiras observáveis em vez de simplesmente pretender fazer isso ou acreditar que isso é importante.

2. *Confiança: o contribuinte otimista e com altas expectativas.* Confiança significa que os alunos podem ver que os professores acreditam neles – especialmente quando estão se esforçando.

> Significa mostrar a eles que você compreende as suas visões das coisas, mesmo que pareçam simplistas para você como um adulto. Você precisa ter a expectativa de que eles serão capazes de realizar suas atividades ou de que o que eles querem aprender vale a pena ser aprendido. (CORNELIUS-WHITE, 2007, p. 36).
>
> Como observado anteriormente, altas expectativas e encorajamento são essenciais não apenas para os professores, mas também para os pais e colegas.

3. *Empatia: o contribuinte "conhecer os alunos"*

   Os alunos aprendem de suas maneiras peculiares. Os professores precisam entender e assumir a perspectiva dos alunos se quiserem atingi-los. Como um aluno particular entende o material? Em que parte ele se confundiu? Quando ele entende criativamente, de uma maneira que o professor não faz? (CORNELIUS-WHITE, 2007, p. 38).

   O professor pode se colocar no lugar do aluno e ver sua perspectiva de aprendizagem? Quando isso é compreendido, um professor pode conhecer o *feedback* ideal que deve ser fornecido para fazer o aluno avançar.

4. *Relações positivas: os contribuintes juntos.* Uma maneira simples de afastar os alunos da aprendizagem é fazer com que eles tenham uma relação ruim com o professor. A essência de relações positivas é o fato de os alunos verem cordialidade, sentimento de encorajamento e altas expectativas dos professores e saber que os professores os compreendem.

A EXPERIÊNCIA DE AULA A PARTIR DA PERSPECTIVA DOS PROFESSORES

> **Aprendizagem visível – *checklist* para o final da aula**
> 40. Os professores coletam evidências das experiências dos alunos em suas turmas, sobre seu sucesso, como agentes de mudança, sobre seus níveis de inspiração e sobre compartilhar sua paixão com eles.

A boa notícia é que aquela inspiração e paixão são de mão dupla: a meta dos agentes de uma mudança deliberada (o professor) é a de tornar o máximo de alunos possível inspirados e apaixonados pela aprendizagem da matéria – isso requer um professor que inspire essa paixão. Sim, para alguns, se trata de levar os alunos a passarem de novatos a, pelo menos, competentes, em vez de proficientes e cheios de paixão, mas para que os alunos se tornem "competentes" ainda é necessário que o professor acredite apaixonadamente que esses alunos *podem* se tornar competentes. Steele (2009) mostrou que essa paixão não significa necessariamente uma exuberância extravagante, mas um sentido de *"with-it-ness"*,* um envolvimento na aprendizagem de cada aluno e a avaliação do efeito que o professor exerce em cada aluno.

Um método poderoso, mas, em grande parte, não utilizado, é a avaliação dos professores por parte dos alunos (em inglês, SETS, *student evaluation of teachers*). Os alunos são mais do que observadores passivos dos professores. Como o tema deste livro indica, as relações e as percepções que eles têm sobre o impacto dos professores em sua aprendizagem são fundamentais para se envolverem na disciplina da aprendizagem: para todos os alunos, o princípio básico é o de que precisa haver uma razão para estar na escola. Em geral, os alunos são omitidos na busca por inovações e planos para transformar as escolas – e os motivados são centrais para avanços escolares duradouros (PEKRUL; LEVIN, 2007).

---

* N. de R.T.: No sentido de o professor estar vivenciando junto com (*with*), testemunhando (*witness*) o processo de aprendizagem do aluno.

Wilson e Corbett (2007) entrevistaram muitos alunos que não tiveram um bom desempenho na escola. Eles foram irredutíveis na defesa de que não deveria ser permitido aos professores encontrar desculpas para não ensiná-los, não deixá-los sozinhos caso não participassem, não permitir que os alunos decidam sobre os seus trabalhos ou se desejam trabalhar ou não. Foram encontradas seis características principais do tipo de professor que os alunos desejariam encontrar na sala de aula:

1. alguém que ficasse com os alunos para completar suas tarefas;
2. alguém que fosse capaz de controlar o comportamento dos alunos sem ignorar a aula;
3. alguém que deixasse o seu caminho* para fornecer ajuda;
4. alguém que explicasse as coisas até "que se acendesse a lâmpada"** para toda a turma;
5. alguém que fornecesse aos alunos uma variedade de maneiras por meio das quais eles pudessem aprender;
6. alguém que compreendesse a situação dos alunos e levasse em conta isso em suas aulas.

As avaliações dos alunos são frequentemente uma mistura de questões em relação à eficácia ou à melhora do curso ou em relação à eficácia ou à melhora dos professores. Irving (2004) encarou as coisas de outra forma. Utilizando os parâmetros dos Padrões Nacionais da Câmara para Ensino Profissional (ver Cap. 2), ele identificou, escreveu e compilou 470 perguntas relacionadas a 470 declarações nos padrões de matemática. Ele realizou muitos grupos focais (grupos de professores que classificaram os itens segundo a concordância com os padrões) para reduzir o número de itens a um número que ainda assegurasse que a essência de cada parâmetro estivesse bem representada e também submeteu os itens a grandes amostras de alunos do ensino médio. A partir do Delphi e da análise fatorial, ele criou um instrumento (SET) de 51 itens (ver Apêndice F para o melhor subconjunto de 24 itens), cujas dimensões fundamentais foram:

1. compromisso com os alunos e sua aprendizagem;
2. pedagogia matemática;
3. envolvimento dos alunos com o currículo;
4. família e comunidade;
5. associação da matemática com o mundo real.

A fim de avaliar a validade desse questionário e do modelo fatorial, ele administrou o SET a mais de mil alunos de 32 professores certificados pela Câmara Nacional (NBCs) e 26 colegas experientes não certificados. Ele alcançou uma taxa de sucesso de mais de 70% em classificar corretamente o *status* dos professores no NBC a partir das respostas dos alunos!

Os sete itens que melhor distinguiram os professores talentosos dos professores experientes foram que os professores:

- desafiaram os alunos a pensar por meio de problemas e resolvendo-os, seja por si próprios ou em grupo;
- estimularam os alunos a valorizar a matemática;
- ajudaram os alunos a construírem um entendimento da linguagem e dos processos matemáticos;
- fizeram os alunos pensar a respeito da natureza e da qualidade do trabalho;

---

* N. de R.T.: No sentido de modificar o planejamento da aula, inicialmente previsto, para atender à necessidade do aluno.
** N. de R. T.: No sentido de clarear o conteúdo sendo desenvolvido.

- desenvolveram as habilidades dos alunos em pensar e argumentar matematicamente e ter um ponto de vista matemático;
- estimularam os alunos a tentar diferentes técnicas para a resolução de problemas;
- mostraram aos alunos maneiras interessantes e úteis de resolver problemas.

Esses itens poderiam muito bem formar um conjunto de estímulos para que os professores pudessem avaliar seu nível de inspiração e paixão. É claro que ver isso através dos olhos dos alunos é uma maneira mais convincente de triangular essas avaliações (ver Exercício 1 ao final deste capítulo). Como foi observado, os marcos de referência do professor inspirado e apaixonado são o compromisso com o desafio, o envolvimento, a compreensão, a qualidade, a argumentação e o desenvolvimento de estratégias.

A EXPERIÊNCIA DA AULA A PARTIR DA PERSPECTIVA CURRICULAR

> **Aprendizagem visível – *checklist* para o final da aula**
>
> 41. Juntos, os professores criticam os objetivos de aprendizagem e os critérios de sucesso e apresentam evidências de que:
>   a. os alunos podem articular os objetivos de aprendizagem e os critérios de sucesso de modo que demonstrem que os entenderam;
>   b. os alunos podem alcançar os critérios de sucesso;
>   c. os alunos encaram os critérios de sucesso como adequadamente desafiadores;
>   d. os professores utilizam essa informação ao planejar seu próximo conjunto de aulas/aprendizagem.

A parte decisiva na avaliação das aulas é a revisão dos objetivos de aprendizagem e dos critérios de sucesso. Você deve começar se perguntando: "Os alunos conheciam esses assuntos?"; "Eles podiam articulá-los de uma maneira que demonstrasse que haviam entendido?" e "Eles consideraram os objetivos de aprendizagem e os critérios de sucesso adequadamente desafiadores?" Tão importante quanto, que mudanças foram feitas nos objetivos de aprendizagem e nos critérios de sucesso a partir das experiências com a turma? Nem toda a aprendizagem pode ser prevista e deve haver uma oportunidade para que professores e alunos possam sugerir outros objetivos de aprendizagem e critérios de sucesso – desde que estejam associados ao objetivo das aulas. Como Hastie (2011) demonstrou (ver Cap. 4), pode valer a pena pedir que os alunos mantenham um diário de trabalho que detalhe o que eles acham que estão aprendendo, indicadores do seu progresso, quão confiantes estão de que irão alcançar os objetivos de aprendizagem no tempo disponível e suas percepções sobre o seu nível de sucesso. Também pode ser perguntado aos alunos se consideram os objetivos de aprendizagem envolvidos como desafios adequados e alcançáveis – isto é, alcançar os critérios de sucesso dos objetivos de aprendizagem os leva a progredir além do que já conheciam? Isso só é percebido pelos alunos ao final da aula.

Outro método é pedir aos colegas que critiquem seus objetivos de aprendizagem e critérios de sucesso – de preferência antes que você os coloque em prática, embora também valha a pena revisá-los no final das aulas. Isso pode ser feito associado a exemplos dos trabalhos dos alunos a fim de avaliar o nível de alcance dos critérios de sucesso e para ajudar a encaminhar a pergunta: "O que fazer em seguida?". Ou você poderia fornecer exemplos do planejamento da aula incluindo os objetivos de aprendizagem e pedir aos colegas que comentassem o que eles viam como critérios de sucesso (e talvez também sobre a qualidade dos objetivos de aprendizagem a partir dos exemplos do trabalho dos alunos): eles estão de acordo com os seus critérios de sucesso?

Seus colegas precisam conhecer os objetivos de aprendizagem e os critérios de sucesso para realizar essa tarefa? Às vezes, "sim"; às vezes, "não". Michael Scriven (1991) há muito tempo fala sobre "avaliação sem objetivos". Ao não conhecer os objetivos de aprendizagem e os critérios de sucesso do professor, um colega pode avaliar as reações e as reivindicações em relação a eles (por meio de entrevistas), pode perguntar o que de fato foi aprendido em vez de o que foi pretendido ensinar (por meio de exemplos de trabalhos dos alunos) e não terem a visão estreita que pode surgir na busca por evidências dos objetivos pretendidos e assim não perceber muitos efeitos colaterais, positivos ou negativos, não planejados. Scriven observou que o mérito depende da associação dos efeitos do programa às necessidades relevantes da população afetada – nesse caso os alunos. Os professores podem, então, observar o que os alunos vivenciaram e refletir o quanto essas experiências se aproximaram de seus próprios objetivos e noções de sucesso.

A EXPERIÊNCIA DA AULA A PARTIR DE UMA PERSPECTIVA FORMATIVA E SOMATIVA

> **Aprendizagem visível –** *checklist* **para o final da aula**
> 42. Os professores criam oportunidades tanto para interpretações somativas quanto formativas da aprendizagem dos alunos e utilizam essas interpretações para embasar as decisões futuras do seu ensino.

Um grande erro é considerar que as noções de "formativo" e "somativo" tenham algo a ver com testes. De fato, não existem testes formativos ou somativos. "Formativo" e "somativo" se referem ao *momento em que* um teste é aplicado e, mais importante, à natureza das interpretações realizadas a partir dos testes. Se as interpretações do teste forem utilizadas para modificar o ensino enquanto ele está em andamento, ele é formativo. Se as interpretações do teste forem utilizadas para resumir a aprendizagem ao final do ensino, ele é somativo – como ilustrado pela máxima de Bob Stake: "Quando o cozinheiro prova a sopa, é formativo; quando os convidados provam a sopa, é somativo".

Da mesma maneira que o objetivo do cozinheiro é fazer a melhor sopa possível para os convidados, é imperativo que os professores realizem uma avaliação somativa de qualidade nas suas turmas, porque essa pode ser uma das evidências mais poderosas de que provavelmente esteja ocorrendo uma excelente avaliação formativa. Se em uma escola ocorrer uma avaliação formativa ruim, então é pouco provável que os professores terão a capacidade, o propósito ou os meios para lidarem com interpretações formativas. Servir uma sopa ruim aos convidados é provavelmente o melhor indicador de que o cozinheiro não se preocupou em prová-la durante o preparo. Do mesmo modo, uma preocupação excessiva em provar a sopa pode levar à desatenção em relação aos objetivos – resultando no fato, por exemplo, de a sopa estar fria quando os convidados chegarem.

Estão surgindo muitos sistemas que ajudam os professores em suas avaliações, embora a maioria deles tenda a ser somativa. Mesmo os assim chamados testes "preditivos" tendem a ser mais sobre o que os alunos deveriam saber ao final das aulas e, desse modo, serem menos eficientes em fornecerem informações que podem levar a mudanças durante o ensino. Os testes que são mais potentes para interpretações formativas tendem a ser aqueles criados para medir o que deve ser ensinado em uma série de aulas (não em um período inteiro ou ano), produzidos a partir de um grande conjunto de itens que servem de referência para os objetivos de aprendizagem dos currículos e que têm como meta que *cada* aluno acerte 50% e erre 50% – porque, dessa maneira, os alunos e o professor podem saber o que foi alcançado e o que ainda precisa ser atingido. Isso pode significar uma avaliação adaptável (com o computador escolhendo o conjunto ideal de itens a serem aplicados a cada aluno), mas a ênfase precisa ser na qualidade das interpretações realizadas a partir das avaliações para que essa prática tenha um efeito sobre o que o professor e o aluno devem fazer em seguida.

Nosso próprio sistema, por exemplo, foi desenvolvido menos como um repositório de "testes" e mais como uma ferramenta de relatório – o que nos fez concentrar no fornecimento de interpretações adequadas e confiáveis aos professores sobre quem eles ensinaram bem, o que eles ensinaram bem, seus pontos fortes e fracos, seus efeitos e progressos e o que eles poderiam fazer em seguida para melhorar os níveis de desempenho e progresso (HATTIE, 2009).

Embora esse tipo de ferramenta de relatório não seja barato, as escolas precisam tomar uma decisão sobre a melhor ferramenta de relatório a ser utilizada ou se a escola desenvolverá seu próprio relatório sobre quão bem-sucedido está sendo o ensino dos professores a todos os alunos, tanto em termos do progresso dos alunos quanto nos seus níveis de desempenho – com a condição de que o sistema precisa estar disponível durante o processo de ensino e não apenas ao final do processo.

A ideia aqui sugerida é a de um relatório para professores (e alunos) monitorarem seu efeito, progresso e sucesso de cada aluno – por exemplo, utilizando equipes de dados para compartilharem as interpretações em toda a escola para assegurar o efeito máximo. Ao contrário de muitos relatórios públicos, a essência dos relatórios sugeridos está voltada para subsidiar os julgamentos gerais dos professores de uma maneira colaborativa: se não pudermos subsidiar e melhorar esses julgamentos, estaremos negligenciando os componentes que apresentam um efeito importante nos alunos – as expectativas e as noções de desafio e progresso do professor.

CONCLUSÕES

A aula não termina quando toca o sinal! Ela termina quando os professores interpretam as evidências do seu impacto nos alunos durante as aulas em relação aos seus objetivos de aprendizagem pretendidos e critérios iniciais de sucesso – isto é, quando os professores reveem a aprendizagem através dos olhos dos seus alunos. Qual foi o impacto, com quem, sobre o que e com que eficiência? Responder a essas perguntas exige a ajuda de outros observando e assim fornecendo "olhos" extras e várias formas de avaliação formal e informal que forneçam "olhos" extras. A aula "convidou" os alunos a participar, se envolver e progredir? Houve pontos de partida suficientes, diante das várias fases de desempenho e aprendizagem prévios dos alunos? Houve alguma consequência imprevista do seu ensino? Quantos alunos alcançaram os critérios de sucesso – e para aqueles que não conseguiram, o que é necessário agora para ajudá-los a alcançar esses critérios? Por trás dessas perguntas está o fato de os alunos terem se tornado parceiros ativos na avaliação do seu progresso. Como avaliadores do impacto do ensino na sua aprendizagem, os alunos são pelo menos tão eficientes quanto os professores – e em geral muito melhores que a maioria dos administradores e pais.

Uma questão-chave ao rever o efeito do professor e da aula não é apenas a eficácia, mas também a eficiência. Poderiam existir métodos mais eficientes para se ter um efeito sobre a aprendizagem e desempenho de todos os alunos? A "eficiência", nesse contexto, não significa necessariamente "velocidade", mas, em vez disso, maior eficiência cognitiva. Tal eficiência provém de várias fontes – especialmente da utilização de diversas estratégias de aprendizagem. Tal versatilidade na utilização de estratégias de aprendizagem pode levar a um menor tempo gasto, maior esforço investido, taxas de erro reduzidas e oportunidades para o desenvolvimento adicional de uma multiplicidade de estratégias.

EXERCÍCIOS

1. Utilize o Invitational Teaching Survey (Pesquisa de Atração para o Ensino)[1] para aprender a atrair a atenção dos seus alunos.
2. Verifique em cada departamento ou entre diferentes níveis escolares o grau de coplanejamento e crítica. Os professores sabem o que os outros professores estão ensinando, reconhecem a dificuldade do que está sendo ensinado e apreciam o conceito de "desafio"? Eles compartilham a definição da qualidade e natureza dos critérios de sucesso e os objetivos de aprendizagem e regularmente revisam juntos seu efeito sobre os alunos?
3. Convide grupos de professores para compartilhar suas formas de avaliar as tarefas – o objetivo é ajudar os professores a ver como seus conceitos de desafio e padrões são considerados pelos demais. Em alguns casos, compartilhe as intenções de aprendizagem e os critérios de sucesso e peça que comentem sobre como os exemplos de trabalho dos alunos ilustram esses aspectos. Em outros casos, não compartilhe as intenções e os critérios, mas peça aos colegas que comentem sobre o que eles consideram como objetivos de aprendizagem e critérios de sucesso para se basearem nas evidências dos trabalhos dos alunos.
4. Elabore um banco de planos de aula a ser compartilhado entre os professores, identificando os objetivos de aprendizagem e os critérios de sucesso, incluindo comentários de avaliação vindos de muitas fontes em relação ao impacto das aulas nos alunos para consideração em aulas futuras, fazendo sugestões de modificação à luz dessas avaliações.
5. Visite novamente a turma e pergunte aos alunos, após essas aulas, o que agora eles consideram como as intenções de aprendizagem e os critérios de sucesso. O que eles entenderam e não entenderam nessas aulas? O que fizeram quando não entenderam? Procuraram ajuda (ou não)? Quais foram as reações dos seus colegas à aprendizagem? Eles acreditavam que eram ouvidos pelo professor? Qual era a natureza das conversas entre os alunos durante as aulas? Quais perguntas eles fizeram e o que gostariam de perguntar agora? Havia múltiplas oportunidades de aprender, reaprender e reaprender de novo? O que eles agora entendem por sucesso nessas aulas? Finalmente, quão perto dos critérios de sucesso os alunos acham que se encontram?

---

[1] Para mais informações, acesse: http://www.invitationaleducation.net/pdfs/InvitingSchoolSurvey.pdf

6. Visite novamente a sala dos professores e pergunte se eles sabem o que os outros professores estão ensinando no momento, quais são os conceitos de desafio dos outros professores em relação a esse ensino e se existem altos níveis de confiança (p. ex., respeito pelo papel de cada um na aprendizagem, respeito pela expertise, consideração pessoal pelos outros e altos níveis de integridade) ao tomar decisões sobre políticas e ensino. Pergunte sobre o nível com que essa escola desenvolve avaliações colaborativas do efeito dos seus professores.
7. Visite novamente a liderança da escola e pergunte sobre a compreensão comum dos programas de autoavaliação da escola, a qualidade desse programa de autoavaliação e, principalmente, sobre o nível que as interpretações desse processo de avaliação está tendo sobre o modo como todos na escola estão aumentando seu impacto nos alunos.
8. Aplique a Escala Irving de avaliação do ensino realizada pelo professor a ser preenchida pelo aluno à sua turma (ver Apêndice F). Compartilhe os seus resultados com colegas professores e desenvolva estratégias para aumentar as percepções dos alunos sobre o seu compromisso com a aprendizagem dos alunos, sua eficácia de ensino, o nível de envolvimento dos alunos com o currículo e como você relaciona a aprendizagem ao mundo real.

Parte III

Atitudes

9
Concepções dos professores, dos líderes escolares e dos sistemas

O principal tema deste livro, e de *Visible Learning*, é de que a qualidade do ensino faz toda a diferença. Sim, seria bom ter alunos bem preparados, ávidos, aplicados, com pais financeiramente capacitados, porém, nossas escolas vizinhas devem receber todos os alunos que passam por seus portões. Podemos argumentar que eles precisam estar "prontos" e motivados e vir para a escola bem alimentados, com um bom suporte familiar para seus temas de casa, atentos e tranquilos. Isso seria maravilhoso, mas o principal papel da escola é ajudar os alunos a adquirir esses hábitos: não devemos discriminar aqueles cujos pais não sabem como ajudá-los a fazer isso. Poderíamos argumentar sobre a qualidade da seleção de professores, preparação, promoção, e assim por diante - mas as chances de fazer diferença nesses assuntos têm impedido muitos, por muito tempo, com poucas evidências de mudança. Essas questões são importantes, mas a história tem mostrado que sua resolução não tem feito muita diferença na aprendizagem dos alunos no nível necessário. Por exemplo, não há muitas evidências de que a melhoria das escolas de formação de professores tenha aumentado a qualidade geral do ensino (mas, é claro, isso não quer dizer que devamos parar de buscar melhores maneiras de educar os professores para conseguir esses impactos). Temos realizado testes para avaliar o conhecimento superficial e utilizado esses dados para nomear, envergonhar e culpar – e os professores aprenderam a jogar esse jogo, mas jogar o jogo cada vez com mais inteligência não fará a diferença. Gastamos bilhões na construção da reestruturação do currículo para que ele estivesse de acordo com os testes e vice-versa e nos envolvemos em maravilhosos debates, nas periferias, sobre o que realmente faz a diferença. Amamos falar sobre coisas sem importância. Talvez a maior resistência à mudança do sistema atual seja a de que pedimos a milhões de professores para melhorar esse sistema – e eles aplicaram seus pensamentos criativos e melhoraram, mas mantiveram o modelo atual muito além do prazo de validade.

Sabemos que a principal fonte de variação controlável em nosso sistema está relacionada ao professor e mesmo o melhor professor apresenta variações no efeito que provoca em seus alunos. A mensagem, neste livro, é de que os professores, as escolas e os sistemas devem estar consistentemente conscientes e devem ter evidências seguras de todos esses efeitos em seus alunos – e, a partir dessas evidências, tomar decisões sobre como ensinar e o que ensinar. A mensagem é de que as evidências sobre a aprendizagem dos alunos – particularmente, o progresso – mostram que as intenções de aprendizagem e os critérios de sucesso são valiosos, desafiadores e se tornam significativos e compreensíveis para os alunos. Isso pode ser feito – como ocorre em tantas salas de aula do mundo todo, todos os dias. Nosso papel é tornar essa aprendizagem mais transparente, de modo que ela possa ser decisiva na orientação das decisões.

Este capítulo se inicia no topo do sistema e questiona quais são algumas das implicações para o nível do sistema; ele, então, indaga quais são algumas das implicações para os líderes escolares e prossegue delimitando um modelo de alteração que pode levar ao impacto ideal na aprendizagem dos alunos. Finalmente, ele desenvolve as concepções-chave subjacentes e importantes, sugeridas para todos. São essas concepções que precisam impregnar o nosso pensamento sobre ensino e aprendizagem, porque são as maneiras de ver nosso mundo que, em seguida, levam às decisões ideais para os contextos particulares em que trabalhamos.

UM MODELO PARA SISTEMAS

Um dos livros mais importantes que me influenciaram foi *How to change 5,000 schools,** de Ben Levin (2008). Levin não é apenas um acadêmico bem-sucedido, mas também foi o secretário de educação em duas províncias canadenses. Ele parte da premissa de que a base da melhora da escola depende do aperfeiçoamento das práticas diárias de ensino e aprendizagem, equilibradas pela noção de que a escola é a unidade adequada de avaliação – isto é, que todos na escola precisam colaborar para assegurar que as práticas de ensino e aprendizagem diárias sejam o seu foco e que todos sejam responsáveis por seu sucesso. Isso está diretamente ligado ao argumento deste livro, de que professores e líderes escolares são fundamentalmente avaliadores. Isso está conectado à defesa de que a cultura da escola é a essência do sucesso contínuo. Elmore (2004) também reitera esse argumento – de que os líderes escolares são responsáveis pelas mudanças culturais nas escolas. Elas não mudam por decreto, mas pelo deslocamento específico das normas, das estruturas e dos processos existentes realizados por outros, isto é, "[...] o processo de mudança cultural depende, fundamentalmente, da modelagem de novos valores e comportamentos que, se espera, sejam capazes de deslocar os existentes [...]" (ELMORE, 2004, p. 11). É sobre a forma como pensamos leva às mudanças que queremos. Trata-se de nossas concepções em relação a não apenas ter importantes impactos sobre os alunos em nossas escolas, mas, também, conhecer a magnitude e a natureza desses impactos.

As melhoras se relacionam à construção, em uma escola, de uma capacidade docente coletiva em alcançar sucesso – não apenas em termos de desempenho, mas, também, tornando a aprendizagem um resultado valorizado, mantendo o interesse dos alunos em aprender e o seu respeito por si próprios e pelos outros, reconhecendo e estimando a diversidade e construindo uma comunidade. Os alunos nunca "pertencem" a um professor, mas a uma escola. Coletivamente, as escolas precisam concordar a respeito dos conhecimentos, das habilidades e das disposições-chave a serem aprendidos; a respeito de como todos conhecerão os impactos e os efeitos do seu ensino e da escola sobre os alunos (de uma maneira regular e segura); ter uma pessoa específica responsável pelo "sucesso dos alunos na escola"; ter planos para identificar quando não estão aprendendo ou quando estão tendo sucesso na aprendizagem; assegurar que todos apresentem múltiplas oportunidades de aprender e demonstrar a aprendizagem e, mais importante, compartilhar erros, sucessos e, constantemente, a paixão pelo ensino. Christa McAuliffe, a astronauta, resumiu perfeitamente essa paixão pelo ensino: "eu alcancei o futuro: eu ensino".

Levin (2008) pede por uma "melhora duradoura e contínua dos resultados dos alunos" – abrangendo amplas áreas importantes, mas também, em grande parte, reduzindo os espectros

---

* N. de R.T.: "Como mudar 5.000 escolas" (em tradução livre). Não publicado no Brasil.

dos resultados entre diferentes populações, de modo que todos, na sociedade, possam se beneficiar da educação pública. Ele esclarece sobre o que *não* funciona. *Não* funciona presumir que:

- uma única mudança pode levar a uma melhora, em um curto espaço de tempo;
- alguns bons líderes podem forçar a escola a melhorar por si mesma;
- uma aplicação simples de incentivos poderá ser uma estratégia bem-sucedida;
- o local de início é a governança e a política;
- um novo currículo e novos padrões podem, por si próprios, fomentar a melhoria; e
- um sistema de prestação de contas, com grandes quantidades de dados, irá levar à melhoria.

Em vez disso, ele argumenta a favor do equilíbrio entre a concentração em poucos resultados-chave, associados a um melhor ensino e aprendizagem (minimizando as distrações), colocando os esforços na capacidade de construção para melhorias, construindo a motivação por meio de uma abordagem positiva e aumentando o apoio a um programa de melhorias efetivo, profundo e sustentado – concentrado na vontade (motivação) e na habilidade. Ele defende nove práticas essenciais para resultados melhores:

- grandes expectativas para todos os alunos;
- fortes ligações pessoais entre alunos e adultos;
- maior engajamento e motivação dos alunos;
- um currículo formal e informal rico e envolvente;
- práticas de ensino eficazes em todas as salas de aula, com uma base diária;
- uso eficaz de dados e de *feedback* dos alunos e dos professores, para melhora da aprendizagem;
- apoio precoce com mínima interrupção, para alunos com necessidades;
- fortes relações positivas com os pais; e
- envolvimento efetivo com a comunidade ao redor.

Na escola, precisamos colaborar para construir uma equipe, trabalhando em conjunto para solucionar os problemas de aprendizagem, para, coletivamente, dividir e criticar a natureza e a qualidade das evidências que mostrem nosso impacto sobre a aprendizagem dos alunos e para cooperar no planejamento e na crítica das aulas, das intenções de aprendizagem e dos critérios de sucesso, de modo regular. Sim, leva tempo para o trabalho em conjunto, mas, talvez, menos debates sobre outras preocupações estruturais (menor tamanho das classes, diferentes métodos de acompanhamento, sessões de desenvolvimento profissional não relacionadas a esses debates) poderiam criar um caminho para o investimento de maior planejamento de aula e tempo de revisão – juntos.

Fullan (2011) também escreveu sobre a escolha das orientações corretas para a reforma integral de sistemas. Uma de suas principais mensagens é de que as orientações corretas são aquelas que trabalham diretamente na mudança da cultura, de modo que os alunos alcancem resultados mensuráveis melhores.

> A liga que une as orientações efetivas é a atitude subjacente, a filosofia e a teoria da ação. A mentalidade que funciona para reforma de todo o sistema é aquela que inevitavelmente produz motivações individuais e coletivas e habilidades correspondentes, para transformar o sistema (FULLAN, 2011, p. 5).

Ele identificou quatro orientações "erradas": responsabilidade (utilizando os resultados dos testes para avaliar, punir ou recompensar); promoção individual de professores e de soluções de liderança; presumir que a tecnologia será o componente principal; e estratégias fragmentadas. Suas quatro orientações "corretas" são: criar uma centralidade potente do nexo aprendizagem-instrução-avaliação, utilizar o grupo para alcançar a cultura de aprendizagem-instrução; concentrar esforços para empoderar inovações de ensino com tecnologia (não o contrário); e construir uma sinergia sistêmica entre essas três primeiras orientações. Essas quatro orientações se encontram entre as mensagens centrais reiteradas neste livro, mas, a elas, podemos adicionar uma quinta: o sistema precisa oferecer recursos para ajudar as escolas a conhecerem o seu impacto. Aquelas escolas que apresentam impacto suficiente podem, então, receber um grau de autonomia.

Um dos papéis do sistema é fornecer diretrizes sobre esses assuntos, mas também proporcionar recursos que permitam às escolas conhecer, de modo eficiente, o seu impacto. O que não é sugerido é a realização de mais testes: as escolas estão inundadas com testes e dados que, qualquer que seja a linguagem em que estejam organizados, levam apenas a interpretações mais somativas. Em vez disso, o que é necessário são mais interpretações formativas. O instrumento de avaliação asTTle, que desenvolvemos para as escolas, na Nova Zelândia, se baseou em princípios de "desenho invertido" – isto é, começamos com as várias interpretações que professores e escolas devem fazer sobre seu impacto. Desenvolvemos, então, relatos interpretativos, que foram submetidos a dois testes: os professores fizeram as interpretações precisas que esperávamos que realizassem, a partir dos relatos? Quais foram as consequências, a partir da interpretação dos relatos? Quando começamos, foram necessários mais de 80 grupos focais para satisfazer esses dois testes, mas nos tornamos mais eficientes, ao longo do tempo (ver HATTIE, 2010a). Após produzir sete relatórios, começamos, então, a preenchê-los com itens, mas, em todas as vezes, demos aos professores muito controle sobre a escolha dos testes – porque um dos objetivos-chave do nosso dispositivo de produção de relatórios foi o de assegurar que a avaliação estivesse relacionada tanto à pretensão de ensino do professor quanto às intenções do currículo para esse ensino. Após a exposição inicial, os professores demoraram alguns minutos para estabelecer os parâmetros (p. ex., a extensão do teste, os objetivos curriculares, a dificuldade do teste, o método - em papel, na tela, adaptado ao computador - além de muitas outras escolhas). A ferramenta de programação linear consome cerca de 7 a 10 segundos para construir o teste ideal a partir de mais de 12 mil itens calibrados. Mais importante, após o término, os professores obtêm *feedback* instantâneo sobre a quem ensinaram bem ou não, a respeito do quê, sobre seus pontos fortes e fracos e assim por diante. O sistema é voluntário, mas a participação é elevada em escolas do ensino fundamental. Apenas no ano passado, mais de um milhão de testes foram realizados (existem, aproximadamente, 750 mil estudantes na Nova Zelândia), e a mensagem é a de que os professores recebem bem o *feedback* sobre os seus impactos – desde que ele se relacione ao que eles estejam ensinando agora e desde que seja oferecida muita ajuda na interpretação dos resultados. A ferramenta de produção de relatórios raras vezes apresenta um número (porque números são, frequentemente, o ponto final para a interpretação e as consequências), sendo rica em detalhes, enquanto destaca as principais ideias, tendo sido utilizada em muitas escolas para ajudar a orientar os debates de professores sobre seu impacto nos alunos. A utilização mais agradável é feita pelos alunos, muitos com 7 a 9 anos de idade, que podem interpretar os resultados a partir de sua própria aprendizagem e aprender a criar discussões com os colegas e professores sobre "o que fazer em seguida?".

A mensagem não é introduzir mais testes para responsabilidade ou interpretações "preditivas", mas, sim, introduzir mais recursos para auxiliar na interpretação de informações formativas, que permitam aos líderes escolares, professores e alunos (e pais) verem "a aprendizagem em progresso" e se concentrarem mais no "o que fazer em seguida?", à luz das informações dependentes sobre o momento em que agora nos encontramos.

A Nova Zelândia avançou um degrau a mais no fato de os contratos que oferecem desenvolvimento profissional às escolas precisarem revelar avanços efetivos reconhecidos. Isso resultou em um alinhamento mais estreito do desenvolvimento profissional, mais treinamento e menos ordens, uma responsabilidade compartilhada para esse desenvolvimento, tendo um impacto sobre os alunos (e não apenas nos professores) e uma urgência renovada de criar mais debates sobre a aprendizagem. Uma boa parte do meu próprio trabalho é gasta ajudando sistemas e escolas a desenvolverem "painéis de gestão" que revelem as características do sucesso e onde se encontra a escola no caminho para esse sucesso. A ênfase no cotidiano é maior no progresso e menor nos níveis de proficiência, mas as metas de proficiência são claramente apresentadas nos painéis de gestão. Como sempre, o componente-chave é fornecer evidências de qualidade para criar os debates corretos; os sistemas não resolvem os debates. O julgamento profissional é importante e é fundamental concentrar mais a responsabilidade nos julgamentos gerais dos professores sobre o progresso. Aqui, as duas questões fundamentais são: qual é a qualidade das evidências que informa o julgamento dos professores e qual é a qualidade das consequências para o ensino e aprendizagem, a partir dessas evidências? Observe que a atenção não se concentra nos dados nem nos relatórios dos dados, mas nos julgamentos profissionais e nas consequências da pessoa-chave no debate sobre a aprendizagem dos alunos, sobre a qual temos alguma influência: o professor. O comentário preocupante é de que algumas escolas não gostam desses debates sobre o seu impacto – porque é mais fácil não saber.

Como foi observado, a recompensa é de que os professores conheçam, de uma maneira pública e confiável, a qualidade do seu impacto (ver AMABILE; KRAMER, 2011), e o sistema da Nova Zelândia recompensa as escolas que estão se envolvendo nesses debates com "autonomia conquistada ou apoiada". Existe um sistema de quase inspeção (*Educational Review Office*,* ou ERO), que visita as escolas e, então, oferece um relatório público sobre a qualidade da escola em muitos aspectos. Se a inspeção revela importantes evidências de que as escolas apresentam sistemas confiáveis sobre seu impacto e apresentam um impacto positivo, então, a escola recebe um grau de autonomia – isto é, inspeção a cada 4 ou 5 anos. Caso contrário, a inspeção é mais frequente (em um dos casos, a cada quatro meses, e o ERO fornece orientação para que essas escolas melhorem o reconhecimento do seu impacto). Esse é o foco do que foi mencionado em capítulos anteriores: uma ênfase em conhecimento confiável do impacto na aprendizagem dos alunos, ao avaliar e estimar a qualidade dos julgamentos profissionais dos professores.

UM MODELO PARA LÍDERES ESCOLARES

Uma importante razão pela qual os professores permanecem em uma escola, ou no ensino, está associada ao apoio dos líderes escolares, de modo que os professores possam ter um impacto positivo. Pensem nas razões pelas quais um professor permaneceria no ensino: autonomia docente, liderança, relações com os funcionários, natureza dos alunos, instalações e segurança. O fator que explica a decisão de permanecer, ou não, – em grande parte – está relacionado à natureza da liderança (BOYD et al., 2011; LADD, 2011). Trata-se da motivação de professores e alunos pelos líderes, da identificação e da articulação de elevadas expectativas para todos, da

---

* N. de R.T.: Departamento de Revisão Educacional.

consulta dos professores antes de tomarem decisões importantes que os afetam, da promoção da comunicação, da alocação de recursos, do desenvolvimento de estruturas organizacionais para apoiar o ensino e a aprendizagem e de coletar e revisar regularmente, reunindo os dados dos professores sobre a aprendizagem dos alunos. A aprendizagem da liderança é o incentivo mais poderoso para permanecer no ensino.

Permitir que os professores se envolvam na avaliação do seu impacto e, então, utilizar essas evidências para melhorar o seu ensino exigem líderes que considerem que essa maneira de pensar e agir é valiosa. A motivação central para a criação de escolas que levem a um maior impacto é a crença dos líderes a respeito do seu papel. Existem várias maneiras pelas quais podemos avaliar como pensam e trabalham os líderes escolares. Duas maneiras muito comuns são os líderes "transformacionais" e "instrucionais".

- Líderes *transformacionais* estão sintonizados em inspirar os professores a novos níveis de energia e compromisso, na direção de uma missão comum, que desenvolvem a capacidade da escola de trabalhar junto para superar os desafios e alcançar metas ambiciosas e, em seguida, asseguram que os professores tenham tempo de conduzir seu ensino.
- Líderes *instrucionais* se concentram na qualidade e no impacto de todos na escola sobre a aprendizagem dos alunos, se certificam de que a interrupção da aprendizagem seja minimizada, apresentam elevadas expectativas de professores para seus alunos, visitam as salas de aula e estão preocupados com as evidências interpretativas sobre a qualidade e a natureza da aprendizagem na escola.

Robinson, Lloyd e Rowe (2008) realizaram uma metanálise comparando essas duas formas de liderança. Baseada em 22 estudos e 2.883 diretores, o impacto da liderança transformacional no desempenho dos alunos foi de 0,11, enquanto que o impacto da liderança instrucional foi de 0,42. Os efeitos foram maiores na promoção e na participação da aprendizagem e do desenvolvimento dos professores (0,84), no estabelecimento de metas e expectativas (0,42), no planejamento, na coordenação e na avaliação do ensino e do currículo (0,42), no alinhamento da seleção e da alocação de recursos para objetivos de ensinos prioritários (0,31) e, em seguida, na garantia da existência de um ambiente ordenado e solidário (0,27). Os autores concluíram que a razão para esses efeitos maiores se encontra no fato de os líderes transformacionais se concentrarem mais no relacionamento entre líderes e professores e no fato de a qualidade desses relacionamentos não serem preditivos da qualidade dos resultados dos alunos. Em contraste, os líderes instrucionais se concentram mais na qualidade e no impacto do ensino na escola e na construção de uma confiança adequada e em um clima seguro em que os professores podem buscar e discutir as evidências de impacto.

Essas descobertas estão de acordo com o argumento fundamental deste livro de que os líderes nas escolas (professores, diretores, comitês) precisam estar fundamentalmente envolvidos na avaliação do impacto de todos na escola. Em escolas que regularmente apresentam evidências de níveis elevados de impacto sobre os alunos, a liderança pode ser mais indireta no apoio aos professores, em seu trabalho em direção a níveis mais altos de impacto. Por outro lado, escolas com níveis menores de impacto precisam mais de líderes diretos criando um ambiente ordenado e seguro, trabalhando diretamente com os professores na escola, para estabelecer objetivos e expectativas adequados e para fornecer explicitamente recursos que ajudem os professores a conhecer o seu impacto e a discutir as consequências, para mudanças que aumentem esse impacto (BENDIKSON; ROBINSON; HATTIE, 2011; ROBINSON, 2011).

O argumento é de que esses líderes instrucionais podem verdadeiramente fazer a diferença e que são a crença e a construção do seu papel que servem para fazer essa diferença e inspirar a todos na escola. Entretanto, a distinção importante é passar da noção de "líderes instrucionais" (que colocam ênfase demais na instrução) para "líderes de aprendizagem" (que colocam ênfase na aprendizagem de estudantes e adultos). O foco não é em "isso foi ensinado?" e "como isso foi ensinado?", mas em "os alunos adquiriram conhecimento e habilidades essenciais?", "como sabemos?" e "como podemos utilizar essa evidência de aprendizagem dos alunos para melhorar o ensino?".

Um papel fundamental dos líderes de aprendizagem é o de construir a aprendizagem de adultos nas escolas. Sabemos que existem características da aprendizagem ou do desenvolvimento profissional de professores que apresentam um impacto no desempenho dos alunos. Tais características incluem o treinamento por um período de tempo mais longo, a utilização de equipes de dados, uma ênfase no modo como os alunos aprendem o conteúdo das disciplinas e professores que trabalham colaborativamente para planejar e monitorar aulas baseadas em evidências a respeito do modo como os alunos aprendem à luz desse planejamento (ver BAUSMITH; BARRY, 2011). Timperley et al. (2007) concluíram uma síntese sobre sistemas de desenvolvimento profissional eficazes, promovendo um processo em cinco etapas (ver também TIMPERLEY, 2012).

1. Quais conhecimentos e habilidades nossos alunos precisam?
2. Quais conhecimentos e habilidades nós, como professores, precisamos?
3. Como podemos aprofundar nosso conhecimento profissional e refinar nossas habilidades?
4. Como podemos envolver os alunos em novas experiências de aprendizagem?
5. Qual foi o impacto da mudança das nossas ações?

Os argumentos, neste livro, estão de acordo com esse processo – exceto pelo fato de trabalharmos ao contrário. *Começamos* com discussões e evidências sobre o impacto de nossas ações e então passamos para as outras dimensões.

O tópico das conversas na sala dos professores precisa passar de discussões sobre "presentismo", privacidade e preferências pessoais, que tão frequentemente são a norma, para uma compreensão coletiva do efeito dos adultos sobre os estudantes. Essa noção de "presentismo", cunhada por Jackson (1968), se relaciona à ênfase relativa nas necessidades, nos problemas e nas satisfações atuais e imediatas da sala de aula, em vez de nos impactos e nos planos a longo prazo. Jackson observou, assim como Lortie (1975), o modo com que os professores se baseavam em suas próprias observações independentes dos seus alunos para avaliar o seu desempenho e que havia pouco compartilhamento de técnicas e entendimentos comuns (ver HARGREAVES, 2010). Daí a importância dos líderes escolares criarem uma atmosfera de confiança e companheirismo, para permitir que os debates se voltem para as evidências dos resultados na aprendizagem dos alunos – de uma maneira regular. Isso exige "líderes de aprendizagem" fortes, que permitam, encorajem e mantenham as discussões sobre o impacto.

Fui testemunha do início da jornada de uma grande escola de ensino médio, durante a qual o diretor levou 2 a 3 anos para convencer os professores de que o foco deveria ser na aprendizagem dos alunos e na sua melhora na escola. Se houvesse uma suspeita de responsabilidade, a disposição se tornaria contraproducente. Ele forneceu uma ferramenta de produção de relatórios para escolas, para ajudar os professores a acompanhar seus efeitos sobre os alunos individuais; forneceu recursos para ajudar os professores a construírem gráficos das trajetórias individuais de todos os alunos, dos cinco anos anteriores até o final do ano atual; no início do ano, criou objetivos para o final do ano com base nas trajetórias de cada um dos alunos e criou um espaço para que os professores se encontrassem para preparar avaliações comuns e, então, monitorar seus efeitos individuais sobre os alunos. Isso levou a conversas enriquecedoras, que envolveram esses professores, sendo a escola, agora, reconhecida pela qualidade das evidências a respeito de seu sucesso na elevação do desempenho.

Ao longo dos últimos oito anos, trabalhei em estreito contato com uma escola nos anos iniciais do ensino fundamental, próxima da minha casa. O impacto desses professores é impressionante e, a cada ano, observo seus tamanhos de efeito de 1 e 2 para todos os alunos, bem maiores que o $d = > 0,40$ que eu indico neste livro. Conheço a dedicação, o compromisso com cada aluno e o trabalho duro de todos os envolvidos nessa escola. Mais criticamente, o grupo mais comprometido em alcançar esses resultados é o dos alunos. A maioria deles sabe mais sobre avaliação do que os estudantes universitários. Eles sabem como interpretar avaliações, conhecem o erro padrão, sabem como estabelecer testes para si mesmos e estão constantemente buscando respostas para "o que fazer em seguida?". O impacto da escola é tão conhecido que nosso Primeiro Ministro frequentemente a visita, chegando mesmo a trazer convidados internacionais e outros líderes para a escola. Trata-se de uma das escolas mais impressionantes que já visitei. Em minhas visitas, os alunos me fazem perguntas, pedem por melhoras nos recursos que fornecemos e apresentam muita satisfação com seu próprio sucesso.

Desenvolver um modelo de mudança que seja defensável é uma tarefa importante se quisermos que as mensagens deste livro sejam alcançadas. É importante observar que não existe nada novo neste livro ou em *Visible Learning* (HATTIE, 2009). As mensagens e as evidências se baseiam em um estudo prévio da literatura e no que funcionou de maneira bem-sucedida em várias salas de aula. Como observamos na Introdução, esse não é um novo programa, nenhum acrônimo novo, nenhum "caramba, vamos fazer isso por um tempo!". Em vez disso, trata-se do reconhecimento da importância crítica da compreensão sobre como os professores excelentes pensam! Trata-se de mudança, levando todos os professores nas escolas a pensar de maneiras potentes sobre seu papel, seu impacto e seu companheirismo em ajudar a todos a terem expectativas elevadas de sucesso. Trata-se de ter múltiplas fontes de evidências sobre o impacto em todos os alunos e de estimar – e valorizar pública e privadamente – essas evidências de impacto.

A boa notícia é de que os professores são, em geral, orientados por informações sobre o seu impacto. Amabile e Kramer (2011, p. 22) observaram que "[...] de todas as coisas que são capazes de disparar emoções, motivações e percepções, durante um dia de trabalho, a mais importante é fazer progressos em um trabalho significativo [...]". Eles observaram o poder de ações catalizadoras (ações que apoiam diretamente o trabalho – sobretudo de colegas de trabalho) e alimentadoras (eventos – mais uma vez, sobretudo de outras pessoas – que demonstram respeito e palavras de encorajamento). Influências negativas incluem ações inibidoras (ações que não conseguem apoiar ou promover ativamente o trabalho) e intoxicantes (desencorajadoras ou enfraquecedoras). A noção de trabalho significativo para professores, eu defendo, é apresentar impactos positivos na aprendizagem dos alunos. Sim, alguns podem encarar essa tarefa como cobrir o currículo, manter os alunos ocupados até que toque o sinal, fazer o seu melhor... Entretanto, líderes escolares eficientes apoiam os professores no seu progresso diário nesse trabalho significativo e, assim, colocam em movimento um círculo de *feedback* positivo. Amabile e Kramer (2011, p. 80) concluíram que se os líderes

> [...] tornarem o progresso contínuo dos professores evidente para eles e tratá-los bem, eles irão experimentar as emoções, as motivações e as percepções necessárias para um grande desempenho. Seu trabalho superior irá contribuir para o sucesso organizacional. E aqui reside a sua beleza: eles amarão seus empregos.

Fullan (2012, p. 52) ecoa esse argumento: "[...] é a própria experiência de ser mais eficiente que os impulsiona a repetir e se basear no comportamento".

UM MODELO PARA MUDANÇA

Os líderes de aprendizagem devem esclarecer os processos para implantação das concepções destacadas neste livro. Muitas vezes, despendemos muito tempo explicando o que os líderes devem ser, como devem fazer e o que devem valorizar; em vez disso, deveríamos despender mais tempo considerando como, efetivamente, criar escolas nas quais os líderes sejam responsáveis por permitir e incentivar todos a conhecer e a ter impactos positivos sobre a aprendizagem dos alunos. Muitas ideias falham em função dos baixos níveis dos graus de implantação, fidelidade ou dosagem. Barber (2008) desenvolveu um conjunto mais efetivo de métodos para efetuar com sucesso a entrega (*delivery*) dessas missões, infelizmente denominadas de "deliverologia". Embora tenha havido críticas sobre as políticas que foram introduzidas por esse método, o método é a mensagem. O texto a seguir é baseado nos princípios desenvolvidos por Barber, e vale a pena aprofundar a leitura sobre eles (porque, é claro, não há um único modo para alcançar a "deliverologia" – ver BARBER; MOFFIT; KIHN, 2011). A seguir, as quatro etapas, às quais acrescentei a quinta.

a. Desenvolver um fundamento para a entrega

1. *Defina uma aspiração.* Nesse caso, essa aspiração é conhecer e valorizar o impacto que todos na escola devem ter sobre a aprendizagem dos alunos. A recomendação é: "Para assegurar que todos os alunos conquistem, pelo menos, um $d = > 0{,}40$ a cada ano, nessa escola em aprendizagem avaliada". Isso também significa que as escolas precisam abordar algumas questões-chave anteriores: "O que você deseja que seus alunos aprendam?"; "Por que essa aprendizagem é importante?"; "O que você deseja que seus alunos façam ou produzam?"; "Quão bem você deseja que eles o façam?"; "Como você poderá saber o quanto os alunos estão compreendendo?" (GORE; GRIFFITHS; LADWIG, 2004). *Conheça o seu impacto.*
2. *Faça uma revisão do estado atual da entrega.* Tal como acontece com toda a aprendizagem, conhecer o desempenho prévio e o que os alunos trazem para a sala de aula (a partir de sua cultura, sua motivação e suas expectativas) é fundamental para seguir adiante e, particularmente, para determinar alvos defensáveis e razoáveis, para aumentar o desempenho dos alunos. Essa etapa pode implicar em uma avaliação das necessidades e em uma revisão das evidências atuais (qualidade, adequação para a missão, forças e lacunas), mas também no conhecimento sobre se todos na escola compreendem o desafio da entrega e se existe uma cultura de entrega.
3. *Construa a unidade de entrega.* Não se trata de métodos de responsabilidade ou imperativos externos, mas de um compromisso com a ação para alcançar a aspiração. A unidade não é necessariamente formada por professores ou líderes escolares, mas por um pequeno grupo responsável por assegurar a entrega. A questão que surge é a seguinte: quem deve assegurar o sucesso na escola – isto é, quem é o "reitor do sucesso"? É claro que a resposta é "todos", mas a unidade de entrega se concentra mais em assegurar que todos os sistemas estejam caminhando na direção das metas. Barber (2008) recomenda que a unidade seja pequena, resida fora da hierarquia da

escola (porque ela deve influenciar a escola também) e tenha tempo e recursos suficientes para garantir a entrega.
4. *Estabeleça uma coalizão orientadora capaz de remover as barreiras para a mudança, influencie e apoie as unidades de trabalho nos momentos cruciais e ofereça conselhos e pareceres.* Não é necessário ter um grupo formal e os membros podem ser trocados, com todos desejando ajudar a assegurar a probabilidade máxima de sucesso. A coalizão é essencial para o desenvolvimento da confiança que é tão importante na mudança da escola.

b. Compreender o desafio da entrega

1. *Avalie o desempenho passado e presente.* Qual é a evidência mais indicativa do desempenho? O quanto essa evidência é fidedigna e confiável para os professores, líderes escolares, alunos e pais (e quem mais)? Quais são os indicadores-alvo? Quais são os correlatos desses indicadores e os indicadores das consequências indesejadas? A escola partilha de um programa lógico sobre como a aprendizagem ocorre no seu interior?
2. *Compreenda os direcionadores do desempenho e as atividades relevantes do sistema.* Todos, na escola, compreendem os direcionadores de aprendizagem dos alunos? Eles têm algum controle sobre esses orientadores? Existem mentalidades que inibem o impacto que precisamos ter sobre a aprendizagem (p. ex., "me dê alunos brilhantes e eu serei bem-sucedido"; "tudo se resume à pobreza e ao ambiente doméstico"; "se eles não chegam preparados na sala de aula, não é minha culpa"; "sabemos que o grupo X apresenta baixo desempenho e não valoriza a educação") ou os professores na escola veem a si mesmos como agentes de mudança, reconhecendo que todos os alunos podem aprender e ter impactos positivos marcantes sobre todos os colegas e que eles têm como tarefa principal conhecer seu impacto sobre os alunos?

c. Plano de entrega

1. *Determine sua estratégia de reforma.* O principal papel do líder escolar é a estratégia, e o papel do líder da entrega é informar essa estratégia. Não existe fórmula mágica, nenhum programa e nenhuma maneira rápida para atingir impactos sistemáticos, genuínos e identificáveis na aprendizagem dos alunos. Para que isso ocorra, é necessário que todos na escola desejem ter esse impacto, adotem teorias de mudança que permitam a utilização das melhores maneiras para que isso seja alcançado, construam capacidade, capacitação e cultura e avaliem estratégias. Lembre-se: na educação, tudo funciona se o que for desejado for $d = > 0$. Assim, é necessário avaliar a estratégia em relação a um marco de referência mais elevado e remover algumas das práticas anteriores que atendiam ao critério $d = > 0$, mas que não atendem a $d = > 0,40$. Isso, geralmente, envolve mudar a maneira como os professores encaram a natureza, a qualidade e a aceitabilidade das evidências de seu impacto.
2. *Estabelecer alvos e trajetórias.* Estabelecer alvos desafiadores e defensáveis é uma tarefa fundamental para todos os níveis na escola – da recepção aos líderes escolares, professores e alunos. Um conselho inicial, neste livro, foi o de estabelecer objetivos no nível de cada aluno e trabalhar progressivamente, e não o contrário. Objetivos

escolares amplos são, em geral, calculados a partir da média de todos os alunos e, portanto, deixam muitos para trás – essa é a desvantagem da média. Decida com base nas trajetórias para obter esses alvos e, então, desenvolva sistemas para avaliar o sucesso nessa trajetória. Como existem, provavelmente, muitos alvos (por favor, além das notas dos testes), também é necessário concordar sobre a natureza, a qualidade e a aceitabilidade das evidências.
3. *Produzir planos de entrega.* O planejamento é tudo: trata-se de um trabalho em progresso e necessita revisão, retrabalho e apoio realista. É aí que a liderança escolar vem à tona.

d. Oriente a entrega

1. *Estabeleça rotinas para orientar e monitorar o desempenho.* É o que ocorre quando os esforços superam as expectativas, levando todos a serem conscientes de seus papéis no planejamento dos alvos, na realização de balanços e sendo transparentes no relato do progresso, ou não progresso, em tempo hábil; sendo conscientes dos desafios e criando a confiança na cultura dos métodos para alcançar essa missão.
2. *Resolva problemas de modo rápido e rigoroso.* Em um sentido, o progresso de cada aluno é um "problema", e, se permitirmos que cada aluno tenha um grande problema por ano, em uma escola típica, isso irá significar, pelo menos, um grande problema por dia! É importante aceitar que o problema é real para a pessoa que o apresenta. Existe, então, uma necessidade de reavaliar a prioridade e a gravidade do problema e avaliar o nível crítico necessário para resolver o problema, em relação à entrega do alvo.
3. *Mantenha e construa continuamente o ímpeto.* O ímpeto é, em grande parte, um produto da qualidade das rotinas, do desejo de resolver problemas e das evidências de sucesso ao longo da trajetória. Existe uma necessidade de persistir durante distrações, administrar aqueles que resistem à mudança, desafiar o *status quo* e, principalmente, celebrar o sucesso.

e. Desenvolva, identifique e avalie o sucesso

Esta é a quinta etapa que adiciono às quatro anteriores.

1. Diante da missão, todos os alunos devem obter $d = > 0,40$ na aprendizagem, durante um ano, mas existem muitas oportunidades para fracassar: muito frequentemente, aqueles que se encontram nas escolas são rápidos em reconhecer tais fracassos e podem existir mil razões pelas quais não somos bem-sucedidos. O problema que vejo em muitas escolas é o oposto: muito frequentemente, existem sistemas ruins para identificar o sucesso em alcançar esses alvos (particularmente, em um tempo hábil). Em silêncio, prosseguimos considerando que seja "normal" estar acima da média (p. ex., que todos os alunos apresentem $d = > 0,40$) e que sejam bem-sucedidos em tarefas desafiadoras. Ao longo do ano, é necessário que existam sistemas capazes de identificar em que ponto se encontra cada aluno, professor e líder escolar, em sua trajetória a caminho das metas, e para refletir, mudar, avaliar e resolver problemas. Isso pode ajudar a desenvolver uma cultura de melhora, que é o verdadeiro significado

da aprendizagem contínua, no lugar da culpa, e a criar um grupo unido de educadores, alunos e famílias, comprometido a apoiar e valorizar a aprendizagem em uma escola. Os testemunhos, as notas das provas e as votações pelos pais não farão isso. Evidências de impacto sistemático, utilizando múltiplas formas de evidências, são a única maneira de identificar aqueles procedimentos que estão exercendo impacto sobre nossos alunos.

Esses processos de mudança são poderosos, mas são "sem destino". O destino, nesse caso, é, em grande parte, relacionado a ter importantes impactos positivos na aprendizagem dos alunos, em nossas escolas. A essência por trás dessas mudanças é o modo com que os participantes pensam sobre seu papel, seu impacto e seu sucesso. Isso significa passar dos mecanismos de mudança para o significado e o propósito da mudança.

OITO CONCEPÇÕES

O principal argumento deste livro, subjacente aos impactos poderosos em nossas escolas, está relacionado ao modo como pensamos! Trata-se de um conjunto de concepções que sustentam todas as nossas ações e decisões em uma escola. É uma crença de que somos avaliadores, agentes de mudança, especialistas em aprendizagem adaptativa, que buscamos o *feedback* de nossos impactos, que somos envolvidos no diálogo e desafio, desenvolvedores de confiança com todos, que vemos oportunidades no erro e que estamos dispostos a divulgar a mensagem sobre poder e diversão e o impacto que temos sobre a aprendizagem.

Os professores têm "teorias de prática" que, em geral, se baseiam em como administrar e envolver os alunos, ensinar conteúdos específicos e fazer tudo isso dentro do tempo e com os recursos disponíveis. Eles também têm teorias sobre os facilitadores e as barreiras contextuais a esse processo – tais como crenças sobre o tipo de comunidade que eles desejam incentivar em sua turma, os efeitos da família e dos fatores culturais e as necessidades estruturais para que ensinem eficientemente esse conteúdo. À medida que os professores se tornam mais experientes, essas teorias se tornam mais convincentes para eles, e alterá-las, às vezes, exige uma grande mudança e níveis elevados de poder de convencimento do efeito de teorias de ação alternativas. Bishop (2003), em seu trabalho para levar os professores a encarar que expectativas elevadas também se aplicam a alunos de minorias, começou apresentando aos professores histórias de alunos sobre como percebiam as aulas desses professores. Estimulá-los a adotar algumas das "teorias de prática" delineadas neste livro exige não apenas doutrinação ou intimidação, mas começar ouvindo essas teorias de prática e, em seguida, ver como suas próprias teorias podem ser modificadas ou melhoradas para levarem em conta a mensagem fundamental de que conheçam seu impacto – como ponto de partida para ter teorias (não o ponto final). Ao trabalhar com muitos professores e líderes escolares, não demora muito para que eles observem o poder de começar com perguntas de avaliação sobre o conhecimento do seu impacto, mas é necessária uma grande mudança para manter e embasar essa concepção. Como muitos afirmaram: "era mais fácil não saber".

Essas concepções, ou modos de pensar, são identificadas com base nos argumentos dos capítulos anteriores. O argumento é de que professores e líderes escolares que desenvolvem essas maneiras de pensar tendem a apresentar impactos importantes na aprendizagem dos alunos.

Concepção 1: professores/líderes acreditam que sua tarefa fundamental seja avaliar o efeito do seu ensino sobre a aprendizagem e o desempenho dos alunos.

O *feedback*, ou avaliação formativa, se encontra entre as intervenções mais potentes – fornecendo informações para o professor sobre a direção que está seguindo, como está se encaminhando para essa direção e para onde precisa se direcionar em seguida. O fator-chave é que os professores tenham mentalidades que busquem esse *feedback* sobre suas influências nos alunos e, assim, mudem, melhorem ou mantenham seus métodos de ensino. Essa concepção – isto é, procurar evidências relacionadas às três questões de *feedback* ("para onde estou indo?"; "como estou indo para lá?"; "o que fazer em seguida?") – se encontra entre as influências mais poderosas que conhecemos sobre o desempenho dos alunos.

Conhecer o que é ideal nem sempre significa decidir sobre métodos, recursos ou sequências de ensino e, então, implantá-los da melhor maneira possível. Não significa uma prescrição das "sete melhores estratégias a serem utilizadas", "do que funciona" e assim por diante. Ao contrário, ideal significa alterar as instruções "durante o voo", em uma aula, com os vários alunos em diferentes estágios de conhecimento e compreensão, com base no *feedback* dado ao professor sobre o valor e a magnitude das suas decisões de ensino. Daí a importância de buscar o *feedback* sobre nossos efeitos, uma maneira formativa e somativa.

As interações entre o que fazemos como educadores e o que os estudantes fazem como aprendizes é a chave: é a interação – estar sintonizado com a natureza e o impacto dessas interações – que é decisivo. Isso significa avaliar o que estamos fazendo e o que os alunos estão fazendo e procurar aprender através da visão dos alunos, bem como avaliar o efeito de nossas ações sobre o que os alunos fazem *e* o efeito do que eles fazem sobre o que precisamos, então, fazer – e juntos. Essa é a excelência do ensino.

A noção operativa é "avaliar". Os professores precisam melhorar suas habilidades de avaliação sobre os efeitos que estão tendo sobre os alunos. Apenas então, os professores estarão mais bem preparados para saber o que fazer para promover a melhora dos alunos. Ao longo de uma série de aulas, se o impacto típico não for elevado (isto é, no mínimo $d = > 0,40$), então, provavelmente, será necessária uma mudança nos métodos de ensino. Oferecer "mais" pode ser a pior solução; o que talvez seja necessário são métodos "diferentes". Trata-se de uma estratégia "ganhar-manter, perder-mudar".

As questões-chave subjacentes à Concepção 1 são as seguintes:

- "Como sei que isso está funcionando?"
- "Como posso comparar isso com aquilo?"
- "Qual é o mérito e o valor dessa influência na aprendizagem?"
- "Qual é a magnitude do efeito?"
- "Quais evidências me convenceriam de que estou errado em utilizar esses métodos e recursos?"
- "Onde se encontram as evidências que demonstram que esse programa é superior aos outros?"
- "Onde observei essa prática instalada em que ela tenha produzido resultados eficientes (que convenceriam a mim e aos meus colegas com base na magnitude de seus efeitos)?"
- "Compartilho uma concepção de progresso com outros professores?"

Concepção 2: professores/líderes acreditam que o sucesso e o fracasso na aprendizagem dos alunos é o resultado do que eles, como professores ou líderes, realizaram ou não... nós somos os agentes de mudança!

Essa proposta *não* está defendendo que os alunos não estejam envolvidos na equação da aprendizagem ou que todo o sucesso ou fracasso seja, na verdade, de responsabilidade do professor. Em vez disso, ela defende que a maior parte do impacto está relacionada à mentalidade do professor. Algumas das crenças positivas que precisam ser estimuladas incluem as seguintes:

- "Todos os alunos podem ser desafiados."
- "Tudo depende das estratégias, nunca dos estilos."
- "É importante desenvolver expectativas elevadas em todos os alunos, em relação ao seu ponto de partida."
- "É importante estimular comportamentos de procura por ajuda."
- "É importante ensinar múltiplas estratégias de aprendizagem a todos os alunos."
- "É importante desenvolver alunos capazes de autoavaliação."
- "Desenvolver interações entre os colegas é uma atitude importante para melhorar a aprendizagem."
- "Críticas, erros e *feedback* são oportunidades potentes para melhorar a aprendizagem."
- "Desenvolver a autorregulação dos alunos e desenvolver 'alunos como professores' são mecanismos potentes para melhorar a aprendizagem."
- "Não culpe os alunos."
- "Desvantagens referentes à classe social e aos recursos domésticos são superáveis."
- "Não existe lugar para o déficit de pensamento – isto é, não existe rotulação dos alunos nem baixas expectativas dos alunos."

Os professores precisam ver a si mesmos como agentes de mudança – não como facilitadores, desenvolvedores ou construtivistas. Seu papel é mudar os alunos, do que eles são para o que desejamos que eles sejam, o que desejamos que eles conheçam e compreendam – e isto, é claro, destaca os propósitos morais da educação. Trata-se dos professores acreditarem que essa realização pode ser mutável ou pode ser aprimorada e que não deve nunca ser fixa ou imutável, que o papel do professor é o de tornar capaz, e não de criar barreiras, que a aprendizagem se refere ao desafio, e não à quebra do material em pedaços mais fáceis, e trata-se dos professores conseguirem ver o seu valor e o dos alunos compreendendo as intenções da aprendizagem e os critérios de sucesso.

Há longos debates entre aqueles que argumentam que os professores devem ser facilitadores e menos importunos e aqueles que apoiam os professores como ativadores na sala de aula (TABER, 2010). A resposta é clara, mas parece que, a cada ano, redescobrimos essa noção (ver MAYER, 2004, 2009). Alrieri et al. (2011) conduziram uma metanálise sobre essa questão. Eles mostraram o valor da aprendizagem pela descoberta direcionada sobre a não direcionada. Dos 580 efeitos baseados nos 108 estudos, o efeito médio foi de 0,38 a favor da primeira sobre a segunda. Eles, então, compararam métodos mais específicos, mas explícitos, de aprendizagem: solicitando que os alunos criassem regras, estratégias, etc., ($d = 0,30$); induziram uma explanação, solicitando que os alunos explicassem sua aprendizagem ou material-alvo ($d = 0,36$); *feedbacks* de apoio (*scaffolding*) ou *feedbacks* regulares ($d = 0,50$). Eles concluíram que:

Descobertas não assistidas, em geral, não beneficiam a aprendizagem... práticas de ensino devem utilizar tarefas de apoio com suporte disponível, à medida que os estudantes tentam alcançar seus objetivos, e/ou atividades que exijam deles uma explicação sobre suas próprias ideias. Os benefícios do *feedback*, dos exemplos trabalhados, das atividades de apoio e das explicações produzidas podem ser compreendidos como partes de uma necessidade mais geral para redirecionar os alunos... atividades de descobertas não direcionadas eram muito ambíguas para permitir que eles pudessem transcender a simples atividade e atingir o nível de construtivismo desejado. (ALRIERI et al., 2011, p. 12).

A mensagem deste livro, certamente, apoia a abordagem direta. Em geral, a distinção não é feita com nitidez suficiente, mas eu não meço as palavras: os professores são agentes de mudança, eles precisam ser os ativadores e são os responsáveis por aperfeiçoar a aprendizagem dos alunos. Há muitos outros responsáveis (os alunos, os pais, e assim por diante), mas o professor é contratado para ser um agente de mudança. Como observei em *Visible Learning* (HATTIE, 2009), isso o coloca em uma elevada obrigação com os aspectos morais do ensino - especialmente o que é ensinado e o conhecimento dos efeitos do professor sobre o que é ensinado. Ele também impõe uma obrigação a todos, para que avaliem esse conhecimento – na sala dos professores, em casa, na comunidade e na profissão.

Concepção 3: professores/líderes desejam falar mais sobre aprendizagem do que sobre ensino

Eu já quase alcancei o ponto no qual perdi o interesse pela discussão sobre o ensino – não porque não seja importante, mas porque ela, em geral, evita discussões importantes sobre a aprendizagem. Muitas sessões de desenvolvimento profissional são sobre melhores práticas, novos métodos de ensino, interrogatório de avaliação demasiado tarde para fazer a diferença hoje ou amanhã - e nós parecemos gostar desses tópicos seguros e não ameaçadores. Onde se encontra o debate sobre como aprendemos e as evidências da aprendizagem dos alunos de múltiplas maneiras? Como aprendemos de maneiras diferentes? Você pode nomear três teorias rivais de aprendizagem? A realização desses debates acadêmicos sobre a aprendizagem e sobre nosso impacto nessa aprendizagem exige que os líderes escolares apoiem que os professores sejam aprendizes e avaliadores. Os professores precisam ser especialistas em aprendizagem adaptativa, conhecer múltiplas maneiras de ensinar e aprender, ser capazes de treinar e modelar diferentes modos de aprendizagem e ser os melhores detectores de erros no trabalho.

Concepção 4: professores/líderes encaram a avaliação como um *feedback* sobre o seu impacto

De todas as influências na aprendizagem dos alunos, o *feedback* se encontra entre aquelas mais valorizadas – e isso também é o caso para a aprendizagem dos professores. Os professores precisam de *feedback* sobre seus efeitos em cada aluno, daí, portanto, as noções de avaliação, como um *feedback* para os professores, professores como avaliadores e colegas professores e alunos como parceiros na equação do *feedback*. Os professores, assim como os alunos, precisam debater e concordar sobre a direção que estão seguindo, como estão seguindo e para onde irão em seguida.

É claro que a avaliação é feita sobre o aluno, mas o poder de sua interpretação e suas consequências se encontram mais nas mãos dos professores. Precisamos passar de uma divisão preposicional da avaliação em "avaliação de" e "avaliação para" para uma visão da avaliação como um *feedback* para professores. As questões críticas são as seguintes:

- "A quem você ensinou bem e a quem não ensinou tão bem?"
- "O que você ensinou bem e o que não ensinou tão bem?"
- "Onde estão as lacunas, quais são os pontos fortes, o que foi alcançado e o que ainda precisa ser alcançado?"
- "Como desenvolvemos uma concepção comum de progresso com os alunos e todos os professores em nossa escola?"

Concepção 5: professores/líderes se envolvem em diálogos, e não em monólogos

Embora exista uma necessidade de que os professores transmitam informações, embora o formato de aula expositiva seja, de fato, eficiente e embora os professores saibam, e devam saber mais, do que os alunos, existe uma necessidade importante de que os professores também *escutem* a aprendizagem dos alunos. Essa escuta pode ser o resultado de ouvir suas perguntas, suas ideias, suas resistências, suas estratégias de aprendizagem, seus sucessos, suas interações com os colegas, seus resultados e suas visões sobre o ensino. A dominância atual do monólogo pode causar menor dano aos alunos com mais facilidade, que podem se envolver na aprendizagem por meio do seu acesso a estratégias de aprendizagem e de autoensino tipicamente maiores. O monólogo é menos satisfatório para os alunos resistentes, pouco envolvidos e confusos, sendo potente para os alunos com mais facilidade.

São necessárias mais pesquisas sobre as proporções ideais de diálogo e monólogo – particularmente, sobre quando um deles é preferido em relação ao outro – e qual deles é melhor para a aprendizagem superficial e profunda. Também existe uma grande necessidade de descobrir mais sobre os efeitos da natureza do diálogo. Uma forma de diálogo pode melhorar a linguagem de uma disciplina, de modo que os alunos comecem a falar a linguagem da disciplina, ou a linguagem dos "procedimentos corretos" a ser utilizada ao estudar a disciplina ou a linguagem de explicações ou de justificativas mais lúcidas ao interagir com a disciplina. Clarke (2010) filmou aulas de matemática em muitos países e observou diferenças acentuadas na linguagem utilizada nas salas de aula. Ele concluiu que:

> Fica evidente que alguns professores de matemática valorizam o desenvolvimento de um vocabulário matemático falado, e outros não. Se o objetivo das aulas de matemática for a fluência e precisão na utilização da matemática escrita, então, o professor pode dar pouca prioridade ao desenvolvimento de qualquer fluência na matemática falada. Por outro lado, se o professor defende o ponto de vista de que a compreensão dos alunos reside na capacidade de justificar e explicar a utilização de procedimentos matemáticos, além da habilidade técnica em desenvolver esses procedimentos para a solução de problemas de matemática, então, será priorizada a proficiência dos alunos na linguagem falada da matemática, tanto para seu próprio benefício, como uma habilidade valorizada, quanto em função do papel-chave que a linguagem desempenha no processo por meio do qual o conhecimento é construído (CLARKE, 2010, p. 35).

Uma recente manchete de jornal a respeito de minha apresentação sobre esse tema foi "Pesquisador defende que os professores devem se calar" (embora eu tenha gostado da carta ao editor enviada no dia seguinte, intitulada "Professor defende que pesquisador deve se calar"). Embora a manchete tenha capturado o espírito, a mensagem principal está mais relacionada ao equilíbrio entre falar e escutar. O que não é sugerido é que os professores devam se calar e que os alunos devam se envolver em trabalho duro, completar tarefas semelhantes sem fim, preencher planilhas ou falar entre si. Não existem evidências suficientes de que a redução do discurso do professor e o aumento do discurso dos alunos levem, necessariamente, a melhores desempenhos (MURPHY et al., 2009). Pode ser que um tipo específico de discurso seja necessário para promover a compreensão superficial e profunda, pode ser que um tipo específico de escuta seja necessário para compreender melhor como e se os alunos estão aprendendo e pode ser que um tipo de reação específica a essa escuta (p. ex., utilizando *feedback* formativo rápido) seja a essência do poder do "calar-se". Como Carl Rogers, o famoso psicoterapeuta demonstrou, a escuta ativa significa que demonstramos ao outro que nós não apenas ouvimos, mas que também procuramos compreender e demonstrar que escutamos. Fornecer *feedback* formativo, que ajude os alunos a saber o que fazer em seguida, se encontra entre as maneiras mais poderosas para demonstrar àqueles alunos que os escutamos.

Concepção 6: professores/líderes apreciam o desafio e nunca recuam para "apenas fazer o melhor"

Todos os dias, a maior parte do tempo na sala de aula é um desafio – e precisamos assumir esse desafio e torná-lo aquele que desejamos. A arte de ensinar envolve o fato de que o que é desafiador para um aluno pode não o ser para outro; daí a constante atenção para as diferenças individuais e a busca pelo que existe de comum, de modo que os colegas possam trabalhar juntos com o professor e fazer a diferença. O papel dos professores não é o de decidir sobre o desafio e, então, "quebrá-lo" em partes administráveis para que ele se torne mais fácil para os alunos. Ao contrário, seu papel é decidir sobre o quanto deve envolver os alunos no desafio da aprendizagem. É por isso que os objetivos da aprendizagem e os critérios de sucesso foram tão fortemente enfatizados, porque, quando os alunos os compreendem, podem ver os propósitos dos desafios, que são tão importantes para o sucesso na aprendizagem.

Concepção 7: professores/líderes acreditam que é seu papel desenvolver relações positivas nas salas de aula/salas dos professores

Em geral, estamos preocupados com o ambiente na sala de aula, mas esquecemos o propósito de ambientes acolhedores, confiáveis e empáticos. O objetivo primário é o de permitir que os alunos se sintam à vontade em cometer erros e em não saber e estabelecer um ambiente em que acolhemos os erros como oportunidades. A aprendizagem se desenvolve a partir do erro: um papel fundamental para os professores é o de procurar por concepções equivocadas, mal-entendidos e falta de conhecimento. Embora os professores possam apresentar interações interpessoais acolhedoras, esse não é o propósito. O propósito é: os alunos acreditam que o ambiente da sala de aula seja justo, empático e confiável? Os alunos podem prontamente indicar que não sabem ou não entendem – sem receber comentários, olhares e zombarias sarcásticas de seus colegas? O poder dos colegas é persuasivo, e boa parte da criação de um ambiente correto na sala de aula envolve a criação de um porto seguro para o acolhimento do erro e, portanto, da aprendizagem. Do mesmo modo, é crítico para os líderes escolares criar um ambiente seguro na sala dos professores, de modo que todos os professores possam falar sobre o ensino e seu impacto na aprendizagem dos alunos.

Concepção 8: professores/líderes informam a todos sobre a linguagem da aprendizagem

Em muitos aspectos das interações cotidianas, assumimos muitos papéis que são formalmente realizados por profissionais. Somos agentes de viagem, caixas de banco, assistentes de loja, blogueiros de notícias e assim por diante. Tais coproduções estão se tornando cada vez mais comuns, mas, nas escolas, ainda são tarefas muito ousadas. Ainda vemos os pais como aqueles que recebem os relatórios bianuais, supervisionam os temas de casa (ou não), providenciam acomodação e alimentação e cuidam dos alunos nas outras oito horas do seu dia ativo.

Embora todos os pais queiram encontrar maneiras para ajudar a coeducar seus filhos, nem todos sabem como fazê-lo. Uma barreira importante para esses últimos pais é que eles não são familiarizados com a linguagem da aprendizagem e com as escolas. Para a maioria deles, a escola nem sempre foi a experiência mais agradável. Em nossa avaliação multianual de cinco das escolas localizadas na área socioeconômica menos desenvolvida da Nova Zelândia, descobrimos muitas consequências positivas quando foi ensinada aos pais a linguagem da escolarização (CLINTON; HATTIE; DIXON, 2007). O Projeto Flaxmere envolveu uma série de inovações associadas ao aperfeiçoamento das relações casa-escola e incluiu a doação de computadores a uma amostra de famílias e o emprego de antigos professores como "pessoas de ligação casa--escola" para ajudar as famílias a aprender a utilizar esses computadores. A avaliação revelou que foram esses antigos professores que informavam os pais sobre a linguagem da escolarização, que foram mais decisivos – isto é, os pais aprenderam a linguagem sobre a natureza da aprendizagem nas salas de aulas atuais, aprenderam a ensinar os seus filhos a participarem e se envolverem na aprendizagem e aprenderam a falar com professores e funcionários da escola. Pais que co-compreendem a importância de práticas deliberadas, da concentração, da diferença entre saberes superficiais e profundos e da natureza das intenções de aprendizagem e critérios de sucesso são mais capazes de dialogar com seus filhos. Ensinar aos pais a linguagem da aprendizagem levou a um maior envolvimento dos alunos em suas experiências escolares, a melhoras do desempenho de leitura, a maiores habilidades e empregos para os pais, a maiores expectativas, satisfações e apoio das escolas locais e da comunidade Flaxmere (os efeitos variaram de $d = 0{,}30$ a $d = 0{,}60$ e, ocasionalmente, foram muito mais elevados do que outros resultados).

Quando essa coaprendizagem ocorre, mais evidências sobre o impacto na aprendizagem podem ser compreendidas e potencialmente trabalhadas por todos. O envolvimento no tema de casa, na avaliação e na promoção de escolas baseadas em evidências do impacto no progresso de seus filhos e em fornecer apoio e oportunidades para o envolvimento em desafios que valham a pena no ambiente doméstico pode ajudar no progresso dos alunos para se tornarem avaliadores críticos e cidadãos instruídos.

Essas oito concepções são a essência da criação de escolas que podem reivindicar a presença de "aprendizagem visível *inside*". Elas são as noções centrais nas quais as escolas precisam se concentrar para que sejam bem-sucedidas em proporcionar impactos importantes na aprendizagem e no desempenho de todos os alunos. Trata-se de uma maneira de pensar que faz a diferença, e precisamos nos afastar da busca por uma "coisa" – o programa, os recursos, o método de ensino ou a estrutura. Quando nos tornamos os "avaliadores do nosso impacto", apresentamos, então, a base para o maior avanço em nossas escolas.

ONDE COMEÇAR ESSE PROCESSO DE MUDANÇA?

Nas três seções anteriores, foram destacados os agentes, os processos e os propósitos para mudança, exceto a questão mais comum que eu perguntei: "Onde eu começo?". O ponto inicial é a avaliação, se você e a sua escola estão "prontos" para a mudança nas direções destacadas neste livro. Não sugiro sessões de palestras para equipe sobre o que vai acontecer – porque isso ignora as concepções que os professores têm atualmente sobre o sucesso de seu próprio ensino.

Ao contrário, sugiro convidar os professores a avaliarem suas próprias concepções e para observar se eles estão partilhando com os outros professores. Por exemplo, vale a pena começar perguntando sobre as concepções de *feedback* de professores e alunos (ver Exercício 2, no Cap. 8); também é interessante utilizar as avaliações padronizadas atualmente, disponíveis para calcular o tamanho de efeito na escola, em cada turma e em cada aluno – e perguntar sobre o valor das interpretações desses tamanhos de efeitos (ver Cap. 6, Apêndice E).

Essa introdução à "aprendizagem visível *inside*" leva algum tempo, não pode ser precipitada e exige uma boa base antes que se possa direcionar a entrega. As concepções do diretor são fundamentais, porque se houver qualquer sentido de responsabilidade, há uma grande probabilidade de insucesso; eles precisam ser líderes de aprendizagem. Esse é um conceito de desenvolvimento de excelência e impacto compartilhados, que exige o envolvimento de toda a equipe no sucesso compartilhado dos efeitos sobre todos os alunos da escola. O processo deve ser encarado como de suporte aos professores, oferecendo oportunidades para discutirem suas crenças e suas preocupações sobre a natureza da evidência e o significado do modo pelos quais a escola decide "conhecer seus impactos" e observar o valor e a estima que provêm do engajamento nesse processo.

Uma das preocupações que logo se torna evidente assim que a escola inicia essa jornada é de que a maior parte dos dados que inunda a maioria das escolas pode não ser de muita utilidade – porque, em geral, os dados são administrados muito tardiamente, porque foram coletados em anos anteriores e porque são muito amplos e pouco aprofundados. Em geral, apresentam pouca serventia para interpretações formativas. Devemos, inicialmente, considerar a natureza e a qualidade das interações de ensino e os critérios de sucesso, além de como esses dados se relacionam com os diferentes níveis de compreensão superficial e profunda desejados. A questão é a seguinte: como podemos nos convencer de que os alunos atingiram esses critérios de sucesso, em relação a onde ele começou no início da lição? Simplesmente criando avaliações no final da lição ou administrando-as (ou uma amostra das duas) no início e, de novo, no final, para poder fornecer uma base interessante para começar a estimar os efeitos.

Esses são alguns pontos sugeridos para o início – porque podem ajudar a compreender o desafio da entrega e a decidir o planejamento para a entrega.

CONCLUSÕES

Mais uma vez, não estou afirmando que são os professores que fazem a diferença. Esse mantra ignora o fato de que existem muitos professores que têm impacto sobre a aprendizagem tanto abaixo quanto acima da média de $d = 0,4$. Como escrevi em *Visible Learning*, esse mantra:

> Torna-se um clichê que esconde o fato de que a maior fonte de variância em nosso sistema se relaciona aos professores – eles podem variar de muitos modos. Nem todos os professores são efetivos, nem todos os professores são especialistas e nem todos os professores apresentam um efeito poderoso nos alunos. (HATTIE, 2009, p. 22).

Termos tantos professores que podem atingir regularmente acima do impacto médio e atingir acima do crescimento típico, no interior de suas salas de aula, ainda está por ser reconhecido, estimado e deve ser a essência do ensino como uma profissão. Permitir a noção de que "tudo passa" desqualifica a profissão de professor: se qualquer pessoa com um pulso pode ensinar e pode apresentar sucesso, se exceder o típico baixo limite de demonstração de $d = > 0$, então, isso significa que não existe prática de ensino, que não existe um conjunto de habilidades e compreensões profissionais que sejam capazes de permitir impactos mais positivos (p. ex., $d = > 0,40$) e que podemos abrir as portas da sala de aula para qualquer pessoa. Algumas vezes, isso parece já estar ocorrendo, e o argumento, neste livro, é de que isso é prejudicial para um enorme número de professores que estão sistematicamente apresentando impactos positivos elevados na aprendizagem dos alunos.

Como já observado, este livro não é sobre um novo programa que possa levar a uma mudança fundamental no que a maioria das escolas faz: o livro é sobre um quadro de referências para o pensamento sobre os efeitos ou as consequências do que ocorre em uma escola. Ele está pedindo mais avaliação por todos (professores, líderes, alunos) dos efeitos que as pessoas-chave possuem nas escolas. Este livro não se propõe a questionar mais medições, mas, sim, questionar por mais avaliações dos efeitos dessas medições (e se as medições não estão tendo muito valor de avaliação, então, talvez, elas devam ser reduzidas, modificadas ou descontinuadas). O fator-chave são as concepções que os professores e os líderes escolares têm sobre a qualidade das evidências de seus impactos, suas compreensões sobre a natureza desse impacto e o modo pelo qual decidem sobre as consequências da evidência do impacto.

Como Michael Fullan (2012) tem argumentado, por tanto tempo, os professores não desconhecem a mudança - mudança faz parte de suas vidas, ao ponto em que muitos deles estão acostumados a ela – mas com frequência as escolas são questionadas a mudar os programas, a introduzir novos recursos ou a tentar novos esquemas de avaliação. Essa não é a mudança solicitada neste livro; ao contrário, questionamos sobre a mudança no modo pelo qual pensamos sobre nosso papel e, então, como conseguimos alcançar níveis elevados de colaboração, confidência e comprometimento para avaliar nossos efeitos sobre os alunos. Os líderes escolares e os sistemas devem assumir a liderança desse processo de avaliação e serem capazes de criar um ambiente seguro e recompensador, no qual o processo de avaliação possa ocorrer.

A principal mensagem deste livro é a de que o aperfeiçoamento da qualidade do professor é um dos fundamentos – e o modo para alcançá-lo deve ser por meio da garantia de que cada professor na escola tenha as concepções que levem ao maior efeito positivo na aprendizagem e na realização dos alunos. Isso não irá acontecer com intervenções de curto prazo ou por meio da nomeação de culpados, de mais testes, mais responsabilidade, novos currículos e novos recursos. Isso irá acontecer por meio da promulgação de políticas deliberadas que apoiem as escolas com mais recursos para conhecer seus impactos e estimar, então, quando elas (as escolas) demonstram seus impactos em todos os seus alunos.

Necessitamos de políticas que tornem a escola a "unidade de avaliação" e precisamos ajudar cada escola a colocar sua equipe para trabalhar de modo colaborativo na determinação dos resultados fundamentais que desejam avaliar. Precisamos ajudar as escolas a recolher evidências fidedignas dos níveis atuais e dos níveis desejados de realização de cada aluno e, criteriosamente, monitorar a progressão do ponto atual para o nível desejado. Isso exige, portanto, que os professores trabalhem em conjunto com todos os alunos para realizar esse monitoramento – o que mudar, o que manter, o que dividir, o que colocar no lugar para oferecer segundas e terceiras chances, quem avançar e como, constantemente, desafiar, envolver e oferecer confiança aos alunos para que eles possam fazer melhor, mais e, assim, atingir seus objetivos. Principalmente, é necessário reconhecer e estimar quando os alvos de progresso são atingidos e esse sucesso necessita se tornar público para a comunidade escolar.

Além disso, necessitamos criar um espaço no qual isso possa acontecer. Não se trata de pedir por mais ciclos de aprendizagem profissional ou comunidades de práticas, porque, em geral, eles são dominados por assuntos que não fazem a diferença – isto é, são apenas meios.

O que se precisa é de mais espaço para o professor interpretar as evidências a respeito de seus efeitos sobre cada aluno. Isso pode exigir uma reflexão sobre o trabalho do professor. Por exemplo, na maior parte do mundo ocidental, os professores dispensam cerca de 1.100 horas por ano na frente dos alunos. Isso significa 36% mais tempo na sala de aula do que 30 nações na revisão da Organização para Cooperação e Desenvolvimento Econômico (OCDE); no Japão, por exemplo, eles despendem cerca de 500 horas com os alunos – e a escola é estruturada de modo diferente, para permitir que isso ocorra; a concepção no Japão é diferente. Darling-Hammond (2010, p. 193) argumentou que os países que fizeram os maiores progressos na realização permitem aos professores o seguinte:

> [...] 15 a 25 horas por semana... para planejar de modo cooperativo e se envolver em análises da aprendizagem do aluno, estudo das lições, pesquisas ativas e observação entre as classes para ajudá--los a, continuamente, aperfeiçoar suas técnicas.

Quero que eles passem esse tempo trabalhando juntos para planejar e criticar as aulas, interpretar e decidir, à luz das evidências, sobre seu impacto na aprendizagem de cada um dos alunos, nas turmas uns dos outros, observando a aprendizagem dos alunos e, continuamente, avaliando as evidências sobre como "nós, como professores, nesta escola" podemos otimizar resultados que valham a pena para todos os alunos – e compartilhar os erros, as alegrias e os sucessos sobre o impacto. Como parte de nossa profissão, somos excelentes na crítica. Vamos utilizar essa crítica para avaliar se estamos tendo impactos elevados o suficiente em todos os alunos, se o modo como impactamos essa aprendizagem pode ser mais efetivo e eficaz e tomar decisões sobre o que fazemos, com base nesse impacto positivo na aprendizagem – juntos.

Em geral, em nossas escolas, quando é oferecido um tempo para que possam estar fora de suas turmas, os professores querem passar o tempo corrigindo, preparando e buscando recursos. Essas atividades não são pouco importantes – mas o que se pede aqui é uma cultura em que os professores passem mais tempo *juntos* no pré-planejamento, criticando esse pré-planejamento e trabalhando em grupos de professores para interpretar as evidências sobre seu efeito nos alunos. É necessária uma atenção aos efeitos de curto e longo prazo que exercemos sobre os alunos, uma mudança da observação do efeito de um professor em um aluno, durante um ano, para observar o efeito de muitos professores nos alunos, ao longo de muitos anos (o que exige interpretações mais longitudinais), uma mudança dos professores observarem seu profissionalismo, em termos de autonomia (que em geral significa "me deixe sozinho para ensinar o que quiser"), para encarar o profissionalismo em termos dos efeitos positivos que vários professores já exercem em tantos estudantes. Precisamos substituir o "presentismo", o conservadorismo e o individualismo pelos efeitos escolares de longo prazo daqueles professores que são "baseados em evidências" e que assumem a responsabilidade coletiva pelo sucesso de nossas escolas.

O que se pede não é uma restruturação das escolas, mas uma retomada das escolas, a fim de otimizar e avaliar os impactos positivos que todas apresentam na aprendizagem dos alunos. Não se trata de uma solução, "um modelo que se encaixa em todos". Existem vários processos e modelos de avaliação, e são necessários tempo e ambiente seguros para implantar e alimentar essas mudanças. Esse processo precisa de atenção e de uma avaliação dos julgamentos dos professores, porque são esses julgamentos que esse processo de avaliação está procurando influenciar. Trata-se de utilizar a preponderância das evidências para fazer julgamentos profissionais e para observar ao máximo, além de qualquer dúvida, que todos em uma escola estejam tendo um impacto suficientemente elevado em todos os alunos. Também significa que existe um critério de sucesso potente para todos os nossos professores e líderes escolares – isto é, que o sucesso é a aprendizagem, a partir da avaliação do nosso efeito. Todos vocês podem fazer isso... vocês podem se concentrar... vocês podem implantar profundamente... vocês podem.

Conheça o seu impacto

EXERCÍCIOS

1. Aplique o *Checklist* no Apêndice A a todos na escola e, em seguida, utilize os resultados como base para discussão sobre os objetivos futuros da escola e para monitorar o seu progresso, para que ela se torne uma escola com "aprendizagem visível *inside*".
2. Aplique a si mesmo a avaliação de saúde pessoal a seguir. Compartilhe os resultados com seu treinador.

SUA VERIFICAÇÃO DE SAÚDE PESSOAL PARA A APRENDIZAGEM VISÍVEL
1. Estou ativa e veementemente envolvido com o ensino e a aprendizagem.
2. Forneço aos alunos múltiplas oportunidades de aprendizagem baseadas em reflexões superficiais e profundas.
3. Conheço os objetivos da aprendizagem e os critérios de sucesso das minhas aulas e os compartilho com os alunos.
4. Estou aberto à aprendizagem e aprendo ativamente.
5. Tenho um ambiente em sala de aula acolhedor e atencioso, em que os erros são acolhidos.
6. Procuro *feedback* regular dos meus alunos.
7. Meus alunos estão ativamente envolvidos em conhecer a sua aprendizagem (i.e., são capazes de fazer autoavaliação).
8. Posso identificar o progresso na aprendizagem ao longo de múltiplos níveis curriculares, nos trabalhos e nas atividades de meus alunos.
9. Tenho uma ampla variedade de estratégias de ensino no meu repertório cotidiano.
10. Utilizo as evidências de aprendizagem para planejar as próximas etapas de aprendizagem dos alunos.

3. Considere as 10 questões a seguir, que utilizei para ajudar os pais e os alunos a identificarem grandes escolas. Compare-as à sua própria escola.
    a. No *playground*, os alunos olham nos olhos uns dos outros ou evitam uns aos outros ou sentam em pequenos grupos?
    b. A diversidade produz novos pensamentos. Os pais e os alunos podem lhe apresentar evidências genuínas de que ela é incentivada?
    c. Como os pais e os alunos medem o sucesso? Pelos resultados de poucos ou de muitos?
    d. Solicite um encontro com o melhor professor. Se os pais e os alunos lhe disserem que todos são bons, eles não estão pensando claramente.
    e. A quem os alunos procuram? Todos os alunos devem ter alguém que sabe como eles estão indo e que investirão algum tempo com eles.
    f. Os novos alunos fazem amigos no primeiro mês? Trata-se de um indicador decisivo de sucesso: como a escola assegura que isso ocorra com todos os alunos?
    g. Os alunos apreciam os erros? A aprendizagem se inicia em não saber. Eles assumem isso? Os alunos se sentem bem confiantes para falarem sobre os erros ou sobre não saber algo?

h. Os alunos são "capazes de se autoavaliar" nessa escola? Eles podem falar sobre como estão indo e para onde irão em seguida?

i. A escola utiliza a aceleração para todos? É permitido que os alunos aprendam em velocidades diferentes?

j. Que *feedback* os alunos recebem? Pergunte a um deles: "o que lhe disseram hoje sobre o seu trabalho?".

4. Leia os livros a seguir e veja como eles complementam os argumentos deste livro (vários deles fornecem exemplos mais específicos dos conceitos desenvolvidos nestas páginas).

ALTON-LEE, A. *Quality teaching for diverse students in schooling*: best evidence synthesis iteration. Wellington: Ministry of Education, 2003. Disponível em: <http://www.educationcounts.govt.nz/publications/series/2515/5959>. Acesso em: 24 jul. 2016.

AYERS, W. *To teach*: the journey of a teacher. 3rd ed. New York: Teachers College, 2010.

CLARKE, S. Active learning through formative assessment. London: Hodder, 2011.

DINHAM, S. How to get your school moving and improving. Camberwell: ACER, 2008.

DUFOUR, R.; MARZANO, R. J. *Leaders of learning*: how district, school, and classroom leaders improve student achievement. Bloomington: Solution Tree, 2011.

HIGGINS, S.; KOKOTSAKI, D.; COE, R. *Toolkit of strategies to improve learning*: summary for schools spending the pupil premium. London: Sutton Trust, 2011. Disponível em: <http://www.suttontrust.com/research/toolkit-of-strategies-to-improve-learning/>. Acesso em: 24 jul. 2016.

PETTY, G. *Evidence-based teaching*: a practical approach. 2nd ed. Cheltenham: Nelson Thornes, 2009a.

PETTY, G. *Teaching today*: a practical guide. 4th ed. Cheltenham: Nelson Thornes, 2009b.

ROBINSON, V. M. J. *Student-centered leadership*. San Francisco: Jossey Bass, 2011.

STEELE, C. F. *The inspired teacher*: how to know one, grow one, or be one. Alexandria: ASCD, 2009.

WILLINGHAM, D. T. *Why don't students like school? A cognitive scientist answers questions about how the mind works and what it means for the classroom*. San Francisco: John Wiley & Sons, 2009.

Referências

ABSOLUM, M. et al. *Directions for assessment in New Zealand*: developing students' assessment capabilities. Wellington: Ministry of Education, 2009. Disponível em: <http://assessment.tki.org.nz/Assessment-in-the-classroom/Directions-forassessment-in-New-Zealand-DANZ-report>. Acesso em: 24 jul. 2016.

ADAMS, G. L.; ENGELMANN, S. *Research on direct instruction*: 20 years beyond DISTAR. Seattle: Educational Achievement Systems, 1996.

ALEXANDER, P. A. *Psychology in learning and instruction*. Columbus: Prentice-Hall, 2006.

ALEXANDER, R. J. *Towards dialogic teaching*: rethinking classroom talk. 4th ed. York: Dialogos, 2008.

ALRIERI, L. et al. Does discovery-based instruction enhance learning? *Journal of Educational Psychology*, Arlington, v. 103, n. 1, p. 1-18, 2011.

ALTON-LEE, A. *Quality teaching for diverse students in schooling*: best evidence synthesis iteration. Wellington: Ministry of Education, 2003. Disponível em: <http://www.educationcounts.govt.nz/publications/series/2515/5959>. Acesso em: 24 jul. 2016.

ALTON-LEE, A.; NUTHALL, G. A. Pupil experiences and pupil learning in the elementary classroom: an illustration of a generative methodology. *Teaching and Teacher Education*, Amsterdam, v. 6, n. 1, p. 27-46, 1990.

AMABILE, T. S.; KRAMER, S. J. The power of small wins. *Harvard Business Review*, Boston, v. 89, n. 5, p. 70-90, 2011.

ANDERMAN, L. H.; ANDERMAN, E. M. Social predictors of changes in students' achievement goal orientations. *Contemporary Educational Psychology*, Amsterdam, v. 24, n. 1, p. 21-37, 1999.

ANDERSON, K. *Data team success stories*. Englewood: The Leadership and Learning Center, 2010. v. 1.

ANDERSON, K. *Real-time decisions*: educators using formative assessment to change lives now! Englewood: The Leadership and Learning Center, 2011.

ANDERSSON, H.; BERGMAN, L. R. The role of task persistence in young adolescence for successful educational and occupational attainment in middle adulthood. *Developmental Psychology*, Washington, DC, v. 47, n. 4, p. 950-960, 2011.

ANGUS, M. et al. *Trajectories for classroom behaviour and academic progress*. Perth: Edith Cowan University, 2009. Disponível em: <http://www.bass.edu.au/files/5413/9925/8294/Pipeline_Report_Dec_2009.pdf>. Acesso em: 24 jul. 2016.

ARONSON, E. *The Jigsaw classroom*. Middletown: Social Psychology Network, 2008. Disponível em: <http:// www.jigsaw.org>. Acesso em: 27 jul. 2016.

AU, R. et al. Reformulating the depression model of learned hopelessness for academic outcomes. *Educational Research Review*, Amsterdam, v. 4, p. 103-117, 2009.

AUSUBEL, D. P. *Educational psychology*: a cognitive view. New York: Holt, Rinehart, and Winston, 1968.

AYERS, W. *To teach*: the journey of a teacher. 3rd ed. New York: Teachers College, 2010.

BAKHTIN, M. M. *The dialogic imagination*: four essays. Austin: University of Texas, 1981.

BARBER, M. *Instruction to deliver*: fighting to transform Britain's public services. 2nd ed. London: Methuen, 2008.

BARBER, M.; MOFFIT, A.; KIHN, P. *Deliverology*: a field guide for educational leaders. Thousand Oaks: Corwin, 2011.

BAUSMITH, J. M.; BARRY, C. Revisiting professional learning communities to increase college readiness: the importance of pedagogical content knowledge. *Educational Researcher*, Washington, DC, v. 40, n. 40, p. 175-178, 2011.

BECKER, L. E. *Effect size calculators*. Colorado Springs: UCCS, 2009. Disponível em: <http://www.uccs.edu/~lbecker/>. Acesso em: 24 jul. 2016.

BENDIKSON, L.; ROBINSON, V. M. J.; HATTIE, J. A. Identifying the comparative academic performance of secondary schools. *Journal of Educational Administration*, Bingley, v. 49, n. 4, p. 433-449, 2011.

BEREITER, C. *Education and mind in the knowledge age*. Hillsdale: Lawrence Erlbaum Associates, 2002.

BERTHOLD, K.; NÜCKLES, M.; RENKL, A. Do learning protocols support learning strategies and outcomes? The role of cognitive and metacognitive prompts. *Learning and Instruction*, Oxford, v. 17, n. 5, p. 564-577, 2007.

BIGGS, J. B.; COLLIS, K. F. *Evaluating the quality of learning*: the SOLO taxonomy (structure of the observed learning outcome). New York: Academic, 1982.

BISHOP, R. Changing power relations in education: Kaupapa Māori messages for "mainstream" education in Aotearoa/New Zealand. *Comparative Education*, Abingdon, v. 39, n. 2, p. 221-238, 2003.

BLACK, P. et al. *Assessment for learning*: putting it into practice. Maidenhead: Open University, 2003.

BLACK, P. et al. Validity in teachers' summative assessments. *Assessment in Education*, Abingdon, v. 17, n. 2, p. 215-232, 2010.

BLACK, P. J.; WILIAM, D. Assessment and classroom learning. *Assessment in Education*, Abingdon, v. 5, n. 1, p. 7-73, 1998.

BLACK, P. J.; WILIAM, D. Developing the theory of formative assessment. *Educational Assessment, Evaluation and Accountability*, Cham, v. 21, n. 1, p. 5-31, 2009.

BOYD, D. et al. The influence of school administrators on teacher retention decisions. *American Educational Research Journal*, Washington, DC, v. 48, p. 303-333, 2011.

BRANSFORD, J.; BROWN, A. L.; COCKING, R. R. *How people learn*: brain, mind, experience, and school. Washington, DC: National Academy, 2000.

BROCK, P. *A passion for life*. Sydney: Australian Broadcasting Corporation, 2004.

BROOKS, G. *What works for children with literacy difficulties? The effectiveness of intervention schemes (RR380)*. London: HMSO, 2002.

BROWN, G.; IRVING, S. E.; PETERSON, E. R. The more I enjoy it the less I achieve: the negative impact of socio-emotional purposes of assessment and feedback on academic performance. In: EARLI CONFERENCE, 2009, Amsterdam. *Anais...* Amsterdam: EARLI, 2009.

BRUALDI, A. C. *Classroom questions*: ERIC/AE Digest, ERIC Digest Series No. EDO-TM-98-02. Los Angeles: ERIC Clearinghouse for Community Colleges, University of California at Los Angeles, 1998.

BRUTUS, S.; GREGURAS, G. J. Self-construals, motivation, and feedback-seeking behaviors. *International Journal of Selection and Assessment*, Hoboken, v. 16, n. 3, p. 282-291, 2008.

BRYAN, W. L.; HARTER, N. Studies in the physiology and psychology of the telegraphic, language. *Psychological Review*, Washington, DC, v. 4, p. 27-53, 1898.

BRYK, A. S.; SCHNEIDER, B. L. *Trust in schools*: a core resource for improvement. New York: Russell Sage Foundation, 2002.

BURNETT, P. C. The impact of teacher feedback on student self-talk and self-concept on reading and mathematics. *Journal of Classroom Interaction*, Houston, v. 38, n. 1, p. 11-16, 2003.

BURNS, C.; MYHILL, D. Interactive or inactive? A consideration of the nature of interaction in whole class teaching. *Cambridge Journal of Education*, Cambridge, v. 34, n. 1, p. 35-49, 2004.

BURNS, M. K. Comprehensive system of assessment to intervention using curriculum-based assessments. *Intervention in School and Clinic*, Thousand Oaks, v. 38, n. 1, p. 8-13, 2002.

BUTLER, R. Teachers' achievement goal orientations and associations with teachers' help seeking: examination of a novel approach to teacher motivation. *Journal of Educational Psychology*, Arlington, v. 99, n. 2, p. 241-252, 2007.

CARLESS, D. Differing perceptions in the feedback process. *Studies in Higher Education*, Abingdon, v. 31, n. 2, p. 219-233, 2006.

CARROLL, A. et al. *Adolescent reputations and risk*: developmental trajectories to delinquency. New York: Springer, 2009.

CASE, R. Conceptual development in the child and the field: a personal view of the Piagetian legacy. In: SCHOLNICK, E. et al. *Conceptual development*: Piaget's legacy. Hillsdale: Lawrence Erlbaum Associates, 1999. p. 23-51.

CASE, R. The structure and process of intellectual development. *International Journal of Psychology*, Hove, v. 5, n. 6, p. 571-607, 1987.

CAZDEN, C. *Classroom discourse*: the language of teaching and learning. Portsmouth: Heinemann, 2001.

CHAN, C. Y. J. *The effects of different evaluative feedback on student's self-efficacy in learning*. 2006. Dissertation (Doctorate Degree)–University of Hong Kong, Hong Kong, 2006. Unpublished.

CLARKE, D. J. The cultural specificity of accomplished practice: contingent conceptions of excellence. In: SHIMIZU, Y.; SEKIGUCHI, Y.; HINO, K. (Ed.). *In search of excellence in mathematics education*. Tokyo: Japan Society of Mathematical Education, 2010. p. 14-38.

CLARKE, S. *Active learning through formative assessment*. London: Hodder, 2011.

CLARKE, S.; TIMPERLEY, H.; HATTIE, J. A. C. *Unlocking formative assessment*: practical strategies for enhancing students' learning in the primary and intermediate classroom. Auckland: Hodder Moa Beckett, 2003.

CLEMENTS, D. H.; SARAMA, J. *Learning and teaching early math*: the learning trajectories approach. New York: Routledge, 2009.

CLINTON, J.; HATTIE, J. A. C.; DIXON, R. *Evaluation of the Flaxmere Project*: when families learn the language of school. Wellington: Ministry of Education, 2007.

COE, R. 'It's the effect size, stupid': what effect size is and why it is important. In: ANNUAL CONFERENCE OF THE BRITISH EDUCATIONAL RESEARCH ASSOCIATION, 2002, Devon. *Anais...* Devon: University of Exeter, 2002. Disponível em: <http://www.leeds.ac.uk/educol/documents/00002182.htm>. Acesso em: 24 jul. 2016.

COFFIELD, F. et al. *Learning styles and pedagogy*: a systematic and critical review. London: Learning and Skills Research Council, 2004.

COHEN, J. *Statistical power analysis for the behavioral sciences*. New York: Academic, 1977.

CONFREY, J.; MALONEY, A. The building of formative assessments around learning trajectories as situated in the CCSS. In: SCASS FAST FALL MEETING, 2010, Savannah. *Anais...* Savannah: SCASS FAST, 2010.

COOGAN, P.; HOBEN, N.; PARR, J. *Written language curriculum framework and map*: levels 5–6. Auckland: University of Auckland, 2003. (Project asTTle Tech. Rep. No. 37). Disponível em: <http://www.tki.org.nz/r/asttle/pdf/technical-reports/techreport37.pdf>. Acesso em: 24 jul. 2016.

COOPER, H. M. *Homework*. New York: Longman, 1989.

COOPER, H. M. *The battle over homework*. Thousand Oaks: Corwin, 1994.

COOPER, H. M.; ROBINSON, G. C.; PATALL, E. A. Does homework improve academic achievement? A synthesis of research, 1987–2003. *Review of Educational Research*, Washington, DC, v. 76, n. 1, p. 1-62, 2006.

CORNELIUS-WHITE, J. Learner-centered teacher–student relationships are effective: a meta-analysis. *Review of Educational Research*, Washington, DC, v. 77, n. 1, p. 113-143, 2007.

DARLING-HAMMOND, L. *Powerful teacher education*: lessons from exemplary programs. San Francisco: Jossey-Bass, 2006.

DARLING-HAMMOND, L. *The flat world and education*: how America's commitment to equity will determine our future. New York: Teachers College, 2010.

DARO, P.; MOSHER, F. A.; CORCORAN, T. *Learning trajectories in mathematics*: a foundation for standards, curriculum, assessment, and instruction. Philadelphia: Consortium for Policy Research in Education, 2011.

DAVIS, E. A. Prompting middle school science students for productive reflection: generic and directed prompts. *The Journal of Learning Sciences*, Abingdon, v. 12, p. 91-142, 2003.

DAVIS, E. A.; LINN, M. C. Scaffolding students' knowledge integration: prompts for reflection in KIE. *International Journal of Science Education*, London, v. 22, n. 8, p. 819-837, 2000.

DAY, C. *A passion for teaching*. London: Routledge Falmer, 2004.

DEBAZ, T. P. *A meta-analysis of the relationship between students' characteristics and achievement and attitudes toward science*. Columbus: Ohio State University, 1994. Unpublished.

DICKENS, C. *Hard times*. London: Bradbury & Evans, 1854.

DINHAM, S. *How to get your school moving and improving*. Camberwell: ACER, 2008.

DUFOUR, R.; DUFOUR, R.; EAKER, R. *Revisiting professional learning communities at work*. Bloomington: Solution Tree, 2008.

DUFOUR, R.; MARZANO, R. J. *Leaders of learning*: how district, school, and classroom leaders improve student achievement. Bloomington: Solution Tree, 2011.

DUNNING, D. *Self-insight*: roadblocks and detours on the path to knowing thyself. New York: Psychology, 2005.

DUSCHL, R. A.; OSBORNE, J. Supporting and promoting argumentation discourse in science education. *Studies in Science Education*, Yorkshire, v. 38, p. 39-72, 2002.

DWECK, C. *Mindset*. New York: Random House, 2006.

EASYCALCULATION.COM. *How to calculate standard deviation, variance*: tutorial. Singanallur: Easycalculation.com, [c2016?]. Disponível em: <http://easycalculation.com/statistics/learn-standard-deviation.php>. Acesso em: 02 set. 2016.

ELMORE, R. F. *School reform from the inside out*: policy, practice, and performance. Cambridge: Harvard Education, 2004.

ELMORE, R. F.; FIARMEN, S.; TEITAL, L. *Instructional rounds in education*. Cambridge: Harvard Education, 2009.

ENGLISH, L. D. (Ed.). *Handbook of international research in mathematics education*. Hillsdale: Lawrence Erlbaum Associates, 2002.

ERICSSON, K. A. The influence of experience and deliberate practice on the development of superior expert performance. In: ERICSSON, K. A. et al. *Cambridge handbook of expertise and expert performance*. Cambridge: Cambridge University, 2006. p. 685-706.

FALCHIKOV, N.; GOLDFINCH, J. Student peer assessment in higher education: a meta-analysis comparing peer and teacher marks. *Review of Educational Research*, Washington, DC, v. 70, n. 3, p. 287-322, 2000.

FLETCHER, R. B.; HATTIE, J. A. C. *Intelligence and intelligence testing*. London: Routledge, 2011.

FULLAN, M. *Change leader*: learning to do what matters most. New York: John Wiley, 2012.

FULLAN, M. *Choosing the wrong drivers for whole system reform*. Melbourne: Centre for Strategic Education, 2011.

FULLAN, M.; HILL, P.; CRÉVOLA, C. *Breakthrough*. Thousand Oaks: Corwin, 2006.

GAGE, N. L.; BERLINER, D. C. *Educational psychology*. 6th ed. Boston: Houghton Mifflin, 1998.

GALTON, M.; MORRISON, I.; PELL, T. Transfer and transition in English schools: reviewing the evidence. *International Journal of Educational Research*, Oxford, v. 33, p. 341-363, 2000.

GALTON, M.; PATRICK, H. (Ed.). *Curriculum provision in small primary schools*. London: Routledge, 1990.

GAN, M. *The effects of prompts and explicit coaching on peer feedback quality*. 2011. Dissertation (Doctorate Degree)–University of Auckland, Auckland, 2011. Disponível em: <https://researchspace.auckland.ac.nz/handle/2292/6630>. Acesso em: 24 jul. 2016.

GARDNER, H. Reflections on my works and those of my commentators. In: SHEARER, B. (Ed.). *MI at 25*. New York: Teachers College, 2009. p. 113-120.

GATES FOUNDATION. *Learning about teaching*: initial findings from the measures of effective teaching project. Seattle: Bill & Melinda Gates Foundation, 2010. Disponível em: <http://www.gatesfoundation.org/college-ready-education/Documents/preliminary-findings-research-paper.pdf>. Acesso em: 24 jul. 2016.

GAWANDE, A. *The checklist manifesto*. New York: Henry Holt, 2009.

GICKLING, E. E. Operationalizing academic learning time for low achieving and handicapped mainstreamed students. In: ANNUAL MEETING OF THE NORTHERN ROCKY MOUNTAIN EDUCATIONAL RESEARCH ASSOCIATION, 1984, Jackson Hole. *Anais...* Jackson Hole: Northern Rocky Mountain Educational Research Association, 1984.

GLADWELL, M. *Outliers*: the story of success. New York: Little, Brown, and Company, 2008.

GLASS, G. V.; MCGAW, B.; SMITH, M. L. *Meta-analysis in social research*. Beverly Hills: Sage, 1981.

GLASSWELL, K.; PARR, J.; AIKMAN, M. *Development of the asTTle writing assessment rubrics forscoring extended writing tasks*. Auckland: University of Auckland, Project asTTle, 2001. (Tech. Rep. No. 6).

GOLDSTEIN, L. Feedback and revision in second language writing: contextual, teacher, and student variables. In: HYLAND, K.; HYLAND, F. (Ed.). *Feedback in second language writing*: contexts and issues. New York: Cambridge University, 2006. p. 185-205.

GORE, J. M.; GRIFFITHS, T.; LADWIG, J. G. Towards better teaching: productive pedagogy as a framework for teacher education. *Teaching and Teacher Education*, Amsterdam, v. 20, n. 4, p. 375-387, 2004.

GRAESSET, A. C.; HALPERN, D. F.; HAKEL, M. *25 principles of learning*. Washington, DC: Taskforce on Lifelong Learning at Work and at Home, 2008. Disponível em: <www.psyc.memphis.edu/learning/whatweknow/index.shtml>. Acesso em: 24 jul. 2016.

GRIFFIN, P. The comfort of competence and the uncertainty of assessment. *Studies in Educational Evaluation*, Amsterdam, v. 33, n. 1, p. 87-99, 2007.

HARDMAN, F.; SMITH, F.; WALL, K. Interactive whole class teaching in the National Literacy Strategy. *Cambridge Journal of Education*, Cambridge, v. 33, n. 2, p. 197-215, 2003.

HARELLI, S.; HESS, U. When does feedback about success at school hurt? The role of causal attributions. *Social Psychology in Education*, Cham, v. 11, p. 259-272, 2008.

HARGREAVES, A. Presentism, individualism, and conservatism: the legacy of Dan Lortie's Schoolteacher: a sociological study. *Curriculum Inquiry*, Toronto, v. 40, n. 1, p. 143-154, 2010.

HARKS, B. et al. *Self regulation mediates the impact of feedback*. [S.l.: s.n.], 2011. Forthcoming.

HASTIE, S. *Teaching students to set goals*: strategies, commitment, and monitoring. 2011. Dissertation (Doctorate Degree)–University of Auckland, Auckland, 2011. Unpublished.

HATTIE, J. A. C. Processes of integrating, developing, and processing self information. In: MARSH, H. W.; CRAVEN, R.; MCINERNEY, D. M. (Ed.). *Self-processes, learning, and enabling human potential*: dynamic new approaches. Greenwich: Information Age, 2008. v. 3.

HATTIE, J. A. C. *Self-concept*. Hillsdale: Lawrence Erlbaum Associates, 1992. p. 304.

HATTIE, J. A. C. The differences in achievement between boys and girls. In: BOYS SCHOOLS ANNUAL CONFERENCE, 2010, Wellington. *Anais*... Wellington: Boys Schools, 2010a.

HATTIE, J. A. C. The status of reading in New Zealand schools: the upper primary plateau problem (PPP3). *Reading Forum*, v. 22, n. 2, p. 25-39, 2007.

HATTIE, J. A. C. The validity of reports. *Online Educational Research Journal*, Durham, 2010b. Disponível em: <http://www.oerj.org/View?action=viewPaper&paper=6>. Acesso em: 24 jul. 2016.

HATTIE, J. A. C. *Visible learning*: a synthesis of 800+ meta-analyses on achievement. London: Routledge, 2009.

HATTIE, J. A. C. et al. *Generation II:e-asTTle*: an internet computer application. Wellington: Ministry of Education, 2009.

HATTIE, J. A. C. et al. *The first year evaluation of Paideia*. Guilford County: Bryan Foundation and Guilford County Schools, 1998.

HATTIE, J. A. C.; BIGGS, J.; PURDIE, N. Effects of learning skills interventions on student learning: a meta-analysis. *Review of Educational Research*, Washington, DC, v. 66, n. 2, p. 99-136, 1996.

HATTIE, J. A. C.; BROWN, G. T. L. Cognitive processes in asTTle: the SOLO taxonomy.asTTle. Auckland: University of Auckland and the Ministry of Education, 2004. (Technical Report No. 43).

HATTIE, J. A. C.; CLINTON, J. M. School leaders as evaluators. In: ACTIVATE: a leader's guide to people, practices and processes. Englewood: The Leadership and Learning Center, 2011. p. 93-118.

HATTIE, J. A. C.; PURDIE, N. The SOLO model: addressing fundamental measurement issues. In: DART, B. C.; BOULTON-LEWIS, G. M. (Ed.). *Teaching and learning in higher education*. Camberwell: Australian Council of Educational Research, 1998. p. 145-176.

HATTIE, J. A. C.; ROGERS, H. J.; SWAMINATHAN, H. The role of meta-analysis in educational research. In: REID, A. et al. *A companion to research in education*. London: Springer, 2011.

HATTIE, J. A. C.; TIMPERLEY, H. The power of feedback. *Review of Educational Research*, Washington, DC, v. 77, n. 1, p. 81-112, 2006.

HAYS, M. J.; KORNELL, N.; BJORK, R. A. Costs and benefits of feedback during learning. *Psychonomic Bulletin and Review*, Austin, v. 17, n. 6, p. 797-801, 2010.

HEDGES, L. V.; OLKIN, I. *Statistical methods for meta-analysis*. Orlando: Academic, 1985.

HEIMBECK, D. et al. Integrating errors into the training process: the function of error management instructions and the role of goal orientation. *Personnel Psychology*, Washington, DC, v. 56, p. 333-362, 2003.

HEUBUSCH, J. D.; LLOYD, J. W. Corrective feedback in oral reading. *Journal of Behavioral Education*, Cham, v. 8, p. 63-79, 1998.

HIGGINS, R.; HARTLEY, P.; SKELTON, A. Getting the message across: the problem of communicating assessment feedback. *Teaching in Higher Education*, Abingdon, v. 6, n. 2, p. 269-274, 2001.

HIGGINS, S.; KOKOTSAKI, D.; COE, R. *Toolkit of strategies to improve learning*: summary for schools spending the pupil premium. London: Sutton Trust, 2011. Disponível em: <http://www.suttontrust.com/research/toolkit-of-strategies-to-improve-learning/>. Acesso em: 24 jul. 2016.

HILL, C. J. et al. Empirical benchmarks for interpreting effect sizes in research. *Child Development Perspectives*, Hoboken, v. 2, n. 3, p. 172-177, 2008.

HOLT, C. R. et al. *Teachers' ability to perceive student learning preferences*: 'I'm sorry, but I don't teach like that.' New York: Teachers College Record, 2005. Disponível em: <www.tcrecord.org/printContent.asp/Content ID=11767>. Acesso em: 24 jul. 2016.

HYDE, J. S. The gender similarities hypothesis. *American Psychologist*, Washington, DC, v. 60, n. 6, p. 581-592, 2005.

HYLAND, F.; HYLAND, K. Sugaring the pill: praise and criticism in written feedback. *Journal of Second Language Writing*, Amsterdam, v. 10, n. 3, p. 185-212, 2001.

HYLAND, K.; HYLAND, F. (Ed.). *Feedback in second language writing*: contexts and issues. Cambridge: Cambridge University, 2006.

INGVARSON, L.; HATTIE, J. (Ed.). *Assessing teachers for professional certification*: the first decade of the National Board for Professional Teaching Standards. Oxford: Elsevier, 2008. (Advances in Program Evaluation Series #11).

INOUE, N. Why face a challenge? The reason behind intrinsically motivated students'spontaneous choice of challenging tasks. *Learning and Individual Differences*, Amsterdam, v. 17, n. 3, p. 251-259, 2007.

IRVING, S. E. *The development and validation of a student evaluation instrument to identify highly accomplished mathematics teachers*. Auckland: University of Auckland, 2004. Unpublished.

JACKSON, P. W. *Life in classrooms*. New York: Holt, Rinehart and Winston, 1968.

JAMES, W. *The will to believe*. London: Longmans, Green and Co., 1897.

JAYMJ23'S CHANNEL. *Michael Jordan "Failure" Nike Commercial*. [S.l.]: YouTube, 2006. 1 vídeo. Disponível em: <https://www.youtube.com/watch?v=45mMioJ5szc>. Acesso em: 17 ago. 2016.

JOYCE, B.; SHOWERS, B. *Student achievement through staff development*: fundamental of school renewal. 2nd ed. New York: Longman, 1995.

KAMINS, M. L.; DWECK, C. S. Person versus process praise and criticism: Implications for contingent self-worth and coping. *Developmental Psychology*, Washington, DC, v. 35, n. 3, p. 835-847, 1999.

KANG, S.; MCDERMOTT, K. B.; ROEDIGER, H. L. Test format and corrective feedback modulate the effect of testing on memory retention. *The European Journal of Cognitive Psychology*, Hove, v. 19, p. 528-558, 2007.

KENNEDY, M. M. Attribution error and the quest for teacher quality. *Educational Researcher*, Washington, DC, v. 39, n. 8, p. 591-598, 2010.

KESSELS, U. et al. Threat to identity through positive feedback about academic performance. *Zeitschrift fur Entwicklungspsychologie und Padagogische Psychologie*, Göttingen, v. 40, n. 1, v. 22-31, 2008.

KLUGER, A. N.; DENISI, A. The effects of feedback interventions on performance: a historical review, a meta-analysis, and a preliminary feedback intervention theory. *Psychological Bulletin*, Washington, DC, v. 119, n. 2, p. 254-284, 1996.

KOBAYASHI, K. What limits the encoding effect of note-taking? A meta-analytic examination. *Contemporary Educational Psychology*, Amsterdam, v. 30, n. 2, p. 242-262, 2005.

KOHN, A. *The homework myth*: why our kids get too much of a bad thing. Cambridge: Da Capo, 2006.

KULHAVY, R. W. Feedback in written instruction. *Review of Educational Research*, Washington, DC, v. 47, n. 2, p. 211-232, 1977.

KUNG, M. C. Why and how do people seek success and failure feedback? A closer look at motives, methods and cultural differences. 2008. Dissertation (Doctorate Degree)–Florida Institute of Technology, Melbourne, 2008. Unpublished.

LADD, H. F. Teachers' perceptions of their working conditions: how predictive of planned and actual teacher movement? *Educational Evaluation and Policy Analysis*, Thousand Oaks, v. 33, n. 2, p. 235-261, 2011.

LAVERY, L. *Self-regulated learning for academic success*: an evaluation of instructional techniques. Auckland: University of Auckland, 2008. Unpublished.

LEAHY, S.; WILIAM, D. *Embedding assessment for learning*: a professional development pack. London: Specialist Schools and Academies Trust, 2009.

LEVIN, B. *How to change 5000 schools*. Cambridge: Harvard Education, 2008.

LEVIN, H. et al. *The costs and benefits of an excellent education for all of America's children*. New York: Teachers College, 2006.

LINGARD, B. Pedagogies of indifference. *International Journal of Inclusive Education*, Abingdon, v. 11, n. 3, p. 245-266, 2007.

LIPSEY, M. W.; WILSON, D. B. *Practical meta-analysis*. Thousand Oaks: Sage, 2001. (Applied Social Research Methods Series, v. 49).

LORTIE, D. C. *School teacher*: a sociological study. Chicago: University of Chicago, 1975.

LUQUE, M. F.; SOMMER, S. M. The impact of culture on feedback-seeking behavior: an integrated model and propositions. *The Academy of Management Review*, Ohio, v. 25, n. 4, p. 829-849, 2000.

MAGUIRE, T. O. The use of the SOLO taxonomy for evaluating a program for gifted students. In: ANNUAL CONFERENCE OF THE AUSTRALIAN ASSOCIATION FOR RESEARCH IN EDUCATION, 1988, Armidale. *Anais...* Armidale: Australian Association for Research in Education, 1988.

MANSELL, W. Pupil self-assessment is top way to improve. *Times Educational Supplement*, London, p. 21, 2008.

MARSH, H. W. et al. The big-fish-little-pond-effect stands up to critical scrutiny: Implications for theory, methodology, and future research. *Educational Psychology Review*, Cham, v. 20, p. 319-350, 2008.

MARTIN, A. J. Personal bests (PBs): a proposed multidimensional model and empirical analysis. *British Journal of Educational Psychology*, Edinburgh, v. 76, p. 803-825, 2006.

MAYER, R. E. Constructivism as a theory of learning versus constructivism as a prescription for instruction. In: TOBIAS, S.; DUFFY, T. M. (Ed.). *Constructivist theory applied to instruction: success or failure?* New York: Taylor & Francis, 2009. p. 184-200.

MAYER, R. E. Should there be a three-strikes rule against pure discovery learning? The case for guided methods of instruction. *American Psychologist*, Washington, DC, v. 59, p. 14-19, 2004.

MAYER, R. E. et al. Clickers in college classrooms: fostering learning with questioning methods in large lecture classes. *Contemporary Educational Psychology*, Amsterdam, v. 34, n. 1, p. 51-57, 2009.

MCINTYRE, D.; PEDDER, D.; RUDDUCK, J. Pupil voice: comfortable and uncomfortable learnings for teachers. *Research Papers in Education*, London, v. 20, n. 2, p. 149-168, 2005.

MCNULTY, B. A.; BESSER, L. *Leaders make it happen! An administrator's guide to data teams*. Englewood: The Leadership and Learning Center, 2011.

MEEHAN, H. *Learning lessons*. Cambridge: Harvard University, 1979.

MERCER, N.; LITTLETON, K. *Dialogue and the development of children's thinking*. London: Routledge, 2007.

MILLER, P. *The smart swarm*: how understanding flocks, schools, and colonies can make us better at communicating, decision making, and getting things done. London: Penguin Group, 2010.

MOSELEY, D. et al. *Thinking skill frameworks for post-16 learners*: an evaluation. London: Learning and Skills Research Centre, 2004.

MURPHY, P. K. et al. Examining the effects of classroom discussion on students' comprehension of text: a metaanalysis. *Journal of Educational Psychology*, Arlington, v. 101, n. 3, p. 740-764, 2009.

NATIONAL board for professional teaching standards. Arlington: NBPTS, c2014. Disponível em: <http://www.nbpts.org>. Acesso em: 26 jul. 2016.

NEIDERER, K. *The BFLPE*: self-concepts of gifted students in a part-time, gifted program. 2011. Dissertation (Doctorate Degree)–University of Auckland, Auckland, 2011. Unpublished.

NEUMANN, A. Professing passion: emotion in the scholarship of professors at research universities. *American Educational Research Journal*, Washington, DC, v. 43, n. 3, p. 381-424, 2006.

NEWTON, P.; DRIVER, R.; OSBORNE, J. The place of argumentation in the pedagogy of school science. *International Journal of Science Education*, London, v. 21, n. 5, p. 553-576, 1999.

NICKERSON, R. S. Confirmation bias: a ubiquitous phenomenon in many guises. *Review of General Psychology*, Washington, DC, v. 2, p. 175-220, 1998.

NUCKLES, M.; HUBNER, S.; RENKL, A. Enhancing self-regulated learning by writing learning protocols. *Learning and Instruction*, Oxford, v. 19, p. 259-271, 2009.

NUSSBAUM, E. S. *Not for profit*: why democracy needs the humanities. Princeton: Princeton University, 2010.

NUTHALL, G. A. The cultural myths and realities of classroom teaching and learning: a personal journey. *Teachers College Record*, New York, v. 107, n. 5, p. 895-934, 2005.

NUTHALL, G. A. *The hidden lives of learners*. Wellington: New Zealand Council for Educational Research, 2007.

ORNSTEIN, P. et al. Linking the classroom context and the development of children's memory skills. In: MEECE, J. L.; ECCLES, J. S. (Ed.). *Handbook on research on schools, schooling, and human development*. New York: Routledge, 2010. p. 42-59.

PARKER, W. B. Public discourses in schools: purposes, problems, possibilities. *Educational Researcher*, Washington, DC, v. 35, n. 8, p. 11-18, 2006.

PASCHAL, R. A.; WEINSTEIN, T.; WALBERG, H. J. The effects of homework on learning: a quantitative synthesis. *Journal of Educational Research*, Oxford, v. 78, n. 2, p. 97-104, 1984.

PASHLER, H. et al. Learning styles: concepts and evidence. *Psychological Science in the Public Interest*, Malden, v. 9, n. 3, p. 105-119, 2009.

PEECK, J.; VAN DEN BOSCH, A. B.; KREUPELING, W. J. Effects of informative feedback in relation to retention of initial responses. *Contemporary Educational Psychology*, Amsterdam, v. 10, n. 4, p. 303-313, 1985.

PEKRUL, S.; LEVIN, B. Building student voice for school improvement. In: THIESSEN, D.; COOK-SATHER, A. (Ed.). *International handbook of student experience in elementary and secondary school*. Dordrecht: Springer, 2007. p. 711-726.

PETTY, G. *Evidence-based teaching*: a practical approach. 2nd ed. Cheltenham: Nelson Thornes, 2009a.

PETTY, G. *Teaching today*: a practical guide. 4th ed. Cheltenham: Nelson Thornes, 2009b.

PIAGET, J. *Genetic epistemology*. New York: Columbia University, 1970.

PLANT, E. A. et al. Why study time does not predict grade point average across college students: implications of deliberate practice for academic performance. *Contemporary Educational Psychology*, Amsterdam, v. 30, p. 96-116, 2005.

POPHAM, J. How to build learning progressions: keep them simple, Simon. In: ANNUAL MEETING OF THE AMERICAN EDUCATIONAL RESEARCH ASSOCIATION, 2011, New Orleans. *Anais...* New Orleans: American Educational Research Association, 2011.

PRATT, S.; GEORGE, R. Transferring friendship: girls' and boys' friendships in the transition from primary to secondary school. *Children & Society*, Hoboken, v. 19, n. 1, p. 16-26, 2005.

PURKEY, W. W. An introduction to invitational theory. *Journal of Invitational Theory and Practice*, Hong Kong, v. 1, n. 1, p. 5-15, 1992.

REEVES, D. *Finding your leadership focus*. New York: Teachers College, 2011.

REEVES, D. Level-five networks: making significant changes in complex organizations. In: HARGREAVES, A.; FULLAN, M. (Ed.). *Change wars*. Bloomington: Solution Tree, 2009. p. 185-200.

REEVES, D. *Transforming professional development into student results*. Alexandria: ACSD, 2010.

RETELSDORF, J. et al. Teachers' goal orientations for teaching: associations with instructional practices, interest in teaching, and burnout. *Learning and Instruction*, Oxford, v. 20, n. 1, p. 30-46, 2010.

RIENER, C.; WILLINGHAM, D. The myth of learning styles. *Change*, Abingdon, p. 32-36, Sept./Oct. 2010.

ROBERTS, T.; BILLINGS, L. *The Paideia classroom*: teaching for understanding. Larchmont: Eye on Education, 1999.

ROBINSON, V. M. J. *Student-centred leadership*. San Francisco: Jossey Bass, 2011.

ROBINSON, V. M. J.; LLOYD, C.; ROWE, K. J. The impact of educational leadership on student outcomes: an analysis of the differential effects of leadership types. *Education Administration Quarterly*, Thousand Oaks, v. 41, p. 635-674, 2008.

ROSETH, C. J. et al. Effects of cooperative learning on middle school students: a meta-analysis. In: ANNUAL MEETING OF THE AMERICAN EDUCATIONAL RESEARCH ASSOCIATION, 2006, San Francisco. *Anais...* San Francisco: American Educational Research Association, 2006.

RUBIE-DAVIES, C. M. Classroom interactions: exploring the practices of high- and low-expectation teachers. *British Journal of Educational Psychology*, Edinburgh, v. 77, p. 289-306, 2007.

RUBIE-DAVIES, C.; HATTIE, J. A. C.; HAMILTON, R. Expecting the best for students: teacher expectations and academic outcomes. *British Journal of Educational Psychology*, Edinburgh, v. 76, p. 429-444, 2006.

SADLER, D. R. Beyond feedback: developing student capability in complex appraisal. *Assessment and Evaluation in Higher Education*, Abingdon, v. 35, n. 5, p. 535-550, 2008.

SADLER, D. R. Formative assessment and the design of instructional systems. *Instructional Science*, Amsterdam, v. 18, n. 2, p. 119-144, 1989.

SCHAGEN, I.; HODGEN, E. *How much difference does it make? Notes on understanding, using, and calculating effect sizes for schools.* Wellington: Education Counts, 2009. Disponível em: <www.educationcounts.govt.nz/publications/schooling/36097/36098>. Acesso em: 02 set. 2016.

SCHUNK, D. H. Goal and self-evaluative influences during children's cognitive skill learning. *American Educational Research Journal*, Washington, DC, v. 33, p. 359-382, 1996.

SCHUNK, D. H. *Learning theories*: an educational perspective. 4th ed. Upper Saddle River: Merrill/Prentice Hall, 2008.

SCRIVEN, M. Pros and cons about goal-free evaluation. *American Journal of Evaluation*, Thousand Oaks, v. 12, n. 1, p. 55-62, 1991.

SCRIVEN, M. *The logic and methodology of checklists*. Kalamazoo: Western Michigan University, 2005. Disponível em: <https://www.wmich.edu/evaluation/checklists>. Acesso em: 02 set. 2016.

SHAYER, M. Not just Piaget; not just Vygotsky, and certainly not Vygotsky as alternative to Piaget. *Learning and Instruction*, Oxford, v. 13, p. 465-485, 2003.

SHAYER, M.; ADEY, P. S. *Towards a science of science teaching*. London: Heinemann Educational, 1981.

SHERMAN, S.; FREA, A. The wild west of executive coaching. *Harvard Business Review*, Boston, v. 82, n. 11, p. 82-90, 2004.

SHERNOFF, D. J.; CSIKSZENTMIHALYI, M. Flow in schools: cultivating engaged learners and optimal learning environments. In: GILMAN, R. C.; HEUBNER, E. S.; FURLONG, M. J. (Ed.). *Handbook of positive psychology in schools*. New York: Routledge, 2009. p. 131-145.

SHIELDS, D. L. Character as the aim of education. *Phi Delta Kappan*, Bloomington, v. 92, n. 8, p. 48-53, 2011.

SHUTE, V. J. Focus on formative feedback. *Review of Educational Research*, Washington, DC, v. 78, n. 1, v. 153-189, 2008.

SIMON, H. A.; CHASE, W. G. Skill in chess. *American Scientist*, New Haven, v. 61, n. 4, p. 394-403, 1973.

SITZMANN, T.; ELY, K. A meta-analysis of self-regulated learning in work-related training and educational attainment: what we know and where we need to go. *Psychological Bulletin*, Washington, DC, v. 137, n. 3, p. 421-442, 2011.

SKIPPER, Y.; DOUGLAS, K. Is no praise good praise? Effects of positive feedback on children's and university students' responses to subsequent failures. *British Journal of Educational Psychology*, Edinburgh, 2011.

SLATER, H.; DAVIES, N.; BURGESS, S. *Do teachers matter? Measuring the variation in teacher effectiveness in England.* Bristol: CMPO, 2009. (Centre for Market and Public Organisation Working Series No. 09/212). Disponível em: <www.bristol.ac.uk/cmpo/publications/papers/2009/wp212.pdf>. Acesso em: 23 jul. 2016.

SLUIJSMANS, D. M. A.; BRAND-GRUWEL, S.; VAN MERRIENBOER, J. J. G. Peer assessment training in teacher education: effects on performance and perceptions. *Assessment and Evaluation in Higher Education*, Abingdon , v. 27, n. 5, p. 443-454, 2002.

SMITH, S. L. *Academic target setting*: formative use of achievement data. 2009. Dissertation (Doctorate Degree)–University of Auckland, Auckland, 2009. Unpublished.

SMITH, T. W. et al. A validity study of the certification system of the National Board for Professional Teaching Standards. In: INGVARSON, L.; HATTIE, J. A. C. (Ed.). *Assessing teachers for professional certification*: the first decade of the National Board for Professional Teaching Standards. Oxford: Elsevier, 2008. p. 345-380. (Advances in Program Evaluation Series #11).

SNOWLING, M. J.; HULME, C. Evidence-based interventions for reading and language difficulties: creating a virtuous circle. *British Journal of Educational Psychology*, Edinburgh, v. 81, n. 1, p. 1-23, 2010.

STANDARD Deviation. [S.l.: s.n.], c2009. Disponível em: <http://standard-deviation.appspot.com/>. Acesso em: 02 set. 2016.

STEEDLE, J. T.; SHAVELSON, R. J. Supporting valid interpretations of learning progression level diagnoses. *Journal of Research in Science Teaching*, New York, v. 46, n. 6, p. 699-715, 2009.

STEELE, C. F. *The inspired teacher*: how to know one, grow one, or be one. Alexandria: ASCD, 2009.

TABER, K. S. Constructivism and direct instruction as competing instructional paradigms: an essay review of Tobias and Duffy's constructivist instruction: success or failure? *Education Review*, Abingdon, v. 13, n. 8, 2010. Disponível em: <http://www.edrev.info/essays/v13n8index.html>. Acesso em: 23 jul. 2016.

TIMPERLEY, H. *Realising the power of professional learning*. Maidenhead: Open University, 2012.

TIMPERLEY, H. et al. *Teacher professional learning and development*: best evidence synthesis on professional learning and development. Wellington: Ministry of Education, 2007. Disponível em: <http://www.educationcounts.govt.nz/publications/series/2515/15341>. Acesso em: 23 jul. 2016.

TKI. *What next.* Wellington: Ministry of Education National, 2016. Disponível em: <http://assessment.tki.org.nz/Assessment-tools-resources/What-Next>. Acesso em: 30 jul. 2016.

TOMLINSON, C. A. *Differentiation in practice*: a resource guide for differentiating curriculum, grades 9-12. Alexandria: ASCD, 2005.

TOMLINSON, C. A. *How to differentiate instruction in mixed-ability classrooms.* Alexandria: ASCD, 1995.

VAN DE POL, J.; VOLMAN, M.; BEISHUIZEN, J. Scaffolding in teacher-student interaction: a decade of research. *Educational Psychological Review*, Cham, v. 22, 271-296, 2010.

VAN DEN BERGH, L.; ROS, A.; BEIJAARD, D. Feedback van basisschoolleerkrachten tijdens actief leren: de huidige praktijk. Enschede: ORD, 2010.

VAN GOG, T. et al. Instructional design for advanced learners: establishing connections between theoretical frameworks of cognitive load and deliberate practice. *Educational Technology Research and Development*, Cham, v. 53, n. 3, p. 73-81, 2005.

WEINSTEIN, R. S. *Reaching higher*: the power of expectations in schooling. Cambridge: Harvard University, 2002.

WETZELS, S. A. J. et al. The influence of prior knowledge on the retrieval-directed function of note taking in prior knowledge activation. *British Journal of Educational Psychology*, Edinburgh, v. 81, n. 2, p. 274-291, 2011.

WICKENS, C. Situation awareness and workload in aviation. *Current Directions in Psychological Science*, Thousand Oaks, v. 11, n. 4, p. 128-133, 2002.

WIGGINS, G. P.; MCTIGHE, J. *Understanding by design.* 2nd ed. Alexandria: ASCD, 2005.

WIKIPEDIA. *Standard deviation*. [S.l.]: Wikipedia, 2016. Disponível em: <http://simple.wikipedia.org/wiki/Standard_deviation>. Acesso em: 02 set. 2016.

WILIAM, D. *Embedded formative assessment*. Bloomington: Solution Tree, 2011.

WILIAM, D. et al. Teachers developing assessment for learning: impact on student achievement. *Assessment in Education*, Abingdon, v. 11, n. 1, p. 49-65, 2004.

WILIAM, D.; THOMPSON, M. Integrating assessment with instruction: what will it take to make it work? In: DWYER, C. A. (Ed.). *The future of assessment*: shaping teaching and learning. Hillsdale: Lawrence Erlbaum Associates, 2008. p. 53-92.

WILKINSON, I. A. G. et al. Discussion: modeling and maximizing peer effects in school. *International Journal of Educational Research*, Oxford, v. 37, n. 5, p. 521-235, 2002.

WILKINSON, S. S. *The relationship of teacher praise and student achievement*: a meta-analysis of selected research. 1980. Dissertation (Doctorate Degree)–University of Florida, Gainesville, 1980. Unpublished.

WILLINGHAM, D. T. *Why don't students like school? A cognitive scientist answers questions about how the mind works and what it means for the classroom*. San Francisco: John Wiley & Sons, 2009.

WILSON, B. L.; CORBETT, H. D. Students' perspectives on good teaching: Implications for adult reform behavior. In: THIESSEN, D.; COOK-SATHER, A. (Ed.). *International handbook of student experience in elementary and secondary school*. Dordrecht: Springer, 2007. p. 283-314.

WINNE, P. H.; HADWIN, A. F. The weave of motivation and self-regulated learning. In: SCHUNK, D. H.; ZIMMERMAN, B. J. (Ed.). *Motivation and self-regulated learning*: theory, research and applications. Hillsdale: Lawrence Erlbaum Associates, 2008. p. 297-314.

WITTGENSTEIN, L. *Philosophical investigations*. 2nd ed. Oxford: Blackwell, 1958.

YAIR, G. Educational battlefields in America: the tug-of-war over students' engagement with instruction. *Sociology of Education*, Albany, v. 73, n. 4, p. 247-269, 2000.

YEH, S. S. *The cost-effectiveness of 22 approaches for raising student achievement*. Charlotte: Information Age, 2011.

ZEHM, S. J.; KOTTLER, J. A. *On being a teacher*: the human dimension. Thousand Oaks: Corwin, 1993.

LEITURAS SUGERIDAS

HATTIE, J. A. C.; BROWN, G. T. L.; KEEGAN, P. J. A national teacher-managed, curriculumbased assessment system: assessment tools for teaching & learning (asTTle). *International Journal of Learning*, v. 10, p. 771-778, 2003.

HATTIE, J. A. C.; MASTERS, D. *The evaluation of a student feedback survey*. Auckland: Cognition, 2011.

HUNTER, J. E.; SCHMIDT, F. L. *Methods of meta-analysis*: correcting error and bias in research findings. Newbury Park: Sage, 1990.

PETTY, G. *Evidence-based teaching*: a practical approach. Cheltenham: Nelson Thornes, 2006.

Apêndice A

Checklist para "Aprendizagem visível *inside*"

A utilização desse *checklist* pelos profissionais da escola pode ser útil, no início e durante sua jornada, na direção de uma "aprendizagem visível *inside*" para acompanhar seu próprio progresso. O significado de cada parte do *checklist* é desenvolvido em cada um dos capítulos e precisa ser compreendido por meio da leitura das seções adequadas.

Certifique-se de que todos compreendam o significado de cada *checklist* e, em seguida, classifique independentemente cada afirmação, circulando o número que melhor representa seus sentimentos sobre ela, e reveja os resultados na escola.

Discordo plenamente	Discordo em termos gerais	Discordo parcialmente	Concordo parcialmente	Concordo em termos gerais	Concordo plenamente
1	2	3	4	5	6

ENSINO MOTIVADO E ENTUSIASMADO

1. **Todos os adultos na escola reconhecem que:**
    a. existem variações entre os professores sobre o seu impacto na aprendizagem e no desempenho dos alunos;   1 2 3 4 5 6
    b. todos (líderes escolares, professores, pais, alunos) valorizam fortemente apresentar efeitos positivos importantes sobre os alunos;   1 2 3 4 5 6
    c. todos estão vigilantes sobre a importância de construir conhecimento especializado, a fim de criar efeitos positivos no desempenho dos alunos.   1 2 3 4 5 6

2. **A escola apresenta evidências convincentes de que todos os seus professores são motivados e entusiasmados – e esse deve ser o principal atributo de promoção da instituição.**   1 2 3 4 5 6

3. **A escola apresenta um programa de desenvolvimento profissional que:**
    a. estimula, nos professores, o entendimento mais aprofundado sobre seus alunos;   1 2 3 4 5 6
    b. apoia a aprendizagem por meio de análises das interações dos professores com os alunos, em sala de aula;   1 2 3 4 5 6

	c. ajuda os professores a saber como oferecer *feedbacks* eficazes;	1 2 3 4 5 6
	d. preocupa-se com os atributos afetivos dos alunos;	1 2 3 4 5 6
	e. desenvolve a capacidade dos professores de influenciar a aprendizagem superficial e profunda dos alunos.	1 2 3 4 5 6
4.	**O desenvolvimento profissional da escola também apresenta como meta ajudar os professores a encontrar caminhos para:**	
	a. resolver problemas de ensino;	1 2 3 4 5 6
	b. interpretar eventos em andamento;	1 2 3 4 5 6
	c. serem sensíveis ao contexto;	1 2 3 4 5 6
	d. monitorar a aprendizagem;	1 2 3 4 5 6
	e. testar hipóteses;	1 2 3 4 5 6
	f. demonstrar respeito por todos na escola;	1 2 3 4 5 6
	g. apresentar entusiasmo pelo ensino e aprendizagem;	1 2 3 4 5 6
	h. ajudar os alunos a compreender a complexidade.	1 2 3 4 5 6
5.	**O profissionalismo na escola é alcançado por professores e líderes escolares que trabalham colaborativamente para obter "aprendizagem visível *inside*".**	1 2 3 4 5 6

PLANEJAMENTO

6.	**A escola apresenta, e os professores utilizam, métodos defensáveis para:**	
	a. monitorar, registrar e tornar disponível, em tempo hábil, interpretações sobre o desempenho anterior, atual e visado dos alunos;	1 2 3 4 5 6
	b. monitorar regularmente o progresso dos alunos ao longo do ano e entre os anos, utilizando essa informação no planejamento e na avaliação das aulas;	1 2 3 4 5 6
	c. criar alvos relacionados aos efeitos que se esperam que os professores apresentem na aprendizagem de todos os alunos.	1 2 3 4 5 6
7.	**Os professores compreendem as atitudes e as disposições que os alunos trazem para a aula e procuram estimulá-las, de modo que sejam parte positiva da aprendizagem.**	1 2 3 4 5 6
8.	**Os professores, na escola, planejam, em conjunto, séries de aulas com intenções de aprendizagem e critérios de sucesso associadas a especificações curriculares que valham a pena.**	1 2 3 4 5 6
9.	**Existem evidências de que essas aulas planejadas:**	
	a. promovem desafios adequados, que envolvem o compromisso dos alunos em investir na aprendizagem;	1 2 3 4 5 6
	b. capitalizam e constroem a confiança dos alunos para alcançar as intenções de aprendizagem;	1 2 3 4 5 6
	c. baseiam-se em expectativas de resultados apropriadamente elevados para os alunos;	1 2 3 4 5 6
	d. levam os alunos a alcançar objetivos e a desejar reinvestir na sua aprendizagem;	1 2 3 4 5 6

e. apresentam intenções de aprendizagem e critérios de sucesso que são explicitamente conhecidos pelos alunos.	1 2 3 4 5 6
10. Todos os professores estão muito familiarizados com o currículo – em termos de conteúdo, níveis de dificuldade e progresso esperado – e compartilham interpretações comuns sobre ele, uns com os outros.	1 2 3 4 5 6
11. Os professores conversam entre si sobre o impacto do seu ensino, baseados na evidência de progresso dos alunos, e sobre como maximizar seu impacto sobre eles.	1 2 3 4 5 6

COMEÇANDO A AULA

12. O ambiente da sala de aula, avaliado a partir da perspectiva dos alunos, é considerado justo: os alunos sentem que não há problema em dizer "eu não sei" ou "preciso de ajuda". Existe um nível elevado de confiança, e os alunos acreditam que são ouvidos e, além disso, sabem que o propósito da aula é o de aprender e progredir.	1 2 3 4 5 6
13. Os profissionais de ensino apresentam um nível elevado de confiança em suas relações (respeito pelo papel de cada um na aprendizagem, respeito pela especialidade de cada um, preocupação pessoal com os outros e níveis elevados de integridade), ao tomar decisões administrativas e de ensino.	1 2 3 4 5 6
14. As salas dos professores e as salas de aula são dominadas mais pelo diálogo do que por monólogos em relação à aprendizagem.	1 2 3 4 5 6
15. As salas de aula são dominadas mais pelas perguntas dos alunos do que por perguntas dos professores.	1 2 3 4 5 6
16. Existe um equilíbrio entre falar, escutar e fazer por parte dos professores; existe um equilíbrio semelhante entre falar, escutar e fazer por parte dos alunos.	1 2 3 4 5 6
17. Professores e alunos estão conscientes do equilíbrio entre as compreensões superficiais, profundas e conceituais envolvidas nas intenções de aprendizagem.	1 2 3 4 5 6
18. Professores e alunos utilizam positivamente o poder dos colegas para promover o progresso da aprendizagem.	1 2 3 4 5 6
19. Em cada turma e ao longo de toda escola, é rara a rotulação dos alunos.	1 2 3 4 5 6
20. Os professores apresentam expectativas elevadas para todos os alunos e procuram, constantemente, evidências para avaliar e melhorar essas expectativas. O objetivo da escola é ajudar todos os alunos a desenvolver seus potenciais.	1 2 3 4 5 6
21. Os alunos apresentam expectativas elevadas em relação à sua aprendizagem atual.	1 2 3 4 5 6
22. Os professores escolhem métodos de ensino como uma etapa final no processo de planejamento das aulas e avaliam essa escolha em termos de seu impacto sobre os alunos.	1 2 3 4 5 6
23. Os professores percebem seu papel fundamental como avaliadores e ativadores da aprendizagem.	1 2 3 4 5 6

DURANTE A AULA: APRENDIZAGEM

24. Os professores apresentam compreensões valiosas sobre como a aprendizagem envolve a passagem de vários níveis de aptidões, capacidades, catalisadores e competências.	1 2 3 4 5 6
25. Os professores compreendem como a aprendizagem se baseia na necessidade de múltiplas estratégias de aprendizagem, pelos alunos, a fim de atingir compreensões superficiais e profundas.	1 2 3 4 5 6
26. Os professores proporcionam diferenciação, para assegurar que a aprendizagem seja significativa e eficientemente direcionada, de forma que todos os alunos atinjam os objetivos das aulas.	1 2 3 4 5 6
27. Os professores são especialistas em compreensão adaptativa e sabem onde os alunos se encontram em um contínuo, que vai de iniciante a competente e, então, a proficiente, sabem quando os alunos estão ou não aprendendo, o que fazer em seguida e quem pode criar um ambiente de sala de aula para alcançar esses objetivos de aprendizagem.	1 2 3 4 5 6
28. Os professores são capazes de ensinar múltiplas maneiras de conhecer, múltiplas maneiras de interagir e múltiplas oportunidades para a prática.	1 2 3 4 5 6
29. Os professores e os alunos apresentam múltiplas estratégias de aprendizagem.	1 2 3 4 5 6
30. Os professores utilizam princípios do "planejamento invertido" – partindo dos resultados (critérios de sucesso) para as intenções de aprendizagem e, em seguida, para as atividades e os recursos necessários para alcançar os critérios de sucesso.	1 2 3 4 5 6
31. Todos os alunos aprendem a praticar deliberadamente e a se concentrar.	1 2 3 4 5 6
32. Os processos são implantados para que os professores observem a aprendizagem a partir dos olhos dos alunos.	1 2 3 4 5 6

DURANTE A AULA: *FEEDBACK*

33. Os professores estão conscientes e procuram oferecer respostas sobre três questões importantes de *feedback*: "para onde estou indo", "como estou indo nessa direção?" e "para onde irei em seguida".	1 2 3 4 5 6
34. Os professores estão conscientes e procuram oferecer respostas aos três importantes níveis de *feedback*: tarefas, processos e autorregulação.	1 2 3 4 5 6
35. Os professores estão conscientes da importância do elogio, mas não confundem elogios com informações de *feedback*.	1 2 3 4 5 6
36. Os professores oferecem *feedback* adequado ao ponto em que se encontra a aprendizagem dos alunos e buscam por evidências de que esse *feedback* é recebido adequadamente.	1 2 3 4 5 6
37. Os professores utilizam múltiplos métodos de avaliação para oferecer interpretações formativas rápidas aos alunos e para fazer ajustes, no seu ensino, que maximizem a aprendizagem.	1 2 3 4 5 6

38. **Professores:**
    a. estão mais preocupados com o modo como os alunos recebem e interpretam o *feedback*;   1 2 3 4 5 6
    b. sabem que os alunos preferem apresentar mais progresso do que receber *feedback* corretivo;   1 2 3 4 5 6
    c. sabem que, quando os alunos têm metas mais desafiadoras, apresentam uma maior receptividade ao *feedback*;   1 2 3 4 5 6
    d. deliberadamente ensinam os alunos a solicitar, compreender e utilizar o *feedback* fornecido; e   1 2 3 4 5 6
    e. reconhecem o valor do *feedback* dos colegas e ensinam deliberadamente os alunos a fornecerem aos seus colegas *feedback* adequado.   1 2 3 4 5 6

O FINAL DA AULA

39. **Os professores fornecem evidências de que todos os alunos se sentem convidados a aprender efetivamente em suas aulas. Esse convite envolve sentimentos de respeito, confiança, otimismo e intenção de aprendizagem.**   1 2 3 4 5 6

40. **Os professores coletam evidências da experiência dos alunos, em suas salas de aula, sobre o seu sucesso como agentes de mudança, sobre os seus níveis de inspiração e sobre o compartilhamento de seu entusiasmo pelos alunos.**   1 2 3 4 5 6

41. **Juntos, os professores criticam os objetivos de aprendizagem e os critérios de sucesso, apresentando evidências de que:**
    a. os alunos podem articular os objetivos de aprendizagem e os critérios de sucesso de uma maneira que revele a sua compreensão;   1 2 3 4 5 6
    b. os alunos alcançaram os critérios de sucesso;   1 2 3 4 5 6
    c. os alunos encaram os critérios de sucesso como adequadamente desafiadores;   1 2 3 4 5 6
    d. utilizam essa informação ao planejar seu próximo conjunto de aulas/aprendizagem.   1 2 3 4 5 6

42. **Os professores criam oportunidades para interpretações formativas e somativas da aprendizagem dos alunos e utilizam essas interpretações para informar decisões futuras sobre sua aprendizagem.**   1 2 3 4 5 6

CONCEPÇÕES

43. **Na escola, os professores e os líderes escolares:**
    a. acreditam que seu papel fundamental é o de avaliar o efeito do seu ensino na aprendizagem e no desempenho dos alunos;   1 2 3 4 5 6
    b. acreditam que o sucesso e o fracasso na aprendizagem dos alunos são o resultado do que eles, como professores ou líderes, realizaram ou não... Somos agentes de mudança!   1 2 3 4 5 6

c. desejam falar mais sobre a aprendizagem do que sobre o ensino; 1 2 3 4 5 6
d. encaram a avaliação como *feedback* de seu impacto; 1 2 3 4 5 6
e. envolvem-se em diálogos, não em monólogos; 1 2 3 4 5 6
f. apreciam desafios e nunca se contentam em "fazer o seu melhor"; 1 2 3 4 5 6
g. acreditam ser seu papel desenvolver relações positivas nas salas de aula/sala dos professores; 1 2 3 4 5 6
h. comunicam a todos sobre a linguagem da aprendizagem. 1 2 3 4 5 6

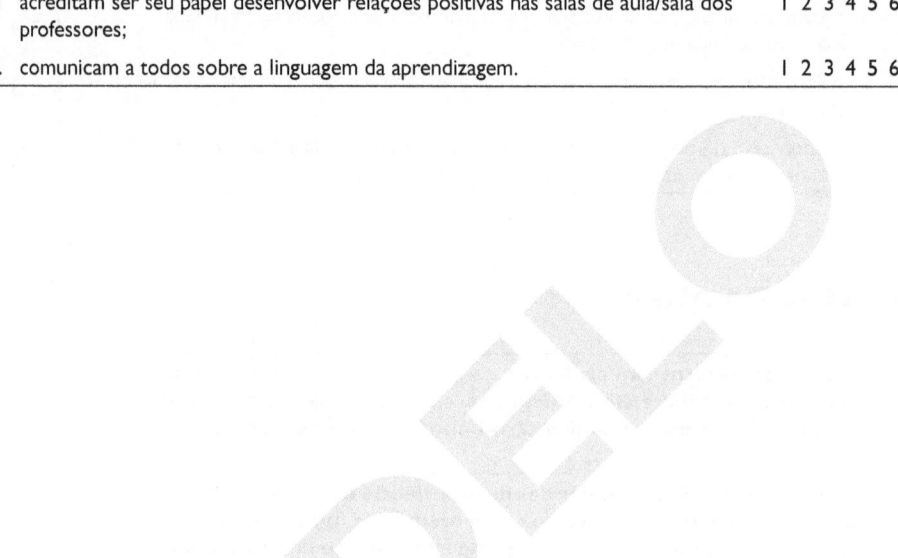

Apêndice B

As mais de 900 metanálises

Nota: as metanálises adicionadas depois de *Visible Learning* (2009) se encontram sombreadas.

N°	Domínio	Autor	Ano	N° de estudos	N° Total	N° de efeitos	Média	EP	Variável
Aluno									
		Desempenho anterior							
1	Aluno	Boulanger	1981	34		62	1,09	0,039	Habilidade associada à aprendizagem de ciências
2	Aluno	Hattie & Hansford	1983	72		503	1,19		Inteligência e desempenho
3	Aluno	Samson, Graue, Weinstein & Walberg	1983	35		209	0,31		Desempenho acadêmico e ocupacional
4	Aluno	Kavale & Nye	1985	1077		268	0,68		Habilidade em identificar alunos da educação especial
5	Aluno	Cohen	1985	108		108	0,37	0,015	Notas na educação superior e desempenho de adultos
6	Aluno	McLinden	1988	47	2.220	47	0,61		Desempenho cego vs. visual em tarefas espaciais
7	Aluno	Bretz	1989	39	26.816	39	0,39		Sucesso no desempenho do ensino superior à vida adulta
8	Aluno	Schuler, Funke & Baron-Boldt	1990	63	29.422	63	1,02		Notas do ensino médio a notas na universidade
9	Aluno	Fabram	1991	33	825	275	0,52	0,060	Habilidade linguística de alunos da educação especial no desempenho
10	Aluno	Rush	1992	100	236.772	404	0,48		Diferenças em alunos em risco
11	Aluno	Piburn	1993	44		186	0,80		Habilidades anteriores no desempenho em ciências
12	Aluno	Ernst	2001	23	1.733	32	0,41		Cognição inicial e desempenho escolar
13	Aluno	Kuncel, Hezlett & Ones	2001	1753	82.659	6.589	0,52	0,005	Notas do ensino médio a notas na universidade
14	Aluno	Murphy & Alexander	2006	20		50	0,80		Conhecimento, crenças e interesses na mudança conceitual
15	Aluno	Trapmann, Hell, Weigand & Schuler	2007	83		83	0,90		Notas do ensino médio a notas na universidade
16	Aluno	Duncan et al.	2007	6		228	0,35		Pré-escola a primeiros anos de escolarização
		Programas piagetianos							
17	Aluno	Jordan & Brownlee	1981	51	6.000	65	1,28		Tarefas piagetianas, leitura e matemática
		Notas autoatribuídas							

18	Aluno	Mabe & West	1982	35	13.565	35	0,93		Autoavaliação do desempenho
19	Aluno	Falchikov & Boud	1989	57	5.332	96	0,47		Autoavaliação no ensino superior
20	Aluno	Ross	1998	11		60	1,63		Autoavaliação em segunda língua
21	Aluno	Falchikov & Goldfinch	2000	48	4.271	56	1,91		Autoavaliação no ensino superior
22	Aluno	Kuncel, Crede & Thomas	2005	29	56.265	29	3,10	0,026	Autoavaliação das notas médias no ensino superior
23	Aluno	Kuncel, Crede & Thomas	2005	29		29	0,60	0,034	Diferenças entre as notas recebidas e atribuídas
		Criatividade							
24	Aluno	Kim	2005	21	45.880	447	0,35		Relação entre criatividade e desempenho
		Atitudes e disposições							
		Personalidade							
25	Aluno	Hattie & Hansford	1983	115		1.197	0,07	0,007	Personalidade no desempenho
26	Aluno	O'Connor & Paunonen	2007	23		108	0,10		Os Grandes Cinco e desempenho
27	Aluno	Poropat	2009	80	341.385	634	0,21		Os Grandes Cinco e desempenho
28	Aluno	Chu, Saucier & Hafner	2010	164		164	0,21		Bem-estar e desempenho
29	Aluno	Clarke	2006	9		9	0,24		Ações proativas e desempenho
30	Aluno	Trapmann, Hell, Hirn & Schuler	2007	58	17.493	258	0,05		Os Grandes Cinco e desempenho de estudantes universitários
31	Aluno	Boyd	2007	50		130	0,06		Extroversão e desempenho
32	Aluno	Lyubomirsky, King & Diener	2005	46		46	0,54		Felicidade e desempenho
		Autoimagem							
33	Aluno	Hansford & Hattie	1980	128	202.823	1.136	0,41		Autoimagem
34	Aluno	Muller, Gullung & Bocci	1988	38		838	0,36		Autoimagem
35	Aluno	Holden, Moncher, Schinke & Barker	1990	25		26	0,37		Autoeficácia
36	Aluno	Multon, Brown & Lent	1991	36	4.998	38	0,76		Autoeficácia
37	Aluno	Carpenter	2007	48	12.466	48	0,70		Autoeficácia
38	Aluno	Wickline	2003	41	48.038	41	0,35		Autoimagem
39	Aluno	Valentine, DuBois & Cooper	2004	56	50.000	34	0,32	0,010	Autoimagem

Nº	Domínio	Autor	Ano	Nº de estudos	Nº Total	Nº de efeitos	Média	EP	Variável
		Motivação							
40	Aluno	Uguroglu & Walberg	1979	40	36.946	232	0,34	0,070	Motivação
41	Aluno	Findley & Cooper	1983	98	15.285	275	0,36	0,039	*Locus* interno de controle
42	Aluno	Whitley & Frieze	1985	25		25	0,56		Atribuições de sucesso e fracasso
43	Aluno	Ross	1988	65		65	0,73	0,093	Controle do estudo
44	Aluno	Schiefel, Krapp & Schreyer	1995	21		121	0,65	0,02	Interesse e desempenho
45	Aluno	Kalechstein & Nowicki	1997	78	58.142	261	0,23	0,010	*Locus* interno de controle
		Concentração/persistência/ envolvimento							
46	Aluno	Feltz & Landers	1983	60	1.766	146	0,48		Práticas mentais sobre a aprendizagem de habilidades motoras
47	Aluno	Datta & Narayanan	1989	23		45	0,61		Concentração no desempenho
48	Aluno	Kumar	1991	16	4.518	102	1,09	0,035	Envolvimento em ciências
49	Aluno	Cooper & Dorr	1995	19	6.684	26	0,21	0,030	Corrida pela necessidade de bom desempenho
50	Aluno	Mikolashek	2004	28		268	0,03		Resiliência para alunos em risco
		Redução da ansiedade							
51	Aluno	Hembree	1988	46	28.276	176	0,22		Redução da ansiedade em testes
52	Aluno	Seipp	1991	26	36.626	156	0,43		Redução da ansiedade sobre o desempenho
53	Aluno	Bourhis & Allen	1992	23		728	0,37		Receio de falta de comunicação
54	Aluno	Ma	1999	26	18.279	37	0,56		Redução da ansiedade em matemática e no desempenho
		Atitudes em relação ao conteúdo dos domínios							
55	Aluno	Willson	1983	43	638.333	280	0,32		Atitudes em relação a ciências
56	Aluno	Bradford	1991	102		241	0,29		Atitude em relação à matemática
57	Aluno	Petscher	2010	32	224.615	118	0,32		Atitude em relação à leitura e ao desempenho
58	Aluno	Ma & Kishor	1997	143	94.661	143	0,47		Atitude em relação à matemática

Influências físicas

Peso no nascimento prematuro

59	Aluno	Bhutta, Cleves, Casey, Cradock & Anand	2002	15	3.276	15	0,73	Peso, ao nascer, de crianças nascidas a termo vs. pré-termo
60	Aluno	Barre, Morgan, Doyle & Anderson	2011	12		36	0,53	0,029	Peso, ao nascer, de crianças nascidas a termo vs. pré-termo
61	Aluno	Corbett & Drewett	2004	31	1.213	121	0,34	Desenvolvimento e incapacidade de desenvolvimento na 1ª infância

Doença

62	Aluno	Sharpe & Rossiter	2002	7		7	0,20	Doença crônica (ausência de) no desempenho
63	Aluno	Vu, Babikian & Asarnow	2011	18		36	0,41	Ausência vs. presença de lesão cerebral no desempenho
64	Aluno	Gaudieri, Chen, Greer & Holmes	2008	19	2.144	19	0,13	Diabetes vs. ausência de diabetes no desempenho
65	Aluno	Schatz	2003	6		6	0,25	Ausência vs. presença de anemia falciforme no desempenho

Dieta

| 66 | Aluno | Kavale & Forness | 1983 | 23 | | 125 | 0,12 | 0,037 | Redução de corantes artificiais na alimentação |

Relaxamento e desempenho

67	Aluno	Moon, Render & Pendley	1985	20		36	0,16	0,088	Relaxamento e desempenho
68	Aluno	Etnier, Salazar, Landers, Petruzzelo, Han & Nowell	1997	134	1.260	0,25	0,019	Condicionamento físico e exercícios
69	Aluno	Sibley & Etnier	2002	36		104	0,36	Atividade física no desempenho
70	Aluno	Etnier, Nowell, Landers & Sibley	2006	37	1.306	571	0,34	0,013	Condicionamento físico aeróbico e desempenho cognitivo

Medicamentos

71	Aluno	Ottenbacher & Cooper	1975	61	1.972	61	0,47	0,038	Medicação estimulante no desempenho
72	Aluno	Kavale	1982	135	5.300	984	0,58	0,019	Tratamento com medicamentos estimulantes para hiperatividade
73	Aluno	Thurber & Walker	1983	20	1.219	20	0,23	0,038	Medicação estimulante no desempenho

Nº	Domínio	Autor	Ano	Nº de estudos	NºTotal	Nº de efeitos	Média	EP	Variável
74	Aluno	Kavale & Nye	1984	70		401	0,30	0,038	Tratamento com medicamentos
75	Aluno	Crenshaw	1997	36	1.030	36	0,29	0,042	Tratamento com medicamentos (TDAH) nos resultados cognitivos
76	Aluno	DuPaul & Ekert	1997	63	637	63	0,31	0,038	Intervenções escolares no TDAH
77	Aluno	der Oord, Prins, Oosterlaan & Emmelkamp	2008	7		7	0,19		Medicamentos para TDAH no desempenho
78	Aluno	Purdie, Carroll & Hattie	2002	74	2.188	266	0,28	0,038	Tratamento com medicamentos (TDAH) nos resultados cognitivos
79	Aluno	Snead	2005	8	815	8	0,20		Intervenção BEH, medicação no desempenho
		Gênero – desempenho (homens vs. mulheres)							
80	Aluno	Hattie & Hansford	1980	72		503	−0,02		Gênero e desempenho
81	Aluno	Hyde	1981	16	65.193	16	0,43		Gênero e desempenho cognitivo
82	Aluno	Hyde	1981	27	68.899	27	−0,24		Leitura e gênero
83	Aluno	Kahl, Fleming & Malone	1982	169		31	0,12		Ciências no pré-ensino superior e desempenho
84	Aluno	Steinkamp & Maehr	1983	83		107	0,19		Diferenças de gênero em ciências
85	Aluno	Freeman	1984	35		35	0,09	0,050	Diferenças de gênero em matemática
86	Aluno	Meehan	1984	53		160	0,14		Operações formais e gênero
87	Aluno	Johnson, E	1984	9		9	0,45		Gênero na resolução de problemas
88	Aluno	Linn & Peterson	1985	172		263	0,40		Desempenho espacial e gênero
89	Aluno	Becker & Chang	1986	42		42	0,16		Ciências e gênero
90	Aluno	Tohidi, Steinkamp & Maehr	1986	70		70	0,32		Funcionamento cognitivo e gênero
91	Aluno	Born, Bleichrodt & Van der Flier	1987	17		772	0,08		Gênero na inteligência
92	Aluno	Hyde & Linn	1988	165	1.418.899	165	−0,11		Diferenças de gênero no desempenho verbal
93	Aluno	Friedman	1989	98	227.879	98	0,02	0,016	Matemática e gênero
94	Aluno	Hines	1989	30		260	0,01		Matemática e gênero
95	Aluno	Becker	1989	29	17.603	67	0,16	0,020	Diferenças de gênero em ciências
96	Aluno	Stumpf & Kliene	1989	18	171.824	18	0,48		Desempenho espacial e gênero

97	Aluno	Hyde, Fennema & Lamon	1990	100	3.217.489	259	0,20	Gênero e desempenho cognitivo
98	Aluno	Cohn	1991	65	9.000	113	-0,61	Gênero e valorização do ego
99	Aluno	Frost, Hyde & Fennema	1994	100		254	0,15	Matemática e gênero
100	Aluno	Daliaz	1994	67	7.026	9	0,26	Gênero e desempenho
101	Aluno	Lindberg, Hyde, Petersen & Linn	2010	242	1.286.350	242	0,05	Matemática e gênero
102	Aluno	Schram	1996	13	4.134	18	-0,08	Estatística aplicada e gênero
103	Aluno	Yang	1997	25		25	-0,34	Matemática e gênero 0,054
104	Aluno	Lietz	2006	139		139	-0,19	Leitura e gênero
		Gênero – atitudes						
105	Aluno	Cooper, Burger & Good	1978	10	219	10	-0,10	Crenças de controle e gênero
106	Aluno	Haladyna & Shaughnessy	1982	49		17	0,36	Ciências e gênero
107	Aluno	Hyde, Fenemma, Ryan, Frost & Hopp	1990	70	63.229	126	0,15	Matemática e gênero
108	Aluno	DeBaz	1994	67	89.740	25	0,30	Ciências e gênero 0,027
109	Aluno	Weinburgh	1995	18	6.753	18	0,20	Ciências e gênero
110	Aluno	Whitley	1997	82	40.491	104	0,23	Computadores e gênero
111	Aluno	Etsey & Snetzler	1998	96	30.490	304	-0,01	Matemática e gênero
		Gênero – liderança						
112	Aluno	Wood	1987	52	3.099	19	0,38	Desempenho de grupo e gênero
113	Aluno	Wood	1987	52	3.099	45	0,39	Desempenho de grupo e gênero
114	Aluno	Eagly & Johnson	1990	370	32.560	370	-0,11	Liderança e gênero
115	Aluno	Pantili, Williams & Fortune	1991	10		47	0,18	Centros de avaliação e gênero
116	Aluno	Eagly, Karau & Johnson	1992	50	8.375	125	-0,01	Liderança do diretor e gênero
		Gênero – resultados motores						
117	Aluno	Eaton & Enns	1986	90	8.636	127	0,49	Atividade motora e gênero 0,040
118	Aluno	Thomas & French	1985	64	100.195	445	0,62	Atividade motora e gênero
		Gênero – resultados comportamentais						
119	Aluno	Gaub & Carlson	1997	18		17	0,13	TDAH e gênero

Nº	Domínio	Autor	Ano	Nº de estudos	Nº Total	Nº de efeitos	Média	EP	Variável
120	Aluno	Hall	1980	42		75	-0,32		Sinais emocionais e gênero
121	Aluno	Lytton & Romney	1991	172		717	-0,02		Socialização e gênero
		Etnia							
122	Aluno	Allen, Bradford, Grimes, Cooper & Howard	1999	9	2.661	9	0,32	0,003	Visão positiva sobre a própria etnia
		Intervenções na pré-escola							
		Intervenção precoce							
123	Aluno	Exceptional Child Center	1983	156		1.436	0,43	0,023	Alunos com deficiência e em desvantagem
124	Aluno	Harrell	1983	71		449	0,42		Programas de inserção social
125	Aluno	Collins	1984	67		271	0,27		Programas de inserção social
126	Aluno	Horn & Packard	1985	58	59.998	138	0,90		Previsão inicial de problemas de aprendizagem
127	Aluno	Casto & White	1985	126		663	0,43	0,040	Crianças em risco
128	Aluno	Ottenbacher & Petersen	1985	38	1.544	118	0,97	0,083	Intervenção precoce para alunos com transtorno
129	Aluno	White & Casto	1985	326		2.266	0,52		Alunos com deficiência
130	Aluno	White & Casto	1985	162		1.665	0,44	0,026	Alunos com deficiência e em desvantagem
131	Aluno	McKey, Condelli, Ganson, Barrett, McConkey & Plantz	1985	72		17	0,31		Programas de inserção social
132	Aluno	Casto & Mastropieri	1986	74		215	0,68	0,050	Alunos com deficiência
133	Aluno	Murphy	1991	150		104	0,46		*Vila Sésamo*
134	Aluno	Innocenti & White	1993	155		797	0,60		Intervenção precoce
135	Aluno	Kim, Innocenti & Kim	1997	80		659	0,25	0,024	Intervenção precoce
136	Aluno	Mentore	1999	77	16.888	319	0,48	0,040	Intervenção precoce
137	Aluno	Crosby	2004	44	2.267	196	0,14		Intervenção precoce em crianças com deficiência ou com atraso no desenvolvimento
138	Aluno	Bakermans-Kranenburg, van Ijzendoorn & Bradley	2005	48	7.350	56	0,20		Intervenção precoce em casa

		Programas de pré-escola						
139	Aluno	Snyder & Sheehan	1983	8		182	0,48	Programas de pré-escola
140	Aluno	Goldring & Presbrey	1986	11	1.267	11	0,25	Programas de pré-escola
141	Aluno	Chambers, Cheung, Slavin, Smith & Laurenzano	2010	38		38	0,15	Programas de pré-escola
142	Aluno	La Paro & Pianta	2000	70	7.243	63	1,02	0,370	Da pré-escola aos primeiros anos da escolarização
143	Aluno	Applegate	1986	13		114	0,42	0,094	Creche
144	Aluno	Lewis & Vosburgh	1988	65	3.194	444	0,43	Baseados em jardim de infância
145	Aluno	Nelson	1994	21		135	0,42	0,037	Programas de educação parental
146	Aluno	Fusaro	1997	23		23	1,43	Jardim de infância em tempo integral vs. meio período
147	Aluno	Gilliam & Zigler	2000	13		22	0,17	Pré-escola em 13 estados
148	Aluno	Violato & Russell	2000	101	32.271	101	0,14	Creche vs. assistência domiciliar
149	Aluno	Camilli, Vargas, Ryan & Barnett	2010	81		306	0,23	Presença vs. ausência de jardim de infância no desempenho escolar
150	Aluno	Jones	2002	22		22	0,56	Jardim de infância em tempo integral
151	Aluno	Nelson, Westhues & Macleod	2003	34		721	0,53	Programas pré-escolares de prevenção
152	Aluno	Timmerman	2006	47	7.800	47	0,10	Família vs. creche
CASA								
		Status socioeconômico						
153	Casa	White	1982	101		620	0,66	*Status* socioeconômico e desempenho
154	Casa	Fleming & Malone	1983	273		21	0,50	Características dos alunos e desempenho em ciências
155	Casa	van Ewijka & Sleegers	2010	30		30	0,32	*Status* socioeconômico dos colegas no desempenho
156	Casa	Daliaz	1994	67	47.001	9	0,50	Disponibilidade de recursos em casa
157	Casa	Sirin	2005	58	129.914	307	0,61	0,016	Relação entre *status* socioeconômico e desempenho
		Políticas de bem-estar social						
158	Casa	Gennetian, Duncan, Knox, Clark-Kauffman & London	2004	8		8	−0,12	0,030	Famílias recebendo assistência social no desempenho

N°	Domínio	Autor	Ano	N° de estudos	N° Total	N° de efeitos	Média	EP	Variável
		Estrutura familiar							
159	Casa	Falbo & Polit	1986	115		115	0,17	0,023	Filho único vs. não único
160	Casa	Salzman	1987	137	9.955.118	273	0,26		Pai presente vs. pai ausente
161	Casa	Amato & Keith	1991	39		39	0,16		Pais unidos vs. divorciados
162	Casa	Wierzbicki	1993	66		31	0,13	0,041	Filho adotivo vs. não adotivo
163	Casa	Kunz	1995	65		65	0,30		Pais unidos vs. divorciados
164	Casa	fbeelm	1999	63	14.471	52	0,12		Pais residentes vs. não residentes
165	Casa	Amato & Gilbreth	1999	52		52	0,07		Presença do pai na família
166	Casa	Amato	2001	67		177	0,29		Pais residentes vs. não residentes
167	Casa	Reifman, Villa, Amans, Rethinam & Telesca	2001	35		7	0,16		Filhos de pais unidos vs. divorciados
168	Casa	Pong, Dronkers, Hampden-Thompson	2003	22		22	0,13		Famílias com único pai vs. com dois pais e desempenho em matemática e ciências
169	Casa	Ijzendoorn, Juffer, Poelhuis	2005	55		52	0,19		Crianças adotadas vs. não adotadas
170	Casa	Jeynes	2006	61	370.000	61	0,25		Famílias intactas vs. que casaram de novo no desempenho
171	Casa	Goldberg, Prause, Lucas-Thompson & Himsel	2007	68	178.323	1.483	0,06		Emprego materno no desempenho
172	Casa	Jeynes	2007	61		78	0,22		Famílias intactas vs. que casaram de novo no desempenho
		Ambiente doméstico							
173	Casa	Iverson & Walberg	1982	18	5.831	92	0,80		Ambiente doméstico e aprendizagem escolar
174	Casa	Stron & Baker	2007	13	24.047	13	0,42		Apoio comunicativo doméstico
175	Casa	Gottfried	1984	17		17	0,34		Ambiente doméstico e desempenho precoce
		Televisão							
176	Casa	Williams, Haertel, Haertel & Walberg	1982	23		227	-0,12		Tempo de lazer assistindo à televisão
177	Casa	Neuman	1986	8		8	-0,15		Televisão na leitura
178	Casa	Razel	2001	6	1.022.000	305	-0,26		Televisão no desempenho

		Envolvimento dos pais							
179	Casa	Graue, Weinstein & Walberg	1983	29		29	0,75	0,178	Efeitos do ensino doméstico
180	Casa	Casto & Lewis	1984	76		754	0,41		Envolvimento dos pais em programas pré-escolares e da 1ª infância
181	Casa	Crimm	1992	57		57	0,39		Envolvimento dos pais e desempenho
182	Casa	White, Taylor & Moss	1992	205		205	0,13		Envolvimento dos pais moderado a intenso
183	Casa	Rosenzweig	2000	34		474	0,31		Envolvimento dos pais e desempenho
184	Casa	Fan & Chen	2001	92		92	0,52		Envolvimento dos pais e desempenho
185	Casa	Comfort	2003	94		43	0,56		Treinamento dos pais sobre cognição/linguagem
186	Casa	Hill & Tyson	2009	32		32	0,36	0,030	Envolvimento dos pais nos anos finais do ensino fundamental
187	Casa	Jeynes	2005	41	20.000	41	0,74		Envolvimento dos pais em áreas urbanas – primário
188	Casa	Senechal	2006	14		14	0,68		Envolvimento da família na leitura
189	Casa	Earhart, Ramirez, Carlson & Beretvas	2006	22		22	0,70		Envolvimento dos pais e desempenho
190	Casa	Jeynes	2007	52	300.000	52	0,38		Envolvimento dos pais em áreas urbanas – alto
191	Casa	Black	1996	11		11	0,39		Visitas domésticas de alunos com transtorno de aprendizagem
		Visitas domésticas							
192	Casa	Sweet & Applebaum	2004	60		41	0,18		Visitas domésticas
ESCOLA		**Efeitos da escola**							
193	Escola	Scheerens & Bosker	1997	168		168	0,48	0,019	Efeitos da escola
		Finanças							
194	Escola	Childs & Shakeshaft	1986	45	2.205.319	417	0,00		Gastos educacionais
195	Escola	Murdoch	1987	46	71.698	46	0,06		Auxílio financeiro na persistência no ensino superior
196	Escola	Hedge, Laine & Greenwald	1994	38		38	0,70		Efeito de U$ 500 por aluno no desempenho
197	Escola	Greenwald, Hedges & Laine	1996	60		180	0,14		Efeito de U$ 500 por aluno no desempenho

Nº	Domínio	Autor	Ano	Nº de estudos	Nº Total	Nº de efeitos	Média	EP	Variável
		Sistemas de prestação de contas							
198	Escola	Lee	2008	14		76	0,31		Sistemas de prestação de contas dos testes de desempenho
		Tipos de escolas							
		Charter schools							
199	Escola	Miron & Nelson	2001	18		18	0,20		Charter Schools
		Escolas religiosas							
200	Escola	Jeynes	2002	15	54.060	15	0,25		Escolarização religiosa vs. pública no desempenho
201	Escola	Jeynes	2004	56		56	0,20		Compromisso religioso no desempenho
		Escolas de verão							
202	Escola	Cooper, Charlton, Valentine, Muhlenbruck & Borman	2000	41	26.500	385	0,28		Programas de verão de recuperação
203	Escola	Cooper, Charlton, Valentine, Muhlenbruck & Borman	2000	7	2.200	60	0,23		Programas de verão de aceleração
204	Escola	Kim	2002	57		155	0,17		Programas acadêmicos de verão
		Efeitos da composição escolar							
		Não segregação							
205	Escola	Krol	1980	71		71	0,16	0,049	Turmas segregadas vs. não segregadas nos EUA
206	Escola	McEvoy	1982	29		29	0,20		Turmas segregadas vs. não segregadas nos EUA
207	Escola	Miller & Carlson	1982	19		34	0,19	0,028	Turmas segregadas vs. não segregadas nos EUA
208	Escola	Walberg	1982	19		19	0,88		Turmas segregadas vs. não segregadas nos EUA
209	Escola	Armor	1983	19		51	0,05		Turmas segregadas vs. não segregadas nos EUA
210	Escola	Bryant	1983	31		31	0,45	0,122	Turmas segregadas vs. não segregadas nos EUA
211	Escola	Crain & Mahard	1983	93		323	0,08	0,013	Turmas segregadas vs. não segregadas nos EUA
212	Escola	Wortman	1983	31		98	0,45	0,089	Turmas segregadas vs. não segregadas nos EUA

213	Escola	Stephan	1983	19		63	0,15	Turmas segregadas vs. não segregadas nos EUA
214	Escola	Goldring & Addi	1989	4	6.731	4	0,15	Turmas segregadas vs. não segregadas em Israel
		Alojamentos no ensino superior						
215	Escola	Blimling	1999	10	11.581	23	0,05	Alojamentos no ensino superior
		Diversidade de alunos						
216	Escola	Bowman	2010	17	77.029	58	0,05	Diversidade dos alunos de ensino superior no desempenho
		Tamanho da escola						
217	Escola	Stekelenburg	1991	21		120	0,43	Tamanho da escola de ensino médio no desempenho
		Férias de verão						
218	Escola	Cooper, Nye, Charlton, Lindsay & Greathouse	1996	39		62	−0,09	Férias de verão no desempenho
219	Escola	Cooper, Valentine, Charlton & Melson	2003	39	44.000	649	0,06	Ano escolar modificado vs. férias de verão mais longas
		Mobilidade						
220	Escola	Jones	1989	93	51.057	141	−0,50	Mobilidade e desempenho
221	Escola	Mehana	1997	26	2.889	45	−0,24	Mobilidade e desempenho
222	Escola	Diaz	1992	62	131.689	354	−0,28 0,005	Passando de uma escola comunitária para instituições de quatro anos
		Experiências fora da escola						
223	Escola	Lauer, Akiba, Wilkerson, Apthorp, Snow & Martin-Glenn	2006	30	15.277	24	0,10	Programas pós-escola sobre leitura e matemática
224	Escola	Lauer, Akiba, Wilkerson, Apthorp, Snow & Martin-Glenn	2006	22	15.277	26	0,07	Programas de escolas de verão sobre leitura e matemática
		Efeitos das orientações escolares						
225	Escola	Whiston, Tai, Rahardja & Eder	2009	150		84	0,30	Orientações nos resultados cognitivos

N°	Domínio	Autor	Ano	N° de estudos	N° Total	N° de efeitos	Média	EP	Variável
226	Escola	Reese, Prout, Zirkelback & Anderson	2010	65		28	0,23		Orientações nos resultados cognitivos
227	Escola	Prout & Prout	1998	17	550	6	0,00		Orientações nos resultados cognitivos
		Diretores/líderes escolares							
228	Escola	Neuman, Edwards & Raju	1989	126		238	0,159	0,034	Intervenções de desenvolvimento organizacional
229	Escola	Pantili, Williams & Fortune	1991	32	10.773	32	0,41		Taxas de avaliação de diretores e desempenho no emprego
230	Escola	Gasper	1992	22		25	0,81		Liderança transformacional
231	Escola	Bosker & Witziers	1995	21		65	0,04		Diretores no desempenho dos alunos
232	Escola	Brown	2001	38		339	0,57	0,028	Liderança no desempenho dos alunos
233	Escola	Bulris	2009	30	3.378	152	0,70		Cultura escolar de liderança nos resultados
234	Escola	Wiseman	2002	59	16.326	59	-0,26		Gerenciamento do ensino no desempenho
235	Escola	Witziers, Bosker & Kruger	2003	61		377	0,02		Diretores no desempenho dos alunos
236	Escola	Waters, Marzano & McNulty	2003	70	1.100.000	70	0,25		Diretores no desempenho dos alunos
237	Escola	Waters & Marzano	2006	27		27	0,49		Superintendentes de distrito no desempenho
238	Escola	Chin	2007	21	6.558	11	1,12		Liderança transformacional
239	Escola	Robinson, Lloyd & Rowe	2008	14		14	0,39		Diretores no desempenho dos alunos
		Efeitos da composição das salas de aula							
		Tamanho da turma							
240	Escola	Glass & Smith	1997	77	520.899	725	0,09		Tamanho da turma
241	Escola	McGiverin et al.	1999	10		24	0,34		Tamanho da turma
242	Escola	Shin & Chung	2009	17		17	0,20		Tamanho da turma
243	Escola	Goldstein, Yang, Omar & Thompson	2000	9	29.440	36	0,20		Tamanho da turma
		Aberta vs. tradicional							
244	Escola	Peterson	1980	45		45	0,12		Salas de aula tradicionais vs. abertas

245	Escola	Madamba	1980	72		72	−0,03		Salas de aula tradicionais vs. abertas em leitura
246	Escola	Hetzel	1980	45		45	−0,13		Salas de aula tradicionais vs. abertas
247	Escola	Giaconia & Hedges	1982	153		171	0,06	0,032	Salas de aula tradicionais vs. abertas
		Calendário escolar							
248	Escola	Cooper et al.	2003	47	44.000	644	0,09		Calendário escolar modificado vs. calendário tradicional
		Agrupamento por habilidades							
249	Escola	Kulik	1982	41		41	0,13		Agrupamento por habilidades em alunos do ensino médio
250	Escola	Kulik & Kulik	1982	52		51	0,10	0,045	Agrupamento por habilidades em alunos do ensino médio
251	Escola	Kulik & Kulik	1984	23		23	0,19		Agrupamento por habilidades em alunos dos anos iniciais do ensino fundamental
252	Escola	Kulik & Kulik	1985	85		85	0,15		Agrupamento por habilidades entre turmas
253	Escola	Noland & Taylor	1986	50		720	−0,08		Agrupamento por habilidades
254	Escola	Slavin	1987	14		17	0,00		Agrupamento por habilidades em alunos dos anos iniciais do ensino fundamental
255	Escola	Henderson	1989	6		6	0,23		Agrupamento por habilidades em alunos dos anos iniciais do ensino fundamental
256	Escola	Slavin	1990	29		29	−0,02		Agrupamento por habilidades em alunos do ensino médio
257	Escola	Gutierrez & Slavin	1992	14		14	0,34		Escolas não seriadas dos anos iniciais do ensino fundamental
258	Escola	Kulik & Kulik	1992	56		51	0,03		Agrupamento por habilidades
259	Escola	Kim	1996	96		96	0,17		Escolas não seriadas no Kentucky
260	Escola	Mosteller, Light & Sachs	1996	10		10	0,00		Agrupamento por habilidades
261	Escola	Lou, Abrami, Spence, Poulsen, Chambers & d'Apollonia	1996	12		12	0,12		Agrupamento por habilidades
262	Escola	Neber, Finsterwald & Urban	2001	12		214	0,33		Homogêneos vs. heterogêneos sobre alunos com altas habilidades

Apêndice B

Nº	Domínio	Autor	Ano	Nº de estudos	Nº Total	Nº de efeitos	Média	EP	Variável
		Turmas multisseriadas/multietárias							
263	Escola	Veenman	1995	11		11	-0,03		Turmas multietárias
264	Escola	Veenman	1996	56		34	-0,01		Turmas multisseriadas
265	Escola	Kim	1998	27		27	0,17		Turmas não seriadas vs. multisseriadas/multietárias
		Agrupamento por habilidades no interior de uma turma							
266	Escola	Kulik	1985	78		78	0,15		Agrupamento por habilidades interturma
267	Escola	Puzio & Colby	2010	15	5.410	28	0,22		Agrupamento por habilidades em leitura no interior de uma turma
268	Escola	Lou, Abrami, Spence, Poulsen, Chambers & d'Apollonia	1996	51	16.073	103	0,17		Agrupamento por habilidades no interior de uma turma
		Aprendizagem em pequenos grupos							
269	Escola	Springer, Stanne & Donovan	1997	39	3.472	116	0,46		Trabalho em pequenos grupos no ensino superior
270	Escola	Springer, Stanne & Donovan	1999	39		39	0,51		Trabalho em pequenos grupos em ciências
		Inclusão							
271	Escola	Carlberg & Kavale	1980	50	27.000	50	0,12	0,092	Colocação em turmas regulares vs. especiais
272	Escola	Baker	1994	13	2.532	129	0,08		Colocação em turmas regulares vs. especiais
273	Escola	Dixon	1997	70		70	0,65		Colocação em turmas regulares vs. especiais
274	Escola	Zumeta	2009	9		9	0,09		Colocação em turmas regulares vs. especiais
275	Escola	Baker, Wang & Walberg	1994	6		6	0,20		Colocação em turmas regulares vs. especiais
276	Escola	Wang & Baker	1986	11		115	0,33		Colocação em turmas regulares vs. especiais
		Retenção							
277	Escola	Holmes	1983	7		527	-0,42		Retidos vs. não retidos

Apêndice B **207**

278	Escola	Holmes & Matthews	1984	44	11.132	575	−0,37	Retenção de todos os alunos sobre os alunos dos anos iniciais do ensino fundamental
279	Escola	Holmes	1986	17		217	−0,06	Retidos vs. não retidos
280	Escola	Holmes	1989	63		861	−0,15	Retenção de todos os alunos
281	Escola	Allen, Chen, Willson & Hughes	2009	22	13.470	207	0,04	Estudos de alta qualidade sobre retenção
282	Escola	Yoshida	1989	34		242	−0,38	Retenção de alunos dos anos iniciais do ensino fundamental
283	Escola	Drany & Wilson	1992	22		78	0,66	Retidos vs. não retidos, no mesmo ano
284	Escola	Jimerson	2001	20	2.806	175	−0,39	Retidos vs. não retidos
		Currículo escolar para alunos com altas habilidades						
		Agrupamento por habilidades para alunos com altas habilidades						
285	Escola	Kulik & Kulik	1985	25		25	0,25	Organização da turma com alunos com altas habilidades
286	Escola	Goldring	1986	23		146	0,35	Agrupamento por habilidades para alunos com altas habilidades
287	Escola	Rogers	1991	13		13	0,43	Agrupamento em alunos com altas habilidades
288	Escola	Vaughn, Feldhusen & Asher	1991	8		8	0,47	Turmas especiais para alunos com altas habilidades
289	Escola	Kulik & Kulik	1992	56		10	0,02	Organização da turma com alunos com altas habilidades
		Aceleração						
290	Escola	Kulik & Kulik	1984	26		13	0,88	Resultados de desempenho de alunos com altas habilidades
291	Escola	Steenbergen-Hu & Moon	2011	38		141	0,29	Aceleração em alunos com altas habilidades
292	Escola	Kulik	2004	11	4.340	11	0,87	Aceleração com controles de mesma idade em alunos com altas habilidades

Apêndice B

Nº	Domínio	Autor	Ano	Nº de estudos	Nº Total	Nº de efeitos	Média	EP	Variável
		Enriquecimento das aulas							
293	Escola	Wallace	1989	138	22.908	136	0,57	0,010	Programas de enriquecimento das aulas com alunos com altas habilidades
294	Escola	Romney & Samuels	2001	40	13.428	47	0,35	0,025	Programa de Feuerstein de enriquecimento instrumental com alunos com altas habilidades
295	Escola	Shiell	2002	36		360	0,26		Programa de Feuerstein de enriquecimento instrumental com alunos com altas habilidades
		Influências da sala de aula							
		Gerenciamento da sala de aula							
296	Escola	Marzano	2003	100		5	0,52		Gerenciamento da sala de aula no desempenho
		Coesão da sala de aula							
297	Escola	Haertel, Walberg & Haertel	1980	12	17.805	403	0,17	0,016	Ambiente na sala de aula
298	Escola	Evans & Dion	1991	27		372	0,92		Coesão do grupo
299	Escola	Mullen & Copper	1994	49	8.702	66	0,51		Coesão do grupo
		Fatores comportamentais na sala de aula							
300	Escola	Bender & Smith	1990	25		124	1,101	0,13	Comportamento em sala de aula dos alunos com deficiência ou com transtorno de aprendizagem
301	Escola	DuPaul & Eckert	1997	63		637	0,58	0,450	Programas escolares para TDAH
302	Escola	Naso, Siler, Hougland, Lance, Maws & Bridgett	2011	58	8.394	89	0,32		Controle de esforço
303	Escola	Frazier, Youngstron, Glutting & Watkins	2007	72		181	0,71		Programas para TDAH
		Redução do comportamento perturbador							
304	Escola	Skiba & Casey	1985	41	883	26	0,93		Comportamento perturbador em sala de aula
305	Escola	Stage & Quiroz	1997	99	5.057	289	0,78	0,034	Redução do comportamento disruptivo

306	Aluno	Reid, Gonzalez, Nordness, Trout & Epstein	2004	25	2.486	101	–0,69	0,040	Perturbação emocional/comportamental
		Influência dos colegas							
307	Escola	Ide, Parkerson, Haertel & Walberg	1980	12		122	0,53		Influência dos colegas no desempenho
PROFESSOR									
		Efeitos do professor							
308	Professor	Mye, Konstantopoulos & Hedges	2004	18		18	0,32	0,020	Efeitos gerais dos professores
		Formação de professores							
309	Professor	Qu, Becker & Kennedy	2004	24		192	0,08	0,044	Professores certificados vs. certificados alternativamente
310	Professor	Hacke	2010	21	1.989.761	21	0,09		Professores com certificação NBC vs. sem certificação NBC
311	Professor	Qu, Becker & Kennedy	2004	24		76	0,14		Professores licenciados tradicionais vs. licenciados de emergência
312	Professor	Kelley & Camilli	2007	32		105	0,15		Educação de professores sobre a primeira infância
313	Professor	Sparks	2004	5		18	0,12		Treinamento tradicional vs. de emergência ou probatório
		Microensino							
314	Professor	Butcher	1981	47		47	0,55		Formação de professores nas habilidades docentes
315	Professor	Yeany & Padilla	1986	183		183	1,18		Formação de professores nas habilidades docentes em ciências
316	Professor	Bennett	1987	112		126	1,10		Formação de professores nas habilidades docentes
317	Professor	Metcalf	1993	60		83	0,70		Experiências de laboratório na formação de professores em habilidades docentes
		Conhecimento dos professores sobre a matéria							
318	Professor	Druva & Anderson	1983	65		360	0,06		Conhecimento dos professores em ciências
319	Professor	Ahn & Choi	2004	27		64	0,12	0,016	Conhecimento dos professores em matemática
		Qualidade de ensino							
320	Professor	Cohen	1980	22		22	0,33		*Feedback* das classificações dos alunos

Nº	Domínio	Autor	Ano	Nº de estudos	Nº Total	Nº de efeitos	Média	EP	Variável
321	Professor	Cohen	1981	19		19	0,68		Classificação dos professores pelos alunos
322	Professor	Cohen	1981	41		68	0,48		Classificação dos professores pelos alunos
323	Professor	Clayson	2008	17		42	0,66		Classificação dos professores pelos alunos
324	Professor	Abrami, Leventhal & Perry	1982	12		12	0,29		Expressividade do professor
325	Professor	Cohen	1986	47		74	0,44	0,060	Classificação dos professores pelos alunos
	Relações professor-aluno								
326	Professor	Cornelius-White	2007	229	355.325	1.450	0,72	0,01	Relações professor-aluno no desempenho
	Desenvolvimento profissional (DP)								
327	Professor	Joslin	1980	137	47.000	902	0,81		Formação de professores em serviço
328	Professor	Harrison	1980	47		47	0,80		Desenvolvimento do pessoal de apoio
329	Professor	Wade	1985	91		715	0,37		Formação de professores em serviço no desempenho
330	Professor	Blank & Alas	2010	16	1.063	21	0,21	0,080	DP nos resultados dos alunos
331	Professor	Lomos, Hofman & Bosker	2011	5		5	0,25	0,031	Comunidades profissionais nos resultados dos alunos
332	Professor	Salinas	2010	15		42	0,57	0,130	DP em matemática
333	Professor	Yoon, Duncan, Lee & Shapley	2008	9		9	0,54		DP nos resultados dos alunos
334	Professor	Batts	1988	40		101	0,40		Utilização de consultores para treinamento de professores
335	Professor	Tinoca	2004	35		37	0,45	0,007	DP em ciências
336	Professor	Timperley, Wilson, Barrar & Fung	2007	227		183	0,66	0,060	DP nos resultados de alunos
	Expectativas								
337	Professor	Rosenthal & Rubin	1978	345		345	0,70	0,200	Expectativas dos professores
338	Professor	Smith	1980	46		149	0,82		Expectativas dos professores
339	Professor	Dusek & Joseph	1983	102		102	0,39		Expectativas dos professores

#	Categoria	Autor	Ano				Descrição
340	Professor	Raudenbush	1984	18		33	0,08	0,044	Expectativas dos professores
341	Professor	Harris & Rosenthal	1985	53		53	0,41		Expectativas dos professores
342	Professor	Ritts, Patterson & Tubbs	1992	12		12	0,36		Expectativas de atração física e desempenho
343	Professor	Ide, Parkerson, Haertel & Walberg	1995	59		51	0,47	0,042	Atração física no desempenho
344	Professor	Tenebaum & Ruck	2007	39		39	0,23	0,040	Expectativas dos professores
		Classificação dos alunos							
345	Professor	Fuchs, Fuchs, Mathes, Lipsey & Roberts	1985	79		79	0,61		Alunos de baixo desempenho e sem transtorno vs. alunos com transtorno de aprendizagem na leitura
		Habilidade verbal dos professores							
346	Professor	Aloe & Becker	2009	21		58	0,22	0,027	Habilidade verbal de professores nos resultados
		Credibilidade dos professores							
347	Professor	Finn, Schrodt, Witt, Elledge, Jernberg & Larson	2009	51	14.378	51	0,90	0,050	Credibilidade dos professores
		Clareza dos professores							
348	Professor	Fendick	1991	na		na	0,75		Clareza dos professores nos resultados
CURRÍCULO									
		Leitura, escrita e artes							
		Programas de percepção visual							
349	Currículo	Kavale	1980	31	4.400	101	0,70	0,102	Integração auditivo-visual
350	Currículo	Kavale	1981	106		723	0,767		Percepção auditiva
351	Currículo	Kavale	1982	161	325.000	1.571	0,81	0,008	Habilidades de percepção visual na leitura
352	Currículo	Kavale	1984a	59		173	0,09	0,014	Treinamento de Frostig para o desenvolvimento na leitura
353	Currículo	Kavale	1984c	59		173	0,18	0,028	Habilidades de percepção visual
354	Currículo	Kavale & Forness	2000	267	50.000	2.294	0,76	0,012	Processos auditivo-visuais
		Programas de vocabulário							
355	Currículo	Kavale	1982	36		240	0,38		Treinamento psicolinguístico

Nº	Domínio	Autor	Ano	Nº de estudos	Nº Total	Nº de efeitos	Média	EP	Variável
356	Currículo	Stahl & Fairbanks	1986	41		41	0,97	0,127	Intervenções de vocabulário
357	Currículo	Arnold, Myette & Casto	1986	30		87	0,59	0,090	Intervenção de linguagem
358	Currículo	Nye, Foster & Seaman	1987	61		299	1,04	0,107	Intervenção de linguagem
359	Currículo	Marulis & Neuman	2010	67		216	0,88		Intervenção de vocabulário na aprendizagem de palavras
360	Currículo	Abraham	2008	11		11	0,73		Utilizando marcadores de texto na aprendizagem de vocabulário
361	Currículo	Piasta & Wagner	2011	63	8.468	82	0,43		Aprendizagem do alfabeto nos resultados
362	Currículo	Poirier	1989	61		61	0,5		Intervenção da linguagem
363	Currículo	Marmolejo	1990	33		33	0,69		Intervenções de vocabulário
364	Currículo	Klesius & Searls	1990	39		39	0,50		Intervenções de vocabulário
	Instrução fônica								
365	Currículo	Wagner	1988	16		1766	0,38		Habilidades de processamento fonológico
366	Currículo	Fukkink & de Glopper	1998	12		21	0,43	0,120	Derivação do significado das palavras do contexto
367	Currículo	Metsala, Stanovich & Brown	1998	17	1.116	38	0,58	0,060	Soletração para fazer soar regularidades e a leitura
368	Currículo	Miller	1999	18	882	18	1,53	0,231	Programas de consciência fonêmica
369	Currículo	Bus & van IJzendoorn	1999	70	5.843	1.484	0,73		Treinamento de consciência fonológica
370	Currículo	Jeynes	2008	22	5.000	22	0,23		Método fônico para alunos de minorias
371	Currículo	Sherman	2007	26	1.358	88	0,26		Consciência fonêmica e instrução fônica
372	Currículo	Thomas	2000	8	715	10	1,02		Consciência fonêmica
373	Currículo	National Reading Panel	2000	52		96	0,53		Consciência fonêmica
374	Currículo	National Reading Panel	2000	38		66	0,44		Ensino fônico
375	Currículo	National Reading Panel	2000	14		14	0,41		Fluência
376	Currículo	Ehri, Nunes, Stahl & Willows	2001	34		66	0,41		Ensino fônico sistemático
377	Currículo	Ehri, Nunes, Willows, Schuster, Yaghoub-Zadeh & Shanahan	2001	52		72	0,53		Consciência fonêmica na leitura

378	Currículo	Swanson, Trainin, Necoechea & Hammill	2003	35	3.568	2.257	0,93	0,473	Nomeação rápida, consciência fonológica
379	Currículo	Goodwin & Ahn	2010	17		79	0,33	0,070	Ensino morfológico
380	Currículo	Bowers, Kirby & Deacon	2010	22	2.652	285	0,32		Ensino morfológico
381	Currículo	Weiser & Mathes	2011	11		11	0,78		Codificando o ensino
382	Currículo	Camilli, Vargas & Yirecko	2003	40		40	0,24		Instrução fônica
383	Currículo	Torgerson, Brooks & Hall	2006	19		20	0,27		Instrução fônica
		Programas de combinação de frases							
384	Currículo	Neville & Searls	1991	24		29	0,09		Combinação de frases na leitura
385	Currículo	Fusaro	1993	11		11	0,20	0,087	Efeitos da combinação de sentenças
		Programas de leitura repetida							
386	Currículo	Therrien	2004	33		28	0,65	0,080	Leitura repetida
387	Currículo	Chard, Vaughn & Tyler	2002	21		128	0,68		Leitura repetida sem um modelo
		Programas de compreensão							
388	Currículo	Pflaum, Walberg, Karegiances & Rasher	1980	31		341	0,60		Ensino de leitura
389	Currículo	Rowe	1985	137		1.537	0,70	0,044	Intervenções de compreensão da leitura
390	Currículo	Yang	1997	39		162	0,33		Programas para melhorar a fluência de leitura
391	Currículo	O'Shaughnessy & Swanson	1998	41	1.783	161	0,61	0,069	Alunos sem vs. alunos com transtorno de aprendizagem no processamento da informação
392	Currículo	Kan & Windsor	2010	28	582	244	0,60		Aprendizagem de palavras
393	Currículo	Swanborn & de Glopper	1999	20	2.130	20	0,15		Aprendizagem incidental de palavras
394	Currículo	Swanson	1999	112	3.895	334	0,77	0,055	Intervenções de leitura
395	Currículo	Berger & Winner	2000	9	378		0,10		Programa de artes visuais na leitura
396	Currículo	Edmonds et al.	2010	29	976	29	0,89		Intervenções de leitura com alunos mais velhos
397	Currículo	Scammaca, Roberts, Vaughn, Edmonds, Wexler, Reutebuch & Torgesen	2007	31		31	0,95		Intervenção de leitura para alunos mais velhos

N°	Domínio	Autor	Ano	N° de estudos	N° Total	N° de efeitos	Média	EP	Variável
398	Currículo	Benner, Nelson, Ralston & Mooney	2010	24	187	35	1,13		Ensino de leitura para alunos com transtorno de aprendizagem
399	Currículo	Slavin	2009	63	22.000	63	0,22		Programas eficazes de leitura
400	Currículo	Elleman, Lindo, Morphy & Compton	2009	37	3.063	44	0,50		Intervenções de vocabulário
401	Currículo	van Steensel, McElvany, Kurvers & Herppich	2011	30		47	0,18		Programas de alfabetização da família
402	Currículo	Sencibaugh	2005	15	538	23	1,15		Programas visuais ou auditivos para melhorar a compreensão
403	Currículo	Guthrie, McRae & Klauda	2007	11	2.861	75	0,78		Programa de leitura orientado por conceitos
		Método global							
404	Currículo	Stahl & Miller	1989	15		117	0,09	0,056	Efeitos do ensino pelo método global
405	Currículo	Gee	1993	21		52	0,65		Efeitos do ensino pelo método global
406	Currículo	Stahl, McKenna & Pagnucco	1994	14		14	0,15		Efeitos do ensino pelo método global
407	Currículo	Jeynes & Littell	2000	14	630	14	−0,65		Efeitos do ensino pelo método global
		Exposição à leitura							
408	Currículo	Bus, van IJzendoorn & Pellegrini	1995	29	3.410	33	0,59		Leitura conjunta de livros
409	Currículo	Blok	1999	11		53	0,63	0,140	Leitura para crianças pequenas
410	Currículo	Mol & Bus	2011	99	7.669	383	0,78		Exposição a materiais impressos
411	Currículo	Torgerson, King & Sowden	2002	8		8	0,19		Voluntários auxiliando na leitura
412	Currículo	Yoon	2002	7	3.183	7	0,12	0,040	Leitura silenciosa contínua
413	Currículo	Lewis & Samuels	2005	49	112.000	182	0,10		Tempo de leitura
414	Currículo	Burger & Winner	2005	10		10	0,52		Artes visuais na disposição para a leitura

		Programas de segunda/ terceira chance						
415	Currículo	Batya, Vaughn, Hughes & Moody	2000	16		16	0,66	Programas de recuperação de leitura
416	Currículo	D'Agostino & Murphy	2004	36	5.685	1.379	0,34	Programas de recuperação de leitura
		Programas de escrita						
417	Currículo	Hillocks	1984	60	11.705	73	0,28	0,020	Ensino da escrita
418	Currículo	Atkinson	1993	20		55	0,40	0,063	Projetos de escrita
419	Currículo	Gersten & Baker	2001	13		13	0,81	0,031	Escrita expressiva
420	Currículo	Bangert-Drowns, Hurley & Wilkinson	2004	46	5.416	46	0,26	0,058	Escrita baseada na escola para aprender intervenções
421	Currículo	Graham & Perin	2007	123	14.068	154	0,43	0,036	Programas de escrita
		Programas de teatro/artes						
422	Currículo	Kardash & Wright	1987	16		36	0,67	0,090	Teatro criativo
423	Currículo	Podlozny	2000	17		17	0,31		Teatro na leitura
424	Currículo	Moga, Burger, Hetland & Winner	2000	8	2.271	8	0,35		Programas de arte na criatividade
425	Currículo	Winner & Cooper	2000	31		24	0,06		Programas de arte no desempenho
426	Currículo	Keinanen, Hetland & Winner	2000	527	69.564	527	0,43		Dança na leitura
427	Currículo	Butzlaff	2000	30	5.734.878	30	0,35		Programas de música na leitura
428	Currículo	Hetland	2000	15	1.170	15	0,80		Programas de música no raciocínio espacial
429	Currículo	Hetland	2000	15		15	0,06		Programas de música na inteligência
430	Currículo	Vaughn	2000	20		20	0,30		Estudo/escuta de música e matemática
431	Currículo	Hetland	2000b	36		36	0,23		Ouvir música
		Matemática e ciências						
		Matemática						
432	Currículo	Athapilly	1978	134		810	0,24	0,030	Matemática moderna vs. tradicional
433	Currículo	Parham	1983	64		171	0,53	0,099	Materiais manipulativos
434	Currículo	Sutawidjaja	1987	19		40	0,00		Materiais manipulativos

Apêndice B

N°	Domínio	Autor	Ano	N° de estudos	N°Total	N° de efeitos	Média	EP	Variável
435	Currículo	Domino	2010	31	5.288	35	0,50		Materiais manipulativos
436	Currículo	Slavin	2008	87		87	0,22		Programas eficazes de matemática
437	Currículo	Gersten, Chard, Jayanthi, Baker, Morphy, Flojo	2008	44	4.772	108	0,55		Programas de matemática com alunos com transtorno de aprendizagem
438	Currículo	Rakes, Valentine, McGatha & Ronau	2010	82	22.424	109	0,29	0,139	Estratégias de álgebra
439	Currículo	Fuchs & Fuchs	1985	16		17	0,46	0,009	Uso de papel para gráfico
440	Currículo	Moin	1987	na		na	0,23		Método individualizado de ensino de cálculo
441	Currículo	Friedman	1989	136		394	0,88		Efeitos espaciais na matemática
442	Currículo	LeNoir	1989	45		135	0,19		Materiais manipulativos
443	Currículo	Mitchell	1987	29		34	0,11	0,083	Métodos de descoberta em matemática
444	Currículo	Sowell	1989	60		138	0,19		Materiais manipulativos
445	Currículo	Fischer & Tarver	1997	7	277	22	1,01		Disco de vídeo sobre matemática
446	Currículo	Lee	2000	61	5.172	97	0,60	0,100	Programas de matemática em alunos com transtorno de aprendizagem
447	Currículo	Baker, Gersten & Lee	2002	15	1.271	39	0,51		Feedback e tutoria pelos colegas em alunos com baixo desempenho
448	Currículo	Haas	2005	35		66	0,38	0,141	Métodos de ensino em álgebra
449	Currículo	Malofeeva	2005	29	1.845	29	0,47	0,047	Programas de matemática para K-2
450	Currículo	Hembree	2005	75		452	0,16		Variáveis não contingentes
	Utilização de calculadoras								
451	Currículo	Hembree & Dessart	1986	79		524	0,14		Uso de calculadoras em alunos do pré-ensino superior
452	Currículo	Smith	1996	24		54	0,25		Uso de calculadoras
453	Currículo	Ellington	2000	53		305	0,28		Uso de calculadoras em alunos do pré-ensino superior
454	Currículo	Nikolaou	2001	24		103	0,49	0,092	Uso de calculadoras na resolução de problemas
455	Currículo	Ellington	2006	42		97	0,19		Uso de calculadoras gráficas não CAS

Apêndice B **217**

Ciências

456	Currículo	El-Memr	1979	59		250	0,17	Método tradicional vs. método por investigação para biologia
457	Currículo	Bredderman	1980	50		17	0,12	Livros didáticos vs. currículo por processo
458	Currículo	Weinstein, Boulanger & Walberg	1982	33	19.149	33	0,31	Efeitos do currículo de ciências
459	Currículo	Bredderman	1983	57	13.000	400	0,35	Métodos baseados em atividades
460	Currículo	Scott, Tolson, Schroeder, Lee, Huang, Hu & Bentz	2005	61	159.695	61	0,67	Estratégias de ensino de ciências
461	Currículo	Shymansky, Kyle & Alport	1983	105	45.626	341	0,43	Novos currículos de ciências
462	Currículo	Wise & Okey	1983	160		400	0,34	Estratégias de ensino de ciências
463	Currículo	Shymansky	1984	47	6.035	43	0,64	Currículos de ciências biológicas
464	Currículo	Horak	1985	40		472	0,57	Aprendendo ciências por materiais textuais
465	Currículo	Guzzetti, Snyder, Glass & Gamas	1993	23		35	0,29	Equívocos em leitura
466	Currículo	Guzzetti, Snyder, Glass & Gamas	1993	70		126	0,81	Mudança conceitual em ciências
467	Currículo	Wise	1996	140		375	0,32	Estratégias para o ensino de ciências
468	Currículo	Rubin	1996	39		39	0,22	Componente laboratorial em ciências no ensino superior
469	Currículo	Schroeder, Scott, Tolson, Huang & Lee	2007	61	159.695	61	0,67	Ensino de estratégias em ciências

Outros programas curriculares

Programas de educação moral/valores

470	Currículo	Schlaefli, Rest & Thoma	1985	55		68	0,28	Efeitos em julgamentos morais
471	Currículo	Berg	2003	29	27.064	29	0,20	Programas de educação do caráter no conhecimento

Programas de percepção motora

472	Currículo	Kavale & Mattson	1983	180	13.000	637	0,011	Programas de percepção motora em alunos com transtorno de aprendizagem

Nº	Domínio	Autor	Ano	Nº de estudos	Nº Total	Nº de efeitos	Média	EP	Variável
		Programas de currículo integrado							
473	Currículo	Hartzler	2000	30		30	0,48	0,086	Programas de currículo integrado
474	Currículo	Hurley	2001	31	7.894	50	0,31	0,015	Programas integrados de ciências e matemática
		Estímulo tátil							
475	Currículo	Ottenbacher, Muller, Brandt, Heinzelman, Hojem & Sharpe	1987	19	505	103	0,58	0,145	Estímulo tátil
		Programas de habilidades sociais							
476	Currículo	Denham & Almeida	1987	70		70	0,62		Programas de resolução de problemas sociais
477	Currículo	Hanson	1988	63		586	0,65	0,034	Treinamento em habilidades sociais
478	Currículo	Schneider	1992	79		12	0,19		Melhorando as relações entre os colegas
479	Currículo	Swanson & Malone	1992	39	3.944	366	0,72	0,043	Habilidades sociais de alunos com e sem transtorno de aprendizagem
480	Currículo	Durlak, Weissberg, Dymnicki, Schellinger & Taylor	2011	35	270.034	35	0,34		Intervenções sociais e emocionais no desempenho
481	Currículo	Beelmann, Pfingsten & Losel	1994	49		23	-0,04		Treinamento de competências sociais nos resultados de desempenho
482	Currículo	Forness & Kavale	1996	53	2.113	328	0,21	0,034	Habilidades sociais com dificuldades de aprendizagem
483	Currículo	Kavale & Forness	1996	152		858	0,65	0,015	Habilidades sociais de alunos com e sem transtorno de aprendizagem
484	Currículo	Quinn, Kavale, Mathur, Rutherford & Forness	1999	35	1.123	35	0,20	0,03	Habilidades sociais com distúrbios emocionais e comportamentais
		Programas de criatividade							
485	Currículo	Rose & Lin	1984	158		158	0,47	0,054	Programas de criatividade de longo prazo
486	Currículo	Cohn	1986	106		177	0,55		Eficácia do treinamento em criatividade

487	Currículo	Bangert-Drowns & Bankert	1990	20		20	0,37	Ensino explícito de criatividade
488	Currículo	Hollingsworth	1991	39		39	0,82	Programas de criatividade
489	Currículo	Conard	1992	na		na	0,48	Teatro criativo
490	Currículo	Scope	1998	30		40	0,90	0,188	Influências do ensino na criatividade
491	Currículo	Scott, Leritz & Mumford	2004	70		70	0,64	Programas de criatividade
492	Currículo	Bertrand	2005	45		45	0,64	0,10	Programas de criatividade
493	Currículo	Higgins, Hall, Baumfield & Moseley	2005	19		19	0,62	Programas de pensamento no desempenho
494	Currículo	Huang	2005	51		62	0,89	0,098	Programas de criatividade
495	Currículo	Berkowitz	2006	23	5.000	39	0,46	0,050	Várias estratégias de comunicação criativa
496	Currículo	Abrami, Bernard, Zhang, Borokhovski, Surkes & Wade	2006	124	18.299	168	1,01	Intervenções para melhorar a capacidade de pensamento crítico
		Programas ao ar livre						
497	Currículo	Cason & Gillis	1994	43	11.238	10	0,61	0,051	Educação ao ar livre no desempenho do ensino médio
498	Currículo	Hattie, Marsh, Neill & Richards	1997	96	12.057	30	0,46	Outward Bound
499	Currículo	Laidlaw	2002	48	3.550	389	0,49	0,020	Educação ao ar livre no desempenho
		Jogo						
500	Currículo	Spies	1987	24	2.491	24	0,26	Impacto do jogo no desempenho
501	Currículo	Fisher	1992	46	2.565	46	0,74	Impacto do jogo no desempenho
		Programas bilíngues						
502	Currículo	Powers & Rossman	1984	16	1.257	16	0,12	Programas bilíngues
503	Currículo	Willig	1985	16		513	0,10	Programas bilíngues
504	Currículo	Oh	1987	54	6.207	115	1,21	0,140	Programas bilíngues para estudantes asiáticos
505	Currículo	Greene	1997	11	2.719	11	0,18	Programas bilíngues
506	Currículo	McField	2002	10		12	0,35	Programas bilíngues
507	Currículo	Rolstad, Mahoney & Glass	2005	4		43	0,16	Programas bilíngues no Arizona
508	Currículo	Slavin & Cheung	2005	17		17	0,45	Programas de leitura bilíngues e somente de inglês

N°	Domínio	Autor	Ano	N° de estudos	N°Total	N° de efeitos	Média	EP	Variável
		Atividades extracurriculares							
509	Currículo	Scott-Little, Hamann & Jurs	2002	6			0,18		Programas de acompanhamento após a escola
510	Currículo	Lewis & Samuels	2004	10		10	0,47	0,101	Atividades gerais
511	Currículo	Lewis & Samuels	2004	5		5	0,10	0,058	Esportes
512	Currículo	Lewis & Samuels	2004	8		8	-0,01	0,058	Trabalho
513	Currículo	Chappella, Nunneryb, Pribeshc & Hagerd	2011		140.345	801	0,03	0,004	Serviços de educação suplementar fora da escola
514	Currículo	Shulruf	2011	29		148	0,19		Atividades extracurriculares
515	Currículo	Conway, Amiel & Gerswein	2009	19	1.193	19	0,43		Aprendizagem de serviço
516	Currículo	Durlak, Weisberg & Casel	2007	73		45	0,13		Programas após a escola
		Intervenções sobre a carreira							
517	Currículo	Baker & Popowicz	1983	18		118	0,50	0,050	Avaliando a educação sobre carreira nos resultados
518	Currículo	Oliver & Spokane	1988	58		58	0,48		Intervenções de educação sobre a carreira
519	Currículo	Evans & Burck	1992	67	159.243	67	0,17		Intervenções de educação sobre a carreira
ENSINO									
		Estratégias enfatizando os objetivos de aprendizagem							
		Objetivos							
520	Ensino	Chidester & Grigsby	1984	21	1.770	21	0,44	0,030	Dificuldade do objetivo
521	Ensino	Fuchs & Fuchs	1985	18		96	0,64		Objetivos de longo prazo vs. curto prazo
522	Ensino	Tubbs	1986	87		147	0,58	0,030	Dificuldade, especificidade e *feedback* do objetivo
523	Ensino	Mento, Steel & Karren	1987	70	7.407	118	0,58	0,018	Dificuldade do objetivo
524	Ensino	Wood, Mento & Locke	1987	72	7.548	72	0,58	0,149	Dificuldade do objetivo
525	Ensino	Wood, Mento & Locke	1987	53	6.635	53	0,43	0,063	Especificidade do objetivo
526	Ensino	Wright	1990	70	7.161	70	0,55	0,018	Dificuldade do objetivo

#		Autor	Ano					Descrição
527	Ensino	Donovan & Radosevich	1998	21		21	0,36	Compromisso com o objetivo
528	Ensino	Klein, Wesson, Hollenbeck & Alge	1999	74		83	0,47	Compromisso com o objetivo
529	Ensino	Carpenter	2007	48	2.360	48	0,24	Objetivos de domínio no desempenho
530	Ensino	Hulleman, Schrager, Bodmann & Harackiewica	2010	243	12.466	243	0,12	Objetivos de abordagem no desempenho
531	Ensino	Burns	2004	55	91.087	45	0,82	Nível de desafio
532	Ensino	Gollwitzer & Sheeran	2007	63	8.461	94	0,72 0,089	Intenções do objetivo no desempenho
		Objetivos comportamentais/ organizadores do avanço						
533	Ensino	Kozlow	1978	77		91	0,89 0,017	Organizadores do avanço
534	Ensino	Luiten, Ames & Ackerman	1980	135		160	0,21	Organizadores do avanço
535	Ensino	Stone	1983	29		112	0,66 0,074	Organizadores do avanço
536	Ensino	Lott	1983	16		147	0,24	Organizadores do avanço em ciências
537	Ensino	Asencio	1984	111		111	0,12	Objetivos comportamentais
538	Ensino	Klauer	1984	23		52	0,40	Aprendizagem intencional
539	Ensino	Rolhelser-Bennett	1987	12	1.968	45	0,80	Organizadores do avanço
540	Ensino	Mahar	1992	50		50	0,44	Organizadores do avanço
541	Ensino	Catts	1992	14		80	-0,03 0,056	Aprendizagem incidental
542	Ensino	Catts	1992	90		1.065	0,35 0,013	Aprendizagem intencional
543	Ensino	Preiss & Gayle	2006	20	1.937	20	0,46	Organizadores do avanço
		Mapas conceituais						
544	Ensino	Moore & Readence	1984	161		161	0,22 0,050	Gráficos organizadores em matemática
545	Ensino	Vazquez & Carballo	1993	17		19	0,57 0,032	Mapas conceituais em ciências
546	Ensino	Horton, McConney, Gallo, Woods, Senn & Hamelin	1993	19	1.805	19	0,45	Mapas conceituais em ciências
547	Ensino	Kang	2002	14		14	0,79	Gráficos organizadores na leitura com alunos com transtorno de aprendizagem
548	Ensino	Campbell	2009	38		46	0,79	Mapas conceituais em todas as matérias
549	Ensino	Kim, Vaughn,	2004	21	848	52	0,81 0,081	Gráficos organizadores na leitura

Nº	Domínio	Autor	Ano	Nº de estudos	NºTotal	Nº de efeitos	Média	EP	Variável
550	Ensino	Wanzek & Wei Nesbit & Adesope	2006	55	5.818	67	0,55	0,040	Mapas de conceito e conhecimento
		Hierarquias de aprendizagem							
551	Ensino	Horon & Lynn	1980	24		24	0,19		Hierarquias de aprendizagem
		Estratégias enfatizando critérios de sucesso							
		Aprendizagem de domínio							
552	Ensino	Block & Burns	1976	45		45	0,83		Aprendizagem de domínio
553	Ensino	Willett, Yamashita & Anderson	1983	130		13	0,64		Aprendizagem de domínio em ciências
554	Ensino	Guskey & Gates	1985	38	7.794	35	0,78		Aprendizagem de domínio baseado em grupo
555	Ensino	Guskey	1988	43		78	0,61		Aprendizagem de domínio
556	Ensino	Hefner	1985	8	1.529	12	0,66		Métodos de aprendizagem de domínio/baseados em competências
557	Ensino	Kulik & Kulik	1986	49		49	0,54	0,055	Testes de domínio
558	Ensino	Slavin	1987	7		7	0,04		Aprendizagem de domínio
559	Ensino	Guskey & Pigott	1988	43		78	0,61		Aprendizagem de domínio baseado em grupos
560	Ensino	Hood	1990	23		23	0,56		Aprendizagem de domínio
561	Ensino	Kulik, Kulik & Bangert-Drowns	1990	34		34	0,52		Aprendizagem de domínio
		Sistema de Instrução Personalizado de Keller							
562	Ensino	Kulik, Kulik & Cohen	1979	61		75	0,49		PSI e desempenho
563	Ensino	Willett, Yamashita & Anderson	1983	130		15	0,60		PSI em ciências
564	Ensino	Kulik, Kulik & Bangert-Drowns	1988	72		72	0,49		PSI em alunos do ensino superior

#		Exemplos resolvidos							
565	Ensino	Crissman	1986	62	3.324	151	0,57	0,042	Exemplos resolvidos no desenvolvimento
		Estratégias enfatizando feedback							
		Feedback							
566	Ensino	Lysakowski & Walberg	1980	39	4.842	102	1,17		Reforço de sala de aula
567	Ensino	Wilkinson	1981	14		14	0,12		Elogio pelo professor
568	Ensino	Walberg	1982	19		19	0,81		Pistas e reforços
569	Ensino	Lysakowski & Walberg	1982	54	15.689	94	0,97		Pistas, participação e *feedback* de correção
570	Ensino	Yeany & Miller	1983	49		49	0,52		*Feedback* diagnóstico de ciência no ensino superior
571	Ensino	Schmmel	1983	15		15	0,47	0,034	*Feedback* a partir do ensino por computador
572	Ensino	Getsie, Langer & Glass	1985	89		89	0,14		Recompensas e punição
573	Ensino	Skiba, Casey & Center	1985	35		315	0,68		Procedimentos de não aversão
574	Ensino	Miller	2003	8		8	1,08		*Feedback* negativo oral na aprendizagem
575	Ensino	Lyster & Saito	2010	15		28	0,74	0,024	
576	Ensino	Menges & Brinko	1986	27		31	0,44	0,115	Avaliação dos alunos como *feedback*
577	Ensino	Rummel & Feinberg	1988	45		45	0,60		Recompensas extrínsecas de *feedback*
578	Ensino	Kulik & Kulik	1988	53		53	0,49		Momento do *feedback*
579	Ensino	Tenenbaum & Goldring	1989	15	522	15	0,72		Pistas e reforço
580	Ensino	L'Hommedieu, Menges & Brinko	1990	28	1.698	28	0,34		*Feedback* das classificações dos alunos do ensino superior
581	Ensino	Bangert-Drowns, Kulik, Kulik & Morgan	1991	40		58	0,26	0,060	*Feedback* dos testes
582	Ensino	Wiersma	1992	20	865	17	0,50	0,086	Recompensas intrínsecas vs. extrínsecas
583	Ensino	Travlos & Pratt	1995	17		17	0,71	0,010	Conhecimento dos resultados
584	Ensino	Azevedo & Bernard	1995	22		22	0,80		*Feedback* apresentado pelo computador
585	Ensino	Standley	1996	98		208	2,87		Música como reforço
586	Ensino	Kluger & DeNisi	1996	470	12.652	470	0,38		*Feedback*
587	Ensino	Neubert	1998	16	744	16	0,63	0,028	Objetivos mais *feedback*
588	Ensino	Swanson & Lussier	2001	30	5.104	170	1,12	0,093	Avaliação dinâmica (*feedback*)
589	Ensino	Baker & Dwyer	2005	11	1.341	122	0,93		Independente do campo vs. dependente do campo

Apêndice B

N°	Domínio	Autor	Ano	N° de estudos	N° Total	N° de efeitos	Média	EP	Variável
590	Ensino	Witt, Wheeless & Aooen	2006	81	24.474	81	1,15		Urgência do *feedback* do professor
		Frequência/efeitos da testagem							
591	Ensino	Kulik, Kulik & Bangert	1984	19		19	0,42	0,080	Testagem prática
592	Ensino	Fuchs & Fuchs	1986	22	1.489	34	0,28		Efeitos da familiaridade do examinador
593	Ensino	Bangert-Drowns, Kulik & Kulik	1991	35		35	0,23		Testagem frequente
594	Ensino	Gocmen	2003	78		233	0,40	0,047	Testagem frequente
595	Ensino	Kim	2005	148		644	0,39	0,016	Avaliação formativa
596	Ensino	Kim	2005	148		622	0,39		Avaliação da *performance* no desempenho
597	Ensino	Lee	2006	12		55	0,36	0,061	Testagem externa orientada por testes
598	Ensino	Hausknecht, Halpert, Di Paolo & Moriarty- Gerrard	2007	107	134.436	107	0,26	0,016	Prática e efeitos de nova testagem
		Ensinar a fazer testes							
599	Ensino	Messick & Jungeblut	1981	12		12	0,15		Treinamento para SAT
600	Ensino	Bangert-Drowns, Kulik & Kulik	1983	30		30	0,25		Treinamento em habilidades para fazer testes
601	Ensino	DerSimonian & Laird	1983	36	15.772	36	0,07		Treinamento no SAT-M/V
602	Ensino	Haynie	2007	8		8	0,76		Fazer testes na retenção por aprendizagem
603	Ensino	Samson	1985	24		24	0,33	0,039	Treinamento em habilidades para fazer testes
604	Ensino	Scruggs, White & Bennion	1986	24		65	0,21		Treinamento em habilidades para fazer testes
605	Ensino	Kalaian & Becker	1986	34		34	0,34	0,010	Treinamento para SAT
606	Ensino	Powers	1986	10		44	0,21		Treinamento para admissão no ensino superior
607	Ensino	Becker	1990	48		70	0,30		Treinamento para SAT
608	Ensino	Witt	1993	35		35	0,22		Treinamento em habilidades para fazer testes
609	Ensino	Kulik, Bangert-Drowns & Kulik	1994	14		14	0,15		Treinamento para SAT

Apêndice B **225**

		Fornecer avaliação formativa aos professores					
610	Ensino	Fuchs & Fuchs	1986	21	3.835	0,70	Avaliação formativa
611	Ensino	Burns & Symington	2002	9		1,10	0,079	Utilização de equipes de intervenção pré-encaminhamento
		Resposta à intervenção					
612	Ensino	Tran, Sanchez, Arellano & Swanson	2011	13		1,07	Programas de resposta à intervenção
		Questionamento					
613	Ensino	Redfield & Rousseau	1981	14		0,73	Questionamento de professores
614	Ensino	Lyday	1983	65		0,57	Questões auxiliares
615	Ensino	Hamaker	1986	61		0,13	0,009	Questões auxiliares factuais
616	Ensino	Samson, Strykowski, Weinstein & Walberg	1987	14		0,26	0,086	Questionamento de professores
617	Ensino	Gliesmann, Pugh, Dowden & Hutchins	1988	26		0,82	Questionamento de professores
618	Ensino	Berkeley, Scruggs & Mastropieri	2009	30		0,68	Ensino de questionamento/estratégia na leitura
619	Ensino	Gayle, Preiss & Allen	2006	13		0,31	0,108	Questionamento de professores
620	Ensino	Randolph	2007	18		0,38	Cartões resposta para questionamento
		Discussão em sala de aula					
621	Ensino	Murphy, Wilkinson, Soter & Hennessey	2011	42		0,82	Promovendo a discussão em sala de aula
		Urgência docente					
622	Ensino	Allen, Witt & Wheeless	2007	16	5.437	0,16	Urgência nos resultados cognitivos
		Estratégias enfatizando as perspectivas dos alunos na aprendizagem					
		Tempo na tarefa					
623	Ensino	Bloom	1976	11		28	0,75	Tempo na tarefa

N°	Domínio	Autor	Ano	N° de estudos	N° Total	N° de efeitos	Média	EP	Variável
624	Ensino	Fredrick	1980	35		35	0,34		Tempo na tarefa
625	Ensino	Catts	1992	18		37	0,19	0,101	Tempo na tarefa
626	Ensino	Shulruf, Keuskamp & Timperley	2006	36		36	0,24		Fazer mais cursos
		Prática em intervalo vs. prática em massa							
627	Ensino	Lee & Genovese	1988				0,96		Prática em intervalo vs. prática em massa
628	Ensino	Donovan & Radosevich	1999	63		112	0,46		Prática em intervalo vs. prática em massa
		Tutoria pelos colegas							
629	Ensino	Hartley	1977	29		50	0,63	0,089	Efeitos nos tutorados em matemática
630	Ensino	Hartley	1977	29		18	0,58	0,201	Efeitos nos tutores em matemática
631	Ensino	Cohen, Kulik & Kulik	1982	65		52	0,40	0,069	Efeitos nos tutorados
632	Ensino	Cohen, Kulik & Kulik	1982	65		33	0,33	0,090	Efeitos nos tutores
633	Ensino	Phillips	1983	302		302	0,98		Treinamento tutorial de conservação
634	Ensino	Cook, Scruggs, Mastropieri & Casto	1985	19		49	0,53	0,106	Pessoa com deficiência como tutor
635	Ensino	Cook, Scruggs, Mastropieri & Casto	1985	19		25	0,58	0,120	Pessoa com deficiência como tutorados
636	Ensino	Mathes & Fuchs	1991	11		74	0,36		Tutoria pelos colegas na leitura
637	Ensino	Batya, Vaughn, Hughes & Moody	2000	32	1.248	216	0,41		Tutoria pelos colegas na leitura
638	Ensino	Elbaum, Vaughn, Hughes & Moody	2000	29	325	216	0,67	0,067	Programas de tutoria um a um na leitura
639	Ensino	Rohrbeck, Ginsburg-Block, Fantuzzo & Miller	2003	90		90	0,59	0,095	Aprendizagem assistida pelos colegas em alunos dos anos iniciais do ensino fundamental
640	Ensino	Erion	2006	32		32	0,82	0,156	Tutoria de crianças por pais
641	Ensino	Ginsburg-Block, Rohrbeck & Fantuzzo	2006	28		26	0,35	0,040	Aprendizagem assistida por colegas
642	Ensino	Kunsch, Jitendra & Sood	2007	17	1.103	17	0,47		Ensino de matemática mediado pelos colegas com alunos com transtorno de aprendizagem

		Tutores voluntários					
643	Ensino	Ritter, Barnett, Denny & Albin	2009	2.180	28	0,26	Adultos voluntários
		Programas de mentores					
644	Ensino	Eby, Allen, Evans, Ng & DuBois	2007	10.250	31	0,16	0,04	Programas de mentores nos resultados de desempenho
645	Ensino	du Bois, Holloway, Valentine & Cooper	2008		43	0,13	0,05	Programas de mentores nos resultados de desempenho
		Estratégias enfatizando a aprendizagem metacognitiva/autor-regulada dos alunos					
		Estratégias de metacognição					
646	Ensino	Haller, Child & Walberg	1988	1.553	20	0,71	0,181	Programas de treinamento metacognitivo em leitura
647	Ensino	Chiu	1998	3.475	43	123	0,67	Intervenções metacognitivas em leitura
		Habilidades de estudo					
648	Ensino	Sanders	1979	6.140	28	0,37		Programas de estudo-leitura
649	Ensino	Kulik, Kulik & Shwalb	1983		57	0,27	0,042	Programas de preparação de habilidades de estudo
650	Ensino	Crismore	1985		100	1,04		Resumindo estratégias
651	Ensino	Henk & Stahl	1985		21	0,34	0,129	Tomar notas
652	Ensino	Rolhelser-Bennett	1987	1.968	12	78	1,28	Treinamento da memória
653	Ensino	Runyan	1987	3.698	32	51	0,64	Programa mnemônico de lembrança de palavras-chave
654	Ensino	Mastropieri & Scruggs	1989		19	1,62	0,18	Programa mnemônico de lembrança de palavras-chave
655	Ensino	Burley	1994	7.285	27	40	0,13	Programas de ensino superior para os menos preparados
656	Ensino	Hattie, Biggs & Purdie	1996	5.443	51	270	0,45	0,030	Habilidades de estudo
657	Ensino	Purdie & Hattie	1999		52	653	0,28	0,007	Habilidades de estudo
658	Ensino	Robbins, Lauver, Le, Davis, Langley & Carlstrom	2004	476	109	279	0,41	0,240	Habilidades de estudo no ensino superior

Apêndice B

Nº	Domínio	Autor	Ano	Nº de estudos	Nº Total	Nº de efeitos	Média	EP	Variável
659	Ensino	Lavery	2005	30	1.937	223	0,46	0,060	Aprendizagem autorregulada
660	Ensino	Benz & Schmitz	2009	28		28	0,78		Aprendizagem autorregulada
661	Ensino	Sitzmann & Ely	2011	369	90.380	855	0,37		Estratégias de autorregulação
662	Ensino	Kim, Kim, Lee, Park, Hong & Kim	2008	50		97	0,96		Ensinando estratégias de aprendizagem
663	Ensino	Mesmer-Magnus & Viswesvaran	2010	128	13.684	159	0,62		Ensinando estratégias de aprendizagem
664	Ensino	Scruggs, Mastropieri, Berkeley & Graetz	2010	35	2.403	94	1,00		Ensinando estratégias de aprendizagem para alunos do ensino médio com transtorno de aprendizagem
665	Ensino	Kobayashi	2005	57		131	0,22		Efeitos da tomada de notas
666	Ensino	Dignath, Buettner & Langfeldt	2008	30	2.364	263	0,69	0,030	Estratégias de autorregulação
		Autoverbalização/ autoquestionamento							
667	Ensino	Rock	1985	47	1.398	684	0,51	0,060	Treinamento de autoensino em educação especial
668	Ensino	Duzinski	1987	45		377	0,84		Treinamento em ensino autoverbalizante
669	Ensino	Huang	1991	21	1.700	89	0,58		Autoquestionamento dos alunos
		Controle dos alunos sobre a aprendizagem							
670	Ensino	Niemiec, Sikorski & Walberg	1996	24		24	-0,03	0,149	Controle dos alunos sobre a aprendizagem EAC (ensino assistido por computador)
671	Ensino	Patall, Cooper & Robinson	2008	41		14	0,10	0,027	Controle sobre a aprendizagem no controle subsequente
		Ensino centrado nos alunos							
672	Ensino	Preston	2007	19		19	0,54	0,149	Abordagem centrada nos alunos vs. centrada nos professores
		Interações aptidão-tratamento							
673	Ensino	Kavale & Forness	1987	39		318	0,28		Teste de modalidade e ensino

674	Ensino	Whitener	1989	22	1.434	22	0,11	0,070	Associação do estilo de ensino
675	Ensino	Tamir	1985	54		13	0,02		Preferência cognitiva
676	Ensino	Garlinger & Frank	1986	7	1.531	7	-0,03		Independência/dependência do campo no desempenho
677	Ensino	Sullivan (excluído, ver Visible Learning)	1993	42	3.434	42	0,75		Estilos de aprendizagem de Dunn e Dunn associados ao desempenho
678	Ensino	Iliff	1994	101		486	0,33	0,026	Estilo de aprendizagem de Kolb associado ao desempenho
679	Ensino	Dunn, Griggs, Olson, Beasley & Gorman	1995	36	3.181	65	0,76		Intervenções para intensificar a associação entre estilo de aprendizagem e desempenho
680	Ensino	Slemmer	2002	48	5.908	51	0,27		Estilos de aprendizagem em ambientes de hipertecnologia
681	Ensino	Salvione	2007	34	7.093	677	0,28		Estilos de aprendizagem de Dunn e Dunn para alunos
682	Ensino	Mangino (excluído, ver Visible Learning)	2004	47	8.661	386	0,54	0,006	Estilos de aprendizagem de Dunn e Dunn para adultos
683	Ensino	Lovelace (excluído, ver Visible Learning)	2005	76	7.196	168	0,67		Estilos de aprendizagem de Dunn e Dunn associados ao desempenho
		Ensino individual							
684	Ensino	Hartley	1977	51		139	0,16	0,091	Individualização em matemática
685	Ensino	Kulik & Kulik	1980	213		213	0,33	0,034	Desempenho no ensino superior individualizado
686	Ensino	Horak	1981	60		129	-0,07		Individualização em matemática
687	Ensino	Willett, Yamashita & Anderson	1983	130		131	0,17		Currículo de ciências individualizado
688	Ensino	Bangert, Kulik & Kulik	1983	49		49	0,1	0,053	Individualizado no ensino médio
689	Ensino	Waxman, Wang, Anderson & Walberg	1985	38	7.200	309	0,45		Métodos de adaptação (individuais, de avaliação contínua, avaliação periódica)
690	Ensino	Mitchell	1987	38		39	0,19	0,071	Ensino individualizado em matemática
691	Ensino	Atash & Dawson	1986	10	2.180	30	0,09	0,046	Currículo de ciências individualizado

Apêndice B

Nº	Domínio	Autor	Ano	Nº de estudos	Nº Total	Nº de efeitos	Média	EP	Variável
692	Ensino	Decanay & Cohen	1992	30		30	0,37		Ensino individual em educação médica
693	Ensino	Elbaum, Vaughn, Hughes & Moody	1999	19		116	0,43		Educação especial em leitura
		Programas de psicoterapia							
694	Ensino	Baskin, Slaten, Merson, Sorenson & Glover-Russell	2010	83		102	0,38		Psicoterapia nos resultados acadêmicos
		Implementações enfatizando estratégias de ensino							
		Estratégias de ensino							
695	Ensino	Rosenbaum	1983	235		99	1,02		Programas de tratamento para alunos com distúrbio emocional
696	Ensino	O'Neal	1985	31		96	0,81	0,155	Alunos com paralisia cerebral
697	Ensino	Baenninger & Newcombe	1989	26		26	0,51		Estratégias espaciais nos resultados espaciais
698	Ensino	Forness & Kavale	1993	268	8.000	819	0,71	0,122	Ensino com alunos de baixa capacidade
699	Ensino	Fan	1993	41	3.219	223	0,56		Treinamento metacognitivo na compreensão da leitura
700	Ensino	Scheerens & Bosker	1997	228		545	0,20	0,030	Várias estratégias no desempenho
701	Ensino	White	1997	222	15.080	1.796	0,39	0,046	Estratégias de aprendizagem cognitiva em leitura com alunos com transtorno de aprendizagem
702	Ensino	White	1997	72	8.527	831	0,20	0,039	Estratégias de aprendizagem cognitiva em matemática com alunos com transtorno de aprendizagem
703	Ensino	Marzano	1998	4.000	1.237.000	4.000	0,65	0,014	Técnicas de ensino em sala de aula
704	Ensino	Norris & Otera	2000	49		78	0,96		Ensino concentrado vs. exposição mínima à aprendizagem em L2
705	Ensino	Swanson & Hoskyn	1998	180	38.716	1.537	0,79	0,013	Ensino com alunos de baixa capacidade
706	Ensino	Xin & Jitendra	1999	14		653	0,89		Resolução de problemas de palavras na leitura
707	Ensino	Swanson	2000	180	180.827	1.537	0,79	0,013	Estratégias de aprendizagem para alunos especiais

708	Ensino	Swanson	2001	58		58	0,82	0,087	Programas para promover a resolução de problemas
709	Ensino	Seidel & Shavelson	2007	112		1.352	0,07		Processos de ensino e aprendizagem
		Ensino recíproco							
710	Ensino	Rosenshine & Meister	1994	16		31	0,74		Ensino recíproco
711	Ensino	Galloway	2003	22	677	22	0,74		Ensino recíproco na compreensão da leitura
		Ensino direto							
712	Ensino	White	1988	25		24	0,83	0,133	Ensino Direto (ED) na educação especial
713	Ensino	Adams & Engelmann	1996	37		372	0,75		ED na leitura
714	Ensino	Borman, Hewes, Overman & Brown	2003	232	42.618	182	0,21	0,020	ED a partir das reformas das *comprehensive schools*
715	Ensino	Haas	2005	10		19	0,55	0,135	Métodos de ensino em álgebra
		Dispositivos auxiliares							
716	Ensino	Readence & Moore	1981	16	2.227	122	0,45	0,020	Imagens auxiliares na leitura
717	Ensino	Levine & Lentz	1982	23	7.182	41	0,55		Ilustrações de texto
718	Ensino	Catts	1992	8		19	0,01	0,067	Dispositivos auxiliares
719	Ensino	Hoeffler, Sumfleth & Leutner	2006	26		76	0,46		Animações de ensino vs. imagens estáticas
		Ensino indutivo							
720	Ensino	Lott	1983	24		24	0,06		Ensino indutivo em ciências
721	Ensino	Klauer & Phye	2008	73	3.595	79	0,59	0,035	Ensino indutivo
		Ensino baseado em investigação							
722	Ensino	Sweitzer & Anderson	1983	68		19	0,44	0,154	Ensino por investigação em ciências
723	Ensino	Shymansky, Hedges & Woodworth	1990	81		320	0,27	0,030	Métodos de investigação em ciências
724	Ensino	Bangert-Drowns	1992	21		21	0,37		Efeitos do ensino por investigação no pensamento crítico
725	Ensino	Smith	1996	35	7.437	60	0,17		Método de investigação em ciências
		Ensino por resolução de problemas							
726	Ensino	Marcucci	1980	33		237	0,35		Resolução de problemas em matemática

Nº	Domínio	Autor	Ano	Nº de estudos	NºTotal	Nº de efeitos	Média	EP	Variável
727	Ensino	Curbelo	1984	68	10.629	343	0,54	0,037	Resolução de problemas em ciências e matemática
728	Ensino	Almeida & Denham	1984	18	2.398	18	0,72	0,136	Resolução interpessoal de problemas
729	Ensino	Mellinger	1991	25		35	1,13	0,060	Aumentando a flexibilidade cognitiva
730	Ensino	Hembree	1992	55		55	0,33		Métodos de ensino por resolução de problemas
731	Ensino	Tocanis, Ferguson--Hessler & Broekkamp	2001	22	2.208	31	0,59	0,070	Resolução de problemas em ciências
	Aprendizagem baseada em problemas (ABP)								
732	Ensino	Albanese & Mitchell	1993	11	2.208	66	0,27	0,043	ABP na medicina
733	Ensino	Walker & Leary	2008	82		201	0,13		ABP em todas as matérias
734	Ensino	Vernon & Blake	1993	8		28	-0,18		ABP no nível superior
735	Ensino	Dochy, Segers, Van den Bossche & Gijbels	2003	43	21.365	35	0,12		ABP no conhecimento e habilidades
736	Ensino	Smith	2003	82	12.979	121	0,31		ABP na medicina
737	Ensino	Newman	2004	12		12	-0,30		ABP na medicina
738	Ensino	Haas	2005	7	1.538	34	0,52	0,187	Métodos de ensino em álgebra
739	Ensino	Gijbels, Dochy, Van den Bossche & Segers	2005	40		49	0,32		ABP na avaliação dos resultados
740	Ensino	Walker	2008	82		201	0,13	0,025	ABP entre as disciplinas
	Aprendizagem cooperativa								
741	Teaching	Johnson, Maruyama, Johnson, Nelson & Skon	1981	122		183	0,73		Aprendizagem cooperativa
742	Ensino	Rolhelser-Bennett	1987	23	4.002	78	0,48		Aprendizagem cooperativa
743	Ensino	Hall	1988	22	10.022	52	0,31		Aprendizagem cooperativa
744	Ensino	Stevens & Slavin	1991	4		4	0,48		Aprendizagem cooperativa
745	Ensino	Spuler	1993	19	6.137	19	0,54		Aprendizagem cooperativa em matemática
746	Ensino	Othman	1996	39		39	0,27		Aprendizagem cooperativa em matemática
747	Ensino	Howard	1996	13		42	0,37		Aprendizagem cooperativa por roteiro

Apêndice B 233

#		Autor	Ano	N	n	d	SE	Descrição
748	Ensino	Bowen	2000	37		49	0,51	0,050	Aprendizagem cooperativa na química do ensino médio
749	Ensino	Suri	1997	27		27	0,63		Aprendizagem cooperativa em matemática
750	Ensino	Romero	2009	32		52	0,31		Aprendizagem cooperativa
751	Ensino	Neber, Finsterwald & Urban	2001	12	3.000	314	0,13		Aprendizagem cooperativa em alunos com altas habilidades
752	Ensino	McMaster & Fuchs	2002	15	864	49	0,30	0,070	Aprendizagem cooperativa
		Aprendizagem cooperativa vs. competitiva							
753	Ensino	Johnson, Maruyama, Johnson, Nelson & Skon	1981	122		9	0,56		Cooperativa com competição intergrupo
754	Ensino	Johnson, Johnson & Marayama	1983	98		83	0,82	0,093	Cooperativa vs. competitiva
755	Ensino	Johnson & Johnson	1987	453		36	0,59	0,165	Cooperativa vs. competitiva
756	Ensino	Hall	1988	18		83	0,28		Cooperativa com competitiva
757	Ensino	Qin, Johnson & Johnson	1995	46		63	0,55		Cooperativa vs. competitiva
758	Ensino	Johnson, Johnson & Stanne	2000	158		66	0,55	0,059	Cooperativa vs. competitiva
759	Ensino	Roseth, Johnson & Johnson	2008	129	17.000	593	0,46	0,130	Cooperativa vs. competitiva
		Aprendizagem cooperativa vs. individualista							
760	Ensino	Johnson & Johnson	1987	453		70	0,68	0,139	Cooperativa vs. individualista
761	Ensino	Hall	1988	15		77	0,26		Cooperativa vs. individualista
762	Ensino	Johnson, Johnson & Stanne	2000	158		82	0,88	0,066	Cooperativa vs. individualista
763	Ensino	Roseth, Fang, Johnson & Johnson	2006	148		55	0,55	0,060	Cooperativa vs. individualista nos anos finais do ensino fundamental
		Aprendizagem competitiva vs. individualista							
764	Ensino	Johnson, Maruyama, Johnson, Nelson & Skon	1981	122		163	0,09		Aprendizagem competitiva

Nº	Domínio	Autor	Ano	Nº de estudos	Nº Total	Nº de efeitos	Média	EP	Variável
765	Ensino	Johnson, Johnson & Marayama	1983	98		16	0,45	0,288	Competitiva vs. individualista
766	Ensino	Johnson & Johnson	1987	453		12	0,36	0,271	Competitiva vs. individualista
767	Ensino	Johnson, Johnson & Stanne	2000	158		12	0,04	0,138	Competitiva vs. individualista
		Implementações que enfatizam estratégias de ensino por toda a escola							
		Reformas de ensino global							
768	Ensino	Borman & D'Agostino	1996	17	41.706.196	657	0,12		Programas de Avaliação do Título Federal I
769	Ensino	Friedrich	1998	33		50	0,38		Programas alternativos para jovens em risco
770	Ensino	Borman, Hewes, Overman & Brown	2003	232	222.956	1.111	0,15		Reforma das comprehensive schools
		Vários métodos de ensino sobre pensamento criativo							
771	Ensino	Abrami, Bernard, Borokhovski, Wade, Surkes, Tamim & Zhang	2008	117	20.698	161	0,34	0,005	Intervenções nas habilidades e disposições do pensamento crítico
		Intervenções para alunos com deficiência de aprendizagem							
772	Ensino	Swanson, Carson & Sachse-Lee	1996	78		324	0,85	0,065	Programas para alunos com transtorno de aprendizagem
773	Ensino	Swanson, Hoskyn & Lee	1999	180	4.871	1.537	0,56	0,017	Desenhos entre grupos
774	Ensino	Swanson, Hoskyn & Lee	1999	85	793	793	0,90	0,008	Desenhos de única matéria
		Programas especiais do ensino superior							
775	Ensino	Kulik, Kulik & Shwalb	1983	60		60	0,27	0,040	Programas do ensino superior para alunos de alto risco

Apêndice B **235**

#		Autor(es)	Ano					Descrição
776	Ensino	Valentine, Hirschy, Bremer, Novillo, Castellano & Banister	2011	33		33	0,07	Programas do ensino superior para alunos de alto risco
777	Ensino	Cohn	1985	48		48	0,20	Ensino inovador vs. palestras tradicionais em economia
		Ensino em equipe/coensino						
778	Ensino	Murawski & Swanson	2001	6	1.617	6	0,31 / 0,057	Coensino
779	Ensino	Willett, Yamashita & Anderson	1983	130		41	0,06	Coensino em ciências
		Implementações utilizando tecnologias						
		Ensino assistido por computador						
780	Ensino	Hartley	1977	33		89	0,41 / 0,062	EAC no desempenho
781	Ensino	Aiello & Wolfe	1980	115		182	0,08	EAC no ensino de ciências no ensino médio
782	Ensino	Kulik, Kulik & Cohen	1980	312		278	0,48 / 0,030	EAC no ensino superior
783	Ensino	Burns & Bozeman	1981	40		40	0,40	EAC em matemática
784	Ensino	Leong	1981	22		106	0,08	EAC no ensino de matemática no ensino médio
785	Ensino	Athappilly, Smidchens & Kofel	1983	134		810	0,10	Matemática moderna vs. matemática tradicional
786	Ensino	Kulik, Kulik & Bangert-Drowns	1983	51		51	0,32	EAC em alunos do ensino médio
787	Ensino	Kulik, Kulik & Williams	1983	97		97	0,36 / 0,035	EAC com alunos do ensino médio
788	Ensino	Willett, Yashashita & Anderson	1983	130		130	0,13	EAC em ciências
789	Ensino	Kulik et al.	1984	25		25	0,48 / 0,063	EAC com alunos dos anos iniciais do ensino fundamental
790	Ensino	Bangert-Drowns	1985	74		74	0,33	EAC com alunos do pré-ensino superior
791	Ensino	Bangert-Drowns, Kulik & Kulik	1985	42		42	0,26 / 0,063	EAC em escolas do ensino médio
792	Ensino	Clark	1985	42		42	0,09	EAC em escolas

N°	Domínio	Autor	Ano	N° de estudos	N° Total	N° de efeitos	Média	EP	Variável
793	Ensino	Kulik, Kulik & Bangert-Drowns	1985	32		32	0,47	0,055	EAC em alunos dos anos iniciais do ensino fundamental
794	Ensino	Kulik & Kulik	1986	48		48	0,32	0,061	EAC no ensino superior
795	Ensino	Kulik, Kulik & Shwalb	1986	23		23	0,42	0,110	EAC em adultos
796	Ensino	Schmidt, Weinstein, Niemic & Walberg	1986	18		48	0,67	0,048	EAC em crianças com deficiência mental
797	Ensino	Shwalb, Shwalb & Azuma	1986	104		4	0,74	0,069	EAC no Japão
798	Ensino	Gillingham & Guthrie	1987	13		13	1,05		Ensino assistido por computador
799	Ensino	Kulik & Kulik	1987	199		199	0,31		EAC no desempenho
800	Ensino	Mitchell	1987	12		16	0,24	0,093	EAC na matemática
801	Ensino	Slavin, Cheung, Groff & Lake	2007	12		12	0,23		EAC na leitura
802	Ensino	Camnalbur & Erdogan	2008	78	5.096	78	0,95	0,030	EAC na Turquia
803	Ensino	Koufogiannakis & Wiebe	2006	8	408	8	0,09		EAC na alfabetização informacional
804	Ensino	Larwin & Larwin	2011	70	40.125	70	0,57		EAC em cursos de estatística pós-ensino médio
805	Ensino	Means, Toyama, Murphy, Bakia, Jones	2009	51		51	0,24		Aprendizagem on-line nos alunos
806	Ensino	Moran, Ferdig, Pearson, Wardrop & Blomeyer	2008	20		89	0,49		Ferramentas digitais na aprendizagem
807	Ensino	Li & Ma	2010	46	36.793	85	0,28		Tecnologia do computador na matemática
808	Ensino	Cheung & Slavin	2011	85	60.721	85	0,16	0,020	Tecnologia educacional
809	Ensino	Yun	2010	10	866	10	0,31	0,070	Marcadores de hipertexto no desempenho
810	Ensino	Schmid, et al.	2009	231	25.497	310	0,28		Tecnologia nas escolas de ensino médio
811	Ensino	Tokpah	2008	31	7.342	102	0,38		EAC em álgebra no desempenho
812	Ensino	Woolf & Regian	2002	177		177	0,33		Tecnologia nas escolas
813	Ensino	Zucker, Moody & McKenna	2009	7	401	7	0,41		E-books no desempenho
814	Ensino	Sosa, Berger, Saw & Mary	2011	45	9.639	45	0,33		EAC em estatística
815	Ensino	Schenker	2007	46		117	0,24		EAC em estatística

#	Nível	Autor	Ano						Descrição
816	Ensino	Zhao	2003	38		38	0,88		EAC na aprendizagem de línguas
817	Ensino	Jahng, Krug & Zhang	2007	20	1.464	20	0,02		Educação à distância on-line
818	Ensino	Keary	2011	85	1.617	85	0,16		Tecnologia no desempenho na leitura
819	Ensino	Niemiec, Samson, Weinstein & Walberg	1987	48	60.000	224	0,32		EAC com alunos dos anos iniciais do ensino fundamental
820	Ensino	Cunningham	1988	37		37	0,33		Gráficos gerados por computador no desempenho
821	Ensino	Roblyer, Castine & King	1988	85		85	0,26		EAC no desempenho
822	Ensino	Wise	1988	26		26	0,30		EAC em ciências
823	Ensino	Kuchler	1989	65		65	0,44	0,068	EAC para ensinar matemática no ensino médio
824	Ensino	McDermid	1989	15		15	0,57		EAC em alunos com transtorno de aprendizagem e deficiência mental
825	Ensino	Bishop	1990	40		58	0,55		Computadores em escolas dos anos iniciais do ensino fundamental
826	Ensino	Wen-Cheng	1990	72		243	0,38	0,037	EAC em escolas dos anos iniciais do ensino fundamental e do ensino médio
827	Ensino	Gordon	1991	84		83	0,26	0,030	Gráficos computadorizados e matemática e resolução de problemas
828	Ensino	Jones	1991	40		58	0,31		EAC em alunos dos anos iniciais do ensino fundamental
829	Ensino	Kulik & Kulik	1991	248	240	248	0,30	0,029	EAC no desempenho
830	Ensino	Liao & Bright	1991	65		432	0,41	0,020	Programação de computador no desempenho
831	Ensino	Palmeter	1991	37		144	0,48	0,055	EAC/logo em processos de cognição mais elevada
832	Ensino	Ryan	1991	40		58	0,31		Aplicações de microcomputadores
833	Ensino	Schramm	1991	12	836	12	0,36	0,110	Processamento de palavras na escrita
834	Ensino	Cohen & Dacanay	1992	37		37	0,41		Programa baseado em computadores na educação em saúde
835	Ensino	Liao	1992	31		207	0,48	0,163	EAC no desempenho
836	Ensino	Bangert-Drowns	1993	32		32	0,39		Processamento de palavra na escrita
837	Ensino	Ouyang	1993	79		267	0,50	0,038	EAC em escolas dos anos iniciais do ensino fundamental

Nº	Domínio	Autor	Ano	Nº de estudos	Nº Total	Nº de efeitos	Média	EP	Variável
838	Ensino	Chen	1994	76		98	0,47	0,071	Programa baseado em computadores em matemática
839	Ensino	Kulik	1994	97		32	0,35	0,04	EAC no desempenho
840	Ensino	Kulik & Kulik	1994	97		97	0,32		EAC em escolas do ensino médio
841	Ensino	Christmann	1995	35	3.476	35	0,23		Toda educação
842	Ensino	Fletcher-Flynn & Gravatt	1995	120		120	0,17		EAC no desempenho
843	Ensino	Hamilton	1995	41		253	0,66	0,033	EAC nas escolas
844	Ensino	Ianno	1995				0,31		EAC na leitura de alunos com transtorno de aprendizagem
845	Ensino	Cassil	1996	21		349	0,29		Computadores móveis em todas as matérias
846	Ensino	Chadwick	1997	41	8.170	41	0,51		EAC na matemática do ensino médio
847	Ensino	Christmann, Badgett & Lucking	1997	27		27	0,21		EAC nas escolas do ensino médio
848	Ensino	King	1997	30		68	0,20		EAC no ensino superior de matemática
849	Ensino	Christmann & Badgett	1999	11	5.020	11	0,28		EAC no ensino médio
850	Ensino	Soe, Koki & Chang	2000	17		33	0,27	0,022	EAC na leitura
851	Ensino	Wolf & Regian	2000	233		233	0,39		EAC no desempenho
852	Ensino	Lou, Abrami & d'Apollonia	2001	100	11.317	178	0,16	0,041	EAC em pequenos grupos
853	Ensino	Lou, Abrami & d'Apollonia	2001	22		39	0,31	0,117	EAC em pequenos grupos
854	Ensino	Yaakub & Finch	2001	21	2.969	28	0,35		Ensino técnico baseado em EAC
855	Ensino	Akiba	2002	21		21	0,37		EAC no desempenho
856	Ensino	Bayraktar	2002	42		108	0,27		EAC na educação em ciências
857	Ensino	Blok, Oostdam, Otter & Overmaat	2002	42		42	0,19		EAC no início da leitura
858	Ensino	Roberts	2002	31	6.388	165	0,69		EAC no desempenho
859	Ensino	Torgerson & Elbourne	2002	7		7	0,37		EAC no soletrar
860	Ensino	Waxman, Connell & Gray	2002	20	4.400	138	0,39		Tecnologia vs. ensino tradicional no desempenho
861	Ensino	Chambers	2003	57	64.766	125	0,51		EAC em salas de aula dos anos iniciais do ensino fundamental e do ensino médio

862	Ensino	Chambers & Schreiber	2003	25		25	0,40	EAC em salas de aula dos anos iniciais do ensino fundamental e do ensino médio
863	Ensino	English Review Group	2003	212		43	0,26	0,094	EAC na alfabetização
864	Ensino	Goldberg	2003	26	1.507	26	0,50	Efeitos de EAC na escrita
865	Ensino	Hsu	2003	25		31	0,43	EAC em estatística
866	Ensino	Kroesbergen & Van Luit	2003	58	10.223	58	0,75	EAC em matemática com educação especial
867	Ensino	Kulik	2003	12		12	0,88	EAC no ensino superior
868	Ensino	Torgerson & Zhu	2003	17		17	0,36	EAC e resultados na alfabetização
869	Ensino	Waxman, Lin, Michko	2003	29	7.728	167	0,54	0,061	EAC no desempenho
870	Ensino	Bernard, Abrami, Wade, Borokhovski & Lou	2004	232	3.831.888	688	0,20	EAC na educação à distância
871	Ensino	Lou	2004	71		399	0,15	Aprendizagem em grupo pequeno vs. individual com EAC em tarefas
872	Ensino	Liao	2005	52	4.981	134	0,55	EAC em Taiwan
873	Ensino	Pearson, Ferdig, Blomeyer & Moran	2005	20		89	0,49	0,078	Tecnologia na leitura
874	Ensino	Abrami, Bernard, Wade, Schmid, Borokhovski, Tamin, Surkes, Lowerison, Zhang, Nicolaidou, Newman, Wozney & Peretiatkowics	2006	17		29	0,17	Aprendizagem pelo computador no Canadá
875	Ensino	Sandy-Hanson	2006	23	9.897	23	0,28	EAC no desempenho
876	Ensino	Shapiro, Kerssen-Griep, Gayle & Allen	2006	12		16	0,26	PowerPoint na turma
877	Ensino	Timmerman & Kruepke	2006	118	12.398	118	0,24	0,020	EAC com alunos do ensino superior
878	Ensino	Onuoha	2007	38	3.824	67	0,26	Laboratórios computadorizados em ciências
879	Ensino	Rosen & Salomon	2007	32		32	0,46	Aprendizagem construtivista com tecnologia intensa
		Simulações						
880	Ensino	Dekkers & Donatti	1981	93		93	0,33	Simulações e desempenho
881	Ensino	Remmer & Jernsted	1982	21		21	0,20	Simulações computadorizadas

Nº	Domínio	Autor	Ano	Nº de estudos	Nº Total	Nº de efeitos	Média	EP	Variável
882	Ensino	Szczurek	1982	58		58	0,33		Jogos de simulação
883	Ensino	VanSickle	1986	42		42	0,43		Jogos educativos de simulação
884	Ensino	Sitzmann & Ely	2011	65	4.518	68	0,30	0,060	Simulações computadorizadas
885	Ensino	Lee	1990	19		34	0,28	0,114	Simulações no desempenho
886	Ensino	McKenna	1991	26		118	0,38	0,070	Simulação em economia
887	Ensino	Armstrong	1991	43		43	0,29		Computadores e simulações e jogos
888	Ensino	Lee	1999	19		19	0,40		Simulações computadorizadas
889	Ensino	LeJeune	2002	40	6.416	54	0,34		Experimentos de ciências simulados em computador
		Aprendizagem baseada na web							
890	Ensino	Olson & Wisher	2002	15		15	0,24	0,150	Aprendizagem baseada na web
891	Ensino	Sitzman, Kraiger, Stewart & Wisher	2006	96	19.331	96	0,15		Aprendizagem baseada na web e turmas tradicionais
892	Ensino	Mulawa	2007	25	3.223	25	0,14	0,099	Princípios de aprendizagem baseados na rede
		Vídeo interativo							
893	Ensino	Clark & Angert	1980	23	4.800	1.000	0,65		
894	Ensino	Angert & Clark	1982	181		2.607	0,51		Métodos de mídia no desempenho
895	Ensino	Shwalb, Shwalb & Azuma	1986	104		33	0,49	0,055	Tecnologia no Japão
896	Ensino	Fletcher	1989	24		47	0,50	0,080	Tecnologia interativa de vídeo
897	Ensino	McNeil & Nelson	1991	63		100	0,53	0,097	Tecnologias multimídia
898	Ensino	Liao	1999	46		143	0,41	0,073	Hipermídia vs. ensino tradicional
		Métodos audiovisuais							
899	Ensino	Kulik, Kulik & Cohen	1979	42		42	0,20		Ensino baseado em áudio
900	Ensino	Cohen, Ebeling & Kulik	1981	65		65	0,15		Ensino baseado em vídeos
901	Ensino	Willett, Yamashita & Anderson	1983	130		100	0,02		Dispositivos visuais em ciências
902	Ensino	Shwalb, Shwalb & Azuma	1986	104		6	0,09	0,110	Ensino baseado em áudio no Japão

903	Ensino	Blanchard, Stock & Marshall	1999	10	2.760	0,16	0,030	Multimídia utilizando computadores pessoais e jogos de computador
904	Ensino	Baker & Dwyer	2000	8		0,71		Uso de dispositivos visuais na aprendizagem
		Ensino programado (EP)						
905	Ensino	Hartley	1977	40		0,11	0,111	EP em matemática
906	Ensino	Kulik, Cohen & Ebeling	1980	57		0,24		EP em alunos do ensino superior
907	Ensino	Kulik, Kulik & Cohen	1980	56		0,24		EP no ensino superior
908	Ensino	Kulik, Schwalb & Kulik	1982	47		0,08	0,070	EP em escolas do ensino médio
909	Ensino	Willett, Yamashita & Anderson	1983	130		0,17		EP em ciências
910	Ensino	Shwalb, Shwalb & Azuma	1986	104		0,43	0,028	EP no Japão
911	Ensino	Mitchell	1987	29		0,15	0,063	EP em matemática
912	Ensino	Boden, Archwamety & MacFarland	2000	30		0,40	0,146	EP em escolas do ensino médio
		Implementações utilizando aprendizagem fora da escola						
		Educação à distância						
913	Ensino	Machtmes & Asher	1987	19		-0,01		Eficácia dos telecursos
914	Ensino	Cavanaugh	1999	19		0,13		Aprendizagem à distância interativa no desempenho
915	Ensino	Cavanaugh	2001	19	929	0,15	0,106	Educação à distância interativa
916	Ensino	Bernard et al.	2009	34		0,39	0,030	Educação à distância principalmente interativa vs. minimamente interativa
917	Ensino	Shachar & Neumann	2003	72	15.300	0,37	0,035	Ensino à distância vs. tradicional
918	Ensino	Allen, Mabry, Mattrey, Bourhis, Titsworth & Burrell	2004	25	71.731	0,10		Turmas à distância vs. tradicionais
919	Ensino	Cavanaugh, Gillan, Kromrey, Hess & Blomeyer	2004	14	7.561	-0,03	0,045	Ensino à distância em todas as turmas
920	Ensino	Williams	2004	25		0,15		Ensino à distância em programas associados de ciências da saúde

Nº	Domínio	Autor	Ano	Nº de estudos	Nº Total	Nº de efeitos	Média	EP	Variável
921	Ensino	Bernard, Abrami, Lou, Wozney, Borokhovski, Wallet, Wade, Fiset	2004	232	3.831.888	688	0,01	0,010	Educação à distância
922	Ensino	Bernard, Lou, Abrami, Wozney, Borokhovski, Wallet, Wade, Fiset	2004	155		155	−0,02	0,015	Presença ou não: assincrônica e sincrônica
923	Ensino	Allen, Bourhis, Mabry, Burrell & Timmerman	2006	54	74.275	54	0,09		Ensino à distância vs. ensino tradicional
924	Ensino	Lou, Bernard & Abrami	2006	103		218	0,02		Ensino à distância em graduandos
925	Ensino	Zhao, Lei, Yan, Lai & Tan	2008	51	11.477	98	0,10	0,090	Turmas à distância vs. tradicionais
		Programas de escolarização doméstica							
926	Ensino	Penuel, Kim, Michalchik, Lewis, Means, Murphy, Korbak, Whaley & Allen	2002	14		14	0,16		Programas com *laptops* entre a escola e a casa
		Tema de casa							
927	Ensino	Paschal, Weinstein & Walberg	1984	15		81	0,36	0,027	Tema de casa na aprendizagem
928	Ensino	Cooper	1989	20	2.154	20	0,21		Tema de casa no desempenho
929	Ensino	DeBaz	1994	77	41.828	77	0,39		Tema de casa em ciências
930	Ensino	Cooper	1994	17	3.300	48	0,21		Tema de casa na aprendizagem
931	Ensino	Cooper, Robinson & Patall	2006	32	58.000	69	0,28		Tema de casa nos estudos de 1987-2004

Apêndice C

Uma lista de influências no desempenho

POSIÇÃO	INFLUÊNCIA	TE
1	Notas autoatribuídas/expectativas dos alunos	1,44
2	Programas piagetianos	1,28
3	Resposta à intervenção	1,07
4	Credibilidade do professor	0,90
5	Fornecimento de avaliação formativa	0,90
6	Microensino	0,88
7	Discussão em sala de aula	0,82
8	Intervenções elaboradas para alunos com transtorno de aprendizagem	0,77
9	Clareza do professor	0,75
10	*Feedback*	0,75
11	Ensino recíproco	0,74
12	Relacionamento professor-aluno	0,72
13	Prática intercalada vs. em massa	0,71
14	Estratégias metacognitivas	0,69
15	Aceleração	0,68
16	Comportamento em sala de aula	0,68
17	Programas de vocabulário	0,67
18	Programas de leitura repetida	0,67
19	Programas de criatividade no desempenho	0,65
20	Desempenho anterior	0,65
21	Autoverbalização e autoquestionamento	0,64
22	Habilidades de estudo	0,63
23	Estratégias de ensino	0,62
24	Ensino por resolução de problemas	0,61
25	Não rotular os alunos	0,61
26	Programas de compreensão	0,60
27	Mapa conceitual	0,60
28	Aprendizagem cooperativa vs. individualista	0,59
29	Ensino direto	0,59
30	Programas de estímulo tátil	0,58
31	Aprendizagem para o domínio	0,58

POSIÇÃO	INFLUÊNCIA	TE
32	Exemplos resolvidos	0,57
33	Programas de percepção visual	0,55
34	Tutoria por colegas	0,55
35	Aprendizagem cooperativa vs. competitivo	0,54
36	Ensino fônico	0,54
37	Ensino centrado no aluno	0,54
38	Coesão da sala de aula	0,53
39	Peso do recém-nascido prematuro	0,53
40	Domínio da Aprendizagem de Keller	0,53
41	Influências dos colegas	0,53
42	Manejo da sala de aula	0,52
43	Programas fora da sala de aula/de aventura	0,52
44	Ambiente doméstico	0,52
45	*Status* socioeconômico	0,52
46	Métodos com vídeos interativos	0,52
47	Desenvolvimento profissional	0,51
48	Objetivos	0,50
49	Programas de jogos	0,50
50	Programas de segunda/terceira chance	0,50
51	Envolvimento dos pais	0,49
52	Aprendizagem em pequenos grupos	0,49
53	Questionamento	0,48
54	Concentração/persistência/envolvimento	0,48
55	Efeitos da escola	0,48
56	Motivação	0,48
57	Qualidade do ensino	0,48
58	Intervenção inicial	0,47
59	Autoconceito	0,47
60	Programas pré-escolares	0,45
61	Programas de escrita	0,44
62	Expectativas dos professores	0,43
63	Tamanho da escola	0,43
64	Programas de ciências	0,42
65	Aprendizagem cooperativa	0,42
66	Exposição à leitura	0,42
67	Organizadores comportamentais/questões associadas	0,41
68	Programas de matemática	0,40
69	Redução da ansiedade	0,40
70	Programas de habilidades sociais	0,39
71	Programas de currículo integrado	0,39
72	Enriquecimento	0,39
73	Diretores/líderes escolares	0,39
74	Intervenções na carreira	0,38
75	Tempo na tarefa	0,38

POSIÇÃO	INFLUÊNCIA	TE
76	Programas de psicoterapia	0,38
77	Ensino assistido por computador	0,37
78	Auxílios associados	0,37
79	Programas bilíngues	0,37
80	Programas de teatro/artes	0,35
81	Criatividade associada ao desempenho	0,35
82	Atitude em relação à matemática/ciências	0,35
83	Frequência/efeitos da testagem	0,34
84	Redução do comportamento disruptivo	0,34
85	Ensino variado sobre a criatividade	0,34
86	Simulações	0,33
87	Ensino indutivo	0,33
88	Etnias	0,32
89	Efeitos dos professores	0,32
90	Drogas	0,32
91	Ensino baseado em investigação	0,31
92	Sistemas de responsabilidade	0,31
93	Agrupamento por capacidade para alunos com altas habilidades	0,30
94	Tema de casa	0,29
95	Visitas domésticas	0,29
96	Exercícios/relaxamento	0,28
97	Desagregação	0,28
98	Ensino de testes e treinamento	0,27
99	Uso de calculadora	0,27
100	Tutores voluntários	0,26
101	Ausência de doença	0,25
102	Inclusão	0,24
103	Programas de valores/educação moral	0,24
104	Aprendizagem competitiva vs. individualista	0,24
105	Ensino programado	0,23
106	Escola de verão	0,23
107	Finanças	0,23
108	Escolas religiosas	0,23
109	Ensino individualizado	0,22
110	Métodos visuais/audiovisuais	0,22
111	Reformas de ensino extensas	0,22
112	Capacidade verbal dos professores	0,22
113	Tamanho da turma	0,21
114	*Charter schools*	0,20
115	Interações por aptidão/tratamento	0,19
116	Programas extracurriculares	0,19
117	Hierarquias de aprendizagem	0,19
118	Coensino/ensino por equipe	0,19
119	Personalidade	0,18

POSIÇÃO	INFLUÊNCIA	TE
120	Formação de grupos na turma	0,18
121	Programas especiais de preparação para o ensino superior	0,18
122	Estrutura familiar	0,18
123	Efeitos de orientação escolar	0,18
124	Aprendizagem baseada na internet	0,18
125	Combinação de estilos de aprendizagem	0,17
126	Proximidade docente	0,16
127	Programas de escolarização doméstica	0,16
128	Aprendizagem baseada em problemas	0,15
129	Programas de associação de frases	0,15
130	Orientações	0,15
131	Agrupamento por habilidades	0,12
132	Dieta	0,12
133	Gênero	0,12
134	Qualificação docente	0,12
135	Educação à distância	0,11
136	Conhecimento do docente sobre a matéria	0,09
137	Mudança do calendário/cronograma escolar	0,09
138	Experiências curriculares fora da escola	0,09
139	Programas de percepção motora	0,08
140	Programas de linguagem integral	0,06
141	Diversidade étnica dos alunos	0,05
142	Alojamentos universitários	0,05
143	Turmas com faixas etárias/notas múltiplas	0,04
144	Controle dos alunos sobre a aprendizagem	0,04
145	Aberta vs. tradicional	0,01
146	Férias de verão	-0,02
147	Políticas de bem-estar social	-0,12
148	Retenção	-0,13
149	Televisão	-0,18
150	Mobilidade	-0,34

Apêndice D

Classificações e tamanhos de efeito das influências de programas de exercícios de fim de capítulo

DO CAPÍTULO 2, EXERCÍCIO

INFLUÊNCIA	TE	POSIÇÃO	CLASSIFICAÇÃO
Retenção (reter o aluno por um ano)	-0,13	148	Baixa
Controle dos alunos sobre a aprendizagem	0,04	144	Baixa
Programas de linguagem integral	0,06	140	Baixa
Conhecimento dos professores sobre o conteúdo da disciplina	0,09	136	Baixa
Gênero (desempenho de meninos comparado ao de meninas)	0,12	133	Baixa
Agrupamento dos alunos por desempenho	0,12	131	Baixa
Combinação do ensino com os estilos de aprendizagem dos alunos	0,17	125	Baixa
Formação de grupos na turma	0,18	120	Baixa
Redução do tamanho da turma	0,21	113	Baixa
Ensino individual	0,22	109	Baixa
Utilização de simulações e jogos	0,33	86	Média
Expectativa dos professores	0,43	62	Média
Desenvolvimento profissional no desempenho dos alunos	0,51	47	Média
Ambiente doméstico	0,52	44	Média
Influência dos colegas	0,53	41	Média
Ensino de fônica	0,54	36	Média
Fornecer exemplos resolvidos	0,57	32	Média
Ensino direto	0,59	29	Média
Aprendizagem cooperativa vs. individualista	0,59	28	Média
Mapa conceitual	0,60	27	Alta
Programas de compreensão	0,60	26	Alta
Programas de vocabulário	0,67	17	Alta
Aceleração (p. ex., pular um ano)	0,68	15	Alta
Programas de estratégias metacognitivas	0,69	14	Alta
Relacionamento professor-aluno	0,72	12	Alta

INFLUÊNCIA	TE	POSIÇÃO	CLASSIFICAÇÃO
Ensino recíproco	0,74	11	Alta
Feedback	0,75	10	Alta
Oferta de avaliação formativa aos professores	0,90	4	Alta
Credibilidade dos professores aos olhos dos alunos	0,90	4	Alta
Expectativas dos alunos	1,44	1	Alta

DO CAPÍTULO 6, EXERCÍCIO 4

INFLUÊNCIAS ALTAS	TE	POSIÇÃO
Como desenvolver altas expectativas para cada aluno	1,44	1
Oferta de avaliação formativa aos professores	0,90	4
Como fornecer melhor feedback	0,75	10
Relação professor-aluno	0,72	12
Como ensinar melhor estratégias metacognitivas	0,69	14
Como acelerar a aprendizagem	0,68	15
Ensino de habilidades de estudo	0,63	20
Ensino de estratégias de aprendizagem	0,62	22
Maneiras de parar de rotular os alunos	0,61	25
INFLUÊNCIAS MÉDIAS	**TE**	**POSIÇÃO**
Influências dos colegas no desempenho	0,53	41
Influência do ambiente doméstico	0,52	44
Como desenvolver altas expectativas para cada professor	0,43	62
Programas curriculares integrados	0,39	71
Ensino assistido por computador	0,37	77
Redução de comportamento disruptivo	0,34	84
Ensino baseado em investigação	0,31	91
Tema de casa	0,29	94
Ensino de testes e treinamento	0,27	98
INFLUÊNCIAS BAIXAS	**TE**	**POSIÇÃO**
Finanças escolares	0,23	107
Instrução individualizada	0,22	109
Redução do tamanho da turma	0,21	113
Programas extracurriculares	0,19	116
Programas de escolarização doméstica	0,16	127
Agrupamento por habilidades	0,12	131
Diferenças de desempenho entre meninos e meninas	0,12	133
Controle dos alunos sobre a aprendizagem	0,04	144
Espaços de aprendizagem abertos vs. tradicionais	0,01	145

Apêndice E

Calculando os tamanhos de efeito

Existem muitas maneiras diferentes de utilizar os tamanhos de efeito, mas me concentrarei, aqui, no *progresso* – e não nas comparações entre turmas, métodos de ensino, etc.

Imagine uma turma de alunos submetida a um teste semelhante ou igual, relacionado ao currículo, em fevereiro e junho. Podemos utilizar os dados desses dois testes para calcular um tamanho de efeito. Esse tamanho de efeito nos ajuda a compreender o impacto do nosso ensino ao longo desse período.

A maneira mais fácil de calcular um tamanho de efeito é utilizar o programa Excel, usando a fórmula a seguir:

$$\text{Tamanho de efeito} = \frac{\text{média (pós-teste)} - \text{média (pré-teste)}}{\text{dispersão (desvio padrão ou DP)}}$$

Considere o seguinte exemplo:

	A	B	C
		A	**B**	**C**
1	**Aluno**	**Teste de fevereiro**	**Teste de junho**
2	David	40	35
3	Anne	25	30
4	Eeofa	45	50
5	Barry	30	40
6	Corrin	35	45
7	Hemi	60	70
8	Juliet	65	75
9	Karmo	70	80
10	Fred	50	75
11	Ginnie	55	85
12			
13	Média	48 = MÉDIA (B2:B11)	59 = MÉDIA (C2:C11)
14	Dispersão (desvio padrão ou DP)	15 = DP (B2:B11)	21 = DP (C2:C11)
15	Média da dispersão		18 = MÉDIA (B14:C14)
16	Tamanho do efeito		**0,6** = (C13-B13)/C15

Assim, para recapitular, o tamanho do efeito foi calculado como:

$$\text{Tamanho do efeito} = \frac{58 - 48}{18} = 0,60$$

A INTERPRETAÇÃO DOS TAMANHOS DE EFEITO

Assim, agora, temos a primeira peça de informação importante: o tamanho de efeito médio da turma é igual a 0,60. Como devemos interpretar esse resultado? Utilizamos duas considerações principais para obter uma medida independente do que deve ser o progresso esperado.

a. Quando observamos muitos bancos de dados longitudinais importantes – Progress in International Reading Literacy Study (PIRLS); Program for Internation Student Assessment (PISA); Trends in International Mathematics and Science Study (TIMSS); National Assessment of Educational Progress (NAEP); National Assessment Program – Literacy and Numeracy (NAPLAN) – percebemos que todos levam à estimativa semelhante de tamanho de efeito de 0,4 para um ano de escolarização. Por exemplo, utilizando os dados de leitura, escrita e matemática do NAPLAN (avaliações nacionais da Austrália) para alunos que passam de um ano para o seguinte, a média do tamanho de efeito de todos os alunos é 0,40.
b. A média de mais de 900 metanálises, baseadas em 240 milhões de alunos, apresenta uma intervenção média de 0,40.

Portanto, um efeito maior que 0,40 é considerado acima da norma e capaz de levar a um crescimento maior do que o esperado ao longo de um ano.

Em um ano, espera-se que o progresso seja de 0,40. Assim, ao calcular o tamanho do efeito ao longo de cinco meses, a média de 0,40 ainda deve ser esperada – principalmente porque os professores, em geral, ajustam a dificuldade de um teste para levar em conta o tempo decorrido e porque os professores, em geral, criam avaliações sobre tópicos específicos no currículo de um ano. Assim, em um ano, a meta é maior do que 0,40; em dois anos, 0,80; em três anos, 1,20; e assim por diante.

TAMANHOS DE EFEITO INDIVIDUAIS

Também podemos calcular os tamanhos de efeito para alunos individuais. Quando fazemos isso, presumimos que cada aluno contribui do mesmo modo para a variância total e, em seguida, utilizamos a dispersão agrupada (desvio padrão), como uma estimativa para cada aluno. Utilizamos a seguinte fórmula:

$$\text{Tamanho de efeito} = \frac{\text{nota individual (pós-teste)} - \text{nota individual (pré-teste)}}{\text{dispersão (desvio padrão ou DP) para toda a turma}}$$

Voltemos ao nosso exemplo. Lembre-se de que a dispersão média da turma foi 18. O tamanho do efeito para David é igual a

$$\frac{35 - 40}{18} = -0{,}28$$

Para Anne, é igual a:

$$\frac{30 - 25}{18} = -0{,}28$$

E assim por diante:

ALUNO	TESTE DE FEVEREIRO	TESTE DE JUNHO	TAMANHO DE EFEITO
David	40	35	-0,28
Anne	25	30	0,28
Eeofa	45	50	0,28
Barry	30	40	0,56
Corrin	35	45	0,56
Hemi	60	70	0,56
Juliet	65	75	0,56
Karmo	70	80	0,56
Fred	50	75	1,39
Ginnie	55	85	1,67

No caso citado, existem, agora, algumas questões importantes para os professores. Por que Fred e Ginnie progrediram tanto e por que David, Anne e Eeofa progrediram tão pouco? Os dados, obviamente, não descrevem as razões, mas fornecem as melhores evidências para levar a essas importantes explicações causais (observe que, nesse caso, não são necessariamente os alunos com dificuldade que apresentam os menores progressos, nem os com mais facilidade que apresentam os maiores progressos).

Uma vez que existe uma hipótese (que cada aluno contribui o mesmo para a dispersão), a questão mais importante são as *perguntas* que esses dados são capazes de gerar: que explicações possíveis existiriam para aqueles alunos que alcançaram valores inferiores a 0,40 e para aqueles que alcançaram valores acima de 0,40? Isso, então, permite que as evidências sejam utilizadas para formular as questões corretas. Apenas os professores podem procurar pelas razões, buscar triangulações sobre essas razões e desenvolver estratégias para esses alunos.

Existem algumas coisas das quais vocês devem estar conscientes.

    a. Deve-se tomar cuidado com tamanhos de amostras pequenos: quanto menor a amostra, maiores cuidados devem ser tomados para validar as descobertas. Qualquer tamanho de amostra menor do que 30 alunos pode ser considerado "pequeno".
    b. Uma chave é procurar por alunos fora da curva. Em uma amostra pequena, poucos pontos fora da curva podem desviar os tamanhos de efeito e precisar de considerações especiais (com perguntas como "por que eles avançaram muito mais do que os

outros alunos?" ou "por que não avançaram tanto quanto os outros?"). Os tamanhos de efeito podem, até, precisar ser recalculados com esses alunos omitidos.

Tais são os perigos de tamanhos de amostras pequenos!

CONCLUSÕES

A vantagem de utilizar o método do tamanho de efeito é que essa variável pode ser interpretada entre testes, turmas, tempo, etc. Embora faça muito sentido utilizar o mesmo teste para o pré-teste e o pós-teste, isso nem sempre é necessário. Por exemplo, nos testes longitudinais citados, os testes são diferentes, mas foram construídos para medir a mesma dimensão nos dois momentos. Existem alguns tipos de valores que são menos adequados para a interpretação, como sugerido anteriormente: percentis, estaninos e valores NCE apresentam propriedades suficientemente incomuns a ponto dos tamanhos de efeito calculados antes poderem levar a resultados errôneos.

A utilização dos tamanhos de efeito convida os professores a pensar sobre o uso de avaliações para ajudar a estimar o progresso dos alunos e para reformular o ensino, de forma a adequá-lo melhor ao indivíduo ou grupos de alunos. Faz com que os professores levem em conta os motivos pelos quais alguns alunos progrediram e outros não, como uma consequência do seu ensino. Trata-se de um exemplo de utilização de "evidências para ação".

ALGUMAS REFERÊNCIAS

Para um maior entendimento sobre os tamanhos de efeito, como calculá-los e interpretá-los, veja as referências a seguir.

BECKER, L. E. *Effect size calculators*. Colorado Springs: UCCS, 2009. Disponível em: <http://www.uccs.edu/~lbecker/>. Acesso em: 24 jul. 2016.

COE, R. 'It's the effect size, stupid': what effect size is and why it is important. In: ANNUAL CONFERENCE OF THE BRITISH EDUCATIONAL RESEARCH ASSOCIATION, 2002, Devon. *Anais...* Devon: University of Exeter, 2002 . Disponível em: <http://www.leeds.ac.uk/educol/documents/00002182.htm>. Acesso em: 24 jul. 2016.

SCHAGEN, I.; HODGEN, E. *How much difference does it make? Notes on understanding, using, and calculating effect sizes for schools*. Wellington: Education Counts, 2009. Disponível em: <www.educationcounts.govt.nz/publications/schooling/36097/36098>. Acesso em: 02 set. 2016.

Para mais informações sobre o cálculo do desvio padrão, veja os endereços *on-line* a seguir.

EASYCALCULATION.COM. *How to calculate standard deviation, variance*: tutorial. Singanallur: Easycalculation.com, [c2016?]. Disponível em: <http://easycalculation.com/statistics/learn-standard-deviation.php>. Acesso em: 02 set. 2016.

STANDARD Deviation. [S.l.: s.n.], c2009. Disponível em: <http://standard-deviation.appspot.com/>. Acesso em: 02 set. 2016.WIKIPEDIA. *Standard deviation*. [S.l.]: Wikipedia, 2016. Disponível em: <http://simple.wikipedia.org/wiki/Standard_deviation>. Acesso em: 02 set. 2016.

Apêndice F

Escala Irving de avaliação do ensino realizada pelo professor a ser preenchida pelo aluno

Professor: _____

Matéria: _____

Ano/Série: _____

Por favor, indique o GRAU de sua discordância/concordância sobre as seguintes alternativas, utilizando a escala a seguir:

Discordo plenamente	Tendo a discordar	Concordo ligeiramente	Concordo parcialmente	Concordo em termos gerais	Concordo plenamente
1	2	3	4	5	6

O PROFESSOR...

	COMPROMISSO COM OS ALUNOS E SUA APRENDIZAGEM	
1	está comprometido com a aprendizagem de todos os alunos da turma.	1 2 3 4 5 6
2	adapta a aula se enfrentamos dificuldades na aprendizagem.	1 2 3 4 5 6
3	permite que desenvolvamos confiança e autoestima nessa matéria.	1 2 3 4 5 6
4	utiliza os resultados da avaliação para fornecer ajuda/extensão aos alunos adequados.	1 2 3 4 5 6
5	cria uma atmosfera positiva na turma, na qual nos sentimos parte de uma equipe de aprendizes.	1 2 3 4 5 6
6	fornece tempo para que reflitamos e falemos sobre os conceitos que aprendemos.	1 2 3 4 5 6

A PEDAGOGIA NA DISCIPLINA

7	nos encoraja a testar ideias e descobrir princípios da disciplina.	1 2 3 4 5 6
8	desenvolve nossa capacidade de pensar e argumentar da disciplina.	1 2 3 4 5 6

9	nos encoraja a tentar diferentes técnicas para resolver os problemas.	1 2 3 4 5 6
10	nos encoraja a conferir um alto valor à matéria.	1 2 3 4 5 6
11	nos informa qual é o propósito de cada aula.	1 2 3 4 5 6
12	conhece e nos informa sobre os problemas que comumente encontramos ao aprender novos assuntos.	1 2 3 4 5 6
13	nos ajuda a construir uma compreensão da linguagem e dos processos da disciplina.	1 2 3 4 5 6

O ENVOLVIMENTO DOS ALUNOS COM O CURRÍCULO

14	desafia os alunos a pensar por meio da resolução de problemas, seja sozinhos ou juntos, como um grupo.	1 2 3 4 5 6
15	torna a matéria interessante para mim.	1 2 3 4 5 6
16	torna a aprendizagem da matéria satisfatória e estimulante.	1 2 3 4 5 6
17	faz com que a matéria seja debatida na sala de aula.	1 2 3 4 5 6
18	nos mostra maneiras úteis e interessantes de resolver problemas.	1 2 3 4 5 6
19	comparado a todos os outros professores que já tive é o melhor.	1 2 3 4 5 6

O RELACIONAMENTO ENTRE A MATÉRIA E O MUNDO REAL

20	ajuda a turma a compreender como a matéria se relaciona com o mundo real.	1 2 3 4 5 6
21	nos ajuda a fazer as associações entre diferentes tópicos da matéria e outros aspectos de nossas vidas.	1 2 3 4 5 6
22	nos prepara para a vida adulta, nos ajudando a perceber como a matéria será importante para nossas carreiras e para o dia a dia.	1 2 3 4 5 6
23	nos ensina o modo como essa matéria contribui para promover mudanças na sociedade e o modo como a sociedade promoveu mudanças na matéria.	1 2 3 4 5 6
24	nos ajuda a reconhecer que a matéria está evoluindo e crescendo continuamente para explicar o mundo.	1 2 3 4 5 6

Índice onomástico

A

Absolum, M. 125, 134
Adams, G.L. 63
Adey, P.S. 93
Aikman, M. 52
Alexander, R.J. 70, 72, 91
Alrieri, L. 163-4
Alton-Lee, A. 17, 123
Amabile, T.S. 154, 157
Anderman, L.H. 77
Anderson, K. 68
Andersson, H. 123
Angus, M. 110
Aronson, E. 98
Au, R. 43
Ausubel, D.P. 35

B

Bakhtin, M.M. 72
Barber, M. 158
Barry, C. 156
Bausmith, J.M. 156
Beijaard, D. 88, 122
Beishuizen, J. 128
Bendikson, L. 155
Bereiter, C. 75
Bergman, L.R. 109
Berliner, D.C. 99
Berthold, K. 131
Besser, L. 58
Biggs, J.B., 52, 78, 102
Billings, L. 74, 99
Bishop, R. 22, 161
Bjork, R.A. 117
Black, P. 58, 117, 126-7
Boyd, D. 154
Brand-Gruwel, S. 130
Bransford, J. 95, 99, 101, 103
Brooks, G. 64
Brown, A.L. 95, 99, 101, 103
Brown, G. 32, 52
Brualdi, A.C. 73
Brutus, S. 129
Bryan, W.L. 106
Bryk, A.S. 68-9, 88
Burgess, S 22
Burnett, P.C. 131
Burns, C. 71
Burns, M.K. 50
Butler, R. 48

C

Carless, D. 121
Carroll, A. 38, 51, 77
Case, R. 37
Cazden, C. 73
Chan, C.Y.J 118
Chase, W.G. 106
Clarke, D.J. 165
Clarke, S. 56, 172
Clements, D.H. 57
Clinton, J. 17, 87, 167
Cocking, R.R. 95, 99, 101, 103
Coffield, F. 78
Cohen, J. 10
Collis, K.F. 52
Confrey, J. 57
Coogan, P. 52
Cooper, H.M. 9
Corbett, H.D. 142
Corcoran, T. 57
Cornelius-White, J. 15, 140-1
Crévola, C. 64
Csikszentmihalyi, M. 51

D

Darling-Hammond, L. 59, 99, 170
Daro, P. 57
Davies, N. 22, 81
Davis, E.A. 131

Day, C. 25
DeBaz, T.P. 9
den Bergh, L. 88, 122
DeNisi, A. 119
Dickens, C. 76, 89
Dixon, R. 167
Douglas, K. 120
Driver, R. 70
DuFour, R. 59, 60
Dunning, D. 135
Duschl, R.A. 70
Dweck, C. 25, 120

E

Eaker, R. 59
Elmore, R.F. 59, 151
Ely, K. 105
Engelmann, S. 63
English, L.D. 72
Ericsson, K.A. 109

F

Falchikov, N. 130
Fiarmen, S. 59
Fletcher, R.B. 79
Frea, A. 62
Fullan, M. 64, 152, 158, 169

G

Gage, N.L. 99
Galton, M. 56, 77, 98,
Gan, M. 122, 130-2
Gardner, H. 79
Gates Foundation 26
Gawande, A. 5
George, R. 77
Gickling, E.E. 50
Gladwell, M. 106
Glass, G.V. 3
Glasswell, K. 52
Goldfinch, J. 130
Goldstein, L. 121
Gore, J.M. 158
Graesset, A.C. 100
Greguras, G.J. 129
Griffin, P. 115
Griffiths, T. 158

H

Hadwin, A.F. 94

Hakel, M. 100
Halpern, D.F. 100
Hamilton, R. 81
Hardman, F. 71
Harelli, S. 130
Hargreaves, A. 156
Harks, B. 130
Harter, N. 106
Hartley, P. 121
Hastie, S. 46, 116, 143
Hattie, J.A.C. 2-3, 5, 8, 10-2, 14-8, 23-4, 31-2, 34, 38, 46, 51-2, 55, 58, 60, 63-4, 67, 70, 74, 78-9, 81-3, 87, 102, 114-5, 122, 124, 126, 145, 153, 155, 157, 164, 167-8,
Hays, M.J. 117
Hedges, L.V. 3
Heimbeck, D. 123
Hess, U. 130
Heubusch, J.D. 118
Higgins, R. 121, 130
Hill, C.J. 13
Hill, P. 64
Hoben, N. 52
Hodgen, E. 3
Holt, C.R. 78
Hubner, S. 127
Hulme, C. 64
Hyde, J.S. 78
Hyland, F. 120
Hyland, K. 120, 129

I

Ingvarson, L. 23
Inoue, N. 50
Irving, S.E. 129, 142, 147

J

Jackson, P.W. 156
James, W. 123
Joyce, B. 62

K

Kamins, M.L. 120
Kang, S. 123
Kennedy, M.M. 30, 76
Kessels, U. 120
Kluger, A.N. 119
Kobayashi, K. 105
Kohn, A. 134
Kornell, N. 117
Kotler, J.A. 25

Kramer, S.J. 154, 157
Kreupeling, W.J. 123
Kulhavy, R.W. 123
Kung, M.C. 129

L

Ladd, H.F. 154
Ladwig, J.G. 158
Lavery, L. 103
Leahy, S. 127
Levin, B. 141, 151
Levin, H. 3, 4
Lingard, B. 34
Linn, M.C. 131
Lipsey, M.W. 3
Littleton, K. 70, 72
Lloyd, C. 155
Lloyd, J.W. 118
Lortie, D.C. 156
Luque, M.F. 129

M

Maguire, T.O. 52
Maloney, A. 57
Mansell, W. 8
Marsh, H.W. 43
Martin, A.J. 47
Masters, D. 122
Mayer, R.E 73, 163
McDermott, K.B. 123
McGaw, B. 3
McIntyre, D. 31-2
McNulty, B.A. 58
McTighe, J. 105
Meehan, H. 70
Mercer, N. 70, 72
Miller, P. 58
Morrison, I. 56, 77
Moseley, D. 91
Mosher, F.A. 57
Murphy, P.K. 166
Myhill, D. 71

N

Neiderer, K. 44
Neumann, A. 15
Newton, P. 70
Nickerson, R.S. 122
Nückles, M. 131
Nussbaum, E.S. 4
Nuthall, G.A. 31, 109, 121, 123, 130

O

Olkin, I. 3
Ornstein, P. 92, 108
Osborne, J. 70

P

Parker, W.B. 71
Parr, J. 52
Paschal, R.A. 9
Pashler, H. 78
Patall, E.A. 9
Patrick, H. 98
Pedder, D. 31
Peeck, J. 123
Pekrul, S. 141
Pell, T. 56
Peterson, E.R. 129
Piaget, J. 36-7, 91-4, 111-2,
Plant, E.A. 109
Popham, J. 57
Pratt, S. 77
Purdie, N. 78
Purkey, W.W. 39, 139

R

Reeves, D. 16, 19, 58-9, 62
Renkl, A. 127, 131
Retelsdorf, J. 48
Riener, C. 78
Roberts, T. 74, 89, 99
Robinson, G.C. 9
Robinson, V.M.J. 155
Roediger, H.L. 123
Rogers, H.J. 3
Rose, A. 122
Roseth, C.J. 77
Rowe, K.J. 155
Rubie-Davies, C.M. 81
Rudduck, J. 31

S

Sadler, D.R. 114, 135
Sarama, J. 57
Schagen, I. 3
Schneider, B.L. 68-9, 88
Schunk, D.H. 44, 91
Scriven, M. 5, 144
Shavelson, R.J. 57
Shayer, M. 37, 93-4,
Sherman, S. 62

Shernoff, D.J. 51
Shields, D.L. 4
Showers, B. 62
Shute, V.J. 134, 135
Simon, H.A. 106
Sitzmann, T. 105
Skelton, A. 121
Skipper, Y. 120
Slater, H. 22
Sluijsmans, D.M.A. 130
Smith, F. 71, 72
Smith, M.L. 3
Smith, S.L. 22, 116
Smith, T.W. 27, 52
Snowling, M.J. 64
Sommer, S.M. 129
Steedle, J.T. 57
Steele, C.F. 29, 30, 141
Swaminathan, H. 3

T

Taber, K.S. 163
Teital, L. 59
Thompson, M. 117
Timperley, H. 46, 114, 156
Tomlinson, C.A. 50, 97

V

Van de Pol, J. 1428
van den Bosch, A.B. 123
van Gog, T. 109
van Merrienboer, J.J.G. 130
Volman, M. 126

W

Walberg, H.J. 9
Wall, K. 71
Weinstein, R.S. 81
Weinstein, T. 9
Wetzels, S.A.J. 105
Wickens, C. 110
Wiggins, G.P. 105
Wiliam, D. 117, 126-7
Wilkinson, I.A.G. 76, 119
Willingham, D.T. 78, 88,
Wilson, B.L. 159
Wilson, D.B. 3
Winne, P.H. 94
Wittgenstein, L. 38

Y

Yair, G. 70
Yeh, S.S. 125

Z

Zehm, S.J. 25

Índice

A

abordagem de domínio 48-9
abordagem de evitação de habilidade/abordagem de habilidade 48-9
abordagem de evitação do trabalho 48-9
abordagem de *feedback* terminal 131-2
aceleração cognitiva 36-7, 93
adaptatividade 111
agentes de mudança, professores como 16-7, 21, 140-1, 159, 160-1, 162-4
agrupar alunos 97-9
ajudar os alunos a se tornarem seus próprios professores *ver* alunos: tornando-se seus próprios professores
Alexander, R.J. 72-3
Alrieri et al. 163-4
alunos
  e desafio 26, 68-9, 82-3, 108-9, 111
  classificação dos 77-83, 112-3, 162-3
  como avaliadores 87-8
  cultura dos 21-2, 129-30, 133-4
  de minorias 21-2, 51-2, 83, 160-1
  desmotivados/não cooperativos 110-1
  envolvimento dos 69-70, 71-2, 110-1
  envolvimento na avaliação 156-8 *ver também* SETs
  expectativa dos 51, 65-6, 81-3
  experiência na aula 139-41
  motivação 11-2, 44, 46-8
  não envolvidos 110-1
  tornando-se seus próprios professores 6
Amabile, T.S. & Kramer, S.J. 157-8
ambiente da sala de aula
  7 Cs 25-6
  consciência da situação 109-11
  desenvolvendo ambientes positivos 166-7
  e aprendizagem 67-70, 98-100
  e confiança 24-5, 67, 69-70
  e envolvimento 24-5, 68-9, 90
  e erros 24-5, 72-3, 123-4, 171-2
  e objetivos 98-100
  e professores especialistas/experientes 24-5, 27-8
  e professores muito valorizados/pouco valorizados 26
  mundos da sala de aula 109-10
  revisão 138
  sala de aula dialógica 72-3
ambiente, aprendizagem 15-6 *ver também* ambiente de sala de aula
ambivalência 110-1
Angus et al. 110-1
apoio social, papel do 76-8
aprendizagem 16, 111
  ativa 73-4
  bem-sucedida 68-9
  como aprendemos 18-9, 92, 94-6
  convidativa 139-40
  cooperativa/competitiva/individualista 77-8
  desenho de trás para frente 92, 105-6, 111, 152-3, 188-9
  direcionada 45-8
  e envolvimento 31-2, 103, 139, 139-40
  e erros 15-6, 57, 67, 68-70, 95-6, 101-2
  e expectativas 33-4, 95-6, 139-40, 162-3
  estilos 78-9
  estratégias 91-3, 95-6, 99-105, 112
  fases da 92-9, 94-7
  linguagem da 166-8
  monitoramento 24-6, 27-30
  objetivos da 44-5, 76-7, 95-6
  perspectiva dos alunos 31-2, 109-11, 139-41
  por toda a vida 102-3
  principais contribuintes para 10-1
  processo da 107-8
  teorias da aprendizagem 36-7, 91, 923
  transparência de objetivos 44, 46-7, 116
  ver também estratégias de aprendizagem; ganhos de aprendizagem; objetivos de aprendizagem
aprendizagem visível *inside* 1-2, 14-5; *checklist* 185-90
aspiração 158
asTT1e 152-4
ativadores, professores como 16-7, 84-7, 163-4
atributos da escolarização 2
ausência de esperança 43-4
Ausubell, David 35
autoatributos, dos alunos 37-45
autoavaliação 103

autodependência 39-40, 41-2
autodesânimo/distorção 39-40, 42-3
autoeficácia 23-4, 38-40, 43-4, 50, 118-20
autoensino 103
autoestima baixa 43-4
autoestratégias 38-43
autoimagem 37-8, 43-4, 50
autolimitação 39-40, 74-5
automonitoramento 14-5, 104, 112, 132
automotivação 40-1
autonomia, alunos e estímulos 131-2
auto-objetivos 39-41
autoperfeccionismo 42-4
autorregulação 1, 92, 107-9
    dos alunos 8-9, 95-6, 105-6
    e aprendizagem 107-8, 111, 162-3
    e erros 123-4
    e estímulos 128-9
    e *feedback* 116-7, 117-20, 132-3
    ensinando 77-8, 102-3
autoverbalização 131-2
avaliação *ver feedback* pela avaliação; percepção dos alunos sobre
avaliação
    autoavaliação 103
    crítica 3-5
    das aulas 143-5
    do ensino 31-2
    do impacto de todos 155-6
    Escala Irving de avaliação do ensino realizada pelo professor a ser preenchida pelo aluno 253-4
    escolas como unidade de 169-70
    formativa 114-5, 124-5, 133-4, 144-5
    formativa rápida 125-8
    importância da 124-5, 150-1, 168-9
    métodos de ensino 83, 84-5
    por alunos 87-8, 141-3, 253-4
    por professores 16-7, 84-6, 87-8, 161-3, 164-5
    sem objetivo 143-4
    ver também monitorando a aprendizagem; resultados
avaliações dos professores pelos alunos (SETs) 141-3, 253-4 *ver também* alunos: envolvimento na avaliação

B

Bakhtin, M.M. 71-2
barômetro de influências 11-3
baseada em evidências, *Visible Learning* 8-12
Biggs, J.B. & Collis, K.F. 51-2
Bishop, Russell 21-2, 160-1
Black et al. 58, 126-7
Black, P.J. & Wiliam, D. 125-7
Bransford et al. 94-6, 101-2, 102-3
Brualdi, A.C. 72-3

Bryk, A.S. & Schneider, B.L. 68-9
Burns, C. & Myhill, D. 71-2
busca de ajuda 47-8
Butler, R. 47-8

C

Canfrey, J. & Maloney, A. 57
capacidades de avaliação dos alunos 124-5, 133-4
capacidades, disseminação de 96-7
caráter, e escolarização 3-4
Carless, D. 121-2
Case, R. 36-7
Chan, C.Y.J. 118-9
checklist, aprendizagem visível *inside* 185-90
Clarke et al. 45-6
Clarke, D.J. 165
classificação de alunos 77-83, 112-3, 162-3
CLIPs 64-5
cliques 73-4
Coffield et al. 78-9
colaboração de professores 35, 58, 125-6, 143-4
colegas
    como recurso 14-5, 96-7, 111
    desenvolvimento cognitivo 93
    e aprendizagem 93-4, 96-7, 99-100
    e confiança 69-70
    e influência 19-20, 83
    efeitos negativos dos 24-5, 44, 69-70, 166
    feedback pelos 121-2, 126-7, 130-3, 134-5, 164-5
    papel dos 36-7, 51, 76-8
    poder dos 5-6, 130-3
como aprendemos 18-9, 92, 94-6
como estou indo para lá? 114-5, 116-7, 161-2
comparação social 39-40, 43-4
competência
    dos alunos 95-6, 106-7, 111
    e autolimitação 39-40
    e auto-objetivos 40-1
    e comparação social 44
    e confiança relacional 68-9
    e processo de aprendizagem 93
compreensão aprofundada *ver* compreensão superficial e profunda
compreensão conceitual 14-5, 16-7, 49-50, 51-4, 75-7, 101-2
compreensão superficial e profunda 5-6, 51-4
    e aprendizagem 95-6, 102-3
    e autorregulação 102-3
    e avaliação 167-8
    e diálogo/monólogo 165
    e ensino 14-5, 75-7, 83, 93-4, 97-8, 102-3
    e pais 166-7
    e planejamento 93-5
    e professores especialistas/experientes 23-4, 26-8
    e SOLO 32, 51-4

compromisso
  dos alunos 50-1
  e aprendizagem 91, 139-40
  e avaliação 169-70
  e desafio 16
  e ensino direto 63-4
  e entusiasmo 29-30, 142-3
  e o currículo 54-5
  e objetivos 38-40, 46-7, 49-50, 116
  e professores/líderes 25-6, 142-3, 154-5
comunidades de aprendizagem profissional 59-61
concentração 16, 91, 95-6, 108-10, 112, 166-7
condutores de mudança *ver* mudança
confiança 44, 51
  e ambiente de sala de aula 24-5, 67, 69-70
  e entrega 160
  e experiência na aula 139-41
  e líderes escolares 155-6, 156-7
  e objetivos de aprendizagem transparentes 45
  na comunidade escolar 68-9
  relacional 68-9
conflito cognitivo 36-7
conheça seu impacto 5-6, 18-9, 158, 170-1
conhecer, múltiplas maneiras de 100-1, 111
conhecimento da matéria 3-4, 19-20, 23-4, 209-10, 245-6, 247-8
conhecimento, prévio/novo 101-2
construção social 93
Cooper et al. 8-10
cordialidade 139-40
Cornelius-White, J. 139-41
critérios de sucesso 5-6, 45, 48-54
  compartilhamento com alunos 15-6, 17-8, 45-6, 65-6, 97-8, 163-4
  e avaliação de aulas/aprendizagem 138, 142-4, 146, 167-8
  e desenho de trás para frente 105, 111
  e ensino direto 63-4
  e *feedback* 101-2, 114, 124-5, 126-7, 129-30, 130-1, 131-2
  e objetivos de aprendizagem 45-6, 53
  e pais 166-7
  e planejamento 58-9, 63-4
  e prática deliberada 108-9, 110-1
  e processo de aprendizagem 92, 96-7, 97-8
  e professores especialista/entusiasmados 25-6, 29-30
  ensino 105
cultura
  de melhora 160-1
  dos alunos 21-2, 129-30, 133-4
  e entrega 158, 160
  e *feedback* 129-30, 133-4
  escolar 123-4, 150-2, 152-3, 170-1

currículo
  ajudar os alunos a acompanhar 36
  concepções dos professores sobre 60-2
  e melhora 152-2
  e metas dos professores 21-2
  e objetivos 54-5
  e professores especialistas 23-4
  planejamento 52-7
  recursos 55-7

D

Darling-Hammond, L. 169-70
Davis, E.A. &Linn, M.C. 131-2
Day, C. 25-6
"deliverologia" 158
dentro da caixa preta 125-6
Departamento de Revisão Educacional 154-5
desafio 49-50
  da entrega 159
  e alunos 26, 68-9, 82-3, 108-9, 111
  e aprendizagem 36-7, 38-9, 95-6, 163-4
  e compromisso 16
  e currículos 54-7
  e envolvimento 51
  e *feedback* 16-7, 50, 106-7, 116-7
  e objetivos 14-5, 45-6, 47-8, 49-50, 116
  e professores/líderes 27-8, 33-4, 145, 166
desempenho 2-3, 51, 57, 101-2, 243-6 *ver também* desempenho prévio
desempenho dos alunos e *feedback* 135-6
desempenho prévio
  e aprendizagem 71-2, 98-9, 101-2
  e desafio 49-50
  e *feedback* 133-4
  e melhora do desempenho 158
  e planejamento 35-8, 64-5
  papel dos líderes escolares 81-2
desenho de trás para frente 92, 105-6, 111, 152-3, 188-9
desenvolvimento cognitivo 36-7, 93
desenvolvimento profissional 153-4, 155-7
diálogo
  e aprendizagem 36-7
  e aprendizagem convidativa 139-40
  e equipes de dados 58
  e monólogo 69-73, 74-5, 165-6
diários de trabalho 143-4
diferenças de gênero, alunos 78-80, 196-7
diferenças entre os sexos *ver* diferenças de gênero
diretores *ver* líderes escolares
disposições 4-5, 5-6, 150-71
  dos líderes 21-2
  dos professores 14-5, 16-7, 21-2, 81-2
  e aprendizagem 95-6
dispositivo de produção de relatórios 145, 153-4
distorção 42-3

domínio da autoverbalização 107-8
DuFour, Rick 59-60
Dunning, D. 135-6

E

efeitos dos professores 17-8
eficiência cognitiva 146
Elmore et al. 59-60
Elmore, R. F. 150-1
elogio 40-1, 42-3, 119-21, 131-2, 135-6
empatia 99-100, 139-41
English, L. D. 71-2
ensino
    ato de 15-6
    avaliação do 31-2
    centrado nos alunos 139-40
    de estratégias 91, 102-3, 111
    diferencial 62-4, 83, 84-5, 91, 96-9, 111
    direto 62-4, 83, 84-5, 91
    e aprendizagem visível 13-5, 16-7
    e compreensão superficial e profunda 14-5, 75-7, 83, 93-4, 97-8, 102-3
    entusiasmo do 152-2
    e objetivos de aprendizagem 15-6, 63-4, 166
    inspirado 21-3
    prática do 4-5
entusiasmo
    do ensino 152-2
    dos professores 25-6, 27-8, 28-30, 68, 142-3
    e desafio 51
    dos alunos 69-70, 71-2, 110-1
    e ambiente na sala de aula 24-5, 68-9, 90
    e aprendizagem, 31-2, 103, 139-40
    e confiança 139-40
    e elogio 119-21
    e ensino direto 63-4
    e *feedback* 114
    e melhora da escola 152-2
    e pais 166-7
    e papel dos professores 18-9
    e prática deliberada 109-10
    e *prompts* 131-2
    e sobreaprendizagem 16-7
    na educação 15-25, 18-9, 25-6, 29-30, 140-2
    pelos professores 58
equipes de dados 58-9, 60-1, 145, 155-6
Ericsson, K. A. 109-10
ERO 154-5
erros
    como oportunidades 68-70, 114-5, 122-4
    e ambiente de sala de aula 24-5, 72-3, 123-4, 171-2
    e aprendizagem 15-6, 57, 67, 68-70, 95-6, 101-2
    e confiança 68-9
    e cultura dos alunos 129-30

e *feedback* 114-5, 118-9, 122-5
e melhora da escola 152-2
e papel dos professores 18-9, 47-8, 139
e prática deliberada 16-7, 109-10
Escala Irving de avaliação do ensino realizada pelo professor a ser preenchida pelo aluno 253-4
escolarização
    e caráter 3-4
    e retenção/renda 3-4
    resultados da 3-5
escolas
    como unidade de avaliação 169-70
    expectativas das 81-2
escuta ativa 166
    e conversa 69-70, 72-4, 165
    na aprendizagem dos alunos 165
    nas salas de aula 109-11
    papel da 70-2
    tipo de 166
especialistas adaptativos, professores como 98-100
estabelecimento de metas 21-2, 103, 116, 159-160
estágio de operações concretas, Piaget 36-7, 93
estágio operacional formal, Piaget 36-7, 93
estágio pré-operacional, Piaget 36-7, 93
estágio sensório-motor, Piaget 36, 93
estilos de aprendizagem 21, 36, 78-9
estímulos 127-9, 130-2, 132-3, 142-3
    de monitoramento 127-8
    organizacionais 127-8
    para elaboração 127-8
estratégias de aprendizagem 14-6, 26-7, 99-105
    dos alunos 36, 43-4, 96-8
    e aprendizagem 95-6
    e autorregulação 107-8
    e eficiência 146
    e *feedback* 118-9
    em desenvolvimento 14-5, 16-7, 92
    e *prompts* 131-2
    múltiplas 91, 93-4, 107-8, 162-3
    vs. estilos de aprendizagem 78-9
estrutura de suporte 127-9, 131-2, 163-4
evidência, e expectativas 109-10
evidências em ação 84-6
excelência em educação 17-8, 22-3
exercício padrão "de referência" 60-2
expectativas
    de alunos 51-2, 81-3
    de escolas 81-2
    e alunos de minorias 160-1
    e aprendizagem 33-4, 95-6, 139-40, 162-3
    e confiança 140-1
    e evidências 109-10
    e *feedback* 122-3
    e líderes escolares 154-6, 157-8, 160
    e melhora da escola 152
    e pais 21, 140-1, 166-7

estabelecer elevadas 34, 49-50, 55-7, 58-9, 79-82, 140-1
professores 5-6, 21-2, 30-1, 79-82, 145
sociais 60-1
experiência na aula
  perspectiva curricular 142-5
  perspectiva do professor 140-3
  perspectiva dos alunos 139-41
  perspectiva formativa/somativa 144-5

F

fala dos professores 69-73, 110-1, 121-2, 166 ver também professores falando sobre o ensino
fala
  dos professores 69-73, 110-1, 121-2, 166
  e escuta 165
  monológica/dialógica 71-2
falta de esperança aprendida 110-1, 120-1
fazer o seu melhor 26-7
fechamento 63-4
feedback 114, 133-6
  auto-*feedback* 119-21
  autorregulação/nível condicional 118-20
  avaliação formativa rápida 125-8
  confirmação/refutação 122-3
  de progresso 116-7
  de tarefa 117-8, 130-1
  dificuldade dos alunos para receber *feedback* 135-6
  diretrizes para utilização 134-6
  e atributos dos alunos 129-33
  e autorregulação 116-7, 117-8, 118-20, 132-3
  e avaliação 114-5
  e cultura 129-30, 133-4
  e desafio 16-7, 50, 106-7, 116-7
  e desempenho dos alunos 135-6
  e elogio 119-21
  e envolvimento129
  e erros 114-5, 118-9, 122-4
  e estímulos 127-9, 130-2
  e expectativas 122-3
  e objetivos de aprendizagem 116-7, 126-7, 129-30
  e objetivos 50, 116, 133-4
  formativo 88-9, 97-8, 106-7, 112, 114-5, 116-7
  fornecer 24-6, 45-6, 106-7
  frequência de 121-3
  imediato 73-4, 88-9, 97-8, 101-2
  importância do 161-2
  modelo em três níveis 131-33
  níveis de 114-5, 121-2
  nível da tarefa e do produto 117-8, 130-1
  nível do processo 118-9, 132
  para professores 153-4, 157-8
  pela avaliação 124-6, 164-5
  pelos colegas 121-2, 130-3, 132-3, 134-5, 164-5
  percepções dos alunos sobre 129-31
  progressivo dos colegas 131-32
  quatro níveis de *feedback* 117-21
  somativo 118-9, 124-5, 134-5, 134-6, 152-3
  tipos de 122-9
  três perguntas de *feedback* 114-21
foco 18-9, 31-2, 58-9, 95-6, 133-4, 154-5
Fullan, Michael 152-3, 157-8, 168-9

G

Galton, M. & Patrick, H. 97-8
Gan, Mark 130-1, 131-33
"ganchos" 102-3
ganhos de aprendizagem 40-1, 79-81, 83, 87-8, 97-8
Gardner, H. 79-81
Gawande, Atul 5-6
Gladwell, Malcolm 105-7
grau de implantação 58, 64-5, 74-5, 158

H

habilidades de estudo 102-3
Hardman et al. 70-1
Hastie, Sandra 45-6, 116
Heimbeck et al. 123-4
Higgins et al. 121, 130-1
hipótese de similaridade de gêneros 78-80
How People Learn 101-2
How to Change 5,000 Schools 150-1
Hyde, Janet 78-9
Hyland, K. & Hyland, F. 120-1

I

implantação, grau de 58, 64-5, 74-5, 158
influências do programa, por exercícios de final de capítulo 247-8
inteligências múltiplas 79-81
intencionalidade 139-40
interação, múltiplas maneiras de 100-1
IRE 69-71
Irving, S. E. 141-3

J

James, William 123-4
Joyce, B. & Showers, B. 62-3

K

Kamins, M. L. &Dweck, C. S. 120-1
Kessels et al. 119-21
Kohn, A. 134-5

L

Lavery, L. 103
Leahy, S. & Wiliam, D. 126-8
Levin, Ben 150-1, 152-2
liderança, modelo para líderes escolares 154-8

líderes de aprendizagem 155-6, 167-8
líderes de ensino 154-6
líderes escolares
   e expectativas 154-6, 157-8, 160
   modelo para 154-8
líderes transformacionais 154-6

M

Martin, Andrew 47-8
Martin, Steve 52-4
Mayer et al. 73-4
McIntyre et al. 31-2
McNulty, B.A. e Besser, L. 58-9
Meehan, H. 69-70
melhora escolar 150-1, 152-2
Mercer, N. & Littleton, K. 71-2
metanálises 8-9
   detalhes de 900+ 191-242
metacognitiva *ver* autorregulação
método do "quebra-cabeça" 98-9
métodos de ensino 61-2, 82-6, 84-6, 161-2
modelo da corda 37-9
modelo SOLO 51-4, 53, 93, 93-4
modelos piagetianos 36-7, 92-3
momento, e mudança 160
monitoramento do desempenho 160
monitorando a aprendizagem 24-6, 27-30 *ver também* avaliação; resultados
monólogo e diálogo 69-73, 74-5, 165-6
Moseley et al. 91
motivação
   automotivação 40-1
   de alunos 11-2, 44, 46-8
   de professores 48-50
   e aprendizagem 93
   e avaliação 125-6
   e *feedback* 114
   e mentalidade 152-3
   e PBs 46-7
   e resultados 152-2
   externa 40-1
   fases de 94-5, 97-8
   intrínseca 40-1
   motivação de desempenho 107-8
   papel dos líderes 154-5
mudança
   cultural 150-1
   e *Visible Learning* 168-70
   modelo para 158-61
múltiplas maneiras de conhecer 100-1, 111
múltiplas maneiras de interagir 100-1

N

níveis de desempenho 57
notas autoatribuídas 51, 82-3
Nuckles et al. 127-8

Nuthall, G.A. 109-10, 121-2

O

objetivos de abordagem e evitação 41-2, 133-4, 221
objetivos de aprendizagem 5-6, 45-9
   avaliação dos 143-5, 167-8
   componentes/critérios de sucesso 49-54, 53, 68, 92
   desafiadores 68
   e desenho de trás para frente 105
   e ensino 15-6, 63-4, 166
   e ensino direto 63-4
   e equipes de dados 58-9
   e *feedback* 116-7, 126-7, 129-30
   e pais 166-7
   e professores especialistas 24-5
   importância das 116
   transparência dos 17-8, 44-5, 65-6, 83, 97-8
objetivos de evitação *ver* objetivos de abordagem e evitação
objetivos
   4 autoprocessos 39-40
   abordagem/evitação 41-2, 133-4, 221
   aprendizagem 44-5, 76-7, 95-6
   auto-objetivos 39-40, 40-1
   das aulas 45, 116
   de desempenho 40-1, 45-6, 65-6, 116
   de domínio 40-1, 45-6, 47-8, 77-8, 116, 133-4
   do ensino 47-9
   dos alunos 44, 45-6
   e ambiente de sala de aula 98-100
   e compromisso 38-40, 46-7, 49-50, 116
   e confiança 51
   e currículo 54-5
   e desafio 14-5, 45-6, 49-50, 116
   e *feedback* 50, 116, 133-4
   e liderança 154-6
   objetivos do domínio 40-1, 45-6, 47-8, 77-8, 116, 133-4
   progressivos 58-9
   recordes pessoais 45-6, 47-8, 65-6, 77-8, 133-4
   SMART 45-6
   sociais 40-2
   transparência de 44, 46-7, 116
observação da sala de aula 27-8, 70-1, 92, 112, 135-6, 138
oportunidades múltiplas para prática 101-2
Ornstein et al. 92
ostentação, pública 44
otimismo 139-40

P

padrão, exercício de "referência" 60-2
Padrões do Comitê Nacional de Ensino Profissional (NBPTS) 22-3, 26-7, 125-6, 141-3

pais
  e expectativas 21, 140-1, 166-7
  linguagem de ensino da escolarização 166-7
papel, dos professores 14-5, 18-9, 84-7
pedagogia produtiva 89-90
pensamento 102-3
  capacidades de 92-4
  desenvolvimento do 36-7
  estratégia dos alunos para 36, 36-7
  superficial a profundo 93-5
percepção 67, 68, 109-10, 133-4, 141-2
persistência 47-8, 108-10
planejamento 33-4, 35-66
  da aula 35, 36, 64-5
  dos professores 58-65, 82-3, 84-6
  e avaliação 143-4
  e entrega 160
  e motivação 94-5
  pré-planejamento 170-1
Plant et al. 108-10
ponto crítico ($d = 0{,}40$) 3, 11-2, 12-4, 16
Popham, J. 57
prática 101-2, 112
  de ensino 4-5, 168-9
  deliberada 16-7, 105-9, 109-10
  independente 63-4
  orientada 63-4
presentismo 156-7
princípio minimax 82-3
professores
  aprendizagem docente 164-5 *ver também* desenvolvimento profissional
  centrados nos alunos 139-41
  como agentes de mudança 16-7, 21, 140-1, 159, 160-1, 162-4
  como ativadores 16-7, 84-7, 163-4
  como avaliadores 16-7, 84-8, 161-5
  como especialistas em adaptação 98-100
  como fonte de variação 16-8, 21-2, 61-2
  crenças dos 21-2
  disposições dos 14-5, 16-7, 21-2, 81-2
  efeito elevado/baixo 21-2, 26
  entusiasmo dos 25-6, 27-30, 68, 142-3
  envolvimento dos 58
  especialistas 22-3, 23-9, 30-1
  estimulando a qualidade dos 169-70
  estrutura do trabalho 169-70
  expectativas 6, 21-2, 30-1, 79-82, 145
  experiência na aula 140-3
  experientes 23-4, 26-9
  identificando excelentes 22-3
  influência dos 21
  inspirados/entusiasmados 22-31
  motivação 48-50
  papel dos 14-5, 18-9

professores certificados pelo Comitê Nacional (NBCs) 26-7
professores falando sobre o ensino 29-30, 58, 62-4, 186-7 *ver também* fala dos professores
profissões 31-2
programa Paideia 74-5
programas para aprender a aprender 102-3
progressão 35, 58
  concepções dos professores sobre 60-2, 62-3
  e planejamento 58
  medindo a 169-70
  na aprendizagem 55-7, 98-9, 171-2
  significado de 58
progressões de aprendizagem, em letras maiúsculas/minúsculas 57
Projeto de Medidas de Treinamento Efetivo 25-7
Projeto Flaxmere 166-7
Projeto Pipeline 110-1
Purkey, William 139

Q

questionamento 24-5, 71-2, 72-3, 74-5, 112
  autoquestionamento 103

R

realização de testes 10-1, 37-8, 152-3
recordes pessoais 45-8, 65-6, 77-8, 133-4
recursos
  para avaliação 152-3
  planejamento curricular 55-7
Reeves, D. 62-3
reflexão 138
reforma global do sistema 152-3
reforma integral de sistemas 152-3
refutação 122-3, 133-5
relacionamento facilitador, o 139-40
relacionamentos
  desenvolvendo relacionamentos positivos 166-7
  professor-aluno 67, 140-1
relações da escolarização doméstica 166-7
renda, e escolarização 3-4
resiliência 51
resolução de problemas 160
respeito 139-40
resposta ao modelo de intervenção 59-60, 248
resultados
  da escolarização 3-5, 16
  e desempenho prévio 36
  e treinamento 62-3
  medidas de resultados 86-7
  melhorando os resultados dos alunos 151-5
  superficiais/profundos 26-9
  ver também avaliação; monitorando a aprendizagem
retenção, dos alunos 3-4

Robinson et al. 155-6
rodadas de ensino 59-60
Rogers, Carl 166
roteiros de aula 64-5

S

salas de aula dialógicas 72-3
Schunk, D. H. 44
Scriven, Michael 5-6, 143-5
sete fatores do ambiente da sala de aula (7 Cs) 25-6
SETs 141-3, 253-4 *ver também* alunos: envolvimento na avaliação
Shayer, M. 36-8, 93-4
Shayer, M. & Adey, P.S. 93
Shute, V. J. 134-5
sinais de excelência em educação 17-8
sistemas de avaliação 57, 133-4
    perspectivas formativas/somativas 144-5
    avaliação formativa rápida 125-8
Smith, Samantha 21-2, 116
sobreaprendizagem 16-7
Steedle, J. T. &Shavelson, R. J. 55-7
Steele, C. F. 28-30

T

tamanho da turma, 10-1
tamanhos de efeito 2, 3, 8-10, 27-8, 79-80, 84-5, 249-52
tema de casa 8-10, 10-2, 30-1, 150, 166-7
teorias da aprendizagem 36-7, 91-3
teorias da prática 160-1
Timperley et al. 155-7
tomar notas 105
Tomlinson, C. A. 50, 97-8
trabalho em equipe 151-3, 170-1
trajetórias de aprendizagem, e erros 57
transparência
    de objetivos 44, 46-7, 116
    dos objetivos de aprendizagem 17-8, 44-5, 65-6, 83, 97-8
treinamento 61-3, 74-5, 132-3, 153-4, 155-6
treinamento e resultados 62-3
tudo funciona 2, 12-3, 159
tutoria 76-8
tutoria pelos colegas 76-8

V

van de Pol et al. 127-9
van den Bergh et al. 87-8
van Gog et al. 109-10
variação, professores como fonte de 16-8, 21-2, 61-2
vendo e aprendendo através dos olhos dos alunos 5-6, 14-5, 18-9, 161-2
vias instrucionais de aprendizagem crítica *ver* CLIPs
videogames 106-7
Visible Learning 1-2
    evidências base 8-12
    três grandes ideias 59-61
voz/visões dos alunos 31-2, 129-31

W

Weinstein, R. S. 81-2
"What next" endereço eletrônico 55-6
Wiggins, G. P. & McTighe, J. 105
Wiliam et al. 116-7
Willingham, Dan 87-9
Wilson, B. L. & Corbett, H. D. 141-2
Winne, P. H. &Hadwin, A. F. 94-5

Y

Yair, G. 69-70
Yeh, S. S. 125-6

Z

Zehm, S. J. & Kottler, J. A. 25-6